Phänomenologische Erziehungswissenschaft

Band 3

Herausgegeben von
M. Brinkmann, Berlin, Deutschland
W. Lippitz, Gießen, Deutschland
U. Stenger, Köln, Deutschland

Phänomenologie als internationale Denk- und Forschungstradition ist in der Pädagogik bzw. Erziehungswissenschaft eine eigenständige Forschungsrichtung, deren Potenziale in dieser Reihe ausgelotet werden. Anknüpfend an die phänomenologisch-philosophischen Neubestimmungen des Erfahrungsbegriffs ist es ihr Anliegen, pädagogische Erfahrungen in ihren sinnlich-leiblichen, sozialen, temporalen und machtförmigen Dimensionen sowohl theoretisch als auch empirisch zu beschreiben, zu reflektieren und handlungsorientierend auszurichten. Sie versucht, in pädagogischen Situationen die Gegebenheit von Welt im Vollzugscharakter der Erfahrung sichtbar zu machen. Wichtig dabei ist auch die selbstkritische Sichtung ihrer eigenen Traditionen und ihrer oftmals kontroversen Geltungs- und Erkenntnisansprüche. Phänomenologische Erziehungswissenschaft bringt ihre Erkenntnisse im Kontext von internationalen und interdisziplinären wissenschaftlichen Theorie- und Erfahrungsbezügen ein und versucht, diese im erziehungswissenschaftlichen Fachdiskurs kritisch zu bewähren.

Weitere Bände in dieser Reihe http://www.springer.com/series/13404

Malte Brinkmann · Marc Fabian Buck
Severin Sales Rödel
(Hrsg.)

Pädagogik – Phänomenologie

Verhältnisbestimmungen
und Herausforderungen

Springer VS

Herausgeber
Malte Brinkmann
Berlin, Deutschland

Severin Sales Rödel
Berlin, Deutschland

Marc Fabian Buck
Bodø, Norwegen

Phänomenologische Erziehungswissenschaft
ISBN 978-3-658-15742-5   ISBN 978-3-658-15743-2   (eBook)
DOI 10.1007/978-3-658-15743-2

Die Deutsche Nationalbibliothek verzeichnet diese Publikation in der Deutschen National-
bibliografie; detaillierte bibliografische Daten sind im Internet über http://dnb.d-nb.de abrufbar.

Springer VS

Lektorat: Stefanie Laux

Gedruckt auf säurefreiem und chlorfrei gebleichtem Papier

Springer VS ist Teil von Springer Nature
Die eingetragene Gesellschaft ist Springer Fachmedien Wiesbaden GmbH
Die Anschrift der Gesellschaft ist: Abraham-Lincoln-Str. 46, 65189 Wiesbaden, Germany

Inhaltsverzeichnis

Einleitung. 1
Malte Brinkmann, Marc Fabian Buck und Severin Sales Rödel

**Teil I   Pädagogik – Phänomenologie:
Systematische und historische Studien**

Phänomenologische Erziehungswissenschaft 17
Ein systematischer Überblick von ihren Anfängen bis heute
Malte Brinkmann

**Piero Bertolini and the Italian phenomenological movement
in education** 47
Massimiliano Tarozzi

Confrontational Partners? 63
On the Ties between Phenomenology and Pedagogy –
Exemplifications through the Methodology of the Innsbruck Vignette Research
Johanna F. Schwarz

Phänomen Sozialität – Singularität – Identität 79
Phänomenologische Zugänge zu pädagogischen Fragen
Ursula Stenger

Anfänglichkeit und Pädagogik der frühen Kindheit 97
Versuch einer gegenstandstheoretischen Verortung
aus phänomenologischer Perspektive
Claus Stieve

Teil II Pädagogische Phänomene

Negativität und Scheitern 119
Zum Problem der Freilegung eines Phänomens
Severin Sales Rödel

Das Subjekt des Lernens 143
Phänomenologische Perspektiven auf die Lernerfahrung
Anna Orlikowski

A Shift of the Question: from *freedom-of* to *freedom-as* 157
SunInn Yun

**Radicalizing the Pedagogical Relation:
Passion and Intention, Vulnerability and Failure** 177
Norm Friesen

Das Pädagogische Band 191
Maximilian Waldmann und Martin Preußentanz

**Education in crisis: Reflections on the contribution
of phenomenology to modern educational and political culture** 209
Konstantinia Antoniou and Vasiliki Karavakou

Teil III Pädagogik und Phänomenologie in der Schule

Practising as a fundamentally educational category 227
Rethinking school practices with and against Bollnow
Joris Vlieghe

A Phenomenology of Practice – A Practice of Phenomenology 241
On the intricacies of tutoring 'Pedagogical Tact' as a teachers' course
Geert Bors, Gijs Verbeek and Luc Stevens

Beyond and behind phronesis, tact, and discretion................. 257
Some basic elements of teachers' judgments from a phenomenological
point of view
Kåre Fuglseth

Teil IV Phänomenologie als Praxis pädagogischer Forschung

Phenomenology and the study of nature places:
A schoolyard place study 275
Eva-Maria Simms

Lernen im Raum 291
Methodologische Überlegungen zur Erforschung
atmosphärischer Einflüsse auf kindliches Lernen
Agnes Pfrang und Andreas Rauh

Qualitative methodological issues in studying First-Person Perspective .. 309
Between phenomenological method and cognitive science
Denis Francesconi

Responsives Forschungsgeschehen
zwischen Phänomenologie und Pädagogik:
„Lernseits" von Unterricht am Beispiel phänomenologischer
Vignettenforschung.... 323
Evi Agostini, Evelyn Eckart, Hans Karl Peterlini und Michael Schratz

Autoreninformationen 357

Einleitung

Malte Brinkmann, Marc Fabian Buck und Severin Sales Rödel

Phänomenologie als Philosophie der Erfahrung (Waldenfels 1992) bzw. der Praxis (van Manen 2007) oder in der Praxis (Depraz 2012) weist seit Beginn der phänomenologischen Bewegung eine enge Verbindung mit Pädagogik und Erziehungswissenschaft auf. Pädagogische Erfahrungen werden beispielsweise in Grundphänomenen (Eugen Fink), in Strukturen (Heinrich Rombach), in Kommunikation (Klaus Schaller), im Lernen (Werner Loch), im Umlernen (Günther Buck), in der interkorporalen (Käte Meyer-Drawe) und in der anthropologischen (Martinus J. Langeveld) oder lebensweltlichen Erfahrung (Wilfried Lippitz, Max van Manen) aufgesucht und in phänomenalen Analysen systematisch-begrifflich und qualitativ-empirisch ausgewiesen (vgl. Lippitz 2003; Brinkmann 2011). So hat es die phänomenologische Erziehungswissenschaft zu einem umfänglichen Bestand von Analysen pädagogischer Phänomene gebracht, wobei ihre theoretische Abgrenzung zum Feld der Sozial- und Humanwissenschaften bis heute ebenso noch aussteht wie ihre konsequent pädagogische Systematisierung und Auswertung (vgl. Rombach 1979, S. 141). Im Zuge der Ausdifferenzierung der Disziplinen haben sich zudem Diskurs und Feld erheblich ausgeweitet. Es existieren heute eine ganze Reihe von konjunkturellen oder phänomenologisierenden Bezugnahmen zum Pädagogischen, insbesondere im Bereich der ästhetischen und kulturellen Bildung, des Embodiment und der Neurowissenschaften.

Der vorliegende Band[1] fragt nach den Gemeinsamkeiten und den Differenzen hinsichtlich des Begriffs, der Beziehung und der Erforschung von pädagogischer Praxis und Phänomenologie. Sein Ziel ist es, ein produktives Verhältnis von Pädagogik und Phänomenologie bzw. von Phänomenologie und Pädagogik unter Bedingungen differenter und/oder gemeinsamer disziplinärer und praktischer Bezugspunkte zu diskutieren. Zugleich möchte er zu einer strukturierten Auswertung und Zusammenstellung der unterschiedlichen traditionellen und aktuellen Modelle und Ansätze im deutschsprachigen und internationalen Raum der phänomenologischen Erziehungswissenschaft und Pädagogik beigetragen.

Die Beiträge des Bandes gehen zurück auf das *3. Symposion zur phänomenologischen Erziehungswissenschaft*, das an der Humboldt-Universität zu Berlin vom 24. bis 26. September 2015 stattfand. Sie führen damit eine Reihe historisch-systematischer, methodologischer und internationaler Erkundungen im interdisziplinären Feld zwischen Pädagogik und Phänomenologie fort, in denen sich – unter anderer Schwerpunktsetzung – die beiden vorausgegangenen Symposien bewegten (Brinkmann 2011; Brinkmann et al. 2015). Anlass für das Thema dieses Symposions bietet der Befund, dass es eine lange Tradition der pädagogischen Bezugnahme auf philosophisches Denken gibt, die in der Moderne und Spätmoderne von Diskontinuitäten, Konjunkturen und Krisen gekennzeichnet ist. Gilt, so kann gefragt werden, das auch für das Verhältnis der Pädagogik zur Phänomenologie? Die Vielzahl der Ansätze in der phänomenologischen Pädagogik und Erziehungswissenschaft weist darauf hin, dass auch hier das Verhältnis komplex und kompliziert ist (vgl. Anhalt 2012), vielleicht auch, weil die Pädagogik als praktische Lebenslehre einerseits und selbständige (Erziehungs-)Wissenschaft andererseits seit ihren Anfängen einen unsichereren disziplinären Status hat (Tenorth 2004). Deutlich wird, dass pädagogische Praxis und pädagogisches Denken nicht vollends in der Phänomenologie aufgehen können, genauso wie umgekehrt phänomenologisches Denken und Forschen nicht bruchlos mit pädagogischer Praxis und erziehungswissenschaftlichem Forschen gleichzusetzen ist. Die Eigenlogik pädagogischer Praxis und erziehungswissenschaftlicher Reflexion im Kontext „einheimischer Begriffe" (Herbart) oder einheimischer Praxen (Fink 1970), normativer (Erziehungs-)Erwartungen und transformativer (Lern-)Erfahrungen scheinen hier eine besondere Rolle zu spielen.

Systematisch lassen sich vier Zugänge zu einer Verhältnisbestimmung von Pädagogik und Phänomenologie unterscheiden, die jeweils unterschiedlich ausgearbeitet wurden. Der erste Zugang weist die Form einer historischen Vergewis-

---

1   Ein herzlicher Dank gilt Sophia Zedlitz sowie Ann-Kathrin Hoffmann und Caroline Junge für die genaue Durchsicht der Manuskripte.

serung des Verhältnisses von Phänomenologie und Pädagogik auf. Die Geschichte der phänomenologischen Bewegung (Spiegelberg 1982) und darin die Bezugnahme auf, aber auch die Kritik an Husserl durch Heidegger, Merleau-Ponty und Waldenfels sind Ausgangspunkte unterschiedlicher Periodisierungs- und Systematisierungsversuche (Lippitz 2003; Meyer-Drawe 2004; Brinkmann 2016). In der deutschen Erziehungswissenschaft spielt dabei die Abgrenzung zu zwei Tendenzen eine wichtige Rolle: Zur geisteswissenschaftlichen Pädagogik im Anschluss an Wilhelm Dilthey und Theodor Litt, zum anderen jene zur lebensweltlichen Wende im Anschluss an Husserls Krisis-Schrift (Lippitz 1980) und zur Reformpädagogik (Buck 2016). Die unterschiedlichen Systematisierungen, wie sie in diesem Band für die deutsche und italienische phänomenologische Erziehungswissenschaft vorgestellt werden (vgl. die Beiträge von Brinkmann, Tarozzi und Schwarz), vergewissern sich der Geschichte und Geschichtlichkeit der eigenen Teildisziplin auch mit dem Ziel, ihre disziplinäre und fachliche Identität gegenüber anderen Teildisziplinen und im Gefüge der Pädagogik und der Profession zu bestimmen. Sie leisten damit einen wichtigen Beitrag zu ihrer Verwissenschaftlichung unter Bedingungen zunehmender Differenzierung.

Eine zweite Möglichkeit, das Verhältnis von Phänomenologie und Pädagogik zu erhellen, besteht darin, einzelne Begriffe und/oder Phänomene in den Mittelpunkt der Analyse zu stellen und von dort aus zu einer Systematisierung beizutragen. Nicht die Geschichte ist hier Ausgangspunkt, sondern eine bereichs- oder fachspezifische Begrifflichkeit, eine Handlungsform oder ein Grundphänomen bzw. eine Betrachtungsweise. Im vorliegenden Band werden unter dem Titel *Pädagogische Phänomene* Begriffe wie Negativität (Beitrag Rödel), Freiheit (Beitrag Yun), pädagogische Strukturen wie jene der pädagogischen Bezüglichkeit bzw. Relation (Beiträge von Friesen und Waldmann/Preußentanz) und politisch-kulturelle Aspekte (Beitrag Antoniou/Karavakou) vorgestellt. Dabei wird die Phänomenalität der Begriffe und Phänomene oder Praktiken ebenso reflektiert wie die Frage nach der Systematizität des Verhältnisses von Phänomenologie und Pädagogik. In gewisser Weise können die Beiträge von Stenger und Stieve, die sich im ersten Teil des Bandes finden und die das pädagogische Phänomen der Sozialität bzw. der Anfänglichkeit als Grundphänomene bestimmen, eine Mittelstellung zwischen Historizität, Systematizität und Phänomenalität des pädagogischen Zugangs behaupten. Begriffliche, phänomenale oder strukturelle Analysen können wichtige Hinweise nicht nur für die bereichsspezifische Verbindung von Phänomenologie und Pädagogik aufzeigen, sondern auch für eine systematische Vergewisserung der phänomenologischen Erziehungswissenschaft bieten.

Die dritte Möglichkeit, das Verhältnis von Phänomenologie und Pädagogik zu untersuchen, ist, dieses in konkreten Praxen im institutionalisierten Lehren und

Lernen der Schule aufzusuchen. In den Beiträgen von Vlieghe, Bors/Verbeek/Stevens und Fugelseth finden sich Studien, die lebensweltlich und zugleich systematisch orientiert die Fruchtbarkeit der phänomenologischen Betrachtungsweise für die Erforschung institutionalisierten Lehrens und Lernens aufweisen.

Viertens und abschließend kann das Verhältnis zwischen Phänomenologie und Pädagogik unter der Perspektive der Methodologie betrachtet werden. In den Beiträgen von Simms, Pfrang/Rauh, Francesconi und Agostini/Eckart/Schratz/ Peterlini wird dabei zunächst eine vielleicht verständliche Erwartung enttäuscht: Phänomenologie gilt hierin nicht als Methode, die sich vom Forschungssubjekt und von der Sache selbst abkoppeln und technisch auf allerhand andere „Sachen" überlegen ließe. Solche Zugänge, wie sie sich in der nordamerikanischen Phänomenologie finden (vgl. Moustakas 1994; Giorgi 2007; Smith et al. 2009) werden hier nicht verfolgt. Im Unterschied dazu soll auf der phänomenologischen Grundprämisse insistiert werden, dass der Sachgehalt, über den gesprochen wird, nicht von der Zugangsart, wie darüber gesprochen wird, zu trennen ist (vgl. Brinkmann 2011). In dieser Abteilung stehen unterschiedliche, konkrete und lebensweltliche Situationen und Phänomene (Simms; Pfrang/Rauh), spezifisch qualitative Zugänge zum Feld (Agostini et al.) oder interdisziplinäre Perspektiven unter einer spezifischen Fragestellung und mit Hilfe innovativer Zugänge zum Feld (Francesconi) im Mittelpunkt.

Den ersten Abschnitt, *Pädagogik – Phänomenologie: Systematische und historische Analysen*, eröffnet *Malte Brinkmann*. Er gibt in seinem einleitenden Beitrag einen Überblick über die über hundertjährige Tradition der phänomenologischen Erziehungswissenschaft. Die Ansätze namhafter Phänomenologen und Erziehungswissenschaftler werden vorgestellt, kontextualisiert, systematisiert und kritisch rekonstruiert: Aloys Fischer, Otto Friedrich Bollnow, Günther Buck, Werner Loch, Heinrich Rombach, Eugen Fink, Egon Schütz, Käte Meyer-Drawe und Wilfried Lippitz. Dabei stellt Brinkmann drei zentrale Forschungsbereiche systematisch in den Mittelpunkt der historischen Rekonstruktion: Er zeigt, dass erstens die phänomenologische Erziehungswissenschaft eine eigenständige Bestimmung der pädagogischen Grundbegriffe vor dem Hintergrund einer Erfahrungstheorie entwickelt, dass zweitens diese gegenstandstheoretisch neu bestimmt und systematisiert werden und dass drittens dabei eine eigenständige Methodologie verwendet wird, die es erlaubt, diesseits der dualistischen Pole von Geistes- und Naturwissenschaft bzw. hermeneutischem Verstehen und falsifikatorischem Experimentieren zu operieren. Der Überblick schließt mit einem Blick auf die phänomenologische Methodologie des Einlegens und einem Ausblick auf neuere Ansätze der phänomenologischen Erziehungswissenschaft im deutschsprachigen Raum.

Massimiliano Tarozzi nimmt in seinem Beitrag über die phänomenologische Bewegung in Italien eine wissenschaftshistorische Perspektive ein. Er zeichnet nach, wie die Phänomenologie in der italienischen Erziehungswissenschaft in drei Wellen an Bedeutung gewann und dabei als Theorieangebot einen dritten Weg diesseits von Neo-Positivismus und Neo-Idealismus eröffnete. Als herausgehobener Vertreter der dritten Generation italienischer Phänomenologen wird Piero Bertolini vorgestellt. Dessen Tätigkeit im Mailänder Jugendgefängnis bildet den sozialpädagogisch-praktischen Hintergrund einer „educational experience", die sich einer vorschnellen kausalen Zuschreibung von gesellschaftlich problematischen Phänomenen verweigert. Bertolinis epistemologische Position einer Pädagogik als „rigorous science" wendet sich gegen technisch-dogmatische sowie naturalisierende Paradigmen der Erziehungswissenschaft. Derzeit ist in Italien eine Renaissance phänomenologischen Denkens zu beobachten, was sich an neuen qualitativen Forschungsmethoden und vor allem an der fruchtbaren Verbindung mit den Neurowissenschaften (Stichwort: embodiment) ablesen lässt. Der besondere Wert der Phänomenologie liegt Tarozzi zufolge in ihrer Rolle als Korrektiv gegenüber einer entleiblichten „Neuroerziehung" (vgl. Müller 2017).

Johanna F. Schwarz zeigt in ihrem Beitrag die komplexen Verbindungen von Phänomenologie und Pädagogik am Beispiel der Innsbrucker Vignettenforschung auf. Ausgehend von einem Rückblick auf die phänomenologischen Einflüsse auf die Pädagogik des 20. Jahrhunderts zeichnet sie nach, wie sich unterschiedliche Traditionslinien, von der geisteswissenschaftlichen Pädagogik kommend und sich hernach von ihr emanzipierend, auf einzelne Akteure (Werner Loch, Jakob Muth, Friedemann Maurer, Theodor Ballauf, Wilfried Lippitz, Martinus J. Langeveld und Käte Meyer-Drawe) zurückführen lassen. Schwarz weist die Gemeinsamkeiten dieser verschiedenen Ansätze auf und plädiert für eine stärkere Theoriebildung. Der Innsbrucker Vignettenforschung liege die Absicht zugrunde, Lernen als Erfahrung zu begreifen und zu beschreiben – und zwar *in actu* und nicht nachgängig. Der Zugang zu den Lernprozessen als Erfahrungen erfordere die Reflexion der Co-Erfahrung der Forschenden. Die mitunter schwer zu erfassende Differenz von Intuition und Argumentation, von skeptischer Haltung und Naivität im Modus der Epoché zu eruieren sei die besondere Herausforderung pädagogisch-phänomenologischer Forschung. Die *phänomenologische Aufmerksamkeit* für widerfahrende Lernerfahrungen kann als vielversprechende Antwort auf dieses Problem gelten.

Ursula Stenger präsentiert einen Beitrag zur Frage des Verhältnisses von sozialer und individueller Existenz und prüft die Anschlussfähigkeit dieser Frage für frühpädagogische Perspektiven auf Bildung und Erziehung. Pädagogische Theorie wird sozialphänomenologisch justiert und damit gegen eine einseitig individualistische Ausrichtung gewendet. Diese Neujustierung bezieht auch phänomenologische Ansätze kritisch mit ein, die laut Stenger allzu oft das Individuell-Subjektive und Ereignishafte des Pädagogischen betonen (so z.B. Levinas, Meyer-Drawe, Waldenfels). Mit-sein, Singulär-plural-sein (Heidegger) und die Sozialgenese des Selbst (Rombach) werden von Stenger in den Fokus gerückt und für den erziehungswissenschaftlichen und frühpädagogischen Diskurs fruchtbar gemacht. Alltägliches Lernen von Erwachsenen und Kindern ist dann nicht mehr an ereignishafte Erfahrungen gebunden, es werden vielmehr im umsichtigen Besorgen, im „Mit-sein" und Miteinander-Umgehen Bedeutungen erschlossen, an denen Kindᵉr durch gemeinsame Handlungen je schon Teil haben. Abschließend gibt Stenger noch Einblicke in soziale Praxen in japanischen Kitas und damit einen Ausblick auf (auch) interkulturell-vergleichende Perspektiven der Frühpädagogik.

Claus Stieve thematisiert in seinem Beitrag Begründungsfiguren von Legitimationsfragen der Pädagogik der frühen Kindheit aus phänomenologischer Sicht. Zunächst werden Argumentationsfiguren der Pädagogik der frühen Kindheit und der Kindheitsforschung rekonstruiert. Dabei werden entwicklungspsychologische und kompetenztheoretische Modelle (Finalisierung und Operationalisierung des Kindes bzw. des kindlichen Lernens), aber auch soziologische Herangehensweisen (Honig) einer systematischen und kritischen Untersuchung unterzogen. Darauf folgt eine phänomenologische Skizze der Anfänglichkeit. Stieve hebt die Verflochtenheit des Kindes in seiner sozialen Lebenswelt („Referenz") und zugleich seine Fremdheit und Andersheit zur Erwachsenenwelt und den gesellschaftlichen Ordnungen („Differenz") hervor. Stieve kommt zu dem Schluss, dass Anfänglichkeit eine Zugehörigkeit in und zur sozialen Welt genauso selbstverständlich zum Ausdruck bringt wie eine Differenz. Letztere ermöglicht zuallererst ein die Ordnungen dieser Welt in Frage stellendes Handeln und damit eine Freiheit. Diese macht – mit Arendt gesehen – den politischen Charakter einer Pädagogik der frühen Kindheit offensichtlich.

Der zweite Abschnitt des Bandes, *Pädagogische Phänomene*, wird von *Severin Sales Rödel* eröffnet. Er widmet sich dem Problem der phänomenologischen Bestimmung von Erfahrungen im Lernen. Ausgehend von Theorien des Negativitätslernens (Buck, Meyer-Drawe) stellt Rödel heraus, dass die lebensweltlichen Erfahrungen und Widerfahrnisse, auf die jene Lerntheorien aufbauen, gerade durch ihre Theoretisierung aus erziehungswissenschaftlicher Perspektive einer phänomenologischen Beschreibung schwer zugänglich sind. In einer phänomenologischen Reduktion, die an Rombachs Unterscheidung der phänomenalen und phänomenologischen Betrachtung angelegt ist, versucht der Autor, spezifische negative Erfahrungen im Scheitern und Diskurse des Negativitätslernens über das Scheitern analytisch zu trennen. Es werden Reflexionskategorien aufgezeigt, die eine weitere phänomenologische Betrachtung berücksichtigen sollte. Ebenso werden Grenzen phänomenologischer Herangehensweisen in der erziehungswissenschaftlichen Theoriebildung ausgewiesen. Der Beitrag kann so über die Untersuchung des konkreten Phänomens Scheitern allgemeinere, methodologische Herausforderungen einer Phänomenologie des Lernens ausweisen. Diese verweisen auf die Grundspannung zwischen einer auf Offenheit gerichteten phänomenologischen Betrachtungsweise und einer an handlungsorientierenden Kategorien interessierten Erziehungswissenschaft.

Vor dem Hintergrund einer diagnostizierten Anonymisierung und Technisierung des Lernens stellt *Anna Orlikowski* in ihrem Beitrag die Frage nach dem Subjekt des Lernens. Gegen die Tendenzen der Anonymisierung und Technisierung macht die Autorin die intersubjektive Dimension des Lernens stark. Intersubjektivität wird als Zwischenleiblichkeit (Merleau-Ponty) gefasst und dann, auf Lernen bezogen, als Fundierung einer Sinnstiftung im Bereich eines kollektiven, durch Sozialität geprägten Lernens herausgestellt. Lernen wird so zu einer intersubjektiven Verflechtung innerhalb von Relevanzbereichen des Sozialen. Der Lernprozess selbst wird als Erfahrung bestimmt, die auf einem intersubjektiven Austausch aufbaut und in der vorgängige Überzeugungen widerlegt werden. Lernen spielt so zwischen Eigenem und Fremdem und wird zu einem „Lernen vom Anderen". Die Phänomenologie, insbesondere der leibphänomenologische Ansatz Meyer-Drawes, gilt damit Orlikowski als Grundlage sowohl für eine (Erfahrungs-) Lerntheorie als auch für die Beschreibung sozialen In-der-Welt-Seins.

SunInn Yun widmet sich in ihrem Beitrag dem Phänomen der Freiheit in der Erziehung. In einer phänomenologischen Annäherung werden dann neue Aspekte des Konzepts Freiheit in pädagogischen Kontexten aufgedeckt. In Anlehnung an Isaiah Berlins politisches Konzept von Freiheit entwickelt die Autorin eine an Präpositionen angelehnte Variation des Freiheitsbegriffs. Diese führt zu einer besitzanzeigenden Bestimmung von Freiheit (*freedom of*) und schließlich zur phänomenologischen Frage nach der Freiheit *als* (*freedom as*). Im Anschluss an Heidegger stellt Yun Freiheit als ein Phänomen heraus, das in der Erziehung jeweils als etwas Bestimmtes auftritt: Freiheit als Möglichkeit, als Bewegung, als Sprung, als Sprache und als Denken. Der phänomenologische Forschungsansatz zeigt sich in diesem Beitrag nicht nur als Herangehensweise, die im Alten und Bekannten Neues erscheinen lässt, sondern – auf die Pädagogik und spezifischer auf Erziehung gewendet – als kritischer Einsatz, der einen so wirkmächtigen Begriff wie Freiheit an die Praxis zurückbindet und sich darin jeweils auf neue Weise aktualisieren kann.

Norm Friesen widmet seinen Beitrag dem intersubjektiven Verhältnis in der Erziehung. Er unternimmt eine Neubestimmung des Konzepts des pädagogischen Bezugs. Ausgehend von einer Kritik an Nohl wird die Frage aufgeworfen, wie überhaupt ein Konzept erzieherischer Relation unter Bedingungen von Fremdheit und Andersheit des jeweiligen Gegenübers im Erziehungsprozess gedacht werden kann. Um diese Frage zu beantworten, greift Friesen auf die phänomenologische Theorie des Anderen und Fremden nach Waldenfels und die phänomenologische Lerntheorie Meyer-Drawes zurück. Friesens Vorgehen dabei ist selbst phänomenologisch: Indem er versucht, den pädagogischen Bezug radikal zu denken, verfolgt er das Konzept des pädagogischen Bezuges bis auf seine Wurzeln in einer zwischenmenschlichen, von Fremdheit und Andersheit geprägten Begegnung.

Auch *Maximilian Waldmann* und *Martin Preußentanz* versuchen, eine theoretische Neubestimmung des pädagogischen Bezugs als pädagogisches Band zu leisten. Sie greifen dazu auf die neuere sozialphilosophisch orientierte Phänomenologie nach Waldenfels zurück. Ausgangspunkt ihrer Argumentation ist die Kritik traditioneller Positionen (Nohl und Bollnow). Das pädagogische Band wird strikt relational bestimmt – unter Bezug auf Merleau-Ponty, Levinas und Waldenfels – und sozialphänomenologisch um die Figur der doppelten Asymmetrie erweitert. Dieser komplexe Entwurf pädagogischer Sozialität im Angesicht und im Antworten auf Andere wird im Anschluss an Hénaff und Bedorf um Überlegungen zur alternierenden Alterität ergänzt. So wird das pädagogische Band als ein gegenseitiges Gabeverhältnis plausibel, das in der Lage ist, Unvollständigkeit, Vulnerabilität, Reziprozität, Agonalität und Prozesshaftigkeit pädagogischer Beziehungen in einem Maße zu berücksichtigen, wie es zuvor nicht oder nur unzureichend geschehen ist. Die Autoren zeigen so eindrucksvoll auf, dass eine phänomenologisch inspirierte pädagogische Theoriebildung dank ihrer methodologischen und thematischen Anschlussfähigkeit weit über andere Zugriffe und Theorierichtungen hinausweist.

Vasiliki Karavakou und *Konstantinia Antoniou* nehmen in ihrem Beitrag eine zeitkritische Perspektive ein, indem sie die aktuellen Entwicklungen im Bildungs- und Erziehungssektor in Griechenland, aber auch in europäischer und globaler Dimension beleuchten. Die Autorinnen diagnostizieren eine Vormachtstellung quantitativer Forschung im Bildungs- und Erziehungsbereich und damit einhergehend eine neoliberale, verdinglichende Tendenz in Bildungssteuerung und -politik. Einer qualitativen, phänomenologischen und auf subjektive Erfahrungen gerichteten Forschung wird das Potential zugesprochen, die „first person perspective" in Bildung und Erziehung wieder stark zu machen und damit nicht nur Erziehungsprozesse adäquater beschreiben zu können, sondern auch auf politischer Ebene zu einer Selbstermächtigung der Akteure im Bildungsbereich zu führen. Die phänomenologische Perspektive wird in diesem Beitrag als kritische Haltung gegenüber politischen und ökonomischen Entwicklungen der Gegenwart vorgeführt.

Der dritte Abschnitt des Sammelbandes setzt sich aus Beiträgen zusammen, die Pädagogik und Phänomenologie in der Schule thematisieren. Im Beitrag von

Joris Vlieghe wird der pädagogischen Übung als Lernform in Schulen besondere Aufmerksamkeit geschenkt. Das Üben bestimmter Fähigkeiten und Kenntnisse unter Bedingungen der Sozialität in der Klasse und im Unterricht macht den besonderen Wert der Schule als Institution aus. Dieser liegt, so der Autor, in einer spezifischen Organisation von Raum und Zeit, in bestimmten Merkmalen des sozialen Miteinanders und in der Präsenz eines Meisters, der letztlich den Erfolg des Übens qua Kadenz und Präzision sicherstellen soll. Zuletzt sei schulisches Üben durch die Zweckfreiheit des Zu-Übenden gekennzeichnet. Mit und gegen Bollnow stellt Vlieghe die These auf, dass das Üben die Transition von einem Können zu einem Nichtkönnen sei, indem in letzterem der Entzug bewusst werde. Dies wird mit Agambens Konzept der gleichzeitigen Potentionalität und Impotentionalität verbunden. Dieses phänomenologisch-pädagogische Verständnis von Schule und Unterricht kann einen „neuen Anfang" mit der Welt und zugleich die Kritik an der *Lernifizierung* der Erziehung ermöglichen.

Im Beitrag der Forschungsgruppe aus dem *Netherlands Institute for Educational Matters (NIVOZ)*, vertreten durch *Geert Bors, Gijs Verbeek* und *Luc Stevens*, geht es um die Frage, ob und wie pädagogischer Takt im Anschluss an van Manen lehrbar ist und wie dies pädagogisch erforscht werden kann. Anschließend an die Theorietraditionen der Phänomenologie und Pädagogik in den Niederlanden und ausgehend von den praktischen Erfahrungen in der Lehrerfortbildung beschreiben die Autoren eine Unterrichtsszene in Form einer Anekdote *sensu* van Manen. Die Herausbildung einer phänomenologischen Haltung im Rahmen der Lehrerfortbildung kann (und soll) zu einer erhöhten Achtsamkeit auf sich und die Adressaten pädagogischen Handelns führen. Der Beitrag zeigt exemplarisch, wie eine phänomenologische Haltung im schulischen Alltag sich als hilfreich erweisen kann, wenn auch – wie Bors, Verbeek und Stevens hervorheben – die Gefahr besteht, aus den phänomenologischen Deskriptionen normative Handlungsanweisungen abzuleiten. Es bleibt auch weiterhin zu reflektieren, wie mit dem (zeit-)ökonomisch bedingten Dilemma umzugehen ist, den Schulalltag durch *lived experiences* zu relativieren und auf welche Weise die fortschreitende Forschung zu phänomenologischen Herangehensweisen auf verständliche Weise für die Lehrerbildung fruchtbar gemacht werden kann. Es bleibt die optimistische Haltung, dass die Anfertigung von Anekdoten letzten Endes zu einem veränderten Schulalltag führen kann.

Mit einem Beitrag von *Kåre Fuglseth* schließt der dritte Abschnitt. Er ist der *Phronesis* als Form praktischen (Lehrer-)Wissens gewidmet. Fuglseth geht davon aus, dass mit der phänomenologischen Perspektive die Theoretisierung problemorientierten *Praxiswissens* vorangetrieben werden kann. Die Frage nach der Spezifität praktischen Wissens wird am Beispiel der Urteilskraft von Lehrern aufgezeigt. Die von Fuglseth als typologisch für die Praxis der Phronesis identifizierten Eigenschaften werden zugleich in Anforderungen überführt, nach denen die Beurteilung einer Situation durch eine Lehrkraft erfolgen soll: theoretische, praktische und werthafte Modi werden so in ein Verhältnis gesetzt, das tradierte oppositionelle oder applikative Verhältnisse von Theorie und Praxis zu transformieren ermöglicht. Die mittels phänomenologischer Variation gewonnenen Einsichten zum latenten *Wissensvorrat* (Schütz) gewinnen ihre Relevanz dann in der Empirie mittels narrativer und beobachtender Forschung. So zeigt sich nach Fuglseth die Verbindung von Phänomenologie und Pädagogik nicht nur als eine, die in der Praxis qua phronetischem Urteil zu einer reflektierten Handlungssicherheit führt, sondern zugleich auch die Theoriebildung empirisch abgesichert voranbringt.

Der vierte Abschnitt des Sammelbandes, *Phänomenologie als Praxis pädagogischer Forschung*, wird von *Eva-Maria Simms* eröffnet. Sie zeigt an einem Beispiel, wie phänomenologische Forschung in der Praxis Gestalt annehmen kann. Das Forschungsdesign ist in mehrerlei Hinsicht bemerkenswert: Einerseits, weil die Feldforschung in erster Linie durch unmittelbar Betroffene erfolgt; andererseits, weil die phänomenologische Annäherung angelehnt an Goethes Beobachtungen der Natur erfolgt. Als praktisches Beispiel zeigt Simms diese Besonderheiten an einer phänomenologischen Untersuchung des Schulhofs einer Waldorfschule in Pittsburgh durch deren Schülerinnen und Schüler auf. Die *Goethean Place Study* machte sich zum Ziel, das Potential des Schulhofs zu beobachten, zu bewerten und zu imaginieren. Mittels meditativer Praktiken erweitert Simms das klassische phänomenologische Vorgehen der Beschreibung und Reflexion. Damit sollen Phänomene nicht nur im *status quo* der Raum-Zeit wahrgenommen, sondern auch deren Veränderung über die Zeit hinweg einbezogen werden. Mittels einer kontemplativen Feststellung des „Urphänomens" wird der Forschungsprozess beschlossen. Eva-Maria Simms zeigt anschaulich, wie sich im reflektierenden Kreisen um die zentralen Begriffe Bewusstsein, Natur und Ort/Raum („place") Phänomenologie zugleich als Forschungs- als auch schulpolitische und ordnende Praxis entfalten kann.

Der darauf folgende Beitrag von *Agnes Pfrang* und *Andreas Rauh* fragt ebenfalls nach räumlichen und atmosphärischen Einflüssen, hier hinsichtlich kindlichen Lernens in Klassenzimmern. Auch sie betonen den Wert der kindlichen Innensicht in Form erlebter Erfahrungen und fragen zugleich nach Identifizierbarkeit und Herstellbarkeit lernförderlicher Atmosphäre wie auch spezifischer kindlicher Perspektiven. Mittels der *Ästhetischen Feldforschung* soll über einen Vierschritt nicht nur ein phänomenologischer Blick die wahrgenommenen Zusammenhänge von Situationen, sondern zugleich Kindheit als eigenständige Lebensphase zum Hintergrund ihrer Frage nach einer gelingenden bzw. misslingenden Lernatmosphäre machen. Durch mediale Variation der Zugangsweisen und am Beispiel des „Traumklassenzimmers" wird diese Form der Phänomenologie als Praxis pädagogischer Forschung durchdekliniert. Pfrang und Rauh zeigen so auf, dass die stark subjektiven und sich teilweise widersprechenden Wünsche von Kindern in die Schwierigkeit münden, deren Idealvorstellungen in entsprechende räumliche Veränderungen zu überführen; entsprechend plädieren sie für eine weitere Erforschung vor Ort und aus Sicht der Betroffenen.

Denis Francesconi widmet sich in seinem Beitrag der Weiterentwicklung der Snapshot-Methode, einer Forschungsmethode, die sich zwischen Neurowissenschaft und Philosophie positioniert. Sie zeichnet sich dadurch aus, dass Probanden angehalten sind, wiederkehrende „lived experiences" – in diesem Beispiel Meditationssitzungen – zu zufällig gewählten Zeitpunkten möglichst konzise zu beschreiben. So soll im Längsschnitt wie im Gruppenvergleich eine phänomenologische Analyse von Aufmerksamkeit für Lernprozesse verschiedener Art ermöglicht werden. Im Anschluss an die schriftlichen Notizen solcher unberührter („pristine") Erfahrungen soll im Rahmen eines Gruppeninterviews eine weitere Reflexion des Notierten und Erlebten erfolgen. So wird ein Wechsel von der ersten zur zweiten und dritten Person vorgenommen, wie auch einer von der Deskription zur Interpretation. Als besonderen Vorteil dieser Methode betont Francesconi die Möglichkeit des Erlernens der Fähigkeit des Beschreibens. Dies sei deswegen von besonderem Interesse, um der Neurophänomenologie ein theoretisch fundiertes Instrumentarium zur Verfügung zu stellen und methodische und methodologische Fragen zugleich problemorientiert angehen zu können.

Der Band schließt mit drei Beiträgen aus der „Innsbrucker Vignettenforschung". *Evelyn Eckart* und *Michael Schratz* geben einen Überblick über die Verortung der Vignettenforschung in der Tradition phänomenologischen, erziehungswissenschaftlichen Forschens und widmen sich der Grundfrage, wie Lernerfahrungen mit einer phänomenologischen Forschungsperspektive ermittelt werden können. Sie schlagen vor, Erfahrungsmomente von Schülerinnen und Schülern, die von Forschenden im Forschungsfeld miterfahren wurden, in sogenannten Vignetten zu verdichten. Die Erfahrungen der Forscher wirken so in den Akt des Schreibens mit hinein und werden in einem responsiven, leiblich ausgerichteten Forschungsgeschehen mit reflektiert. Besonderes Augenmerk legen die Autorin und der Autor dabei auf die Erfahrung von Fremdheit und auf die Zeiterfahrung in der teilnehmenden Erfahrung. Die Responsivität eines qualitativen, phänomenologischen Forschungsansatzes ist auch Gegenstand des Beitrags von *Evi Agostini*. Sie widmet sich der Praxis und Erfahrung des Vignettenlesens. Die Autorin geht der Frage nach, wie implizite Sinndimensionen in einer nachspürenden Lektüre der Vignetten ermittelt werden können. Im Lesen einer Vignette werden Forscherinnen und Forscher über ihre eigenen Erfahrungen hinausgetrieben, und es eröffnet sich ein Spalt, in dem eigene und fremde Erfahrungen reflexiv erfasst werden können. In einer dezidiert phänomenologischen Annäherung an Vignetten, die sich auf Widerständigkeiten und Ambiguitäten einlässt, sieht die Autorin ihre spezifische Eignung für die Beschreibung und Analyse pädagogischer Erfahrung. Abschließend bringt *Hans Karl Peterlini* eine Vignettenlektüre ein, die die Leiblichkeit der Erfahrung in den Mittelpunkt rückt. Peterlini sieht leibliche Dimensionen des Lernens und Lehrens im Schulunterricht unterrepräsentiert und wenig thematisiert. Er versucht daher über die Lektüre einer Vignette das Potential leibphänomenologischer Forschung für pädagogisches Denken und Handeln auszuloten. Der Blick auf den Leib ermöglicht dabei, auch Prozesse und Erfahrungen des Lernens in den Mittelpunkt zu rücken, die aus didaktischer bzw. „lehrseitiger" Perspektive kaum sichtbar werden. In der miterfahrenden Erfahrung des Forschers/der Forscherin, der die Vignette liest, analysiert und ihr neuen Sinn einlegt, sollen Dimensionen der Leiblichkeit aufscheinen, die Neues und bisher Unsichtbares an den Tag bringen.

Es dürfte allein an diesem kurzen Überblick deutlich geworden sein, dass die phänomenologische Forschung innerhalb der Erziehungswissenschaft nicht einheitlich einem Programm verpflichtet ist. Die Mannigfaltigkeit der Zugänge und Forschungsperspektiven findet ihren Zusammenhalt im gemeinsamen Fragen nach den systematischen, methodologischen, epistemologischen und historischen Fundamenten der phänomenologischen Erziehungswissenschaft. Die Beiträge zeigen, dass diese nur in jeweils konkreten Einzelstudien und Beschreibungen von Phänomenen und Erfahrungen in den konkreten Zeit-Räumen des Lernens und Erziehens aufgefunden werden können. Der vorliegende Band kann so als Überblick über den Stand der gegenwärtigen Forschungen in der deutschen und internationalen phänomenologischen Erziehungswissenschaft dienen.

Literatur

Anhalt, Elmar. 2012. *Komplexität der Erziehung. Geisteswissenschaft, Modelltheorie, Differenztheorie*. Bad Heilbrunn: Klinkhardt.
Brinkmann, Malte. 2011. Pädagogische Erfahrung – Phänomenologische und ethnographische Forschungsperspektiven. In *Orte des Empirischen in der Bildungstheorie. Einsätze theoretischer Erziehungswissenschaft*, hrsg. I. Breinbauer und G. Weiß, 61–78. Würzburg: Königshausen & Neumann.

Brinkmann, Malte. 2016. Phenomenological theory of Bildung and education. In *Encyclopedia of Educational Philosophy and Theory*, hrsg. M. A. Peters, 1–7. Wiesbaden: Springer VS.

Brinkmann, Malte, Richard Kubac, und Sales Rödel. 2015. *Pädagogische Erfahrung. Theoretische und empirische Perspektiven.* Bd. 1 der Reihe „Phänomenologische Erziehungswissenschaft", hrsg. M. Brinkmann, W. Lippitz, und U. Stenger. Wiesbaden: Springer VS.

Buck, Marc Fabian. 2016. *Vorsicht Stufe! Zur Kritik von Entwicklungsmodellen des Menschen in der Pädagogik.* http://edoc.hu-berlin.de/docviews/abstract.php?id=42503. Zugegriffen: 19. September 2016.

Depraz, Natalie. 2012. *Phänomenologie in der Praxis. Eine Einführung.* Freiburg i. Br./ München: Alber.

Fink, Eugen. 1970. *Erziehungswissenschaft und Lebenslehre.* Freiburg i. Br.: Rombach.

Giorgi, Amedeo. 2007. *Concerning the Phenomenological Methods of Husserl and Heidegger and their Application.* http://www.cirp.uqam.ca/documents%20pdf/Collection%20 vol.%201/5.Giorgi.pdf. Zugegriffen: 19. September 2016.

Lippitz, Wilfried. 1980. *„Lebenswelt" oder die Rehabilitierung vorwissenschaftlicher Erfahrung. Ansätze eines phänomenologisch begründeten anthropologischen Denkens in der Erziehungswissenschaft.* Weinheim/Basel: Beltz.

Lippitz, Wilfried. 2003. Phänomenologische Forschungen in der deutschen Erziehungswissenschaft. In *Differenz und Fremdheit. Phänomenologische Studien in der Erziehungswissenschaft*, hrsg. W. Lippitz, 15–42. Frankfurt a. M.: Lang.

Meyer-Drawe, Käte. 2004. Pädagogik, phänomenologische. In *Wörterbuch Erziehungswissenschaft*, hrsg. H.-H. Krüger und C. Grunert, 376–388. Opladen/Farmington Hills: Barbara Budrich/UTB.

Moustakas, Clark. 1994. *Phenomenological research methods.* Thousand Oaks CA: Sage.

Müller, Thomas. 2017. *Pädagogik und Neurowissenschaften.* Paderborn: Schöningh/UTB. In Vorbereitung.

Rombach, Heinrich. 1979. Phänomenologische Erziehungswissenschaft und Strukturpädagogik. In *Erziehungswissenschaft der Gegenwart. Prinzipien u. Perspektiven moderner Pädagogik*, hrsg. K. Schaller, 136–154. Bochum: Kamp.

Smith, Jonathan, Paul Flowers und Michael Larkin. 2009. *Interpretative Phenomenological Analysis: Theory, Method and Research.* Thousand Oaks, CA: Sage.

Spiegelberg, Herbert. 1982. The *Phenomenological Movement. A Historical Introduction.* Den Haag: Nijhoff.

Tenorth, Heinz-Elmar. 2004. Erziehungswissenschaft. In *Historisches Wörterbuch der Pädagogik*, hrsg. D. Benner und J. Oelkers, 341–382. Weinheim/Basel: Beltz.

van Manen, Max. 2007. Phenomenology of Practice. *Phenomenology & Practice.* 1 (1): 11–30.

Waldenfels, Bernhard. 1992. *Einführung in die Phänomenologie.* München: Fink.

Teil I
Pädagogik – Phänomenologie: Systematische und historische Studien

Phänomenologische Erziehungswissenschaft

Ein systematischer Überblick von ihren Anfängen bis heute

Malte Brinkmann

Die Phänomenologie hat in der Pädagogik eine schon über hundertjährige Tradition. Von Anfang an werden die Kernthemen von Husserls Phänomenologie – Zeit, Leib, Welt, Anderer – systematisch mit der Theorie und Praxis von Bildung und Erziehung in Bezug gesetzt. Sie versucht (pädagogische) Erfahrungen im Vollzug in ihren temporalen, sensualen und mundanen Dimensionen zu bestimmen, qualitativ zu beschreiben und zu erfassen. Die Phänomenologie hat dazu eine eigene Methodologie entwickelt, die sich auf die Operationen der Deskription, Reduktion und Variation stützt (vgl. Fink 2004). Die Losung „Zur Sache selbst" meint keinen positivistischen, sondern einen reflexiv-skeptischen Zugang zum Phänomen als dem, was sich zeigt und wie es sich zeigt (vgl. Heidegger 2001; Brinkmann 2015a).

Ich möchte im Folgenden drei zentrale Frage- und Forschungsbereiche der deutschsprachigen Erziehungswissenschaft vorstellen: a. Bildungs- und Erziehungstheorie; b. Epistemologie; c. Methodologie. In der phänomenologischen Erziehungswissenschaft werden diese drei Motive von Anfang an nicht gesondert, sondern vielmehr eng miteinander verwoben und in unterschiedlicher, zunehmend ausdifferenzierter Weise bearbeitet. Ich werde das in einem knappen historischen Überblick über die wichtigsten deutschsprachigen Vertreter bis heute zeigen. Die Ansätze von Fischer, Buck, Loch, Rombach, Fink, Schütz, Lippitz und Meyer-Drawe werden vorgestellt und es wird gezeigt, wie im Horizont der drei Bereiche jeweils ein spezifischer phänomenologischer Stil und Zugriff artikuliert wird. Dies führt schließlich zur Herausbildung eines eigenständigen epistemologisch-genea-

logischen und methodologischen Programms, das sich von anderen humanwissenschaftlichen Zugängen, auch von dem der Hermeneutik unterscheidet.

Zunächst folgen einige kurze Erläuterungen zu den drei zu untersuchenden Bereichen: *a. Bildungs- und Erziehungstheorie; b. Epistemologie; c. Methodologie.*

a. Phänomenologische Pädagogik beschäftigt sich theoretisch und empirisch
mit Bildungs-, Lern- und Erziehungserfahrungen. Ich werde im Folgenden zeigen,
dass die phänomenologische Pädagogik zunehmend einen eigenständigen Zugriff
auf eine Theorie der Bildung, des Lernens und der Erziehung *als* Erfahrung entwickelt. Die traditionellen Theorien der Bildung und Erziehung, wie sie in Deutschland von Humboldt, Schleiermacher, Herbart, Hegel und Nietzsche formuliert
wurden, werden unter phänomenologischer Perspektive systematisch und empirisch neu dimensioniert. Mit den auch in der phänomenologischen Erziehungswissenschaft unterschiedlich ausfallenden bildungs- und erziehungstheoretischen
Modellen werden jeweils Fragen nach der pädagogischen Ethik, der erzieherischen
Wirksamkeit und Macht sowie Fragen nach der spezifischen Normativität pädagogischer Theorie und Praxis verbunden.

b. Epistemologische Überlegungen sind grundlagentheoretisch angelegt. Sie
beziehen sich auf die Frage nach den Prinzipien, Kategorien und Modellen sowie auf die Frage nach dem Gegenstand unserer Disziplin und Profession im Vergleich und im Unterschied zu anderen Disziplinen und Professionen. Ich werde
im Folgenden zeigen, dass es der phänomenologischen Erziehungswissenschaft
gelingt, Erziehung, Lernen und Bildung als Gegenstände unserer Disziplin neu zu
bestimmen und zu begründen. Dazu werden die leitenden „operativen Begriffe"
(Fink 2004) der Phänomenologie (Intention und Attribution, Reduktion und Variation) und der Erziehungswissenschaft (Erziehung, Generation, Bildung, Lernen,
Sozialität, Andersheit) kritisch reflektiert und fruchtbar gemacht. Pädagogische
Erfahrungen können von anderen Erfahrungsformen unterschieden und inhaltlich
und systematisch bestimmt werden.

c. Methodologische Überlegungen versuchen, die Frage nach dem Gegenstand
als Phänomen mit der Frage nach dem Zugang dazu zu verbinden. Die phänomenologische Erziehungswissenschaft versucht insbesondere Probleme, die bei einer
qualitativ gehaltvollen Beschreibung von pädagogischen Erfahrungen und Situationen auftreten, neu zu reflektieren.

Ich möchte im Folgenden zeigen, dass die Frage nach dem Gegenstand der pädagogischen Disziplin und Profession zum Grundbestand phänomenologischer Erziehungswissenschaft gehört, dass zudem diese Frage mit unterschiedlichen theoretischen und anthropologischen Konzeptionierungen von Erziehung und Bildung
einhergeht und schließlich, dass es der phänomenologischen Erziehungswissenschaft zunehmend gelingt, ein eigenständiges theoretisches und methodologisches

Profil zu entwickeln, das sich von der geisteswissenschaftlichen Pädagogik, der Hermeneutik und anderen sozialwissenschaftlichen Zugängen unterscheidet.

1 Phänomenologische Deskription und das Problem einer Realontologie in der Pädagogik (Aloys Fischer)

Aloys Fischer (1880–1937) formulierte in seinem Aufsatz *Deskriptive Pädagogik* schon 1914 programmatische Gedanken zum Verhältnis von Pädagogik und Phänomenologie. Fischer ist ein Vertreter der Münchner Schule um Theodor Lipps. Er gilt als „Allgemeiner Pädagoge und Pionier der Bildungsforschung" (vgl. Tippelt 2004). Die Münchner Phänomenologen um Theodor Lipps kamen ab 1902 in Kontakt mit dem damals in Göttingen lehrenden Husserl. Husserls *Logische Untersuchungen* wurden kritisch für psychologische und pädagogische Fragestellungen rezipiert (vgl. Herzog 1992, S. 246 ff.). Die Münchner wandten sich kritisch gegen die egologische Bewusstseinskonzeption Husserls. Sie gingen davon aus, dass es eine „ursprüngliche Wirklichkeitserfahrung vor der Gegenstandskonstitution im Sinne Husserls" (ebd., S. 287) gibt. Die Eigen- und Widerständigkeit der Wirklichkeit wird nicht durch ein thetisches Bewusstsein gestiftet, sondern liegt seinsmäßig (ontologisch) und temporal vor dem subjektiven Zugriff. Damit setzen sich die Münchner Phänomenologen kritisch von Husserls subjektzentrierter Perspektive ab und nahmen Gedanken vorweg, die sich später etwa bei Merleau-Ponty finden (vgl. Lippitz 2010). Das methodische Mittel, die Wirklichkeitserfahrung zu erfassen, ist die Deskription. Fischer schreibt demgemäß:

> „Die Grundfrage aller Deskription lautet, *was ein* [in der Erfahrung; MB] *Gegebenes sei*. Alle Pädagogik und alle Richtungen der Pädagogik reden von Erziehung [...]; jede Richtung glaubt, die so bezeichneten Tatsachen genau zu kennen, und schickt sich dann sehr schnell an, zu sagen: Was und wie die Erziehung *sein soll*. [...] Nicht der Sinn der Worte, das heißt die Verdeutlichung der sprachlichen Meinung, sondern die Beschreibung des gemeinten Etwas ist die aller Forschung zugrundeliegende, sogar die Fragestellung erst ermöglichende Aufgabe der Wissenschaft" (Fischer 1914/1961, S. 144; Hervorhebung im Original).

Fischer bindet dami die Frage nach der Methodologie an die Frage nach dem Gegenstand der Pädagogik als Wissenschaft. Das epistemologische Problem sieht er, wie schon Herbart und viele andere Pädagogen bis heute, darin, dass die Erziehungswissenschaft, im Unterschied zu anderen Wissenschaften mit einem klar abgegrenzten Objektbereich, wie etwa die Geologie, notorisch unsicher über ihren Gegenstand ist. Die Erziehungswissenschaft ist gerade wegen der Unsicherheit

ihres Gegenstandes und ihrer Zersplitterung in unterschiedliche Schulen noch
mehr als andere Wissenschaften darauf angewiesen, einen festen Standpunkt zu
finden. Dies könne mit der phänomenologischen Deskription gelingen:

> „Genau beschreiben, was der Schüler tut – wenn er zum Beispiel ein Gedicht inter-
> pretiert, einen Satz gruppiert, eine eingekleidete Rechenaufgabe durchdenkt, um den
> Ansatz zu finden, erfordert eine hochentwickelte psychologische und pädagogische
> Achtsamkeit [...], die [...] erst als Resultat einer guten Schulung zu erlangen ist"
> (ebd., S. 140).

Diese Gedanken waren 1914 innovativ. Die Methode der Deskription wird als ein
Verfahren der intersubjektiven Prüfung von Erfahrungen und Erlebnissen eingesetzt, die auch heute noch ihren systematischen Stellenwert in der qualitativen Forschungstradition hat. Fischer kann in seinen psychologischen, sozial- und schul-
pädagogischen Arbeiten die Fruchtbarkeit dieser Methode unter Beweis stellen.[1]

Mit der methodischen und gegenstandskonstitutiven Funktion der Deskription
wird es möglich, so Fischer, „Gegebenes und Letztes" (ebd., S. 143) aufzuzeigen.
Nach dem Durchgang durch die phänomenologische Reduktion (ebd., S. 147) kann
Deskription eine „theoriefreie" (ebd., S. 142), voraussetzungslose und damit vor-
urteilsfreie Beschreibung garantieren. Auf diese Weise kann ein festes und soli-
des Fundament sicherer „Tatsachen" gefunden werden. Der „Gewissheitsgrund"
(ebd., S. 144) und letzte Tatsache der Pädagogik ist Erziehung. Sie ist, so Fischer,
der Gegenstand und Grundbegriff der Erziehungswissenschaft. Die ontologische
Rehabilitierung des Gegenstandes Erziehung seitens der Münchner Schule wird
so mit der epistemologischen Funktion verbunden, fundamentale und konstitutive
Aufgaben für die Erziehungswissenschaft zu übernehmen.

In der deutschen Erziehungswissenschaft wurden Fischers Realontologie und
der Formalismus seiner Methodologie sowie die damit verbundene Reduzierung
der phänomenologischen Methode auf Deskription vielfach kritisiert (vgl. Lippitz
2010, S. 33 f.). Es wurde eingewandt, dass Fischer Pädagogik auf eine Tatsachenwissenschaft nach dem Modell einer strengen, empiristischen Wissenschaft redu-
ziere (vgl. Meyer-Drawe 2004, S. 377), die auf einer naiven Realontologie aufruhe.
Damit würden viele Grundmotive der Phänomenologie außer Kraft gesetzt, etwa

---

1   Genannt seien hier Fischers sinnesästhesiologische Studien *Die Untersuchung des*
     Gehörs und der musikalischen Fähigkeiten des Kindes und Jugendlichen (1916) und
     Ziele und Grundsätze einer Erziehung des Auges (1912) oder die eher entwicklungs-
     psychologischen Arbeiten *Über das Bauen und die Bauspiele von Kindern* (1918) und
     Zur Theorie der emotionalen Bildung – Am Beispiel: Dichtung in der Schulerziehung
     (1923) (vgl. Lippitz 2010).

die Ambivalenz von Noesis und Noema, von Intention und Attention, von Aktivität und Passivität, Zeigen und Sich-Zeigen des Phänomens (vgl. Brinkmann 2010). Für die Pädagogik zeigen sich die Probleme einer theorielosen Beschreibung im Modus realontologischer Fundamentierung am deutlichsten an einem Beispiel, das Fischer in der Abhandlung selbst gibt:

„Ein Vater (ein Lehrer) überraschte sein Söhnlein (seinen Schüler) dabei, wie es (er) ihn gerade nachmacht; natürlich in einem Zug, der dem Vater selbst nicht sympathisch erscheint. Verblüfft von dieser Entdeckung und ohne weitere Besinnung, ahndet der nachgeahmte Träger der Erziehungsautorität dieses Verhalten mit einem Klaps (je nach der Gegend Ohrfeige, Maulschelle, Kopfnuß oder sonstwie genannt)" (Fischer 1914/1961, S. 150).

In der folgenden Analyse versucht Fischer mit den Mitteln der phänomenologischen Reduktion alle Wertungen auszuschließen. Er kommt zu dem Schluss, dass die simple Tatsache der Züchtigung nicht pädagogisch zu nennen sei. Pädagogisch werde sie nicht durch die Erziehungsabsicht (etwa Besserung oder Vergeltung), sondern durch die Wirkung (ebd., S. 150). Insofern sei die auf Förderung gerichtete Wirkungsabsicht der Bestrafung pädagogisch zu nennen.

Man kann hier deutlich erkennen, dass die vermeintlich theoriefreie und voraussetzungslose Deskription höchst voraussetzungsvoll ist. Sie kippt ins Moralisch-Normative, ohne die Voraussetzungen dieser Wertung erklären zu können. Die eingeführten traditionellen Normen werden vielmehr umstandslos vorausgesetzt. Methodologisch sitzt Fischer damit einem Zirkel auf: Er setzt voraus, was er eigentlich beschreibend zeigen möchte – ein klassisches Methodologie-Problem qualitativ-empirischer und theoretischer Forschung (vgl. Brinkmann 2015a). Inhaltlich betrachtet restituiert Fischer damit das Modell traditioneller, normativer Vorbild- und Kulturpädagogik im Generationenverhältnis.

Nichtsdestoweniger: Rückblickend hat Fischer mit seinem Entwurf zur Autonomisierung und Verwissenschaftlichung unserer Disziplin beigetragen, ohne dass das Konstitutionsproblem unserer relativ jungen Wissenschaft damit gelöst wird. Das epistemologische (d. i. die Frage nach dem Kern, Fundament oder Grund) und das methodologische Problem (d. i. das Problem der Deskription und des methodologischen Zirkels) gehören seither zu den Grundbeständen phänomenologisch-pädagogischen Nachdenkens.

2   Anthropologische Wende und die Probleme der Hermeneutik

In der Zeit nach dem 2. Weltkrieg[2] fand im Zuge einer anthropologischen Wende die phänomenologische Orientierung weitere Verbreitung in der Pädagogik. Als einer der Hauptvertreter gilt Otto Friedrich Bollnow (1903–1991), der Heidegger'sche Phänomenologie mit sprachphilosophischen, anthropologischen und daseins-ontologischen Fragestellungen verknüpfte. Im Zuge einer kritischen Rezeption der Existenzphilosophie und der Lebensphilosophie werden für Bildung und Erziehung die „unsteten Formen der Erziehung" (Krise, Erweckung, Ermahnung, Beratung, Wagnis, Scheitern und Begegnung) phänomenal erschlossen (Bollnow 1959). Phänomenologisch-deskriptiv im weiteren Sinne sind Bollnows Studien zu konkreten Phänomenen zu nennen, wie jene des Raumes, der Übung, des Atmosphärischen in der Pädagogik (vgl. Bollnow 1963, 1978, 2001). Allerdings führt Bollnows lebensphilosophische und hermeneutische Anthropologie – ähnlich wie bei Fischer – zu einer Ontologisierung eines „vorgelagerten Wirklichkeitssinns" (Lippitz 1980, S. 229 ff.). Diese ontologische Dimension wird nicht als eine empirisch zu beschreibende Tatsache der Erziehung (Fischer), sondern lebensphilosophisch als Ausdruck „drängenden" Lebens aufgefasst. Sie manifestiert sich in kulturellen Objektivationen (Dilthey) und lässt sich daher hermeneutisch als Text auslegen. Das Verstehen kultureller Objektivationen wird bei Bollnow auf einen singulären Sinn reduziert. Damit wird die Vielheit und Ambiguität von Sinn egali-

---

2   In der Zeit nach 1933 und v.a. während des Nazi-Terrors hat die Phänomenologie in Deutschland einen herben Aderlass erleben müssen. Viele Phänomenologen, wie Alfred Schütz, wanderten aus und gründeten in den USA einflussreiche Schulen oder sie mussten, wie Eugen Fink, unter Repression leiden. Im Bereich der phänomenologischen Erziehungswissenschaft sind aus den 1930er Jahren zwei Werke erwähnenswert: Zum einen ist Friedrich Copeis Buch *Der fruchtbare Moment im Bildungsprozess* (vgl. Copei 1930/1962) zu nennen. Als Dissertation bei Eduard Spranger verfasst, zeigt Copei mit Bezug auf Husserls Intentionalitätsmodell, wie „eigentümliche Augenblicke, in denen blitzartig eine neue Erkenntnis in uns erwacht, ein geistiger Gehalt uns packt" (ebd., S. 17), im intellektuellen, ästhetischen, ethischen und religiösen „Erleben" eine „umformende Wirkung" (ebd., S. 100) im Selbst- und Weltverhältnis bewirken können. Mit eindrücklichen Beispielen aus der Unterrichtspraxis schildert Copei, wie diese Bildungsprozesse und -wirkungen erzieherisch über sokratisches Fragen anschaulich inszeniert werden können. Zum anderen können Marta Muchows Arbeiten über die Hamburger Lebenswelt von Kindern als eine ethnographisch orientierte Form der deskriptiven pädagogischen Forschung gelten. Unter Einfluss von William Sterns Psychologie beschreibt Muchow die unterschiedlichen städtischen Milieus von Kindern. Sie gilt als Pionierin der qualitativen Kinderforschung bis heute (vgl. Muchow 1998; Faulstich-Wieland 2007; Lippitz 2003d).

siert und Fremdheit ausgeschlossen. Unterschiedliche Erfahrensweisen, etwa wissenschaftliche, lebensweltliche oder spirituelle, können so nicht mehr differenziert werden (vgl. Lippitz 1980, S. 229 ff.; Brinkmann 2012b, S. 144).

Wir finden bei Bollnow die geisteswissenschaftliche Reduzierung des Pädagogischen auf den pädagogischen Bezug. Das dahinter stehende personalistische Menschenbild und der traditionalistische und kulturalistische Grundzug der geisteswissenschaftlichen Pädagogik finden sich auch bei Martinus Jan Langeveld (vgl. Langeveld 1968). Hier wird der normative Grundzug eines lebensweltlich orientierten Forschungsprogramms offenkundig: Die Forscher selbst verstehen sich als Teilnehmer im Forschungsfeld und verfolgen nicht nur wissenschaftsinterne Interessen, sondern auch handlungsorientierende Ziele, die auf die Humanisierung menschlicher Verhältnisse ausgelegt sind (vgl. Lippitz 2003d). Epistemologisch werden bei Langeveld ähnlich wie bei Bollnow weder die ontologisch vorausgesetzten „Wesensstrukturen" (vgl. Langeveld 1973), noch die eigenen normativen Hinsichten der Kultur- und Vorbildpädagogik oder die eigenen operativen Begriffe ausreichend reflektiert. Kultur wird als kulturelle Objektivation und bürgerliche Norm vorausgesetzt, was schließlich ein traditionalistisches, an Kontinuität und Linearität orientiertes Menschenbild verrät (vgl. ebd.).[3] Methodologisch gerät die phänomenologische Erziehungswissenschaft in den Sog der Hermeneutik.

3   Neuansätze in der Phänomenologischen Erziehungswissenschaft

In kritischer Angrenzung zur anthropologischen und hermeneutischen Pädagogik Bollnows und Langevelds werden etwa zur gleichen Zeit, d.h. in den 1960er und 1970er Jahren, in Deutschland Konzepte vorgestellt, die den phänomenologischen Ansatz weiterentwickeln. Günther Buck, Heinrich Rombach, Werner Loch, Eugen Fink und Egon Schütz greifen auf Husserl, Heidegger und Gadamer zurück und können genuin phänomenologische Ansätze für eine Theorie des Lernens, der Bildung und Erziehung bieten.

---

3   Eine dezidierte Kritik an Langeveld aus phänomenologischer Perspektive findet sich bei Lippitz 1997.

3.1 Lernen als Erfahrung –
Günther Bucks pädagogische Lerntheorie

Günther Bucks 1967 erstmals erschienene Studie *Lernen und Erfahrung* (Buck 1989) ist in der deutschsprachigen Pädagogik zu einem Klassiker avanciert (vgl. Schenk und Pauls 2014). Buck untersucht diesseits kulturalistischer Bildungs- und Erziehungsziele den Erfahrungsprozess im Lernen. Der Gang der Erfahrung (epagoge) im Lernen wird im Rahmen einer Handlungshermeneutik historisch (von Aristoteles über Bacon, Hegel bis Husserl) und systematisch (mittels temporalphänomenologischer Analysen) entfaltet. Buck geht erstens von der These aus, dass Lehren und Erziehen sich immer auf eine bestimmte Vorstellung vom Lernen beziehen und zweitens, dass Lernen zu den „unaufgeklärteste[n] Phänomenen" (Buck 1989, S. 8) überhaupt gehört. Die theoretische Pädagogik hat daher mit einer Analyse des Lernens zu beginnen.

Buck (1925–1983) ist Schüler von Jaspers und Gadamer. Die Praxis des Lernens konzeptioniert er homolog zu der hermeneutischen Praxis des Verstehens (vgl. Buck 1981). Bucks Theorie des Verstehens und Lernens sowie seine Theorie der bildenden Erfahrung sind zum einen von Gadamer beeinflusst. So gelten Verstehen und Lernen als wirkungsgeschichtlich von der Tradition bestimmt. Von Husserl nimmt Buck zum anderen das phänomenologische Grundaxiom der Intentionalität. Husserls Analyse der Intentionalität in der nachgelassenen Schrift *Erfahrung und Urteil* (1939) zeigt, so Buck, dass die Horizontstruktur der Erfahrung mit dem temporalen Funktionskreis von Antizipation und „Erfüllung" bzw. „Enttäuschung" der Antizipation zusammenhängt (ebd., S. 50). Um diesen genauer zu fassen, greift Buck auf einen weiteren Grundbegriff der Phänomenologie zurück, nämlich auf den des Horizontes. Die Horizonthaftigkeit der Erfahrung wird insbesondere als Erwartungshorizont gefasst.

> „Horizontalität der Erfahrung meint: alles, was wir als Neues zur Kenntnis nehmen, ist Neues einer vorgängigen Vertrautheit, auf Grund derer uns das bisher Unbekannte auch immer schon bekannt gewesen ist. Das Neue ist Neues im Umkreis einer gewissen Bekanntheit. Es ist relativ Neues […] jeder Horizont ist ein *Erwartungshorizont* für noch ausstehende Erfahrungen!" (Ebd., S. 50).

Die Horizontalität der Erfahrung verbürgt damit zum einen ihre Traditionsverbundenheit. Zum anderen ermöglicht sie die Änderung und Öffnung für Neues als Horizontwandel. Insofern ist Verstehen nicht nur ein Akt, der sich auf Vergangenes richtet und sich so seiner Geworfenheit (Heidegger) versichert, sondern es ist immer auch ein Entwurf hin auf eine unsichere Zukunft (vgl. Gadamer 1990, S. 258 ff., 270 ff.).

Gadamer und mit ihm Buck versuchen damit, dem ausschließlich auf Rekonstruktion und psychologische Einfühlung gerichteten Verstehensmodell der alten Hermeneutik Dilthey'scher Prägung zu entkommen (vgl. Dilthey 1997). Verstehen als Selbstverständigung wird in einen dialektischen Erfahrungsprozess eingespannt und als Lern- und Bildungsprozess beschrieben.

In *Lernen und Erfahrung* kann Buck mit Husserl eine inhaltlich genaue Bestimmung der Struktur der lernenden Erfahrung vorlegen. Darin spielt die Enttäuschung der Antizipation als negatives Moment eine wichtige Rolle. Mit Gadamer und Hegel bestimmt Buck Negation als die „bestimmte Negation" einer bestimmten Erwartung, die eine Intention durchkreuzt und damit ein diskontinuierliches Moment bzw. einen Bruch in die Kontinuität der Erfahrung einbringt. Jede Enttäuschung einer Erwartung ist eine bestimmte Enttäuschung bzw. – mit Hegel – eine bestimmte Negation (vgl. Buck 1989, S. 55; vgl. den Beitrag von Rödel in diesem Band). Mit der negativen Erfahrung als Enttäuschung einer Erwartung in einer Situation wird nicht nur eine Erfahrung über das Erwartete bzw. nicht Erwartete gemacht. Es wird damit vielmehr und vor allem eine Erfahrung über sich selbst gemacht, indem sich der eigene Horizont wandelt. Denn mit einer enttäuschten Erwartung wandeln sich nicht nur weitere künftige Erwartungen, sondern auch bereits „gemachte" Erfahrungen (ebd., S. 60 ff.). Das Lernen *aus* Erfahrung ist damit zuerst ein Lernen *als* Erfahrung (vgl. Meyer-Drawe 2003). Gerade die negative Erfahrung ermöglicht die Änderung alter Erfahrungsbestände und die Öffnung für neue Erfahrungen (vgl. Brinkmann 2012b, S. 150 ff.). Lernen ist damit sowohl auf die Vergangenheit als auch auf die Zukunft bezogen. Durch die negativen Erfahrungen wird eine „Bewusstwerdung" latenter Horizonte und Erfahrungen möglich (ebd., S. 57). Lernen ist damit im Erfahrensprozess selbst reflexiv, d.h. auf sich selbst zurückgebeugt. Mittels hermeneutischer Verfahren des Verstehens lassen sich die latenten Sinngehalte der lernenden Erfahrung explizieren und damit bewusst machen.

Aufgrund der großen Nähe zu Gadamer ist Bucks Theorie, trotz der Bezüge zu Husserl, wohl eher hermeneutisch zu nennen. Grundlage ist die ontologische Einheit von Erfahren und Lernen, Verstehen und Auslegen sowie von Bildung und Praxis (vgl. Buck 1981; Brinkmann 2014). Diskontinuitäten in der bildenden Erfahrung und Fremdheiten werden, ähnlich wie bei Bollnow, nur insoweit erfassbar, als sie in der Synthese der Erfahrung wieder einzufangen sind. Ausgangs- und Referenzpunkt der lernenden Erfahrung bleibt die Kontinuität der Tradition als Wirkungsgeschichte sowie das sich seiner selbst gewisse, vernünftige und autonome Subjekt. Während im Verstehen mit dem harmonistischen Modell der Verschmelzung die Andersheit und Fremdheit des Zu-Verstehenden assimiliert und schließlich egalisiert wird, wird im induktiven Gang der Erfahrung des Selbst-Verstehens Negativität dialektisch linearisiert und damit sowohl radikal negative als auch radikal alienierende Erfahrungen ausgeschlossen.

Gleichwohl: Buck hat eine hermeneutisch-phänomenologische Bestimmung der bildenden Erfahrung vorgelegt. Er hat maßgeblich dazu beigetragen, dass Lernen heute als ein pädagogischer (und nicht nur psychologischer) Begriff bestimmbar wird. Seine Theorie des Erfahrungslernens hat nicht nur in die hermeneutische und phänomenologische Pädagogik, in die Bildungstheorie und die Allgemeine Erziehungswissenschaft, sondern auch in die Biographieforschung und in die qualitative Unterrichtsforschung Eingang gefunden (vgl. Brinkmann 2014). Käte Meyer-Drawes Phänomenologie des Umlernens (vgl. Meyer-Drawe 2008) und die daran anschließende Innsbrucker Vignettenforschung (Schratz et al. 2012; vgl. den Beitrag der Innsbrucker Forschungsgruppe in diesem Band), Malte Brinkmanns pädagogisch-phänomenologische Theorie der Übung (vgl. Brinkmann 2012b) und die videographischen Forschungen zu Wiederholung, Zeigen, Aufmerksamkeit und Negativität (vgl. Brinkmann 2015b) wären ohne Bucks bahnbrechende Überlegungen nicht möglich.

3.2   Lernen im Lebenslauf – Werner Loch

Als Schüler Otto F. Bollnows steht Loch einerseits fest in der Tradition der Tübinger Schule und der geisteswissenschaftlichen Pädagogik. Andererseits gelingt es ihm, sowohl den Gegenstand als auch die Methodologie der Erziehungswissenschaft betreffend neue Akzente zu setzen. Loch entwickelt eine biographische Erziehungstheorie (vgl. Loch 1979) auf der Grundlage einer nicht essentialistischen Anthropologie, die den Menschen mit Helmuth Plessner als offene Frage bestimmt. In seiner autobiographischen Lebenslaufforschung werden unterschiedliche Stadien des Lebens-Curriculums unterschieden und in Bezug auf Lernen und Erziehen differenziert (vgl. Buck 2012). Auch Loch gelingt es, einen eigenständigen pädagogischen Lernbegriff zu etablieren. Lernen wird nicht nur als kognitiv-reflexive Erfahrung (wie bei Buck) bestimmt, sondern auch an sedimentierte Gewohnheiten und an Habitus zurück gebunden. Der Mensch fungiert „im Modus des Könnens" und bildet im Lernen ein „Bewusstsein des Könnens und Nicht-Könnens" aus (Loch 1980, S. 213). Loch formuliert fünf Kriterien pädagogischen Denkens und Handelns, mit denen er den epistemologischen Problemen der Erziehungswissenschaft zu begegnen versucht:

Erstens wird in traditionell anthropologischer Tradition von einer Lernfähigkeit des Menschen ausgegangen. Darauf aufbauend müssen in der Erziehung dem Alter und Lernstand entsprechende Lernaufgaben gestellt werden. Um ein Können zu erwirken, sind drittens im erzieherischen Handeln neben unterstützenden und helfenden auch hemmende und einschränkende Praxen wichtig. Loch differenziert dabei zwischen positiven und negativen Lernhemmungen. Lernhilfen haben viertens den erzieherischen Lernhemmungen und Lernaufgaben zu entsprechen. Sie sollen negative Lernhemmungen lösen oder positive Lernhemmungen bestärken. Schließlich folgt fünftens die Sicherstellung und Evaluation des Lernerfolges.

Während negative Lernhemmungen dem zu Erlernenden entgegenwirken und somit pädagogisch aufzuheben sind, sind positive Lernhemmungen zu bestärken, da sie den Lernenden „davon abhalten, Schlechtes zu lernen" (Loch 1988, S. 39). So kommt Loch, ohne diese Differenz systematisch auszuarbeiten und in ihrer Normativität zu problematisieren, einer Bestimmung der negativen Aspekte im Erziehungsprozess nahe, die Buck als Negativität bezeichnet und die heute verstärkt Aufmerksamkeit erfährt (vgl. Benner 2005; Rödel 2015). Bereits 1979 konstatiert Loch: „Man hat in der Erziehungstheorie bisher nicht klar genug gesehen, dass der Begriff der Lernfähigkeit [...] um den Begriff der Lernhemmung ergänzt werden muss, damit der Begriff der Erziehung konzipiert werden kann" (Loch 1979, S. 259).

Loch gelingt es damit, die Phänomene Lernen und Erziehen systematisch und biographisch miteinander zu verbinden. Das Phänomen der Erziehung wird intergenerational und biographisch in seinen Strukturen gefasst. Lernen wird als Können und Kompetenz nicht-empiristisch und nicht-kognitivistisch bestimmbar, wobei auch Leiblichkeit als Kategorie und Phänomen wichtig wird. Loch verlässt dabei zunehmend den hermeneutischen Umkreis, öffnet seine Forschungen für psychologische, insbesondere psychoanalytische, soziologische und didaktische Forschungen, ohne die phänomenologische Orientierung aufzugeben. In methodologischer Hinsicht leistet Loch für die phänomenologische Erziehungswissenschaft eine wichtige Differenzierung zwischen den unterschiedlichen humanwissenschaftlichen Ansätzen. Es gelingt ihm so, die „poetische" und „kreative" Funktion (Loch 1998, S. 316) der phänomenologischen Methode in Differenz insbesondere zur Hermeneutik und zur Psychoanalyse herauszuarbeiten (siehe unten).

3.3   Strukturphänomenologie und Strukturpädagogik – Heinrich Rombach

Um die bei Fischer, Bollnow und Langeveld aufgeworfenen epistemologischen Probleme der Pädagogik und die damit verbundenen ontologischen, anthropologischen und methodologischen Fragen in den Griff zu bekommen, werden – etwa zeitgleich mit Buck, also Ende der 1960er Jahre und Anfang der 1970er Jahre – von Heinrich Rombach und Eugen Fink Strukturen bzw. Grundphänomene in einer kategorialen Reflexion in den Mittelpunkt gerückt. Rombach und Fink entwickeln beide eine Sozialanthropologie und Sozialphänomenologie, die den Menschen zuerst als soziales und transformatives Wesen gegen die traditionelle Subjektmetaphysik bestimmt. Der Mensch, so lautet der von Heidegger übernommene Gedanke, werde bisher vor allem als Seiendes am Modell des Gegenstands und Dings missdeutet. Damit kommt die konstitutive Offenheit und Transformativität menschlicher Sozial- und Selbstverhältnisse nicht in den Blick.

Heinrich Rombach (1923–2004), ein Freiburger Schüler Heideggers, Finks und Szilasis, vertritt in seiner Struktur-Phänomenologie und -ontologie ein Programm, das eine Verschiebung von der Anthropologie zur Struktur-Anthropologie und von der phänomenologischen Pädagogik zur Struktur-Pädagogik propagiert. Den Menschen als Struktur und in Strukturen zu sehen, bedeutet, dass er „sowohl die individual-ontologische [das heißt personalistische und geisteswissenschaftliche; M.B.] als auch die sozial-ontologische [das heißt die soziologische; M.B.] Einseitigkeit aufgeben muss" (Rombach 1979, S. 145). In strenger Abgrenzung zur traditionell-metaphysischen Vorstellung vom Subjekt entwickelt Rombach eine Sozialphilosophie, die die Sozialgenese in den Mittelpunkt stellt (vgl. den Beitrag von Ursula Stenger in diesem Band). Epistemologisch muss sich die Pädagogik als Wissenschaft im Strukturzusammenhang der Humanwissenschaften verorten,

> „wenn sie nicht subjektiv und beliebig bleiben soll. Im gesamten Feld des Menschlichen gibt es den Teilbereich der *pädagogischen Phänomene*. […] *Pädagogische* Erfahrungen im strengen wissenschaftlichen Sinne kann nur machen, wer diese Grundgesetzlichkeit kennt und die Einzeldaten in den Gesamtgesetzeskontext einzubringen vermag" (Rombach 1979, S. 139; Hervorhebungen im Original).

Rombach nennt als Grundphänomene recht unterschiedliche Bereiche wie Entwicklung, Freiheit, Autorität, Führung, Bildung, Erziehung, Lernen, Normativität, Identität, Kommunikation, Gewöhnung etc. (vgl. ebd., S. 141). Mit der Reflexion auf Grundstrukturen verbindet sich bei Rombach die Reflexion auf Erfahrungen *als* pädagogische Erfahrungen. Damit werden unterschiedliche Erfahrungsformen differenziert und von einer spezifischen Dimension der pädagogischen Erfahrung (im Unterschied zu wissenschaftlichen, politischen, ästhetischen etc.) unterschieden. Diese für die erziehungswissenschaftliche Reflexion wichtige Unterscheidung ist von Rombachs Freiburger Lehrer Eugen Fink (1905–1975) ausgeführt worden.

3.4 Koexistenz und Fragmentarität – Erziehungs- und Bildungstheorie Eugen Finks

Fink, bei Husserl und Heidegger promoviert und Husserls treuer Privatassistent auch in den Zeiten der Verfolgung, entwickelte eine Sozialphänomenologie, koexistentiale Anthropologie und eine systematische Erziehungsphilosophie. Ausgangspunkt von Finks Erziehungs- und Bildungsphilosophie ist die dezidierte Kritik der geisteswissenschaftlichen Pädagogik. Diese habe sowohl die sozialen und gesellschaftlichen Fundamente als auch die anthropologischen Voraussetzungen von Bildung und Erziehung nicht erkannt (vgl. Fink 1978). Das epistemologische Problem der Pädagogik auf der Suche nach einem Kern und Grund der Disziplin und Profession wird von Fink als ein Problem der Kultur bzw. der kulturellen Praxis gefasst. Nach dem Zusammenbruch allgemeinverbindlicher Leit- und Weltbilder in der Moderne und Spätmoderne, oder, wie Fink mit Nietzsche sagt, mit der Heraufkunft des Nihilismus (vgl. Fink 1960), stellt sich die Frage, welche produktive Rolle die Wissenschaften und damit auch die Erziehungswissenschaft überhaupt in einer beschleunigten, technisierten und ökonomisierten Gesellschaft spielen können (vgl. Fink 1974). Können sie gesellschaftlich relevante Leitbildorientierung hervorbringen oder können – umgekehrt – außerwissenschaftliche, lebensweltliche Sinnmächte nicht mindestens gleichwertige Orientierungen bieten (vgl. Fink 1992, S. 38)? Fink beschreibt diese krisenhafte Situation des modernen Menschen als Notlage. Die Notlage ist die „pädagogische Grundsituation unserer Zeit" (Fink 1970, S. 180). Fink argumentiert nicht wissenschaftstheoretisch oder -methodologisch, auch nicht hermeneutisch-wirkungsgeschichtlich, sondern praxeologisch. Wissenschaft wird damit als Kulturtätigkeit verstanden. Auch Fink beginnt, ähnlich wie Loch und Rombach, mit einer anthropologischen Analyse von Praxisfeldern. Im Unterschied zu hermeneutischen Ansätzen geht er streng sozialphänomenologisch vor. Er beschreibt fünf „Grundphänomene des menschlichen Daseins" als kulturelle Praxen (Fink 1995): Ästhetische (Spiel), politische (Herrschaft, Macht, Technik), tätig-kulturelle (Arbeit), geschlechtliche (Liebe), zeitliche (Tod) Praxen (vgl. Fink 1987) werden durch eine sechste, pädagogische (Erziehung) ergänzt (vgl. Fink 1970). Sie gelten als soziale (koexistentielle) und leibliche Praxen in Zeit und Raum menschlich-politischer Gesellschaft und als Ausdruck existentieller Sorge um das Dasein nach dem „Ende der großen Erzählungen" (Lyotard) (vgl. Burchardt 2001). In der Erziehung werden Sorge und Fürsorge, Lernen, Staunen und Fragen sowie Beraten zu koexistentiellen, lebensweltlichen Handlungsfeldern, die produktiv auf die Bruchhaftigkeit, Endlichkeit und Zufälligkeit menschlicher Existenz reagieren (vgl. Brinkmann 2012a) und die den Bezug zur Welt, dem Anderen und Fremden offenhalten und eröffnen (vgl.

Burchardt 2001). Weil wir über keine autoritative, letztgültige oder universale Sinndeutung von Welt und Gesellschaft verfügen, ist es Aufgabe insbesondere der Pädagogik, Sinndeutungen in leiblich und weltlich gebundener Freiheit entwerfend und gemeinschaftlich zu produzieren. Das geschieht ohne Aussicht darauf, eine endgültige Versöhnung der modernen Bruchhaftigkeit und Unübersichtlichkeit zu erlagen (vgl. Meyer-Wolters 1992).

Erziehung wird von Fink in Abgrenzung zur humanistischen und geisteswissenschaftlichen Tradition neu bestimmt. Erziehung ist nicht vornehmlich ein Interaktionsverhältnis, sondern eine „Einfügung in das Wirkliche" (Fink 1992, S. 178). Die erzieherische Form der welthaften Einfügung nennt Fink Fragegemeinschaft. Sie ist machtmäßig, gesellschaftlich und kulturell bedingt und geht von der gemeinschaftlichen negativen Notlage des Nichtwissens und Nichtkönnens (vgl. Fink 1970, S. 198) aus. Das Generationenverhältnis ist nach Fink wesentlich von Fremdheit geprägt. Das Kind ist ein Anderer und Fremder für den Erwachsenen. Ein lineares und kulturell-autoritativ verbürgtes Verhältnis der Einwirkung, wie es Fischer, Bollnow, Langeveld und Buck denken, verfehlt die temporale Differenz der Generationen. In der intergenerationalen Fragegemeinschaft werden unterschiedliche Erfahrungsräume und -praxen gesammelt, die Perspektiven variiert und eine Notlösung für drängende Fragen und Probleme gemeinsam entworfen. Entscheidend ist, dass die Fragegemeinschaft unter Bedingungen von Fremdheit und Unsicherheit auf Künftiges zielt und Möglichkeiten erwägt, die konkrete Notlage handelnd und tatkräftig umzuwenden (vgl. Meyer-Wolters 1992, S. 166 f.). Die Macht des Diskurses und der Machtraum der Gesellschaft sind ebenso Bestandteil wie die Fremdheit der Generationen. Erziehung nach Fink ist daher wesentlich von der Generationendifferenz geprägt, sie ist Streit der Auslegungen im gesellschaftlich-politischen Raum. Gerade darin erweist sie sich als demokratische Erziehung (vgl. Reichenbach 2001, S. 103 ff., S. 397).

Die in der humanistischen Tradition erhoffte Totalität von Mensch und Welt bzw. Mensch und Natur und die geisteswissenschaftliche Vorstellung einer durch die Autorität der Kultur verbürgten Kontinuität der Generationenfolge sind zerbrochen. „Der Mensch als Fragment" – so Finks anthropologische Grundthese – existiert nicht als fertiges Seiendes oder als Gegenstand (Fink 1989). Er kann sich selbst im Selbst- und Weltverhältnis nur fragmentarisch erfahren. Bildung kann nicht (mehr) Allgemeinbildung im Modus von Ganzheit und Versöhnung sein. Sie ist fragmentarische Bildung. Negativität ist bei Fink, im Unterschied zu Buck, nicht Teil einer Bewusstseinsoperation, sondern eine ko-existentielle Erfahrungsdimension. Im Ausgang und im Durchgang durch die aporetische Situation der sinnlos-sinnbildenden Notlage kann Bildung beginnen. Bildung ist dann produktiver Umgang mit der existentiellen Notlage (vgl. Meyer-Wolters 1997). Sie wird so zu einem praktisch-existentiellen Sinn-Experiment unter Bedingungen der Vorläufigkeit, Unsicherheit und Fremdheit (vgl. Schütz 1995). Zudem ist Bildung damit existentielle und koexistentielle Praxis als Produktion und Entwurf von Sinn. Sie wird reflexiv: Zum einen dadurch, dass in der (phänomenologischen) Variation unterschiedliche Erfahrungsweisen in Politik, Kunst, Liebe, Zeit und Arbeit als Differenzen markiert und verglichen werden können. Zum anderen darin, dass in einer skeptischen Einklammerung (Reduktion) eine Befreiung vom faktisch Geltenden sowie eine Sicht auf das Mögliche erreicht werden können (vgl. Schütz 2017a; Frost 2007).

Mit dem Blick auf Fragmentarität und Differenz im Selbstverhältnis und in der Bildungspraxis, auf Fremdheit zwischen den Generationen und auf Sozialität bzw. Demokratie und Macht unterscheiden sich Finks Bildungs- und Erziehungstheorie grundlegend von seinen geisteswissenschaftlich orientierten Zeitgenossen. Sie ist richtungsweisend und anschlussfähig an viele Gedanken, die zur gleichen Zeit von Foucault, Derrida und anderen phänomenologisch aufgeklärten Poststrukturalisten formuliert wurden.

3.5 Existentialkritische Pädagogik – Egon Schütz

Finks Schüler Egon Schütz (1932–2015) hat dessen Ansatz für den Entwurf einer „existentialkritischen Pädagogik" weiterentwickelt und in unzähligen Studien zu Anthropologie, Bildung, Sprache, Ethik und Ästhetik vertieft.[4] Schütz stellt den Koexistentialien Finks (Arbeit, Liebe, Spiel, Tod, Herrschaft/Macht, Erziehung) weitere Existentialien als menschliche Seinsverhältnisse an die Seite: Freiheit, Vernunft, Geschichtlichkeit, Sprache und Leiblichkeit. Schütz radikalisiert Finks Zeitdiagnose der Fragmentarität und der Differenz. Er treibt die Subjekt- und Humanismuskritik Heideggers weiter und macht sie für eine Theorie der Bildung fruchtbar. Der „anthropologische Zirkel" (Schütz 1991, 2017b) als Grundmodus menschlicher Selbstverständigung rückt bei Schütz ins Zentrum. Das theoretische, praktische, wissenschaftliche und alltägliche Vor-Stellen des Menschen kann nie zu einer vollständigen Selbsttransparenz führen. Der Mensch bleibt im Sich-Bilden und Sich-Einbilden seiner Endlichkeit und Leiblichkeit verhaftet. Er bleibt im anthropologischen Zirkel. Statt auf externe Fixpunkte zu hoffen, versucht sich das elementar-anthropologische Denken im Vollzug selbst zu beobachten, versucht,

---

4   Vgl. Schütz 2017 und die Sammlung bisher unveröffentlichter Schriften im Egon-Schütz-Archiv, abrufbar unter: http://www.erziehungswissenschaften.hu-berlin.de/de/allgemeine/egon-schuetz-archiv; Zugegriffen: 19. September 2016.

die anthropologische Differenz offen zu halten: Mit Heidegger geht es darum, „in ihn [den (anthropologischen) Zirkel; M.B.] nach der echten Weise hineinzukommen" (Heidegger 2001, S. 153). In vielzähligen Studien zeigt Schütz, dass elementare anthropologische Erfahrungen vor allem im Modus existentieller Negativität aufblitzen, etwa in Grenzsituationen, Krisen, Damaskus-Erlebnissen und anderen existentiellen Wendepunkten. Diese „ontologischen Erfahrung[en]" (Fink 1949) können in den Schöpfungen der Kunst und der Literatur angemessener ausgedrückt werden als in der begrifflichen Sprache der Wissenschaft. Schütz hat sich daher insbesondere mit bildenden Künstlern, etwa mit Van Gogh, Velasquez, Vermeer und mit Dichtungen etwa von Benn und Celan auseinandergesetzt und ihr Schaffen bildungstheoretisch und existential ausgelegt. Über die Frage nach der Ästhetik und dem Zusammenhang von Bild und Bildung hinaus wird die elementar-anthropologische, existentialphänomenologische Perspektive bei Schütz für sprachkritische und ethische Überlegungen relevant. Diese werden in dezidierter Auseinandersetzung insbesondere mit dem Poststrukturalismus ausgearbeitet, v.a. mit Foucault, Derrida, Levinas, Baudrillard und Wittgenstein (vgl. Schütz 2017c, 2017d, 2017e).

Für eine Theorie der Bildung bedeutet das: Bildung kann unter Bedingungen der anthropologischen Differenz und des anthropologischen Zirkels nicht (mehr) die „Einbildung" (Meister Eckart) höherer Ideen oder kultureller Gehalte oder Wahrheiten sein. Sie kann unter verschärften Bedingungen eines endlich-leiblichen, zu und in seiner Freiheit exponierten Wesens nur vorläufige, begrenzte Meinungsbildung sein (vgl. Schütz 1975). Bildung wird damit zu einem existentiell riskierten Akt der begrenzten Freiheit unter Bedingungen von Endlichkeit, Leiblichkeit und Koexistentialität. Erziehung wird von Schütz als ein koexistentielles Experiment gesehen, welches den Umgang des Menschen mit sich selbst und mit den anderen als unvollkommene Wesen übt. Schütz wendet dazu insbesondere die phänomenologischen Methoden der Reduktion und Variation an: Der eigene Blick sowie unterschiedliche wissenschaftliche Theorien und Modelle werden kritisch auf ihre anthropologische Voraussetzungshaftigkeit hin befragt. Diese Vor-meinungen werden im Zuge einer skeptischen Epoché eingeklammert. Danach können unterschiedliche Perspektiven variiert werden. Das Zurücktreten von den eigenen und den theoretischen Vor-stellungen ermöglicht eine Variation unterschiedlicher Blickweisen auf die Sache selbst. Diese, so Schütz mit Heidegger, zeigt sich nie als Ganzes unverstellt, sondern gibt vor allem den Blick auf die Fragmentarität und Risshaftigkeit der eigenen Existenz frei, die sich trotz oder wegen der Zirkelhaftigkeit der Selbsterkenntnis praktisch in der Welt zu bewähren hat.

4 Phänomenologische Methodologie – Einlegen statt Auslegen

Unter dem Gesichtspunkt der Methodologie lässt sich bei Rombach, Fink, Loch und Schütz beobachten, wie die phänomenologische Methode der Reduktion und Variation für die Bildungs- und Erziehungstheorie wie auch für die Praxis fruchtbar gemacht werden kann. Damit gelingt es zum einen, ein nicht technisches und nicht instrumentelles Methodenverständnis in Abgrenzung zu empiristischen und psychologistischen Ansätzen zu Grunde zu legen. Zum anderen wird es dadurch möglich, die phänomenologische Erziehungswissenschaft von anderen humanwissenschaftlichen Ansätzen, insbesondere von der Hermeneutik, abzugrenzen und für poststrukturalistische Ansätze zu öffnen. Sinn, Verstehen und Auslegen sind zwar als Begriffe der Hermeneutik und der Phänomenologie gemeinsam. Die phänomenologische Beschreibung bezieht sich aber im Unterschied zur empirischen Beobachtung und zur hermeneutischen Auslegung auf intentionale Akte. Sie will

„dahinterkommen, wie es möglich ist, dass ein mit Leib, Seele, Bewusstsein und Selbstverständnis als Ich ausgestattetes Lebewesen wie der Mensch überhaupt solche Sinn gebenden Intentionen zum Ausdruck zu bringen vermag" (Loch 2001, S. 1198).

Die Hermeneutik und die an ihr orientierten rekonstruktiven Sozialwissenschaften hingegen praktizieren eine Auslegung von Vorhandenem und Bestehendem als Text. Die Phänomenologie vollzieht im Unterschied dazu die „Einlegung" von Sinn als produktive und prospektive Tätigkeit (Fink 1978, S. 13; Loch 2001, S. 1205; Brinkmann 2014, S. 217): *Einlegung* ist deshalb die konstitutive Aufgabe der phänomenologischen Beschreibung, die dadurch den Charakter einer „Zuschreibung" gewinnt (Loch 2001, S. 1198). Mit dem Begriff der Attribution, der Zuschreibung bzw. der Signifikation (Merleau-Ponty, vgl. Waldenfels 1993, S. 7) ist die phänomenologische Methodologie nahe an strukturalistische und ethnographische Forschungen gerückt. Diese Operationen gelten aber im Unterschied dazu nicht als problematisch für die Wahrheit und Richtigkeit der Forschung (Brinkmann 2015b). Es wird vielmehr der produktive und kreative Charakter phänomenologischen Forschens hervorgehoben. Dieser lässt sich Fink zufolge nur auf dem Boden einer reflexiven Verwendung der „operativen Begriffe" (Fink 2004) der Phänomenologie (Deskription, Reduktion, Variation) erreichen. Zugespitzt formuliert kann man sagen: die Hermeneutik ist rückwärtsgewandt und konservativ orientiert, die Phänomenologie produktiv und entwerfend.

Dahinter steht die phänomenologische Haltung, dass ein Phänomen in der Welt nie rein und unverstellt zur Erscheinung kommt, sondern immer verdeckt und „verschattet" (Fink 2004, S. 203). Die „Sache selbst" zeigt sich nicht von selbst, nicht als „Tatsache" (Fischer) eines ontologisch Gegebenen, das sich der Feststellung, Objektivierung und Erklärung preisgibt, auch nicht als Objektivation oder Verhalten, das sich rein beobachten und verstehen bzw. auslegen lässt. Das Phänomen als das, was sich zeigt (Heidegger), ist uns immer schon im Modus der Medialität übermittelt. Das Sehen eines Phänomens gründet auf unserer Wahrnehmung, das Verstehen auf unserer Erfahrung und die Beschreibung auf der Grammatik unserer Sprache. Eine rein sprachlich-hermeneutische Interpretation des Gegebenen (etwa eine etymologische) ist daher phänomenologisch gesehen ebenso verkürzt wie eine rein rekonstruktive Interpretation menschlichen sozialen Verhaltes, wie es etwa die Ethnographie unternimmt. Phänomenologische Deskription bezieht sich daher nicht nur auf die Beschreibung von Vorhandenem, Sichtbarem und Feststellbarem, sondern auch auf die Analyse der „operativen Begriffe" (Fink 2004). Intention und Attribution, Reduktion und Variation sind zentrale operative Begriffe der Phänomenologie. Erst über sie gelangt man über die Rekonstruktion von Bestehendem hinaus zu einer Konstitution von Sinn – auch im Erzieherischen.

Das methodologische Problem der phänomenologischen Erziehungswissenschaft wird damit reflexiv und differentiell bearbeitet, ohne es einer holistischen Lösung zuführen zu müssen. Neben der Annäherung an poststrukturalistische Fragestellungen, werden damit auch die wissenschaftstheoretischen Grundlagen für qualitativ-empirische Forschungen gelegt, wie sie in der phänomenologisch orientierten Erziehungswissenschaft ab den 1980er Jahren vermehrt und seit den 2000er Jahren im Kontext einer „theoretischen Empirie" betrieben werden (Brinkmann 2015a). Das epistemologische Problem der Pädagogik aber bleibt bestehen. Die unterschiedlichen Zugänge von Buck, Loch, Fink, Rombach und Schütz zeigen einmal mehr, dass eine grundlagentheoretische Bestimmung von Bildung bzw. Lernen und Erziehung für die Disziplin und Profession als unverzichtbar gesehen wird, dass aber eine systematische und phänomenologische Bestimmung auch nach der Überwindung des geisteswissenschaftlichen Ontologismus und Anthropomorphismus noch aussteht.

5 Neuere Ansätze – Lebenswelt, Zwischenleiblichkeit, Responsivität

In Deutschland werden in den 1980er und 1990er Jahren neue, genuin phänomenologische Ansätze in der Erziehungswissenschaft entwickelt, die mit den Namen Wilfried Lippitz und Käte Meyer-Drawe verbunden sind. Wie schon bei Egon Schütz zu beobachten, kommen nun als Referenzautoren über Husserl und Heidegger hinaus Merleau-Ponty, Waldenfels, Levinas, Derrida und Foucault in den Blick. Die Phänomene Sozialität, Leiblichkeit, Responsivität, Alterität, Genealogie und Macht werden systematisch für die phänomenologische Reflexion auf Lernen, Bildung und Erziehung fruchtbar gemacht. Insbesondere Waldenfels' Philosophie der Responsivität, mit der über die gängigen Konzepte von Regularität, Normativität, Kommunikativität und Pragmatismus der Anspruch des Anderen und des Fremden als Widerfahrnis in der Erfahrung in den Fokus tritt (vgl. Waldenfels 1998a), wird stark rezipiert. Waldenfels erweitert mit Merleau-Ponty und unter Berücksichtigung des französischen Poststrukturalismus das Husserl'sche Intentionalitätskonzept um eine Phänomenologie der Leiblichkeit, der Fremdheit und der Aufmerksamkeit (vgl. Waldenfels 1998b, 2001, 2005).

In der Pädagogik wird die transzendental- und subjektphilosophische Tradition zunehmend im Zuge der Öffnung für poststrukturalistische Ansätze einer kritischen Revision unterworfen und im Zuge einer sozialwissenschaftlichen und empirischen Wende für qualitative Forschung fruchtbar gemacht. Intersubjektivität wird als zentrale Kategorie entweder mit Bezug auf Merleau-Ponty als Zwischen-Leiblichkeit (vgl. Meyer-Drawe 1984/2001) oder in Bezug auf Waldenfels' Konzepte der Responsivität (vgl. Waldenfels 2007) und der Fremdheit (vgl. Waldenfels 1998a; Lippitz 2003c), oder in Bezug auf sozialwissenschaftliche und ethische Ansätze (Lippitz 1993c) eingeführt. Die frühen Untersuchungen von Meyer-Drawe und Lippitz widmen sich dem Eigensinn kindlichen In-der-Welt-seins (vgl. Lippitz 1984b) und kindlichen Lernens (vgl. Lippitz und Meyer-Drawe 1982). Unter den Leitaspekten der Leiblichkeit bzw. der Zwischenleiblichkeit (vgl. Meyer-Drawe und Waldenfels 1988) und der Differenz und Fremdheit (vgl. Lippitz 2007) werden dominante Theorien kognitiven Lernens kritisiert – etwa die Piagets, mit dem das „wilde Denken" des Kindes gezähmt werden soll (vgl. Meyer-Drawe 1986).

Lippitz greift unter dem von Husserl entlehnten Titel der Lebenswelt in durchaus kritischer Abgrenzung geisteswissenschaftliche, hermeneutische (Utrechter Schule um Langeveld), phänomenologische (Husserl und Merleau-Ponty) und sozialwissenschaftliche Theoriestränge auf und macht sie für die phänomenologische theoretische und empirische Forschung fruchtbar (vgl. Lippitz 2003a). Lebenswelt meint zunächst das weltliche, gesellschaftliche und geschichtliche Situiertsein des Menschen in seinen praktischen Selbst- und Weltbezügen (vgl. Lippitz 1993b). Die lebensweltliche Praxis des Lernens und der Erziehung ist daher historisch und systematisch früher als ihre reflexiv-begriffliche Erfassung in Theorien. Dies führt (im Anschluss an Merleau-Ponty) zu einer phänomenologischen Bestimmung kindlichen Lernens (vgl. Lippitz 1999). Lippitz hat eine Reihe von lebensweltlich orientierten, qualitativen Studien zu unterschiedlichen pädagogischen Erfahrungsdimensionen vorgelegt. Er kann (im Anschluss an Muchows Forschungen der 1930er

Jahre) zeigen, wie die Sozialität des Kindes räumlich und zeitlich verankert ist (vgl. Lippitz 1989, 1993a). Dabei wird die Methode der Beschreibung unter dem Titel der „exemplarischen Deskription" mit Bezug auf Fischer, Langeveld und Buck in einem hermeneutisch-phänomenologischen Sinn neu bestimmt (vgl. Lippitz 1984a, 1993d). In den späteren Studien rücken Fragen der pädagogischen Ethik unter dem Titel „Fremdheit und Andersheit" in den Vordergrund. Mit der kritischen Rezeption des „Humanismus des anderen Menschen" von Emmanuel Levinas (1989) wird das bildende Verhältnis zu sich selbst (vgl. Lippitz 2008), zum Kind (vgl. Lippitz 2003b) und im intergenerationalen Bezug (Lippitz und Woo 2008) ethisch dimensioniert. Mit Lippitz beginnt die Aufarbeitung der Geschichte der phänomenologischen Erziehungswissenschaft von ihren Anfängen bis heute (vgl. Lippitz 2010, 2003d). Er hat darüber hinaus als einer der wenigen Erziehungswissenschaftler die phänomenologische Bewegung im deutschsprachigen und internationalen Kontext kritisch begleitet und Vertreter der Kontinentalphilosophie mit denen der anglo-amerikanischen Tradition ins Gespräch gebracht.

Käte Meyer-Drawe kann neben Lippitz als die vielleicht wirkmächtigste Vertreterin aktueller phänomenologischer Erziehungswissenschaft im deutschsprachigen Raum gelten. Sie hat auf der Grundlage einer an Merleau-Ponty orientierten Phänomenologie der Zwischenleiblichkeit Intersubjektivität im Lernen und Erziehen neu dimensioniert (vgl. Meyer-Drawe 1996a, 1996b). Im Anschluss an Husserl, Merleau-Ponty, Buck und Waldenfels, und unter Rückgriff auf Platon und Aristoteles, gelingt es Meyer-Drawe, eine Theorie des Lernens als Erfahrung bzw. des Lernens als Umlernen (vgl. Meyer-Drawe 1996a, 2003) zu entwickeln. Negativität im Erfahrungsprozess des Lernens wird im Horizont von Wahrnehmung und Leiblichkeit neu bestimmt (vgl. Meyer-Drawe 1984). In kritischer Aufnahme poststrukturalistischer Theorien von Foucault und Lacan wird das neuzeitliche Identitätsdenken (vgl. Meyer-Drawe 2000) sowie das aufklärerische Erziehungsziel der Autonomie als notwendige Illusion charakterisiert (vgl. Meyer-Drawe 1990). Erziehung wird nun mit Foucault auch als Machtphänomen und Machtpraxis bestimmbar (vgl. Meyer-Drawe 2001). In genealogischen Analysen werden psychologische und neurowissenschaftliche Konzepte in ihren Allmachtsansprüchen kritisiert, ihr Reduktionismus und ihre Diskurs- und Definitionsmacht aufgedeckt und von einer pädagogisch-phänomenologischen Theorie des Lernens abgegrenzt (vgl. Meyer-Drawe 2008). Meyer-Drawes Ansatz des Umlernens wird von der Innsbrucker Vignettenforschung für eine Empirie der bildenden Erfahrung fruchtbar gemacht (vgl. Schratz et al. 2012).

Aktuelle Ansätze in der Phänomenologischen Erziehungswissenschaft knüpfen an Waldenfels, Lippitz und Meyer-Drawe an. Kristin Westphal nimmt auf der Grundlage einer an Waldenfels orientierten Phänomenologie des Leibes und einer

Anthropologie der Sinne ästhetische Erfahrungen im Lernen und Erziehen in den Blick (vgl. Westphal 2001, 2002, 2010). Ursula Stenger untersucht mit Rückgriff auf Rombach schöpferische Prozesse in frühkindlichen Erfahrungen und Erziehungsprozesse in Kindergärten und Kindertagesstätten (vgl. Stenger 2002, 2015). Anselm Böhmer arbeitet im Anschluss an Fink und Patočka an einer phänomenologisch orientierten Didaktik und an einer a-subjektiven Bildungstheorie (vgl. Böhmer 2002, 2010). Klaus Stieve widmet seine Studien der bildenden Dingerfahrung im kindlichen Welt- und Selbstverhältnis im Horizont einer ethnographisch-phänomenologischen Kindheitsforschung (vgl. Stieve 2008, 2010). Malte Brinkmann schließlich macht die phänomenologische Orientierung in epistemologischer und methodologischer Hinsicht fruchtbar für eine Theorie und Empire der pädagogischen Erfahrung (vgl. Brinkmann 2015a). Auf der Grundlage einer phänomenologischen Theorie der Übung (vgl. Brinkmann 2012b) werden temporale, leibliche und machtförmige Erfahrungen im Lernen und Erziehen im Rahmen einer phänomenologischen Videographie in der Pädagogik untersucht (vgl. Brinkmann 2015b).

Die epistemologische und methodologische Frage der Erziehungswissenschaft wird auch in den neueren Ansätzen diskutiert und reflektiert. Dies geschieht in kritischer Rezeption traditioneller phänomenologischer Ansätze und in der Aufnahme insbesondere ethischer und machttheoretischer Konzepte des Poststrukturalismus. Die epistemologische Frage nach dem Gegenstand wird gegen den Ontologismus und Anthropologismus früherer Ansätze Fischers oder Bollnows als Frage nach der Relationalität und Intersubjektivität in pädagogischen Kontexten und Situationen verhandelt. Pädagogischer Bezug, Erziehen, Lernen und Üben als Erfahrensprozesse werden im Horizont von Leiblichkeit, Responsivität, Fremdheit und Macht bestimmbar und von anderen humanwissenschaftlichen Zugängen kritisch abgegrenzt. Epistemologie wird durch Genealogie ergänzt. Damit erreicht die Reflexion auf Grundbegriffe und Gehalt der Disziplin und Profession ein neues Niveau der Reflexivität, ohne aber endgültige Antworten liefern zu können. Diese werden auch dadurch erschwert, dass sich nun auch innerhalb der phänomenologischen Erziehungswissenschaft Prozesse der Differenzierung und Pluralisierung finden, die die Disziplin als Ganzes schon lange beschäftigen. Die epistemologische und genealogische Reflexivität der phänomenologischen Erziehungswissenschaft wird auf der methodologischen Ebene nicht eingeholt. Hier stehen noch Differenzierungs- und Bestimmungsbewegungen im Verhältnis zum Poststrukturalismus und zur Sozialforschung, etwa zur Ethnographie (vgl. Stieve 2010; Brinkmann 2011), aus.

6   Schluss

Schon in der Deskriptiven Pädagogik Aloys Fischers von 1914 zeigt sich die epistemologische Frage nach dem Gegenstand und dem Kern der pädagogischen Disziplin und Profession in enger Verbindung mit der methodologischen. Beide Fragen
gehören seither zum Grundbestand phänomenologischer Erziehungswissenschaft.
Sie bekommen bei Bollnow und Langeveld eine anthropologisierende und onto-
logisierende Antwort. Der geisteswissenschaftliche Konservativismus und Tra-
ditionalismus wird zunächst in Bucks Theorie des induktiven Erfahrungslernens
und dann v.a. von Rombachs Strukturpädagogik und Finks Sozialphänomenologie
überwunden. Fink kann deutlich machen, dass die phänomenologische Epistemologie und Methodologie bisher noch wenig ausgeschöpfte produktive Potentiale
für die theoretische und empirische Erziehungswissenschaft bereithält. In Bucks
Theorie des Erfahrungslernens, in Lochs biographischer Erziehungstheorie und in
Schütz' existentialkritischem Ansatz werden auf jeweils unterschiedliche Weise
Lernen, Erziehung und Existenz neu bestimmt. Zugleich werden hier die methodologischen Aspekte deutlich, in denen sich der phänomenologische Zugang mit hermeneutischen und sozialwissenschaftlichen verbindet und sich von ihnen unterscheidet. Bei Lippitz und Meyer-Drawe sowie bei den aktuellen Vertretern der
phänomenologischen Orientierung gelangt sowohl die epistemologische als auch
die methodologische Reflexion auf ein neues Niveau. Im Zuge einer sozialtheore-
tischen Umorientierung werden diese Fragen nicht mehr ontologisierend, sondern
relational im Horizont von Leiblichkeit, Responsivität, Fremdheit und Macht gefasst. Die phänomenologische Teildisziplin der Erziehungswissenschaft kann damit auch heute zur Verwissenschaftlichung und Autonomisierung unserer Disziplin beitragen, indem eine genauere phänomenale Bestimmung ihrer Gehalte und
Begriffe in Abgrenzungen zu anderen Disziplinen und Professionen geleistet wird.
    Abschließend möchte ich anmerken, dass diese Narration als Zusammenstel-
lung zu verstehen ist – im ursprünglich griechischen Sinne als *systema*. Sie erhebt
nicht den Anspruch auf Vollständigkeit und Endgültigkeit. Auch heute gilt noch
das Wort von Rombach aus dem Jahre 1979: Eine umfassendere und „konsequente
pädagogische Zusammenstellung und Auswertung [der phänomenologischen Ansätze in der Pädagogik; MB] steht leider noch aus" (Rombach 1979, S. 141).

Literatur

Benner, Dietrich. 2005. *Erziehung – Bildung – Negativität. Zeitschrift für Pädagogik 49. Beiheft.*

Böhmer, Anselm. 2002. *Kosmologische Didaktik: Lernen und Lehren bei Eugen Fink.* Würzburg: Königshausen & Neumann.

Böhmer, Anselm. 2010. Bildung im Modus des „Erscheinen als solchem" (Patočka) – Anmerkung zu asubjektiven Kategorien von Bildung. In *Erziehung. Phänomenologische Perspektiven*, hrsg. M. Brinkmann, 93–114. Würzburg: Königshausen & Neumann.

Bollnow, Otto F. 1959. *Existenzphilosophie und Pädagogik. Versuch über unstetige Formen der Erziehung.* Stuttgart: Kohlhammer.

Bollnow, Otto F. 1963. *Mensch und Raum.* Stuttgart: Kohlhammer.

Bollnow, Otto F. 1978. *Vom Geist des Übens. Eine Rückbesinnung auf elementare didaktische Erfahrungen.* Freiburg i. Br.: Herder.

Bollnow, Otto F. 2001. *Die pädagogische Atmosphäre. Untersuchungen über die gefühlsmässigen zwischenmenschlichen Voraussetzungen der Erziehung.* Essen: Die Blaue Eule.

Brinkmann, Malte. 2010. Phänomenologische Forschungen in der Erziehungswissenschaft. In *Erziehung. Phänomenologische Perspektiven*, hrsg. M. Brinkmann, 7–19. Würzburg: Königshausen & Neumann.

Brinkmann, Malte. 2011. Pädagogische Erfahrung – Phänomenologische und ethnographische Forschungsperspektiven. In *Einsätze theoretischer Erziehungswissenschaft*, hrsg. I. M. Breinbauer und G. Weiß, 61–78. Würzburg: Königshausen & Neumann.

Brinkmann, Malte. 2012a. Beraten – Fragen – Lernen. Zur triangulären Struktur der generativen Erfahrung in der Phänomenologie des Kindes, des Alterns und bei Eugen Fink. In *In statu nascendi. Geborensein und die intergenerative Dimension des menschlichen Miteinanders*, hrsg. T. Shchyttsova, 205–230. Nordhausen: Traugott Bautz.

Brinkmann, Malte. 2012b. *Pädagogische Übung. Praxis und Theorie einer elementaren Lernform.* Paderborn: Schöningh.

Brinkmann, Malte. 2014. Verstehen, Auslegen, Beschreiben zwischen Hermeneutik und Phänomenologie. Zum Verhältnis und zur Differenz hermeneutischer Rekonstruktion und phänomenologischer Deskription am Beispiel von Günter Bucks Hermeneutik der Erfahrung. In *Aus Erfahrung lernen. Anschlüsse an Günther Buck*, hrsg. S. Schenk und T. Pauls, 199–222. Paderborn: Schöningh.

Brinkmann, Malte. 2015a. Pädagogische Empirie. Phänomenologische und methodologische Bemerkungen zum Verhältnis von Theorie, Empirie und Praxis. *Zeitschrift für Pädagogik* 61 (4): 527–545.

Brinkmann, Malte. 2015b. Phänomenologische Methodologie und Empirie in der Pädagogik. Ein systematischer Entwurf für die Rekonstruktion pädagogischer Erfahrungen. In *Phänomenologische Erziehungswissenschaft. Theoretische und empirische Perspektiven*, hrsg. M. Brinkmann, S. S. Rödel, und R. Kubac. Bd. 1 der Reihe Phänomenologische Erziehungswissenschaft, hrsg. M. Brinkmann, W. Lippitz, und U. Stenger, 31–57. Wiesbaden: Springer VS.

Buck, Günther. 1981. *Hermeneutik und Bildung: Elemente einer verstehenden Bildungslehre.* München: Wilhelm Fink.

Buck, Günther. 1989. *Lernen und Erfahrung – Epagogik. Zum Begriff der didaktischen Induktion*, hrsg. E. Vollrath. Darmstadt: Wissenschaftliche Buchgesellschaft.

Buck, Marc F. 2012. *Einführung in die biographische Erziehungstheorie Werner Lochs*. Mit umfassender Bibliographie und Lehrveranstaltungsübersicht. Norderstedt: BOD.

Burchardt, Matthias. 2001. *Erziehung im Weltbezug. Zur pädagogischen Anthropologie Eugen Finks*. Würzburg: Königshausen & Neumann.

Copei, Friedrich. 1930/1962. *Der fruchtbare Moment im Bildungsprozess*. Heidelberg: Quelle & Meyer.

Dilthey, Wilhelm. 1997. *Der Aufbau der geschichtlichen Welt in den Geisteswissenschaften*. Frankfurt a. M.: Suhrkamp.

Faulstich-Wieland, Hannelore. 2007. *Martha Muchow – Leben und Werk*. Laudatio zur Einweihung der Martha-Muchow-Bibliothek der Fakultät für Erziehungswissenschaft, Psychologie und Bewegungswissenschaft der Universität Hamburg am 31.1.2007. https://www.ew.uni-hamburg.de/ueber-die-fakultaet/personen/faulstich-wieland/files/muchow.pdf; Zugegriffen: 19. September 2016.

Fink, Eugen. 1949. Zum Problem der ontologischen Erfahrung. In *Actas Del Primer Congreso Nacional De Filosofía, Marzo-Abril. Bd. 2*, 733–741. Mendoza: Nationale Universität von Cuyo.

Fink, Eugen. 1960. *Nietzsches Philosophie*. Stuttgart: Kohlhammer.

Fink, Eugen. 1970. *Erziehungswissenschaft und Lebenslehre*. Freiburg i. Br.: Rombach.

Fink, Eugen. 1974. *Traktat über die Gewalt des Menschen*. Frankfurt a. M.: Vittorio Klostermann.

Fink, Eugen. 1978. *Grundfragen der systematischen Pädagogik*, hrsg. E. Fink und F.-A. Schwarz. Freiburg i. Br.: Rombach.

Fink, Eugen. 1987. *Existenz und Coexistenz: Grundprobleme der menschlichen Gemeinschaft*. Würzburg: Königshausen & Neumann.

Fink, Eugen. 1989. Der Mensch als Fragment. In *Zur Krisenlage des modernen Menschen. Erziehungswissenschaftliche Vorträge*, hrsg. E. Fink, 29–47. Würzburg: Königshausen & Neumann.

Fink, Eugen. 1992. *Natur, Freiheit, Welt. Philosophie der Erziehung*, hrsg. F.-A. Schwarz. Würzburg: Königshausen & Neumann.

Fink, Eugen. 1995. *Grundphänomene des menschlichen Daseins*, hrsg. E. Fink und F.-A. Schwarz. Freiburg i. Br.: Alber.

Fink, Eugen. 2004. Operative Begriffe in Husserls Phänomenologie. In *Nähe und Distanz. Phänomenologische Vorträge und Aufsätze*, hrsg. F.-A. Schwarz, 180–204. Freiburg i. Br.: Alber.

Fischer, Aloys. 1912. Ziele und Grundsätze einer Erziehung des Auges. *Zeitschrift für pädagogische Psychologie und experimentelle Pädagogik* 13 (6) : 396–413.

Fischer Aloys. 1914/1961. Deskriptive Pädagogik. In *Aloys Fischer. Ausgewählte pädagogische Schriften*, hrsg. Th. Rutt, 137–154. Paderborn: Schöningh.

Fischer, Aloys. 1916. *Die Untersuchung des Gehörs und der musikalischen Fähigkeiten des Kindes*. Wien: Pädagogische Reform.

Fischer, Aloys. 1918. Über das Bauen und die Bauspiele von Kindern. *Zeitschrift für pädagogische Psychologie und Jugendkunde* 19 (4): 234–244.

Fischer, Aloys. 1923. Zur Theorie der emotionalen Bildung – am Beispiel: Dichtung in der Schulerziehung. *Zeitschrift für pädagogische Psychologie und Jugendkunde* 24 (4): 219–237.

Frost, Ursula. 2007. Allgemeine und fragmentarische Bildung. In *Urteilskraft und Pädagogik: Beiträge zu einer pädagogischen Handlungstheorie. Lutz Koch zum 65. Geburtstag*, hrsg. B. Fuchs und L. Koch, 197–212. Würzburg: Königshausen & Neumann.

Gadamer, Hans-Georg. 1990. *Hermeneutik I. Wahrheit und Methode. Grundzüge einer philosophischen Hermeneutik.* Tübingen: Mohr Siebeck.

Heidegger, Martin. 2001. *Sein und Zeit.* Tübingen: Max Niemeyer.

Herzog, Max. 1992. *Phänomenologische Psychologie. Grundlagen und Entwicklungen.* Heidelberg: Asanger.

Husserl, Edmund. 1939. *Erfahrung und Urteil. Untersuchungen zur Genealogie der Logik*, hrsg. L. Landgrebe. Prag: Academia.

Langeveld, Martinus J. 1968. *Studien zur Anthropologie des Kindes: Forschungen zur Pädagogik und Anthropologie.* Tübingen: Max Niemeyer.

Langeveld, Martinus J. 1973. *Einführung in die theoretische Pädagogik.* 8. Aufl. Stuttgart: Klett.

Levinas, Emmanuel. 1989. *Humanismus des anderen Menschen.* Hamburg: Felix Meiner.

Lippitz, Wilfried. 1980. *„Lebenswelt" oder die Rehabilitierung vorwissenschaftlicher Erfahrung: Ansätze eines phänomenologisch begründeten anthropologischen und sozialwissenschaftlichen Denkens in der Erziehungswissenschaft.* Weinheim/Basel: Beltz.

Lippitz, Wilfried. 1984a. Exemplarische Deskription – die Bedeutung der Phänomenologie für die erziehungswissenschaftliche Forschung. *Pädagogische Rundschau* 38 (1): 3–22.

Lippitz, Wilfried. 1984b. *Kind und Welt: Phänomenologische Studien zur Pädagogik.* Königstein/Ts.: Forum Academicum.

Lippitz, Wilfried. 1989. Räume – von Kindern erlebt und gelebt. Aspekte einer Phänomenologie des Kinderraums. In *Phänomene des Kinderlebens. Beispiele und methodische Probleme einer pädagogischen Phänomenologie*, hrsg. W. Lippitz und C. Rittelmeyer, 93–106. Bad Heilbrunn: Klinkhardt.

Lippitz, Wilfried. 1993a. Das Zeiterleben von Kindern. Zur phänomenologischen Methode der exemplarischen Deskription. In *Phänomenologische Studien in der Pädagogik*, hrsg. W. Lippitz, 131–143. Weinheim: Deutscher Studienverlag.

Lippitz, Wilfried. 1993b. „Lebenswelt" – kritisch betrachtet. Ein Wort und viele Konzeptionen. Zur Karriere eines Begriff in der Sozialforschung. In *Phänomenologische Studien in der Pädagogik*, hrsg. W. Lippitz, 48–74. Weinheim: Deutscher Studienverlag.

Lippitz, Wilfried. 1993c. *Phänomenologische Studien in der Pädagogik.* Weinheim: Deutscher Studienverlag.

Lippitz, Wilfried. 1993d. „Zu den Sachen selbst!" Phänomenologische Forschungen in der Pädagogik. In *Phänomenologische Studien in der Pädago*gik, hrsg. W. Lippitz, 13–47. Weinheim: Deutscher Studienverlag.

Lippitz, Wilfried. 1997. Between "Unitary Reason" and its Pluralistic Development. In *Phenomenology and educational discourse*, hrsg. D. Vandenberg, 67–100. Durban: Heinemann Higher and Further Education.

Lippitz, Wilfried. 1999. Aspekte einer phänomenologisch orientierten pädagogisch-anthropologischen Erforschung von Kindern. Anmerkungen zur aktuellen These der Kindheitsforschung: das Kind als „sozialer Akteur". *Vierteljahrsschrift für wissenschaftliche Pädagogik* 75 (2): 238–247.

Lippitz, Wilfried. 2003a. Die phänomenologisch orientierte Pädagogik Martinus Jan Langevelds auf dem Weg zur lebensweltlichen pädagogischen Forschung. „Integrale Pädagogik" im Zeichen ihrer Pluralisierung. In *Differenz und Fremdheit. Phänomenologische Studien in der Erziehungswissenschaft*, hrsg. W. Lippitz, 111–126. Frankfurt a. M.: Peter Lang.

Lippitz, Wilfried. 2003b. Differenz- und Fremderfahrung im Verhältnis von Kindern und Erwachsenen. Ausgewählte pädagogische Konzeptualisierungen und Modellierungen. In *Differenz und Fremdheit. Phänomenologische Studien in der Erziehungswissenschaft*, hrsg. W. Lippitz, 165–176. Frankfurt a. M.: Peter Lang.

Lippitz, Wilfried. 2003c. *Differenz und Fremdheit. Phänomenologische Studien in der Erziehungswissenschaft*. Frankfurt a. M.: Peter Lang.

Lippitz, Wilfried. 2003d. Phänomenologische Forschungen in der deutschen Erziehungswissenschaft. In *Differenz und Fremdheit. Phänomenologische Studien in der Erziehungswissenschaft*, hrsg. W. Lippitz, 15–42. Frankfurt a. M.: Peter Lang.

Lippitz, Wilfried. 2007. Foreignness and Otherness in Pedagogical Contexts. *Phenomenology & Practice* 1 (1): 76–96. https://ejournals.library.ualberta.ca/index.php/pandpr/article/view/19806. Zugegriffen: 19. September 2016.

Lippitz, Wilfried. 2008. Bildung und Alterität. In *Handbuch der Erziehungswissenschaft. Bd. 1, Grundlagen Allgemeine Erziehungswissenschaft*, hrsg. U. Frost und G. Mertens, 273–288. Paderborn: Schöningh.

Lippitz, Wilfried. 2010. Aloys Fischer (1880–1937). ‚Deskriptive Pädagogik' oder ‚Prinzipienwissenschaft von der Erziehung'. Zu den Anfängen phänomenologischer Forschungen in der Erziehungswissenschaft. In *Erziehung. Phänomenologische Perspektiven*, hrsg. M. Brinkmann, 23–38. Würzburg: Königshausen & Neumann.

Lippitz, Wilfried und Käte Meyer-Drawe. 1982. *Lernen und seine Horizonte*. Königstein: Scriptor.

Lippitz, Wilfried und Jeong-Gil Woo. 2008. Pädagogischer Bezug. Erzieherisches Verhältnis. In *Handbuch der Erziehungswissenschaft. Bd. 1, Grundlagen Allgemeine Erziehungswissenschaft*, hrsg. U. Frost und G. Mertens, 405–420. Paderborn: Schöningh.

Loch, Werner. 1979. *Lebenslauf und Erziehung*. Essen: Neue Deutsche Schule.

Loch, Werner. 1980. Der Mensch im Modus des Könnens. Anthropologische Fragen pädagogischen Denkens. In *Diskussion Pädagogische Anthropologie*, hrsg. E. König und H. Ramsetahler, 191–225. München: Fink.

Loch, Werner. 1988. Das Vaterbild im Lebenslauf. Möglichkeiten einer Rolle – Wirklichkeit eines Seins. In *Die Bedeutung biographischer Forschung für den Erzieher*, hrsg. J. Dikow, 32–52. Münster: Münstersche Gespräche.

Loch, Werner. 1998. Die Allgemeine Pädagogik in phänomenologischer Hinsicht. In *Theorien und Modelle der Allgemeinen Pädagogik. Eine Orientierungshilfe für Studierende der Pädagogik und in der pädagogischen Praxis Tätige*, hrsg. W. Brinkmann und J. Petersen, 308–333. Donauwörth: Auer.

Loch, Werner. 2001. Pädagogik, phänomenologische. In *Pädagogische Grundbegriffe. Bd. 2*, hrsg. D. Lenzen, 1196–1219. Reinbek: Rowohlt.

Meyer-Drawe, Käte. 1984. Der fruchtbare Moment im Bildungsprozess. Zu Copeis phänomenologischem Ansatz pädagogischer Theoriebildung. In *Beschreiben – Verstehen – Handeln. Phänomenologische Forschungen in der Pädagogik*, hrsg. H. Danner und W. Lippitz, 91–151. München: Gerhard Röttger.

Meyer-Drawe, Käte. 1984/2001. *Leiblichkeit und Sozialität. Phänomenologische Beiträge zu einer pädagogischen Theorie der Inter-Subjektivität*. München: Fink.

Meyer-Drawe, Käte. 1986. Zähmung eines wilden Denkens? Piaget und Merleau-Ponty zur Entwicklung kindlicher Rationalität. In *Leibhaftige Vernunft. Spuren von Merleau-Pontys Denken*, hrsg. A. Métraux und B. Waldenfels, 258–275. München: Fink.

Meyer-Drawe, Käte. 1990. *Illusionen von Autonomie. Diesseits von Ohnmacht und Allmacht des Ich*. München: Kirchheim.

Meyer-Drawe, Käte. 1996a. Vom anderen lernen. Phänomenologische Betrachtungen in der Pädagogik. In *Deutsche Gegenwartspädagogik. Bd. 2*, hrsg. M. Borrelli und J. Ruhloff, 85–100. Baltmannsweiler: Schneider-Hohengehren.

Meyer-Drawe, Käte. 1996b. Welt-Rätsel. Merleau-Pontys Kritik an Husserls Konzeption des Bewusstseins. In *Die Freiburger Phänomenologie*, hrsg. W. E. Orth und O. Pöggeler, 194–221. Freiburg i. Br.: Alber.

Meyer-Drawe, Käte. 2000. Bildung und Identität. In *wir/ihr/sie. Identität und Alterität in Theorie und Methode*, hrsg. W. Eßbach, 139–150. Würzburg: Ergon.

Meyer-Drawe, Käte. 2001. Erziehung und Macht. *Vierteljahrsschrift für wissenschaftliche Pädagogik* 77 (4): 446–455.

Meyer-Drawe, Käte. 2003. Lernen als Erfahrung. *Zeitschrift für Erziehungswissenschaft* 6 (4): 505–514.

Meyer-Drawe, Käte. 2004. Phänomenologische Erziehungswissenschaft. In *Wörterbuch Erziehungswissenschaft*, hrsg. C. Grunert und H.-H. Krüger, 376–381. Wiesbaden: Springer VS.

Meyer-Drawe, Käte. 2008. *Diskurse des Lernens*. München: Klinkhardt.

Meyer-Drawe, Käte und Bernhard Waldenfels. 1988. Das Kind als Fremder. *Vierteljahrsschrift für wissenschaftliche Pädagogik* 64 (3): 271–287.

Meyer-Wolters, Hartmut. 1992. *Koexistenz und Freiheit. Eugen Finks Anthropologie und Bildungstheorie*. Würzburg: Königshausen & Neumann.

Meyer-Wolters, Hartmut. 1997. Selbstbestimmung als Notlösung. Zur Aktualität des anthropologischen und bildungstheoretischen Denkens von Eugen Fink. *Vierteljahrsschrift für wissenschaftliche Pädagogik* 73 (3): 206–225.

Muchow, Martha. 1998. *Der Lebensraum des Großstadtkindes*. Weinheim/Basel: Beltz.

Reichenbach, Roland. 2001. *Demokratisches Selbst und dilettantisches Subjekt. Demokratische Erziehung und Bildung in der Spätmoderne*. Münster: Waxmann.

Rödel, Sales. 2015. Scheitern, Stolpern, Staunen. Zur Produktivität der Negativität. In *Berliner-Brandenburger Beiträge zur Bildungsforschung 2015*, hrsg. J. Stiller und Ch. Laschke, 29–56. Frankfurt a. M. u.a.: Peter Lang.

Rombach, Heinrich. 1979. Phänomenologische Erziehungswissenschaft und Strukturpädagogik. In *Erziehungswissenschaft der Gegenwart. Prinzipien und Perspektiven moderner Pädagogik*, hrsg. K. Schaller, 136–154. Bochum: Kamp.

Schenk, Sabrina und Torben Pauls. 2014. *Aus Erfahrung lernen. Anschlüsse an Günther Buck*. Paderborn: Schöningh.

Schratz, Michael, Johanna F. Schwarz, und Tanja Westfall-Greiter. 2012. *Lernen als bildende Erfahrung. Vignetten in der Praxisforschung*. Mit einem Vorwort von Käte Meyer-Drawe. Innsbruck: Studien Verlag.

Schütz, Egon. 1975. *Freiheit und Bestimmung. Sinntheoretische Reflexionen zum Bildungsproblem*. Düsseldorf-Benrath: Henn.

Schütz, Egon. 1991. Humanismus als „Humanismuskritik". *Zeitschrift für Pädagogik* 37: 1–11.

Schütz, Egon. 1995. *Der Mensch als Fragment. Zur Anthropologie und Pädagogik Eugen Finks*. Vorlesung im SoSe 1995. Egon-Schütz-Archiv, Universität Köln. (Online verfügbar unter www.egon-schuetz-archiv.uni-koeln.de).

Schütz, Egon. 2017a. *Anthropologie und technische Bildung. Zum pädagogischen Werk und Vermächtnis Eugen Finks*. In Existenzialkritische Pädagogik. Phänomenologische Schriften zur anthropologischen Praxis von Bildung, Kunst, Sprache und Humanismus, hrsg. M. Brinkmann, Band 2 der Reihe „Phänomenologische Erziehungswissenschaft". Wiesbaden: Springer VS.

Schütz, Egon. 2017b. *Humanismus als anthropologische Herausforderung. Eine Zwischenüberlegung*. In Existenzialkritische Pädagogik. Phänomenologische Schriften zur anthropologischen Praxis von Bildung, Kunst, Sprache und Humanismus, hrsg. M. Brinkmann, Band 2 der Reihe „Phänomenologische Erziehungswissenschaft". Wiesbaden: Springer VS.

Schütz, Egon. 2017c. *Vom Eigen-Sinn der Sprache. Eine Impression*. In Existenzialkritische Pädagogik. Phänomenologische Schriften zur anthropologischen Praxis von Bildung, Kunst, Sprache und Humanismus, hrsg. M. Brinkmann, Band 2 der Reihe „Phänomenologische Erziehungswissenschaft". Wiesbaden: Springer VS.

Schütz, Egon. 2017d. *Das Wort, die Schrift und der Tod. Fragen für Leser. Notiz zu Derrida*. In Existenzialkritische Pädagogik. Phänomenologische Schriften zur anthropologischen Praxis von Bildung, Kunst, Sprache und Humanismus, hrsg. M. Brinkmann, Band 2 der Reihe „Phänomenologische Erziehungswissenschaft". Wiesbaden: Springer VS.

Schütz, Egon. 2017e. *Das Rätsel der Welt im Schatten des Bewusstseins. Einige elementare Überlegungen zu Ich und Welt*. In Existenzialkritische Pädagogik. Phänomenologische Schriften zur anthropologischen Praxis von Bildung, Kunst, Sprache und Humanismus, hrsg. M. Brinkmann, Band 2 der Reihe „Phänomenologische Erziehungswissenschaft". Wiesbaden: Springer VS.

Stenger, Ursula. 2015. Der Einbruch des „Schrecklichen". Imaginäre Räume in der Krippe. In *Grenzerfahrungen*, 2. Aufl., hrsg. M. Brinkmann und K. Westphal, 67–86. Weinheim/Basel: Beltz.

Stieve, Claus. 2008. *Von den Dingen lernen: Die Gegenstände unserer Kindheit*. Paderborn: Fink.

Stieve, Claus. 2010. Sich von Kindern irritieren lassen. Chancen phänomenologischer Ansätze für eine Ethnographie der frühen Kindheit. In *Frühkindliche Lernprozesse verstehen: Ethnographische und phänomenologische Beiträge zur Bildungsforschung*, hrsg. G. E. Schäfer und R. Staege, 23–50. Weinheim/München: Beltz.

Tippelt, Rudolf. 2004. *Zur Tradition der Pädagogik an der LMU München. Aloys Fischer, allgemeiner Pädagoge und Pionier der Bildungsforschung (1880–1937)*. München: Utz.

Waldenfels, Bernhard. 1993. Einleitung zur deutschen Ausgabe. In *Die Prosa der Welt*, hrsg. M. Merleau-Ponty. München: Fink.

Waldenfels, Bernhard. 1998a. *Antwort auf das Fremde. Grundzüge einer responsiven Phänomenologie: Anspruch des Anderen: Perspektiven phänomenologischer Ethik*. München: Fink.

Waldenfels, Bernhard. 1998b. *Grenzen der Normalisierung. Studien zur Phänomenologie des Fremden*. Frankfurt a. M.: Suhrkamp.

Waldenfels, Bernhard. 2001. *Das leibliche Selbst: Vorlesungen zur Phänomenologie des Leibes*. Frankfurt a. M.: Suhrkamp.

Waldenfels, Bernhard. 2005. *Phänomenologie der Aufmerksamkeit*. Frankfurt a. M.: Suhrkamp.

Waldenfels, Bernhard. 2007. *Antwortregister*. Frankfurt a. M.: Suhrkamp.

Westphal, Kristin. 2001. Bildung als Antwortgeschehen. *Pädagogische Rundschau* 55 (5): 543–552.

Westphal, Kristin. 2002. *Wirklichkeiten von Stimmen. Grundlagen einer Theorie der medialen Erfahrung*. Frankfurt a. M. u.a.: Peter Lang.

Westphal, Kristin. 2010. Von der Notwendigkeit Fremdes zu erfahren. Auf/Brüche von Wissenschaft und Künsten im Dialog über Bildung. Am Beispiel einer Performance mit Kindern von Eva Meyer-Keller und Sybille Müller. In *Erziehung. Phänomenologische Perspektiven*, hrsg. M. Brinkmann, 203–216. Würzburg: Königshausen & Neumann.

Piero Bertolini and the Italian Phenomenological Movement in Education

Massimiliano Tarozzi

In this paper I focus on the work and legacy of Piero Bertolini, a body of thought that can be considered the most significant and complete expression of phenomenological education in Italy. At the same time, a renewed interest in the phenomenological approach in education (Costa 2015) has emerged in recent years, as evidenced by the launching of several book series on the subject[1].

After having briefly sketched the profile of Piero Bertolini and the origins of phenomenological thinking in the sphere of education in Italy, I will narrow my argument by focussing on two main areas in which Piero Bertolini conceived of phenomenology being applied to education: Phenomenology as an approach for understanding educational experience and the phenomenological contribution to an epistemology of pedagogical knowledge. Due to space limits, I will concentrate mostly on the latter and only briefly address the former.

Finally, after outlining some recent developments in Bertolini's legacy, I will conclude by mentioning several currently active examples of phenomenological thinking in education, primarily in relation to the Italian context.

---

[1] "Phenomenologica", edited by Vincenzo Costa and Elio Franzini, Editrice la Scuola in Brescia, with a section on Phenomenology and Education; "Vita emotiva e formazione" edited by Vanna Iori, Franco Angeli in Milan with an existential-phenomenological orientation, to name just two of them.

1   The Origins of Phenomenological Thinking in Italy

Phenomenology (Husserlian Phenomenology) arrived in Italy largely thanks to the distinctive interpretation carried out by the philosopher Antonio Banfi, who studied in Berlin in 1911 and 1912 and authored the first two articles introducing Husserl's thinking to Italian readers in 1923[2] (Mocchi 1990). For Banfi, phenomenology represented a third way between the culturally prevalent neo-idealistic approach, on one hand, and positivism on the other hand. Through the work of two main Italian philosophers, Benedetto Croce and Giovanni Gentile, neo-idealism was the leading discourse in that period, dominating philosophical and cultural space in Italy. Banfi held up phenomenology as an alternative, finding in its transcendental perspective a way of overcoming both the metaphysical foundations of reality characterizing idealism and the scientific objectivism characterizing positivism. In particular, he referred to phenomenology in multiple spheres including education (Banfi 1961) in an anti-idealistic way, asserting an autonomous space for educational science from mainstream philosophy, but within a scientific rigor distinct from the positivistic approach.

A second wave of phenomenological studies occurred in the late 50s, together with Existentialism and the discovery of *Crisis* and Husserl's unpublished papers; at this point, thanks in large part to Enzo Paci (University of Pavia, then in Milan), phenomenology represented an alternative to Neopositivism in the human sciences (Paci 1973; see also Madrussan 2005).

---

2   A. Banfi, 1923, *La tendenza logistica della filosofia tedesca contemporanea e le 'Ricerche logiche' di Edmund Husserl*, «Rivista di filosofia», XIV, 2, pp. 115-133, now in A. Banfi, *Filosofi contemporanei*, Firenze, Parenti, 1961, pp. 67-87. And *La fenomenologia pura di Edmund Husserl e l'autonomia ideale della sfera teoretica*, «Rivista di filosofia», XIV, 3, pp. 208-224, now in A. Banfi, *Filosofi contemporanei*, cit., pp. 88-106.

Figure 1　Waves of Italian Phenomenological Movement, © Massimiliano Tarozzi

2　Piero Bertolini. A Brief Profile

At the end of the decade, in 1958, Paci's student Piero Bertolini made his first attempt to apply a phenomenological approach to education with the book *Fenomenologia e Pedagogia* [*Phenomenology and Education*], which was reorganized 30 years later and published as *L'esistere pedagogico* [*Pedagogical existence*] (Bertolini 1988). At the beginning of this century, Bertolini summarized his personal journey and the development of the Italian phenomenological movement in education in a new book *Pedagogia fenomenologica. Genesi, sviluppo, orizzonti* [*Phenomenological pedagogy. Genesis, development, horizons*] (Bertolini 2001). Finally, his latest book on phenomenological education is *Per un lessico di pedagogia fenomenologica* [*Towards a lexicon of phenomenological pedagogy*] (Bertolini 2006), which he completed few months before his death in the form of a comprehensive dictionary of the key words associated with phenomenological education.

Bertolini combined his philosophical fellowship with Paci with practical educational experience: in the same period that he was carrying out an intellectual conversation with Paci, he also directed Europe's largest juvenile prison, located in Milan, for ten years. In addition to phenomenological thinking, this extraordinarily rich and challenging experience laid the foundations for an original perspective on phenomenological pedagogy as a rigorous science and educational approach.

At the end of the 60s, Bertolini was given a professorship at the University of Bologna, where he taught until he passed away in 2006. Throughout his career he combined theoretical and empirical research with practice and interventions in the field (of education). For many years he was particularly committed to developing the pedagogical organization of the preschool system in the Municipality of Bologna, which is one of the most significant examples of pedagogy in our country, providing an outstanding and very innovative pedagogical approach for preschools. At the same time, he also acted as educator and mentor for several generations of scholars. He was able to bring together a large group of scholars and collaborators who shared a common interest in the phenomenology of education and educational research (Dallari and Tarozzi 2001; Tarozzi 2006). I will return to his legacy shortly.

Bertolini – Short Chronology
- 1952 graduation in Philosophy, with E. Paci
- 1958 *Phenomenology and Education*
- 1958–1968 director of juvenile prison "Beccaria", Milan
- 1968 university of Bologna
- 1970s consultant of the Municipality of Bologna
- 1988 *L'esistere pedagogico*
- 1997 *Encyclopaideia. Journal of Phenomenology and Education*
- 2001 *Pedagogia fenomenologica*
- 2002 Centro studi Encyclopaideia, now Piero Bertolini
- 2006 death in Bologna

2.1   The main themes of Bertolini's thinking on phenomenological pedagogy

In his most complete book, *L'esistere pedagogico*, Bertolini devotes the first part to examining the contributions Husserl's thought made to pedagogy, finding that the philosopher's main impact has been on pedagogical epistemology. At that time, Bertolini was engaged in a political and scientific struggle to define the boundaries of autonomy for pedagogical knowledge, which had traditionally been included in either philosophy or the social sciences and therefore politically marginalized. In this context, Bertolini sought to give pedagogy a theoretical framework and a social-political power (Bertolini 1988) which until then had been very limited. He found in phenomenology the possibility to establish pedagogy as an autonomous science, but based on a different paradigm than the one characterizing the natural sciences. The main purpose of his theoretical reflection and educational action thus became the possibility of locating a rigor that would make it possible to think of pedagogy as a phenomenologically funded science and not a mere science of facts.

As a consequence, Bertolini argued that phenomenology offered a key contribution in two main fields:

1. Phenomenology as an educational approach offering an original phenomenological interpretation of educational experience.
2. Phenomenology as the theoretical framework for a pedagogical epistemology.

In this paper I focus in particular on the latter, which was the core of Bertolini's phenomenological thinking.

First, however, let me make a few comments about the former.

3   Phenomenology as an Educational Approach for Young Offenders

Bertolini, in keeping with his biography, always invited his students, including myself, to get their hands dirty with practice; in his opinion, educationalists should never close themselves up in the ivory tower of academia. Before entering university, I myself worked as an educator with young offenders and adolescents for many years. This is evident in his most practical books on social education such as *Per una pedagogia del ragazzo difficile* [*For a pedagogy of the difficult child*, 1965], then again in *Ragazzi difficili* [*Difficult children*, with L. Caronia, 1993], where he applies an educational approach explicitly inspired by a phenomenological perspective to both read the phenomenon of social distress, and develop a pedagogical intervention to deal with it.

Young deviant, misfits and child offenders are "difficult" not because they have social difficulties, but because they have difficulties becoming subjects. In helping them achieve subjecthood, Piero Bertolini overcomes psychological or sociological approaches or, more generally, all the causal or cause/effect logics that Husserl had likewise criticized that aim to identify the linear causes of social problems and propose appropriate behaviours for interiorizing them. For Bertolini, the subject in relation to the world and others is at the very centre of educational intervention. Here the Husserlian concept of intentionality as the ability to make sense of the world is vital: discomfort is a failure or incorrect functioning of intentional capacity; a distortion of intentionality due to either an 'excess of the world' (resulting in cutting themselves, distrust or failure) or an 'excess of I' (resulting in omnipotence, rebellion and violence). Therefore, the objective of educational intervention is not to address incorrect behaviours but to impact on the subjects' everyday lives. The educator should facilitate a transformation of the worldview, not teach "correct" behaviours. However, the process of constructing a renewed worldview is not free. There are constraints: the first is the very existence of the other, who limits and defines the self at the same time, and the body, which simultaneously unites and separates subjectivity and reality (Husserl's passive genesis of the construction of ego). The 1993 book offers some strategies and progressive stages for this educational process that is obviously focussed on the relationship between the educator and the educatee, and on fostering educational contexts that serve to broaden children's fields of experience, which are usually limited and oppressive. After gaining an adequate knowledge of children, educators should support them in deconstructing their closed worldviews and accompany them in reconstructing new ones, positive and full of existential optimism. To this end some strategies are useful, such as *beauty education*: An exposure to aesthetic experiences in both natural and artistic beauty, or even the *education to difficulty*: The dimension of the adventure is truly educational because it helps children to move away from the usual intentional capacity and builds new lived experiences (Bertolini 1989): in this sense, camping, hiking, trekking, survival courses etc. are very suitable activities that challenge children and push them to make new meanings of unexpected experiences. Bertolini clearly outlines strategies of educational intervention which he practiced during his time as director of the juvenile prison and are largely derived from previous experience in Scouting, about which he has written some important texts (Bertolini 1957; Bertolini and Panzini 2001; Bertolini et al. 2011).

Piero Bertolini has also applied a similar approach to early school education. Beyond an adult-centered perspective, for children 0-6 years old what are important are "fields of experience"[3] rather than objects of knowledge. It is important to empathically approach children's visions of the world with the understanding that they are subjects capable of intentioning the world, and to create pedagogical contexts for them in which they are free to have meaningful experiences (Bertolini 1984).

---

3   Within the current national law governing the pre-school system the phenomenological expression "fields of experience" is prevailing, also thanks to the influence of Bertolini's pedagogy.

4 Epistemology of Education

The subtitle of Bertolini's main book is "Reasons and limits of pedagogy as a phenomenologically based science". His phenomenological pedagogy was aimed at identifying the meaning of educational experience and building a pedagogy as a rigorous science. With this project, Piero Bertolini sought to counter two trends. On the one hand, the focus on spontaneity and improvisation, to consider educational practice as a technique that depends on the capacities and spontaneous or natural qualities of educators and, on the other hand, ideological or techno-scientific dogmatism: in Italy, the former has always been rooted in the strong ideological opposition between Catholic and Marxist pedagogies, the latter traditionally grounded in the neo-positivist paradigm, hence the need to carve out epistemological autonomy for pedagogy as the 'ontological region' of education and to provide a solid foundation for educational professions.

Bertolini's analysis begins from late Husserl, the Husserl of *Krisis*, relating his thoughts on the contemporary conditions of his times and the European Sciences. Piero Bertolini starts by outlining the "crisis" of culture and society and its relation to pedagogical action and thinking. In my opinion, this is perhaps the most dated and least interesting part, closely linked to the crisis of reason, a late existentialist vision typical of Enzo Paci's thinking in the late 50s.

The second chapter outlines the "Main sources of Husserl's thinking", which is followed by a chapter on the educational significance of Husserl's contribution. I do not have the space here to present over 100 dense pages in detail, so I am obliged to summarize. From Husserl in particular Bertolini takes up the rational-critical need of *Logische Untersuchungen* and *Ideen I*, the idea of reason as opposed to the dominant perspective of psychological and logical positivism, which he uses to found a philosophy as rigorous science.

The Husserlian notion of regional ontology (*Seinsregion*), then, provides Piero Bertolini with a framework to rigorously establish a phenomenological (eidetic) science of education that corresponds to the ontological region of educational experience. Finally, after a somewhat approximate discussion of the phenomenological-transcendental method drawn from *Ideen*, he presents the themes of the *transcendental constitution of I* (active and passive genesis) and of *Otherness*, as well as an outline of the notion of *empathy* (*Einfühlung*) to identify the elements that can reveal the educational value of Husserlian rationalism.

However, the main contribution made by both the 1958 text and, above all, the one published 30 years later, is the attempt to build a pedagogy as a rigorously founded science by conducting a phenomenological analysis of the educational experience and referring to an epistemological paradigm and idea of science that is consistent with phenomenology. The central, denser chapters of the book are devoted to this attempt.

Bertolini's phenomenological interpretation of the crisis highlights the need to reappraise subjectivity, placing autonomy against alienation and an inauthentic and other-directed life. However, phenomenology is not reduced to subjectivism. Every subjectivity (what Piero Bertolini calls "weak subjectivity") is found in intentional relations with the other and the world. Relationship is therefore at the very centre. The subject's consciousness is always "consciousness of..." something, "opening to..." someone, and the object should be understood as "revealing to..." somebody. Within this framework, Piero Bertolini asks, what is the ontological region (*Seinsregion*) of educational experience? How should we delimit the *Lifeworld*, that is, the place in which subjectivity meets the outside world, in order to find the *proprium* of educational experience from which to begin to delineate a rigorous science?

What follows is a phenomenological (not empirical) analysis of educational experience, aimed at identifying its "basic structures", the meaning units, which are intersubjective, always historical axes and not metaphysical ones. On the basis of this analysis, Bertolini proposes the following schema of the educational experience, which systematically combines the four main dimensions of the educational relationship: the individual dimension, the educator(s), the social community, the educatee(s), the culture, the object of the educational process, the instrument, and the way of communicating the content.

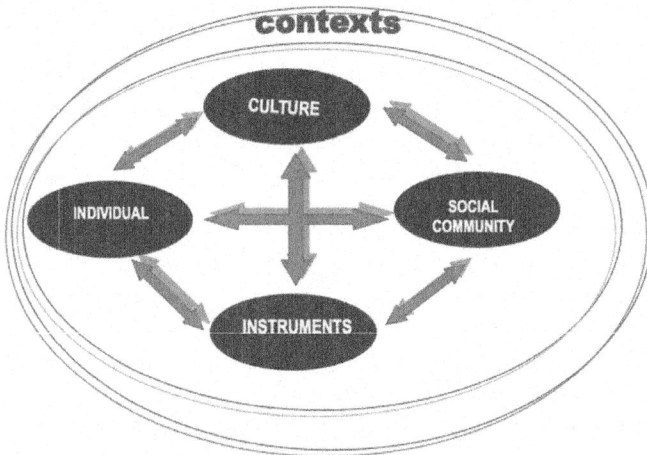

Figure 2 Bertolini's Scheme of Educational Experience, © Massimiliano Tarozzi

These basic structures are ontological dimensions, constitutive of educational experience, the "things themselves" of education, which Piero Bertolini calls meaning units or the *intentional original directions* of educational experience that underlie the pedagogical discourse. These axes emerge from the above scheme, its elements, their implications and meanings, and the relationships among them. According to Bertolini these correspond to: Systemicity, mutual relationship, possibility, sociability and irreversibility. I will not go into a careful examination of each of them here, suffice to say that each one has a "cognitive" function, to ascertain whether the forms of education are truly pedagogical, and a "methodological and praxical" one, indicating directions for action and guidelines for education practice. Along the path formed by these intentional directions Piero Bertolini builds a rigorous pedagogical discourse, a pedagogical science that he defines as an "empirical, eidetic and practical" science. He then goes on to thematize the characteristics of this autonomous science in order to identify the pedagogical skills and characteristics that make up the educator's professionalism.

The epistemological autonomy of pedagogy also has immediate practical consequence in the field of educational policy. It offers a scientific foundation and recognition to educational professionalism, its knowledge, practices, methods, preservice training paths, professional roles etc. Moreover, Bertolini expected that, by standing autonomously, a rigorous pedagogy would be able to move from the margins of social sciences to the mainstream and, although it has traditionally been marginalized in part due to its epistemological feebleness, it should now be able to dialogue 'on equal terms' (this is the tile of his last 2005 book) with other human and social sciences as well as natural sciences such as medicine and psychiatry (Bertolini 2005). Unfortunately, Bertolini's goal of strengthening the role of education among other sciences and enhancing the professionalism of educators and teachers by recognizing the epistemological roots of education as a science appears to represent an overambitious instance of wishful thinking in light of the current trend of systematically delegitimizing the scientific character of education.

5   The Italian Phenomenological Legacy – *Encyclopaideia*

Over the years, many researchers and scholars in education have engaged in the epistemological debate around the issue of phenomenology and education, following autonomous paths and developing original topics and approaches. At the end of the '80s Bertolini established a national group of scholars that meet regularly at the University of Bologna, and launched a journal "Encyclopaideia. Journal of Phenomenology and Education", founded in 1997, which I currently edit, as well as a series of books covering more than 20 titles, aimed at promoting the phenomenological approach in education. Within this group, some scholars have emphasised more existentialist directions (Iori 1988, 2006; Erbetta 1978, 1998), others more hermeneutical (Malavasi 1992; Dallari 2000) or socio-constructivist (Caronia 1997) ones. Over the years, members of this group have been involved in a wide range of subjects in the sciences of education: philosophy of education (Bertolini 1988; Iori 1988; Dallari and Bertolini, 1991), adult education (Demetrio 2000), schooling and curriculum (Bertolini 1994; Boselli 1991, 1998), aesthetics education (Dallari Francucci, 1998), research methodologies (Demetrio 1992; Caronia 1997; Mortari and Tarozzi 2010), playing and sport education (Farné 1989, 2008), care in education (Mortari 2002, 2015), emotions and feelings in education (Iori 2006), intercultural education (Demetrio 1997; Tarozzi 1998, 2005); and embodied theory (Francesconi and Tarozzi 2012).

Although his phenomenology was rooted mainly in Husserl's works, Piero Bertolini never proposed a unique and orthodox phenomenological perspective. For Bertolini, phenomenology was more a philosophical horizon or theoretical viewpoint rather than a precise philosophical tradition or systematic set of procedures. In thinking about the way he introduced us to the phenomenological pedagogy, I am reminded of a statement by Merleau-Ponty who, in *Qu'est ce que c'est la Phénoménologie?*, considered this philosophical approach first and foremost a stance or posture assumed by the researcher, a style of thinking: "phenomenology can be practiced and identified as a manner or style of thinking that it existed as a movement before arriving at complete awareness of itself as a philosophy" (Merleau-Ponty 1945/2002, p. 8). This highly typical non-dogmatic approach that has always characterized the phenomenological movement across the 20th century made it possible to take on different perspectives at the same time, but it also paved the way for the eventual dispersion of the group.

6   Conclusion. In what phenomenology is currently a living matter in education

In conclusion, during the twentieth century the phenomenological movement has undergone many cycles of birth and decline. The same was also true in Italy, from its early beginnings in the 20s, then the first theories of phenomenological pedagogy in the late 50s, then the Encyclopaideia group in the 90s. Today, phenomenology seems to be experiencing a new renaissance that goes beyond Italy. To some extent, it has something new to say to the Italian pedagogical community, something different than the post-modern discourse characterizing the end of the twentieth century. I would like to conclude with three brief examples, which I summarize as follows:

1. (Moderately) new realistic ontology for educational research. Beyond both postmodernism and neo-positivism
2. New insights for empirical research in education. As a philosophy of research, qualitative methodology and method.
3. Dialogue with neuroscience. Embodied theory beyond brain-based approaches.

In this conclusion I will address these examples briefly, with the awareness that they actually merit a deeper analysis.

1. Phenomenology today offers educational researchers a promising perspective that allows us to overcome the impasse into which anti-realist and relativistic visions such as postmodernism and social constructivism relegated educational thinking and research, without falling into an objectivist vision. Husserl describes phenomenology as a way of overcoming or even resolving all philosophical antitheses, including rationalism vs. empiricism and objectivism vs. subjectivism, or what now can be defined as empiricism vs. radical constructivism. Phenomenology can therefore be considered a middle path between antithetical extremes: neo-positivist objectivism on the one hand, which a-critically assumes the existence of objects in the world and believes that we might 'discover' the universal laws that govern them; and a sceptical and relativistic post-modern subjectivism on the other hand that denies the possibility of rigorous thinking about the world and impedes or thwarts the possibility of investigating phenomena in a way that goes beyond their discursive construction.

Phenomenology provides the researcher with signficant thoughts about ontological and epistemological questions. In particular, the basic ontological question of phenomenology, namely, *What is reality?*, is closely related to the main epistemological one, *How do we know what we know?* It is not true that the ontological problem only pertains to either a metaphysical or a positivistic perspective, and therefore falls outside the phenomenological sphere of interest. Phenomenology offers education a moderate form of realism. According to the Husserlian Italian philosopher Roberta de Monticelli, even though post-Heideggerian phenomenology is usually viewed as a philosophy that refutes ontology, in reality phenomenology *is* an ontology, the study of being and of real and possible things, since it focuses exclusively on the way in which things appear as well as the relationship between appearance and reality (De Monticelli 2007; De Monticelli and Conni 2008). Indeed, phenomenology is ontologically revolutionary as far as the relationship between appearance and reality is concerned.

According to the early Husserl, the Husserl of the Göttingen circle (Besoli and Guidetti 2001), phenomenological (moderate) ontology accepts the existence of things outside the mind that thinks about them. It is therefore a somewhat realistic ontology, within an uncertain form of knowledge. In sum, phenomenology offers a significant alternative to the excesses of epistemological subjectivism and ontological interpretativism. Phenomenology, as a method, aims to research rigorous knowledge and presupposes the existence of a phenomenon to which we are faithful. As Husserl states in *Ideas I*, faithfulness to the phenomenon is the 'principle of principles' (Husserl 1913/1983). Many postmodernists believe that a realistic ontology should inexorably correspond to an objectivist epistemology (Lincoln and Guba 1994). However, phenomenology goes beyond this antiscientific attitude, and instead allows the researcher and educational practitioner to accept the existence of the 'things themselves'. This is definitely a key and timely point for researchers in education.

2. Based on the previous epistemological framework, phenomenology provides new insights for empirical research in education. Although he was more philosopher than educational researcher, Piero Bertolini also identified empirical research as one of the sources of his phenomenological pedagogy (Bertolini 2001, p. 16). Phenomenology is a philosophy of research that offers a theory of experience and a methodology. It provides a careful stance on perceptions, processes of meaning-making and lived experience accounts (Mortari and Tarozzi 2010). At the same time, it also offers accurate descriptions of the profile of the things, which research in education has a particular need for. Phenomenology touches on all the elements involved in empirical research. In fact, phenomenology is an ontology: as we showed in point (1), it is also a theoretical framework and a philosophy of research (Crotty 1998) informing a research methodology, providing it with a context and grounding its logic and criteria. Phenomenology is also a methodology, a strategy or rational and organized process underlying the choice and use of particular methods. In north America in particular, several approaches have been developed for using phenomenology as a research strategy through work by Giorgi (1985, 2007), Van Manen (1990), Moustakas (1994) and more recently Smith (Smith and Osborne, 2008). Finally, phenomenology provides also methods or techniques for collecting and analyse data, such as phenomenological description, processes of meaning making, lived experience accounts, perception analysis etc.

Seeking a middle ground between constructivist subjectivism and its post-modern rhetoric and the temptations re-emerging from a hard-line objectivistic paradigm, phenomenology represents a theoretical framework and methodology that provides ontological and epistemological answers to fundamental questions about the epistemic nature of data, the meaning of collecting data and the relationship between researcher and researched that are consistent with methodological choices. Too often, researchers embrace either naïve realism or antiscientific relativism. Phenomenology invites educational researchers to not to take for granted the ontological and epistemological underpinnings of doing research, to consider the methodological choices embedded in educational research as always problematic and to avoid borrowing natural science's assumptions about reality, that is, adopting what Husserl called a "natural attitude". Even if do we accept the basic idea behind extreme constructivism, that there are no facts but only interpretations, however, there is no room for scientific thinking and rigorous empirical research itself is emptied of meaning. There is also no room for political critique and a commitment to justice (Tarozzi 2013). Those who ontologically refuse the existence of reality, disputing the rigorous processes of knowledge, end up willy-nilly reducing their research arena to a cynical, fantasy-based or disenchanted inner exploration, thus leaving the field open to those who instead take over reality by selling dreams and (small) narratives (Ferraris 2012).

3. Finally, a promising recent development regarding phenomenology in education can be found in the implications that embodied theory from a phenomenological perspective offer for education (Gallagher and Zahavi 2008; Francesconi and Tarozzi 2013). Embodied theory is considered a field in neurosciences, but its educational implications have not yet been sufficiently explored and phenomenology can potentially bridge this gap. Embodied theory can be seen as an interdisciplinary theoretical and methodological approach and hub for different disciplines and traditions at the intersection of two fields, phenomenology on the one hand and neuroscience on the other. It also enjoys significant influences from other non-scientific traditions such as Buddhism, as demonstrated by Francisco Varela and others in his seminal work *The embodied mind* (Varela et al. 1991), the volume in which he also introduced the notion of 'Neurophenomenology' that other scholars successfully adopted (Cappuccio 2006).

The tradition of phenomenological pedagogy has not yet properly grasped the potential of embodied theory for the educational experience and, conversely, philosophers and neuroscientists sensitive to embodied theory have not developed the fertile implications of this paradigm for educational thinking (Francesconi and

Tarozzi 2013). Furthermore, phenomenology can play a key role in avoiding a take-over by a brain-based approach toward the functional processes of cognitive learning and a hazardous 'neuroeducation' (Battro, Fischer and Léna 2008) based on a computational model of a disembodied brain. For these reasons, while we are carrying out pioneering research (Francesconi and Tarozzi 2012), we also advocate a double alliance between a post-constructivist phenomenology and neurocognitive sciences (through embodied theory) on the one hand, and between phenomenological pedagogy and the embodiment paradigm on the other hand (Francesconi and Tarozzi 2013). So far, this highly promising path has yet to be explored.

References

Banfi, A. 1961. *La problematicità dell'educazione e il pensiero pedagogico*. Firenze: La Nuova Italia.
Battro, A. M., K. W. Fischer, and P. Léna. 2008. *The educated brain: Essays in neuroeducation*. Cambridge, UK: Cambridge University Press.
Bertolini, P. 1957. *Educazione e scautismo*. Bologna: Malipiero.
Bertolini, P. 1958. *Fenomenologia e pedagogia*. Bologna: Edizioni G. Malipiero.
Bertolini, P. 1965. *Per una pedagogia del ragazzo difficile*. Bologna: Malipiero.
Bertolini, P. 1984. *L'infanzia e la sua scuola*. Firenze: La Nuova Italia.
Bertolini, P. 1988. *L'esistere pedagogico: Ragioni e limiti di una pedagogia come scienza fenomenologicamente fondata*. Firenze: La Nuova Italia.
Bertolini, P. 1989. *Fenomenologia dell'avventura: oltre il già dato*. In *Linee di fuga. L'avventura nella formazione umana*, ed. R. Massa. Firenze: La Nuova Italia.
Bertolini, P. and L. Caronia. 1993. *Ragazzi difficili. Pedagogia interpretativa e linee d'intervento*. Now reprinted for Franco Angeli, 2015.
Bertolini, P. Ed. 1994. *Sulla didattica*. Firenze: La Nuova Italia.
Bertolini, P. 2001. *Pedagogia fenomenologica: Genesi, sviluppo, orizzonti*. Firenze: La Nuova Italia.
Bertolini, P. and V. Panzini. 2001. *Pedagogia Scout. Attualità educativa dello scautismo*. Roma: Nuova Fiordaliso.
Bertolini, P. 2005. *Ad armi pari. La pedagogia a confronto con le altre scienze sociali*. Torino: UTET.
Bertolini, P. 2006. *Per un lessico di pedagogia fenomenologica*. Trento: Erikson.
Bertolini, S., R. Farnè, V. Pranzini, and F. Zampighi. 2011. *Leopardo Spensierato. Piero Bertolini e lo scautismo*. Roma: Nuova Fiordaliso.
Besoli, S. and L. Guidetti, Ed. 2000. *Il realismo fenomenologico: Sulla filosofia dei circoli di Monaco e Gottinga* . Macerata: Quodlibet.
Boselli, G. 1991. *Postprogrammazione*. Firenze: La Nuova Italia.
Boselli, G. 1998. A Phenomenological perspective on educational planning. In *Analecta Husserliana*, LIX, 333–342.
Cappuccio, M. Ed. 2006. *Neurofenomenologia. Le scienze della mente e la sfida dell'esperienza cosciente*. Milano: Bruno Mondadori.

Caronia, L. 1997. *Costruire la conoscenza: Interazione e interpretazione nella ricerca in campo educativo*. Firenze: La Nuova Italia.

Costa, V. 2015. *Fenomenologia dell'educazione e della formazione*. Brescia: Editrice La Scuola.

Crotty, M. 1998. *The Foundation of Social Research: Meaning and perspective in the research process*. London: Sage.

Dallari, M. and M. Tarozzi, Ed. 2001. *Dialoghi con Piero Bertolini*. Torino: Thélème.

Dallari, M. and P. Bertolini. 1991. *Pedagogia al limite*. Firenze: La Nuova Italia.

Dallari, M. and C. Francucci. 1998. *L'esperienza pedagogica dell'arte*. Firenze: La Nuova Italia.

Dallari, M. 2000. *I saperi e l'identità. Costruzione delle conoscenze e della conoscenza di sé*. Milano: Guerini.

De Monticelli, R. 2007. The phenomenological devolution and the emergence of persons. In *Encyclopaideia. Journal of phenomenology and education*. XI,22, 9–29.

De Monticelli, R. and C. Conni. 2008. *Ontologia del nuovo. La rivoluzione fenomenologica e la ricerca oggi*. Milano: Bruno Mondadori.

Demetrio, D. 1992. *Micropedagogia: La ricerca qualitativa in educazione*. Firenze: La Nuova Italia.

Demetrio, D. Ed. 1997. *Nel tempo della pluralità: Educazione interculturale in discussione e ricerca*. Firenze: La Nuova Italia.

Demetrio, D. 2000. *L'educazione interiore: Introduzione alla pedagogia introspettiva*. Firenze: La Nuova Italia.

Erbetta, A. 1978. *L'umanesimo critico di Antonio Banfi*. Milano: Marzorati.

Erbetta, A. 1998. *Educazione ed esistenza*. Torino: Il Segnalibro.

Farnè, R. 1989. *La scuola di Irene: Pace e guerra in educazione*. Firenze: La Nuova Italia.

Farnè, R. 2008. *Sport e formazione*. Milano: Guerini Scientifica.

Ferraris, M. 2012. *Manifesto per il nuovo realismo*. Roma-Bari: Laterza.

Francesconi, D. and M. Tarozzi. 2012. Embodied education: a convergence of phenomenological pedagogy and embodiment. *Studia Phaenomenologica* 12: 263–288.

Francesconi, D. and M. Tarozzi, Ed. 2013. Special Issue Embodiment e pedagogia. *Encyclopaideia* XVII (37).

Gallagher, S. and D. Zahavi. 2008. *Phenomenological Mind. An introduction to philosophy of mind and cognitive science*. London: Routledge.

Giorgi, A. 2007. The contrasting approaches of postmodernity and phenomenology to the limits of the empirical paradigm in psychology. *Encyclopaideia* XI (22): 31–52.

Giorgi, A. Ed. 1985. *Phenomenology and psychological research*. Pittsburgh: Duquesne University.

Guba, E. G. and Y. S. Lincoln. 1994. Competing paradigms in qualitative research. In *Handbook of qualitative research*, ed. N. K. Denzin and Y. S. Lincoln, 105–117. Thousand Oaks, CA: Sage.

Husserl, E. 1983. *Ideas pertaining to a Pure Phenomenology and to a Phenomenological Philosophy, First Book*, transl. F. Kersten. Dordrecht: Kluwer.

Iori, V. 1988. *Essere per l'educazione: Fondamenti di un'epistemologia pedagogica*. Firenze: La Nuova Italia.

Iori, V. 2006. *Nei sentieri dell'esistere: Spazio, tempo, corpo nei processi formativi*. Trento: Centro Studi Erickson.

Madrussan, E. 2005. *Il relazionismo come paideia: L'orizzonte pedagogico del pensiero di Enzo Paci*. Trento: Erickson.

Malavasi, P. 1992. *Tra ermeneutica e pedagogia*. Firenze: La Nuova Italia.

Merleau-Ponty, M. 2002. *Phenomenology of Perception*, transl. C. Smith, London: Routledge.

Mocchi, M. 1990. *Le Prime Interpretazioni Della Filosofia di Husserl in Italia Il Dibattito Sulla Fenomenologia, 1923-1940*. Firenze: La Nuova Italia. http://www.studiumanistici. unimi.it/files/_ITA_/Filarete/136.pdf. Accessed: September 19, 2016.

Mortari, L. 2015. *Filosofia della cura*. Milano: R. Cortina.

Mortari, L. 2002. *Aver cura della vita della mente*. Milano: La Nuova Italia. Now Roma: Carocci, 2013.

Mortari, L and M. Tarozzi, Ed. 2010. *Phenomenology as philosophy of research*. In *Phenomenology and Human Science Today*, 14–43. Bucharest: Zeta Books.

Moustakas, C. 1994. *Phenomenological research methods*. Thousand Oaks, CA: Sage.

Paci, E. 1973. *Diario fenomenologico*. Milano: Bompiani.

Smith, J. A. and M. Osborn. 2008. Interpretative phenomenological analysis. In *Qualitative Psychology: A Practical Guide to Methods*, 2nd edition, ed. J. A. Smith. London: Sage.

Tarozzi, M. 1998. *La mediazione educativa: Mediatori culturali tra uguaglianza e differenza*. Bologna: CLUEB.

Tarozzi, M. 2005. *Cittadinanza interculturale: Esperienza educativa come agire politico*. Firenze: La Nuova Italia.

Tarozzi, M. Ed. 2006. *Direzioni di senso. Studi in onore di Piero Bertolini*, Bologna: CLUEB, 2006.

Tarozzi, M. 2013. Fenomenologia dell'esperienza e della realtà. *Paideutika*. IX/17: 103–122.

Tarozzi, M. and L. Mortari, Ed. 2010. *Phenomenology and Human Science Research Today*. Bucharest: Zeta Books.

Van Manen, M. 1990. *Researching lived experience*, London, ON: Althouse, USA: SUNY Press.

Varela, F. J., E. Thompson, and E. Rosch. 1991. *The Embodied Mind. Cognitive Science and Human Experience*. Cambridge (MA): MIT Press.

Confrontational Partners?

On the Ties between Phenomenology and Pedagogy – Exemplifications through the Methodology of the Innsbruck *Vignette Research*

Johanna F. Schwarz

> *There is no sense behind the things, there exists no order beyond our concrete world, and there is no night of identity[1] and no sunshine state of reason that we can reach.*
> (Meyer-Drawe, 1997, p. 162)

"Among the phenomenologists I am the pedagogue, and among the pedagogues I am the phenomenologist!" – This statement by Käte Meyer-Drawe seems to describe well the ambivalent relation between the two disciplines: While pedagogical practice and pedagogical theory do not merge seamlessly into phenomenology, neither is this true the other way around. Currently, we can observe another renaissance in phenomenological thinking and research in education (cf. Rittelmeyer 1990; Waldenfels 1992; Fellmann 2006; Zahavi 2007). Petra Gehring emphasizes the fact that phenomenology has always drawn on many disciplines, and she advocates the confrontation of phenomenology with pedagogy and vice versa from which "both disciplines could profit a lot" (2011, p. 44).[2]

Gehring regards the work of Käte Meyer-Drawe as a perfect example for a fruitful symbiosis of pedagogy and phenomenology. This is why I intend to widely draw on her texts, in particular on her entry in the *Encyclopaedia of Phenomenology* in 1997. This due to of a combination of reasons: The first contact with this international community of pedagogues and educators practising phenomenology in 2009 in Freiburg was strongly dominated by her presence. Back then, my colleague from Innsbruck and I participated in the first symposium and, back then, we were widely ignorant of phenomenological thinking and traditions. I vividly

---

1   This is an allusion to Hegel, who speaks of the night as a condition in which all the cows are black, i.e. all the differences are nullified.

2   Translation Johanna F. Schwarz (JFS).

remember Käte Meyer-Drawe sitting next to us, who in turn agreed to come to Innsbruck and enter into a cooperation with the research community around the *Innsbruck Vignette Research* which has lasted ever since. Malte Brinkmann envisioned the emergence of the *Innsbruck School of Phenomenology* in our presence, which at the time seemed a compliment vastly out of reach; now I think we have walked a few miles in this direction. Meeting colleagues from the Netherlands, Scandinavia and Germany helped us both connect with the *Utrecht School* in the van Manen tradition from where we started and which we eventually abandoned,[3] and this then opened up potential phenomenological ties to our pedagogical concerns and work. Now, in 2015, discussing the ties between phenomenology and pedagogy constitutes a welcomed occasion to outline the phenomenological foundation of our research work in the *Innsbruck Vignette Research*.

In this contribution, I am going to explore the following: Which impact does the closure of the phenomenological tradition in thinking and research in education, in the 1920s, due to the Nazi-terror-regime, have on current pedagogical concerns? Why was human scientific pedagogy (*Geisteswissenschaftliche Pädagogik*) vilified as an "affirmative, uncritical and merely subjective way of reflection" (Meyer-Drawe 2001, p. 36)? Why have the subtle concepts of *Erfahrung* and *Verhalten* of scholars who had already been working in a phenomenological and gestalt-theoretical fashion in the 1930s been forgotten? As a first step, I will outline the ties between phenomenology and pedagogy in education in the German-speaking world historically. As a second step, I intend to focus on accomplished ties between phenomenology and pedagogy for the benefit of today's educational questions as exemplified in the work of Friedrich Copei. As a third and final step, I am going to relate our work of the *Innsbruck Vignette Research* to the outlined connections and pose some open questions for future consideration.

1 The History of Phenomenological Impacts on Pedagogy

The relation between pedagogy and phenomenology has been criticised repeatedly for a reduced reception of phenomenological thinking and a blurred use of the word *phenomenological*. Phenomenological theories in education stem from a variety of philosophies, and phenomenological thinking in pedagogy is everything but a homogeneous movement. Phenomenology is rather a method that *precedes*

---

3 Cf. part three of this contribution for a discussion of this methodological move in more detail.

rigid scientific analysis than one that is suitable to explore events and experiences. It was Wilfried Lippitz in particular, who systematically and explicitly dealt with *aporia* of phenomenological thinking within educational research and firmly contributed to rehabilitating lifeworldly experience with regard to pedagogical theory development (cf. Meyer-Drawe 2001).

Meyer-Drawe dates back early beginnings of connections between phenomenology and pedagogy in the German-speaking world to the works of Aloys Fischer and Rudolf Lochner in the first decades of the 20th century, who were mainly influenced by the early Husserl. They were concerned with developing something like a *Tatsachenwissenschaft* in pedagogy, a strict and rigid way of scientific analysis (*strenge Wissenschaft*) that is unbiased and modelled on the scientific ethos of physics. This attempt appealed to empirically oriented approaches rather than contributing to phenomenology within pedagogy.

The so-called *human scientific pedagogy* (geisteswissenschaftliche Pädagogik), realised in the works of Friedrich Copei and Theodor Litt, was strongly influenced by Wilhelm Dilthey and his disciple Herman Nohl. Litt was fascinated by Husserl's method of capturing "pure forms of ideas and of life as such" (Meyer-Drawe 1997, p. 158). Copei turned to the "phenomenological retrieval in revaluing lifeworldly experiences" and applied the *concept of the crises* for processes of education, learning and self-realization caused by conflicts between concrete lifeworld experience and scientific analysis (cf. ibid.). A phenomenological way of thinking enables us to look behind the opinions and taken-for-granted options on which both our everyday and scientific knowledge rests. In doing so, we arrive at new perspectives of the world but also of ourselves. Elevating "prescientific ways of experiencing" to a popular theory of *Bildung* unfortunately appealed to Nazi ideology and, as one consequence, created some sort of aversion to science, which will be discussed further in part two and three of this contribution.

After WWII, Otto Friedrich Bollnow explored anthropological and pedagogical theory by paying attention to dimensions widely inaccessible to scientific exploration such as the *pedagogical atmosphere, experience, space* and *time* by following Martin Heidegger. Some of his disciples, Jakob Muth, Werner Loch or Friedemann Maurer, for instance, conceptualised education as a process in which one inevitably undergoes crisis and emphasised the event-character (*das Ereignishafte*) of the encounter between educator and student. It was not until Heinrich Rombach and Eugen Fink that "an independent phenomenological pedagogy" (ibid., p. 158) was developed. According to Rombach, pedagogy must address the human being as a person, "as a structural unity of the fundamental possibilities of Dasein." (ibid.) To Eugen Fink, education cannot be derived from other phenomena but is a primordial phenomenon of social and human *praxis* and in this comparable to love, death, power, or labour.

Theodor Ballauf drew on Heidegger but was critical of overrating the subject in described pedagogical acts. He emphasized that pedagogical action is always risky. His disciple Klaus Schaller developed a concept of a pedagogy of communication based on phenomenological ideas. One of his core concepts, for instance, was the one of concrete intersubjectivity that both relativizes the impact of the educator and strengthens the contribution of the student. Schaller was also strongly influenced by Jan Patočka and Bernhard Waldenfels (cf. Meyer-Drawe 2001).

In the Netherlands, authors such as Martinus J. Langeveld created a strong interest in the patterns of children's experiences. He worked more intuitively than persistently in the phenomenological field. Langeveld objects conceptions such as Piaget's, for instance, that perceive children's experiences only as pre-stage experiences of the ones adults make. Pedagogues must not accept frequent misconceptions that children are "deficient deviations of the true potential of human existence", if they understand themselves as educators and teachers (Meyer-Drawe 2001, p. 48).[4] As pedagogues, we can neither regard the child as an enemy nor an anomaly of adults (cf. ibid.), but we must do everything to motivate the child to integrate into the adult world.

In a responsive understanding of the relationship between teaching and learning (Waldenfels 1994; Westphal 2015; Schratz et al. 2011; 2013; Christof and Schwarz 2013), children also modify how adults act.

> "The interactions with children are truly reciprocal and the ambiguous opportunities of children's actions contain a remarkable richness of perspectives; for instance, their frank interactions with objects that is still oriented towards their practical value. How freely they use language allows us to participate in a constitution of meaning in statu nascendi within which the perspective of adults is still rudimentary but, in fact, just one option among many." (Meyer-Drawe 2001, p. 49)[5]

---

4 Translation Johanna F. Schwarz (JFS).

5 Translation (JFS) of the German original: "[D]ie Inter-Aktionen mit Kindern [...] sind wahre wechselseitige [und die] ambiguosen Möglichkeiten kindlichen Handelns [enthalten] einen bemerkenswerten Reichtum an Perspektiven [...] wie etwa der freie Umgang mit Gegenständen, der noch gebrauchswertorientiert fixiert ist. Der freie Sprachvollzug läßt uns teilhaben an einer Bedeutungskonstitution in statu nascendi, innerhalb deren die Sicht der Erwachsenen zwar rudimentär, aber doch wesentlich nur als eine Möglichkeit unter anderen vorkommt." (Meyer-Drawe 2001, p. 49)

Langeveld's work led to the formation of the *Utrecht School* whose scholars widely draw on Heidegger and Gadamer. Their texts are both poetic and holistic in character and exemplified by the works of Ton Beekman, Max van Manen, and currently, by Tone Sævi and Norm Friesen.

A major breakthrough of phenomenology in pedagogy occurred in the late 1970s and early 1980s. (cf. Meyer-Drawe 1997, p. 160) Scholars sought an alternative to counteract the domination of bureaucracy and confidence in scientific analysis as well as in the rigid planning of teaching; scholars wanted to pay more attention to the lifeworld of children that lead to a new appreciation of phenomenology as a philosophy of experience. This resulted in multi-faceted investigations within concrete life-milieus of adolescents by means of participant observation.

In Germany, Werner Loch and Wilfried Lippitz became outstanding figures to create and strengthen new ties between phenomenology and pedagogy. Loch aimed at returning to "prescientific and primordial perceptions" and at describing concrete action in a way that retained its obliqueness (Meyer-Drawe 1997, p. 160). These approaches helped strengthening efforts to explore the long neglected concrete reality of education and supported overcoming naïve views that explored educational processes as vastly devoid of their "societal circumstances" (ibid.). Lippitz, for instance, introduces his treatise on the mutual impact of phenomenology and pedagogy in *Differenz und Fremdheit* (2003) with the following quote by Bernhard Waldenfels:

> "An experience that invites something like the experience of the alien must become alien to itself, to a certain extend at least, so that we can make experiences rather than only collect them." (Waldefels 1990, p. 64, cit. in Lippitz 2003)[6]

In 2003 Lippitz observed that phenomenologically oriented research in education has gained considerable interest and recognition, particularly in the English-speaking world in which it has become partly anchored in graduate programs at a couple of universities such as Pittsburgh and Alberta. Due to his rootedness in *Theoretischer Pädagogik* Lippitz critically observed a lack of theoretical foundation of the action-oriented approach of Martinus J. Langeveld and the *Utrecht School* that created some controversy with Max van Manen, as he notes in the opening pages of this book.

---

6   Translation JFS of the German original: "Eine Erfahrung, die so etwas zulässt wie die Erfahrung des Fremden, muss auf gewisse Weise *sich selbst* fremd werden, so dass man Erfahrungen macht und nicht nur sammelt." (Der Stachel des Fremden 1990, S. 64, zit. in Lippitz, 2003)

According to Lippitz, disciplinary overlaps between phenomenology and pedagogy and/or education have become a firm reality in the educational sciences in Germany and have achieved an almost centennial tradition (cf. 2003; Brinkmann, 2010; Brinkmann et al. 2015; Meyer-Drawe 2001; Danner and Lippitz, 1984). The following phenomenological concepts and motives have had a strong impact on the educational sciences in the German speaking world: a) Husserl's conceptualisation of phenomenology as *prima philosophia*, which was further qualified in the *Krisis-Schrift* as the *Lebensweltliche Wende*; the focus on lifeworldly experiences of children and adolescents has been attractive to pedagogues ever since. b) His disciples, in particular Merleau-Ponty, introduce embodiment as the crucial element and emphasize a focus on historicity, mortality, and plurality. Merleau-Ponty's "intercorporéité" – *Zwischenleiblichkeit* – as well as Waldenfels' *Responsivität* have become core concepts. c) Ethical experience and incidents of *the Other as the Other*[7] as well as questions of injustice limit the potential of phenomenology. Gehring, for instance, notes that phenomenology has had little to offer in terms of the phenomenon of power; she suggests referring to sociology to address this, for instance to the works of Foucault, whose early texts were rooted in phenomenology.

The following summary of the communalities among all the different historical approaches (Meyer-Drawe 1997, p. 162) concludes the first part of this contribution. Scholars agree on the fact that the omnipotence of scientific investigation is doubtful. While this can lead to an aversion to science, the goal must be a productive collaboration of science and philosophy. Most approaches agree on an element of openness in collaboration with other disciplines, for instance in collaboration with psychology and/or sociology. Phenomenological approaches explore the primordial patterns operative in processes of learning, education and formation while bearing in mind the specific circumstances in which experiences come about. In all this, the *act* as such stands in the foreground. Phenomenological reasoning, thinking and research include more than capturing *authentic* experiences. We need theoretical efforts to break the walls of taken-for-granted opinions and not only collect what coincidentally encounters us. Phenomenological research needs to display attention towards discontinuity, crisis, opacity, alienation, ambivalence, the negative; only this qualifies as *critical* research. When we listen to expressions of children, we simultaneously learn about our adult selves.

---

7   Translation JFS of the German original: *der Andere als der Fremde.*

2   Friedrich Copei (1902–1945) – Pedagogue and Phenomenologist

In *The Fruitful Moment in the Process of Bildung* – the title of Copei's seminal work – he presents a pedagogical theory rooted in phenomenological thinking that also has potential for contemporary pedagogical concerns. As a central idea in his work, Copei opposes an over-intellectualisation and alienating rationalisation of processes of learning and *Bildung* at school. At the same time, he keeps criticising too naïve and romantic perspectives on how to be close to the everyday reality of children. He advocates a dialectic balance of both critical thinking and intuition. Copei conceptualizes the process of learning and *Bildung* as a discontinuous process of differentiation of fields of experience.[8] A central element of his phenomenologically oriented pedagogical theory is the following: "The event-like character of learning is exemplified by the fact that its fruitful moments are unavailable by and resistant to methodological interventions." (Meyer-Drawe 1984, p. 97)[9] This makes the educator's job a very challenging one: How can we initiate, facilitate or support learning processes as educators if we have few clues on what the *gestalt* of the learning process is? (cf. Meyer-Drawe 2008)[10] How can teachers act pedagogically with tact and respect despite this lack of knowledge and certainty?

What is *phenomenological*[11] about Copei's pedagogical theory? In reference to Spranger Meyer-Drawe notes that it is impossible to be philosophical only to the extent needed as a pedagogue. Since, as pedagogues and educators, we barely have time to dive into all the depths of philosophical thinking it is particularly important to denominate explicitly the way in which we relate to specific phenomenological theories. In this, according to Meyer-Drawe, lies a particularly fruitful moment of learning from both disciplines. Drawing on phenomenology has often meant the following: "The exploration of the richness of events as well as the true description

---

8   Translation JFS of the German original: "ein diskontinuierlicher Prozess der Differenzierung von Erfahrungsfeldern" (Meyer-Drawe 1984, p. 92).

9   Translation JFS of the German original: "[Der] Ereignischarakter des Lernens zeigt sich in der Unverfügbarkeit des fruchtbaren Moments durch den methodischen Eingriff." (Meyer-Drawe 1984, p. 97)

10   Translation JFS.

11   According to Meyer-Drawe, it is essential to clarify the use of the word *phenomenological*: "Dem ansteigenden Gebrauch des Wortes 'phänomenologisch' und seiner Verbindungen entspricht zahlenmäßig eine nur geringe ausdrückliche Reflexion dieser Theoriegestalt innerhalb pädagogischer Traditionen." (1984, p. 98) If we label everything *phenomenological*, the productive potential of this way of thinking is either being blurred or trivialised (cf. 1980).

of fields of experience, first and foremost, legitimate a scientific investigation of a problem." (ibid., p. 98)[12] However, it is neither enough nor legitimate to simply insert some quotations by Husserl or Merleau-Ponty and reduce phenomenology to a method of collecting material. Husserl's famous motto "To the things itself"[13] requires more than uncritical observation and mere Being-with.

"Our consciousness is always the consciousness *of* something, as vague as this something may be." (Ibid., p. 99)[14] – this core idea of Husserlian philosophy is essential when connecting pedagogical and phenomenological thinking. It requires differentiating between *what* and *how this what* (*Gegenstand*) is given to us.[15] While Husserl intends to find a rationale for logic, Copei raises the issue of how a more abstract and differentiated perspective can be developed out of concrete lifeworldly experiences of learners.

> "Questions of the genesis of rationality and sociality concerning the peculiar verdict that the poly-valent ways of how children see and understand the world should be respected as unique forms of understanding are hardly raised. Such forms of knowing and understanding should neither be trivialised as mere pre-forms of adult rationality nor result in pure optimism about development and should not defame each evolution of rationality and every educational intervention as decay. However, in order to understand how learners open up new horizons for themselves with regard to learning, we must find ways to interrogate the underlying horizons of understanding regarding their unique meaning." (Ibid., p. 100)[16]

---

12 Translation JFS of the German original: "Sondierung von Erlebnismaterialien und die getreue Beschreibung von Erfahrungsfeldern, die eine wissenschaftliche Bearbeitung des Problems allererst legitimieren." (Ibid., p. 98)

13 Translation JFS of the German original: "Zu den Sachen selbst" (Husserl).

14 Translation JFS of the German original: "Unser Bewußtsein ist immer Bewußtsein von etwas, wie vage dieses Etwas auch immer sein mag." (Ibid., p. 99)

15 In reference to Copei, Meyer-Drawe demonstrates this by relating adult as well as children's perspectives on a dice: While a dice appears to children as an object to play with, adults perceive its mathematical gestalt. (cf. 2007, p. 99).

16 Translation JFS of the German original: "Die Fragen nach der Genese von Rationalität und Sozialität, die weder zu einer Bagatellisierung kindlicher Wissensweisen als bloßer Vorformen der Erwachsenenrationalität führen soll noch zu einem Entfaltungsoptimismus, der jede Entwicklung von Vernunft und jede erzieherische Unterstützung dieser Genese als Verfall denunziert, bleiben aktuell angesichts des merkwürdigen Befunds, daß die polyvalenten Deutungsformen von Kindern als eigenstandige Verstehensweisen kaum thematisiert werden. Um aber – im Hinblick auf Lernen – verstehen zu können, wie sich dem Lernenden neue Horizonte eröffnen, aber auch verschließen, müssen Wege gefunden werden, die fungierenden Verstehenshorizonte nach ihrem eigenen Sinn befragen zu können." (Ibid., p. 100)

Neither does this support nostalgic views on childlike innocence nor should the one perspective outweigh the other. Copei does not provide a closed system in his pedagogical theory, which, according to Meyer-Drawe, is a quality rather than a flaw since it understands pedagogy as a historically contingent conception. Copei's most important achievement is that he extrapolates the dynamic structure of experience for pedagogic reflection – no more and no less, as Meyer-Drawe concludes (cf. ibid.).

Which impact does this forgotten legacy have for contemporary educational challenges? Has the fact that human scientific pedagogy fell for doubtful and in turn lethal ideologies been responsible for pedagogues falling silent particularly when it comes to questions of politics and education? Have historical developments like the ones described in this contribution led to surrendering the pedagogic field to other disciplines such as psychology, sociology, the medical as well as the neurosciences?

Has education become cautious in addressing political issues? Meyer-Drawe emphasizes political dimensions of *learning* when in reference to Petzold she says, "Learning requires positioning" (2008, p. 26).[17] We need to position ourselves, we are responsible for what we do and what happens in the social and political contexts in which we live and educate. Do historical reflections on the impact and ties between confrontational partners such as phenomenology and pedagogy have the power to ward us against the attractiveness of contemporary ideologies that endanger humanity in similar ways, when as pedagogues we educate the youth that is our future?

Copei's use of examples as his main empirical instrument makes him a pedagogue who has productively used phenomenological thinking in order to strengthen the exploration of experience-oriented *Seinsweisen* at school. This equals the status of *vignettes*, dense experiential narratives and the main instrument in the *Innsbruck Vignette Research,* that I will explore at greater length in the next part of this contribution. In addition to its theoretical foundation, I relate educational intentions and research stance to the previously discussed confrontational aspects of phenomenology and pedagogy.

---

17 Translation JFS of the German original: "Lernen ist Stellungnahme" (Meyer-Drawe 2008, p. 26).

3   The Phenomenological Orientation of the *Innsbruck Vignette Research*

The *Innsbruck Vignette Research* is the empirical track of a phenomenological orientation to explore learning *as* experience at regular and public schools[18] and following a research stance that is expressed best by what Langeveld says in the following quote:

> "Where we encounter the Other and where he encounters us he is actually there and not where we measure him according to IQs or observe him through a hole in the wall. Only when this is the case can we understand the Other or attempt to understand him." (Langeveld 1956, S. 10)[19]

We base our research on Merleau-Ponty's reception of Husserlian philosophy. Embodied gestures, in particular, are a key focus to explore experiential dimensions of learning at Austrian Middle Schools (NMS). We combine this with a concept coined by Michael Schratz (cf. 2009), called *lernseits*, which articulates a mindfulness of learning that exceeds the frequent notion of student-centeredness (cf. Schwarz 2016). As mentioned before, we started our endeavour into phenomenology with van Manen's anecdotes of lived experiences (cf. 1990). However, since we were looking for instruments to capture experience *in medias res* rather than *recalled* lived experiences,[20] we turned away from the *Utrecht School* tradition.

---

18   The grant-funded research projects *Personal Learning and Development in Diverse Learning Groups I and II* (FWF I – P-2230 G-17 and FWF II – P-225373 G-16) conducted qualitative, experientially and phenomenologically oriented research in *Austrian Middle Schools*, a reform pilot aiming at implementing a comprehensive system for the 10 to 14-year-olds. About 25 researchers applied a multi-facetted research design (protocols of lived experience, vignettes and anecdotes, conversations with students, teachers, principals and parents; photo-documentation and analysis of achievement documents at school) at 24 middle schools across Austria in which each researcher co-experienced the (learning) experiences of two students at each of the schools. Cf. van Manen 1990; Schratz et al. 2012, as well as a list of publications on *the Innsbruck Vignette Research* http://www.anekdotenforschung.at/vignettenforschung.html. Accessed September 19, 2016.

19   Translation JFS of the German original: "Nicht wo der Mensch in Intelligenzquotienten gemessen wird, nicht wo er durch das Loch in der Wand beobachtet wird, sondern wo wir ihm und er uns begegnet, ist er tatsächlich da. Und nur wo dies der Fall ist, kann man ihn verstehen oder versuchen zu verstehen." (Langeveld 1956, S. 10)

20   The second research group working on this grant-funded exploration of experiential learning at Austrian Middle Schools (NMS) – FWF (Austrian Research Fund) P 22230

We also preferred Merleau-Ponty's corporeal approach (*leibphänomenologisch*) to the hermeneutics of Heidegger and Gadamer.

Contrary to scholars in the Utrecht tradition – who explore lived experience by recall and in *anecdotes* – capturing experiential dimensions of learning *in medias res* and *in statu nascendi*, in the middle of ongoing pedagogical, requires a certain attentiveness that according to Lippitz and Brinkmann (cf. Lippitz 2003; Brinkmann 2010) oscillates between naïveté and scepticism. Being-with the students in the field throughout the whole school day represents the research stance characterised by co-experiencing and protocolling. Protocols of lived experiences are turned into (raw-)vignettes in the fields that are then refined inter-subjectively in recursive writing processes and in research teams (cf. Schratz et al. 2012; Schwarz 2012; Schwarz and Schratz 2014).

While anecdotes of lived experience (van Manen 1990) stem from *recall*, we generate vignettes in the Innsbruck tradition *in medias res* and through *co-experiencing*. Researchers protocol and *co-experience* lived experience while being in the field and condense their findings in *concise* rather than *precise* narratives that we call *vignettes*. These vignettes function as *resonating bodies of learning* (Schratz et al. 2012, pp. 31ff). Co-experiencing the experience of others is *no* original experience (*originäre Erfahrung*) in Husserl's sense, but: "We can *see* what others experience only in their bodily articulations." (Husserl 2009, p. 11)[21] In the second phase of the research project when we went back into the field after four years and after the students' middle school years we returned to using anecdotes in the van Manen tradition since then the focus was on recalled learning experiences.

It is difficult to convey experience and perception in language and we must be aware of the fact that by this we already transform it. However, without language we could not communicate or further explore what we perceived. This is a core research dilemma that we face in our work that we can only be transparent about but not dissolve. Embodied gestures, voice, mimicry, tonality or action, all the pathic elements have strongly determined the crafting of our vignettes since they articulate and convey experiential dimensions in the best possible way regarding

---

G-17; P 225373 G-16 – designed their project as a longitudinal study being primarily interested in what learners *recall* from four years of schooling at middle schools. In this a return to van Manen's *anecdotes* of lived experience made new sense.

21   Translation JFS of the German original: "Wir 'sehen den anderen ihre Erlebnisse an' auf Grund der Wahrnehmung ihrer leiblichen Äußerungen." (Husserl 2009, p. 11).

our research interest that focuses on exploring experiential dimension of learning at school in general and specific phenomena of learning in particular.[22]

To which extent is *learning* an appropriate concept of pedagogy respectively phenomenology if compared to tradition-laden *Bildung?* Some scholars devalue *learning* as the minor concept that became *en vogue* due to the empirical turn in the 1960s. Scholars often conceive learning as a psychological term that soon turned into an outcome-oriented notion being measurable and more easily determinable compared to the richer and more comprehensive concept of *Bildung*. Käte Meyer-Drawe defies this conceptualisation in her seminal work *Diskurse des Lernens* (cf. 2008). To her, learning is a notion that dates back to antiquity, to Aristotle and Plato and attracts different metaphors. She refers to Plato's allegory of the cave as well as Socrates' comparison of the educator's job as a *midwife*. She regards an experiential conception of learning as the most relevant one in pedagogical terms. One of her prime interests is to reclaim learning for pedagogical thinking and practise rather than having it surrender to psychology or the neurosciences. Learning occurs when the old is gone and the new has not yet emerged. Gaining a new perspective necessarily results in the loss of an old one. This is no pleasant state, which is why Meyer-Drawe is highly critical of current notions of learning as an easy-going, fun-like, brain-gym activity that we can easily produce if we press the right button. Käte Meyer-Drawe is sceptical of what she calls the hype around *the autonomous learner* and self-regulated learning. Learning is always learning *of* something *by* someone and as a process comparable to awakening; it is active and passive at the same time. We are present but it withdraws from our own initiative. Only in hindsight can we say we have learned.

With regard to exploring learning *as* experience, this difficulty also applies for research. We are like anglers in the dark when we set out to explore learning. Though we seldomly refer to Heidegger in our work, the following quote from *Sein und Zeit* articulates an analogy that adequately fits the phenomenon of learning as well as its exploration:

> "That's how one speaks of 'phenomena of disease'. This means bodily occurances that show themselves and by doing so indicate something, that does *not* show itself. The occurance of such incidents, their showing themselves, coincides with the occurance of disturbances that do not show themselves. Phenomena as the phenomena

22 As academic products stemming from the *Innsbruck Vignette Research*, the following *dissertations* – Interruption (Nageler-Schluga 2013); Silence (Handle 2015); Trust (Mairhofer 2014); Movement and Bildung (Eckart 2015) – as well as *post-doctoral research* Power and Learning (Peterlini 2016); The Impact of Attribution at School (Schwarz, in print) – have already been or are about to be published.

of something, in fact, do not mean showing themselves by themselves but indicating something that does not show itself by something that does." (Heidegger 2006, p. 29)[23]

It is the fever, for instance, that indicates the disease which itself does not show. Similarly, learning as the phenomenon does not show itself; however, there are learning *occurrences* that *indicate* phenomena of learning *articulations* of which can be explored: Learners shake their heads, wave their hands, look out of windows, show shining faces, slouch their shoulders, whisper, scream or yell in classrooms. Vignettes as dense experiential narratives succinctly depict such articulations and in our *readings*, as we call the process of data analysis (cf. Schratz et al. 2012), some of the major challenges formulated in this contribution are being realised, at least to a certain extent.

The coalition between pedagogy and phenomenology in educational research must not result in "affirmative, uncritical and merely subjective way[s] of reflection" (Meyer-Drawe 2001, p. 36). Reading the vignettes from different theoretical perspectives, which we are transparent about, as well as differentiating and exploring the experiential surplus (cf. Waldenfels 2002) rather than operationalising or categorising the findings, we regard as adequate strategies to avoid this. The aspiration that phenomenologically grounded educational research supports is to look behind opinions and taken-for-granted options on which pedagogical knowledge rests. This we intend to realise in the *Innsbruck Vignette Research*: This exploration of experiential dimensions of learning at Austrian Middle Schools attends to what learners actually do beyond achievement and time pressure, which is hard to capture in words and exposes aspects of the riskiness, opacity, uncertainty as well as criticality of pedagogic action. Phenomenological attentiveness, which Meyer-Drawe speaks about in the following quote, provides new perspectives and insights when exploring phenomena of learning at regular (middle) schools:

"Since we are unable to arrive at a solid ground behind the phenomena, we always perceive something *as* something. This something is not merely there as such or for us but gains its meaning in an ideosyncratic sphere of in-between. This sphere

---

23 Translation JFS of the German original: "So ist die Rede von 'Krankheitserscheinungen'. Gemeint sind Vorkommnisse am Leib, die sich zeigen und im Sichzeigen als diese Sichzeigenden etwas 'indizieren', was sich selbst *nicht* zeigt. Das Auftreten solcher Vorkommnisse, ihr Sichzeigen, geht zusammen mit dem Vorhandensein von Störungen, die selbst sich nicht zeigen. Erscheinung als Erscheinung 'von etwas', besagt gerade *nicht*: sich selbst zeigen, sondern das Sichmelden von etwas, das sich nicht zeigt, durch etwas, das sich zeigt." (Heidegger 2006, S. 29)

of in-between attracts the specific phenomenological attentiveness." (Meyer-Drawe 1993, p. 98)[24]

Both as researchers and educators, we always perceive something *as* something, act *as* someone, analyse something *as* something, read something *as* something, see something *as* something and so forth. The double structure of this something corresponds well with phenomenological thinking: We must both consider the *what* and *how* of the *Gegenstand*.

According to Käte Meyer-Drawe, there is a fundamental difference between philosophical and pedagogically oriented approaches in phenomenology. Pedagogues, educators, and teachers act within a normative context while philosophers may roam more freely within existential questions and concerns. The normativity of pedagogical concerns limits the potentiality of a philosophical access to current educational challenges. However, this must not result in too naïve ways of considering lifeworldly experiences but as in Copei's pedagogical theory, requires the application of a dialectic balance of intuition and reasoning. There is no exact way to determine where naïveté ends and scepticism begins. However, drawing on multi-faceted perspectives in an inter-disciplinary mode supports resolving this dilemma (cf. Gehring 2011). Suspending one's own pre-conceptions and becoming aware or underlying assumptions and theories in the attempt to follow the requirements of Husserlian epoché is an important step when embarking on such a research endeavour. Studying the different phenomenological texts, the Husserlian as well as the ones by Merleau-Ponty in particular, has strengthened our conviction of the inevitability of crisis as well as the impact of the discontinuous, opaque, alien, ambivalent, and the negative in education. Phenomenological attentiveness is a crucial way of approaching such challenges. This fascinated and guided us when we set out to develop the *Innsbruck Vignette Research* since phenomenological attentiveness is a crucial stance for both pedagogy and educational research.

---

24 Translation JFS of the German original: "Weil es uns unmöglich ist, an einen festen Grund hinter den Erscheinungen zu gelangen, nehmen wir immer etwas als etwas wahr, daß dieses nicht bloß an sich oder bloß für uns ist, sondern seinen Sinn in einer eigentümlichen Zwischensphäre gewinnt. Dieser Zwischensphäre gilt die besondere phänomenologische Aufmerksamkeit" (Meyer-Drawe 1993, S. 98).

References

Brinkmann, Malte. 2010. *Erziehung. Phänomenologische Perspektiven.* Würzburg: Königshausen & Neumann.

Brinkmann, Malte, Richard Kubac, and Severin Sales Rödel. 2015. *Pädagogische Erfahrung. Theoretische und empirische Perspektiven.* Phänomenologische Erziehungswissenschaft. Wiesbaden: Springer VS.

Christof, Eveline and Johanna F. Schwarz. 2013. *Lernseits des Geschehens. Über das Verhältnis von Lernen, Lehren und Leiten.* Innsbruck/Wien/Bozen: StudienVerlag.

Danner, Helmut and Wilfried Lippitz. 1984. *Beschreiben – Verstehen – Handeln. Phänomenologische Forschung in der Pädagogik.* München: Gerhard Röttger.

Eckart, Evelyn. 2015. *Bildung als Bewegung. Eine phänomenologische Studie zu Bildungserfahrungen zwischen Autonomie und Heteronomie.* Univ. Diss. Innsbruck: Universität Innsbruck.

Fellmann, Ferdinand. 2006. *Phänomenologie zur Einführung.* Hamburg: Junius.

Gehring, Petra. 2011. Ist die Phänomenologie eine Wirklichkeitswissenschaft? Überlegungen zur Aktualität der Phänomenologie und ihrer Verfahren. In *Neue Stimmen in der Phänomenologie, Vol. 1. Die Tradition – Das Selbst,* ed. M. Flatscher, Martin Huth, Iris Laner, Thomas Stadlbauer, and Gerhard Thonhauser, 29–47. Nordhausen: Traugott Bautz.

Handle, Ingrid R. 2015. *Schweigen als performative Kraft im Unterricht.* Univ. Diss. Innsbruck: Universität Innsbruck.

Husserl, Edmund. 2009. *Ideen zu einer reinen Phänomenologie und phänomenologischen Philosophie.* Teil: Buch 1. Allgemeine Einführung in die Phänomenologie. Nachwort (1930). [text- und seitengleich nach der kritischen Edition in Husserliana III/1, Den Haag 1976 und Husserliana V, Den Haag 1971]. Philosophische Bibliothek, Vol. 602. Hamburg: Meiner.

Heidegger, Martin. 2006. *Sein und Zeit.* Unveränd. Nachdruck der 15., an Hand der Gesamtausg. Durchges. Aufl. m. d. Randbemerkungen aus d. Handexemplar d. Autors im Anhang. 19. Aufl. Tübingen: De Gruyter.

Lippitz, Wilfried. 1980. *„Lebenswelt" oder die Rehabilitierung vorwissenschaftlicher Erfahrung. Ansätze eines phänomenologisch begründeten anthropologischen und sozialwissenschaftlichen Denkens in der Erziehungswissenschaft.* Weinheim/Basel: Beltz.

Lippitz, Wilfried. 2003. *Differenz und Fremdheit. Phänomenologische Studien in der Erziehungswissenschaft.* Frankfurt a. M.: Suhrkamp.

Mairhofer, Theresa. 2014. *Why Trust Matters. A Phenomenological Study Approaching the Phenomenon of Trust in Students' Lived Experiences.* Univ. Diss. Innsbruck: Universität Innsbruck.

Meyer-Drawe, Käte. 1984. Der fruchtbare Moment im Bildungsprozeß. Zu Copeis phänomenologischem Ansatz pädagogischer Theoriebildung. In *Beschreiben – Verstehen – Handeln. Phänomenologische Forschungen in der Pädagogik,* ed. H. Danner and W. Lippitz, 91–105. München: Gerhard Röttger.

Meyer-Drawe, Käte. 1993. „Die Welt betrachtet die Welt" oder Phänomenologische Notizen zum Verständnis von Kinderbildern. In *Exakte Phantasie. Pädagogische Erkundungen bildender Wirkungen in Kunst und Kultur,* ed. H.-G. Herrlitz and C. Rittelmeyer, 93–104. Weinheim/München: Beltz.

Meyer-Drawe, Käte. 1997. Education. In *Encyclopedia of Phenomenology*, ed. L. Embree, 157–162. Dortrecht: Springer.

Meyer-Drawe, Käte. 2001. *Leiblichkeit und Sozialität. Phänomenologische Beiträge zu einer pädagogischen Theorie der Inter-Subjektivität.* 3. unveränd. Aufl., Übergänge, Bd. 7. München: Wilhelm Fink.

Nageler-Schluga, Anne. 2013. *Unterbrechungen: Störfaktor im Unterricht? Zwischen Unterbrechen und Unterbrochenwerden.* Univ. Diss. Innsbruck: Universität Innsbruck.

Peterlini, Hans-Karl. 2016. *Lernen und Macht. Prozesse der Bildung zwischen Autonomie und Abhängigkeit.* Erfahrungsorientierte Bildungsforschung, Bd. 1. Innsbruck/Wien/Bozen: StudienVerlag.

Rittelmeyer, Christian. 1990. Die Phänomenologie im Kanon der Wissenschaften: Vorüberlegungen zu einer umstrittenen Erkenntnismethode. In *Phänomene des Kinderlebens. Beispiele und methodische Probleme einer pädagogischen Phänomenologie*, ed. W. Lippitz and C. Rittelmeyer, 9–36. Bad Heilbrunn: Klinkhardt.

Schratz, Michael, Johanna F. Schwarz, and Tanja Westfall-Greiter. 2011. Auf dem Weg zu einer Theorie lernseits von Unterricht. In *Unterrichtstheorien in Forschung und Lehre*, ed. W. Meseth, M. Proske, and F.-O. Radtke, 103–115. Bad Heilbrunn: Klinkhardt.

Schratz, Michael, Johanna F. Schwarz, and Tanja Westfall-Greiter. 2012. *Lernen als bildende Erfahrung. Vignetten in der Praxisforschung.* Mit einem Vorwort von Käte Meyer-Drawe und Beiträgen von Horst Rumpf, Carol Ann Tomlinson, Mike Rose u.a. Innsbruck/Wien/Bozen: StudienVerlag.

Schratz, Michael, Johanna F. Schwarz, and Tanja Westfall-Greiter. 2013. Looking at Two Sides of the Same Coin. Phenomenologically Oriented Vignette Research and Its Implications for Teaching. *Studia Paedagogica* 18 (4): 57–73.

Schwarz, Johanna F. 2016. „Kinder, warum redet ihr nicht mit euren Banknachbarn?" Lernseitige Betrachtungen individualisierender Lernformen. In *Individualisierung schulischen Lernens. Mythos oder Königsweg?*, ed. K. Rabenstein and B. Wischer, 33–46. Stuttgart: Friedrich.

Schwarz, Johanna F. (in print). *Zuschreiben als wirkmächtiges Phänomen in der Schule.* Habil.-Schrift. Innsbruck: Universität Innsbruck.

Schwarz, Johanna F. 2012. Lernseits forschen. Eine Akzentuierung. *Erziehung & Unterricht* 162 (9–12): 888–892.

Schwarz, Johanna F. and Michael Schratz. 2014. Hospitieren – Beobachten – Miterfahren. *journal für lehrerInnenbildung* 14 (1): 39–43.

Van Manen, Max. 1990. *Researching Lived Experience. Human Science for an Action-Sensitive Pedagogy.* Albany: SUNY Press.

Waldenfels, Bernhard. 1992. *Einführung in die Phänomenologie.* München: Wilhelm Fink.

Waldenfels, Bernhard. 1994. *Antwortregister.* Frankfurt a. M.: Suhrkamp.

Waldenfels, Bernhard. 2002. *Bruchlinien der Erfahrung. Phänomenologie, Psychoanalyse und Phänomenotechnik.* Frankfurt a. M.: Suhrkamp.

Westphal, Kristin. 2015. Kulturelle Bildung als Antwortgeschehen. Zum Stellenwert der Phänomenologie für die kulturelle und ästhetische Bildung. In *Pädagogische Erfahrung. Theoretische und empirische Perspektiven*, ed. M. Brinkmann, R. Kubac, and S. S. Rödel, 89–106. Wiesbaden: Springer VS.

Zahavi, Dan. 2007. *Phänomenologie für Einsteiger.* München: Wilhelm Fink.

Phänomen
Sozialität – Singularität – Identität

Phänomenologische Zugänge
zu pädagogischen Fragen

Ursula Stenger

Mein Beitrag geht mit Nietzsche (1980, S. 100) und Nancy (2004, S. 9) davon aus, dass der Mensch noch zu entdecken ist. Damit stellt sich die Frage, was es mit unserem Sozial-sein, dem Mit-anderen-sein, dem Miteinander-sein und dem Selbst-sein auf sich hat, – wie also Sozialität und Identität[1] des Menschen aufeinander bezogen sind, auseinander hervorgehen (vgl. ebd. S. 19–21). Es geht um die Frage, inwiefern Sozialität für die Identitätsbildung, bzw. die Identifizierungen des Menschen konstitutiv ist. Mein Beitrag geht dabei skizzenförmig auf aktuell insbesondere in der Frühpädagogik (und nicht nur da) wirksame Diskurse und Angebote ein, um sodann die phänomenologischen Forschungen aufzusuchen und die jeweiligen Kerngedanken zu dieser Frage herauszuarbeiten, wie z.b. die von Merleau-Ponty (1994a, 1974) und Lévinas (2011, 2012), von Heidegger (1986) und Nancy (2004, 2007) sowie von Rombach (1987, 1994). Sie alle fokussieren einerseits das Phänomen der Sozialität, andererseits machen sie jeweilige Momente und Fassungen stark, die auch die Vielfalt unseres sozialen Lebens ausmachen. Insofern sind sie einerseits gegeneinander zu lesen, lassen sich aber möglicherweise auch als Verabsolutierungen jeweils bestimmter Merkmale verstehen. Was also kann es bedeuten, zugleich sozial und einzigartig zu sein?

In einem zweiten Schritt wäre dann jeweils zu fragen, was die aus phänomenologischen Zugängen gewonnenen Erkenntnisse für erziehungswissenschaftliches

---

[1] Identität muss nicht Kohärenz bedeuten, sondern enthält in sich, bzw. konstituiert sich in Differenzen und Dynamiken.

Forschen, insbesondere in der Frühpädagogik und für das Entwickeln frühpädagogischer Kontexte, bedeuten könnten.

Die Sortierung der Theorien folgt nicht ihrer historischen Entstehung, sondern
ihrer unterschiedlichen Gewichtung von Sozialität und Individualität und beleuch-
tet die jeweiligen Konstellationen, Bezugnahmen wie die jeweilig angenommene
Konstitution von Sozialität und Identität. Ich beginne mit Theorien, die Individualität als Voraussetzung ansehen und gelange schließlich zu denen, welche die
soziale Konstitution des Subjekts stärker herausarbeiten.

1   Aktueller erziehungswissenschaftlicher Diskurs

Ich beginne mit einem Blitzlicht zur aktuellen Diskurslage in der Frühpädagogik:
Bestimmend für das Selbstverständnis und damit auch für die Erziehungs- und
Bildungsziele sind ungeachtet konträrer Bewegungen (wie Postmoderne, Poststrukturalismus usw.) nach wie vor: Individualisierung, Autonomie, Selbstbestimmung und damit einhergehend Beobachtungsverfahren und Entwicklungsgesprä-
che sowie Bildungspläne, die auf das Kind als Individuum ausgerichtet sind (vgl.
z.B. Drieschner 2007; Kelle 2013; Kaščák und Pupala 2013). Insgesamt erscheinen
Individualisierung und Differenzierung in heterogenen Kontexten zentral. Das bedeutet: Im Konfliktfall wird dem Kind von früh an signalisiert: „Fühl' dich verantwortlich, finde selbst eine Lösung für Probleme und offene Fragen." Auf sich
selbst zu achten, eigene Ziele identifizieren, verfolgen und durchsetzen zu können,
scheint mehr als angebracht, um sich selbst verwirklichen zu können, um nicht
fremdbestimmt zu werden, um nicht in anonymen Gruppen zu verschwinden.

Sozialität erscheint nachrangig: Wie kann man eine Brücke schlagen zum Anderen? Wie können differente Individuen sich sozial verträglich einander annähern
oder zumindest miteinander umgehen?

Im Folgenden sollen drei Theorieofferten angedeutet werden, wie soziale Phänomene auf dem Boden des Individualismus betrachtet werden können. Zunächst
wäre der Symbolische Interaktionismus zu nennen: Identität wird erst in Interaktionen und Kommunikation mit anderen gewonnen. Dies geschieht vor dem
Hintergrund bereits vordefinierter Symbole, an deren Bedeutung und Verhaltens-
erwartung Individuen sich anpassen (sollen), um diese Symbole dann zu teilen und
die eigene Identitätsbildung danach auszurichten (vgl. Mead 1973, S. 188 ff.). Nach
Meyer-Drawe überbetont der Interaktionismus jedoch die Regelhaftigkeit. Entscheidend ist jedoch nicht immer allein, ob eine Handlung den Regeln und Kon-
ventionen entspricht. Ein Musiker kann zwar richtig, aber trotzdem nicht schön
oder interessant spielen (vgl. Meyer-Drawe 1984/2001, S. 22–24). Kern bleibt das

Individuum, das sich in einer Art interaktivem Abgleichungsprozess mit gesellschaftlichen Normen befindet. Wie aber kommt es zu grundlegenden Veränderungen der symbolischen Bedeutungen? Das bleibt im Wesentlichen offen.

Die Frage nach der Sozialität taucht auch auf, wenn es um die Frage der Kooperation zwischen Menschen geht. Diese wird etwa in Tomasellos Forschungen experimentell bearbeitet und in ihren wesentlichen Merkmalen ausdifferenziert. Auf welche Fragen gibt Tomasello eine Antwort? Ihn interessiert, wie Kooperation mit geteilten Zielen und Absichten ‚funktioniert'. In Situationen geteilter Aufmerksamkeit entstehen Prozesse von Reziprozität und Kooperation, in denen anderen ohne eigenen Nutzen geholfen wird, anderen etwas gezeigt, gelehrt wird und Informationen geteilt werden (vgl. Tomasello 2006). Ausgehend von der Imitation anderer werden nicht nur Handlungen anderer, sondern auch deren Intentionen wahrgenommen und verstanden, sodass daraus gemeinsam geteilte Ziele und Absichten entstehen können (vgl., auch im Folgenden, Tomasello 2006, 2010). Vor deren Hintergrund sind dann koordinierende Antworten und Rollenverteilungen möglich, welche wiederum in Lebensformen begründet sind, an welche die Individuen sich anpassen und sich auf diese Weise stabilisieren. Auch Tomasellos Forschungen nehmen insofern ihren Ausgangspunkt bei der Vorannahme an sich getrennter Individuen, die sich sinnvoll zusammenschließen sollen und wollen, und das im Kontext von jeweils experimentell eindeutig vorgegebenen Aufgabenstellungen. Sozialität erscheint also auch hier als nachgeordnet, obwohl sie die Voraussetzung für die Entstehung der menschlichen Kultur darstellt.

Das ‚Denkmodell' der Ko-Konstruktion geht von einem ähnlichen Grundmodell aus, in dem jedes Individuum aktiv ein eigenes Bild von der Welt konstruiert, ein eigenes Wissensnetz entwickelt, mit Hilfe dessen es Welt deutet und Handlungsoptionen generiert (vgl. König 2009, S. 127–135). Diese Prozesse sind als Ko-Konstruktionen wechselseitig aufeinander bezogen, indem sie die jeweilige Konstruktion des Anderen aufgreifen und weiterführen. Unter dem Begriff des „sustained-shared-thinking" wird auf das Teilen einer Frage, eines Problems fokussiert, an der zwei Personen, insbesondere eine Fachkraft mit einem oder mehreren Kindern arbeiten (ebd., S. 139–142 und Sylva 2003). Die grundsätzliche Getrenntheit der Individuen, der Perspektiven, der Bedeutungen, die permanent ausgehandelt werden müssen, wird dabei nicht in Frage gestellt. Ziel ist ein Gedankenaustausch, das Ko-Konstruieren einer Lösung für ein Problem oder auch das Erfinden einer Geschichte. Der Sozialaspekt erschöpft sich hier meist in einer kognitiven Bezugnahme, es geht um „Denkprozesse" (ebd., S. 142).

Die hier skizzierten Theorieangebote des symbolischen Interaktionismus, der Ko-Konstruktion und der Kooperation, sind im Hintergrund wirkmächtige Paradigmen frühpädagogischer Forschungen zu pädagogischen Interaktionen zwischen

Fachkräften und Kindern (vgl. Fröhlich-Gildhoff et al. 2013). Jedoch wird der Ausgangspunkt und die Frage, wo Maßstäbe für die Qualität von Interaktionen herkommen, wenig reflektiert, man bemüht sich mehr um deren Operationalisierung. Das Individuum als Ausgangs- und Angelpunkt wird in diesen Forschungen nicht grundlegend in Frage gestellt.

2   Phänomenologische Fassungen von Sozialität

2.1   Intersubjektive Erfahrungsvollzüge und Antwortgeschehen im Anschluss an Merleau-Ponty und Lévinas bei Meyer-Drawe und Waldenfels

Gegenüber den oben skizzierten Fassungen von Individualität und Sozialität lässt sich Intersubjektivität von Husserl her nicht mehr als Struktur fassen, die von außen beschreibbar wäre, vielmehr wird hier ein Erfahrungsvollzug gefasst, „eine Beziehung zwischen Subjekten, an der das Ich selbst beteiligt ist" (Zahavi 2009, S. 128; vgl. Husserl 1986, S. 166–199).

Merleau-Ponty weist jede Form des Dualismus von Ich und Anderen, von Innen und Außen zurück, da mit der leiblichen Existenz des Menschen immer schon so etwas wie „Zwischenleiblichkeit" (1994b, S. 194) oder, schwieriger noch, wie „Fleisch" (1994a, S. 173) gegeben ist, dem das Ich und die Anderen angehören, bevor wir aufeinander Bezug nehmen. In der primären Erfahrung ist der Mensch außer sich, einen Leib habend ist er berührbar (ebd., S. 176–195). Nicht ein Äußeres betrifft unser Inneres, das wäre aus der Distanz gesprochen. Gemeint ist, dass in einer Art aufklaffendem Empfinden erst so etwas wie Sichtbarkeit entsteht, als Ereignis hervorgehend aus Berührungen, tastend, in Bindungen und Imaginationen verwoben, von denen ich mich nie vollständig distanzieren kann (vgl. ebd.). Ein empirisches Faktum (da draußen), unabhängig von diesem zwischenleiblichen außer-sich-seienden Prozess ist nicht denkbar. Nur mit dem eigenen Sein am Sein teilnehmend kann dieser Prozess, aus dem heraus Sichtbarkeit, Sinn und Verstehen sich ereignen können, entstehen (vgl. ebd., S. 180 f.). Wir sind nicht in einem Gehäuse und müssten dann noch zu Anderen uns bewegen (ebd.). Wir sind mitten unter ihnen und können nie mit Sicherheit sagen, was auf uns alleine und was auf jenen Prozess zwischen uns zurückginge. So können wir mit einem anderen Menschen etwas spüren, was wir ohne diesen nicht fühlen könnten. Das ist keine Einfühlung[2],

---

2   Für Husserl wäre im Sinne des transzendentalen Egos Einfühlung als Fremderfahrung immer nur Konstitution einer anderen möglichen Intentionalität (vgl. 1986).

sondern ein Prozess, der aus der leiblichen Ko-existenz, nicht aus einem isolierten Bewusstseins-Ich, sondern aus einem gemeinsamen, leiblichen wie auch kulturell formierten Sein-zur-Welt möglich wird. Ein mit sich selbst identisches Ich würde diese ‚Anteile' von Andersheit ignorieren, die sich aus dem Außer-sich-sein ergeben, aus der Welt, die wir miteinander teilen.

Was kann diese Forschungsperspektive zu leiblich verfasster Intersubjektivität für die Frühpädagogik bedeuten? Das Kind ist kein Fremder, nicht das andere unverständliche Wesen, dem es sich theoretisch reflektiert anzunähern gilt; vielmehr ginge es darum, leiblich empfundene, aus ko-existierenden Prozessen entstehende Sinnbildungsprozesse in gemeinsam geteilten Erfahrungen, Wahrnehmungen, in Musik oder Tanz, beim Wickeln oder bei der gemeinsamen Lektüre einer Geschichte in einer „leibhaftigen Erfahrung" (ebd., S. 196) zugänglich, sichtbar zu machen und über Dokumentationen zum Ausdruck zu bringen (vgl. Merleau-Ponty 1993, S. 33–43). Die Fachkraft wäre in diesem Falle dem Geschehen nicht gegenüber, sondern Teil dessen. Partizipation erscheint hier nicht als mühsam zu erreichendes Ziel, sondern als die Voraussetzung, um überhaupt das Sinnliche, das gemeinsam Geteilte verstehen zu können.

Meyer-Drawe und Waldenfels, deren Arbeiten im erziehungswissenschaftlichen Kontext zu Sozialität, Leiblichkeit und Alterität einschlägig sind, beziehen sich auch auf Merleau-Ponty, halten aber, anders als dieser, an der „Wahrheit des Solipsismus" (Meyer-Drawe 1984/2001, S. 152 f.) fest. Die absolute Getrenntheit des Menschen vom Anderen gründet sich bei ihnen aus der Rezeption von Lévinas' Konzeption radikaler Alterität, die deshalb hier skizzenhaft eingebracht werden soll. Lévinas setzt das Subjekt nicht voraus, sondern fragt sich, wie es dazu kommt. Wie konstituiert es sich? Hier geht er von einer fundamentalen Erfahrung aus, die er in seinem ganzen Werk denkend einholen möchte: Bevor ich mir meiner selbst als Subjekt gewahr werden kann, bin ich durch das Antlitz des Anderen in Anspruch genommen, in das ich schaue, bin von seiner Schutzlosigkeit und seiner „Nacktheit" (Lévinas 1986, S. 65), seiner „Ausgesetztheit" und „Verwundbarkeit" (ders. 2011, S. 169) angegangen und angesprochen. Ausgangspunkt ist die Erfahrung der Situation von Angesicht zu Angesicht, die mir den Überschuss, die Nicht-Einholbarkeit im Anderen (ebd. S. 209 ff.) erfahrbar macht.

> „Die Weise des Anderen, sich darzustellen, in dem es *die Idee des Anderen in mir* überschreitet, nennen wir nun Antlitz. […] In jedem Augenblick zerstört und überflutet das Antlitz des Anderen das plastische Bild, das er mir hinterlässt, überschreitet er die Idee, die nach meinem Maß und nach dem Maß ihres ideatum ist – die adäquate Idee. […] Das Antlitz *drückt sich aus.*" (Lévinas 1993, S. 63).

Blicke ich in das Gesicht des Anderen, so ist mein Zugriff auf ihn irritiert, gestört, er bleibt mir entzogen (vgl. Lévinas 2012, S. 230 ff.). Mein Zugriff wird mir als Anmaßung bewusst. Innehalten und zurücktreten. – In diesem Moment eröffnet sich das Ethische, die Verantwortung für den Anderen (Lévinas 2011, S. 43–51). Durch die Begegnung mit dem Anderen sprengt sich das Subjekt auf, ist ihm ausgesetzt, ausgeliefert, sich selbst enteignet. Indem einer sich einem andern als für ihn seiend, für ihn einstehend aufrichtig bezeugt, wird darin die Spur des Unendlichen hervorgerufen, insofern dieses Geschehen Identitäten und das, was „nur" zwischen ihnen sein könnte, übersteigt (vgl. ebd. S. 289–333).

Wenn wir das auf eine pädagogische Situation übertragen, so entzieht sich mir die Möglichkeit, das Kind als Objekt meiner Erziehungsbemühungen zu sehen, auch Ziele entfallen, meine professionelle Überlegenheit, da auch ich selbst im Blick des Kindes nicht ich selbst bleibe, sondern von diesem Blick in Anspruch genommen werde. Dieses sich dem Anderen Aussetzen ist eine radikale Absage an das Paradigma der Machbarkeit.

Meyer-Drawe macht in ihrem Buch „Leiblichkeit und Sozialität" (1984/2001) in Absetzung zum neuzeitlichen Subjektivismus und dem kindlichen Egozentrismus und angezielten Rationalismus – etwa eines Piaget (ebd., S. 162–172) – den intersubjektiven Vollzugssinn und die Erfahrungsvollzüge leiblich sozialer Prozesse im Anschluss an Merleau-Ponty stark. Ihr phänomenologischer Zugang vermag zu zeigen, wie wir immer schon in konkreten, interpersonalen Vollzügen fundiert sind, welche uns nie vollständig verfügbar sind, sondern die im Gegenteil immer auch prekär und von Ambiguität geprägt sind. Sozialität entwickelt sich nicht erst nachträglich (vgl. ebd., S. 16), denn das Ich ist immer auch mitkonstituiert durch Andere. Es wird einerseits dezentriert (vgl. ebd., S. 160) gedacht. Andererseits „ […] bleibe ich es doch, der diese Akte vollzieht" (ebd., S. 152), worin jene „unaufhebbare Wahrheit des Solipsismus" (ebd.) besteht. In späteren Werken wird im Anschluss an Waldenfels die Brüchigkeit der Erfahrung, wie sie etwa im Lernen als Umlernen besteht, noch stärker herausgearbeitet und für Forschungen zugänglich gemacht (z.B. Meyer-Drawe 1986 und 2008).

Von Waldenfels soll hier aus dem Buch „Sozialität und Alterität" (2015) sein in vielen Werken explizierter Kerngedanke eingebracht werden, der sich aus den zuvor genannten Quellen speist: Es geht um einen fremden Anspruch eines Anderen als „Appellant" (vgl. ebd., S. 59–109). Es geht um eine Art Ereignis, ein Anspruch, eine Ansprache durch einen anderen, fremden Anspruch, der pathisch widerfährt, trifft, anrührt, anspricht und seine Wirkung entfaltet (ebd., S. 81), indem es unseren Erwartungen zuwiderläuft. Dieses Erlittene und Widerfahrene entzieht sich dem Zugriff (ebd., S. 94), es konkretisiert sich in unserer Antwort, in welcher eine Zukunft eröffnet werden kann jenseits von Erwartungen (vgl. auch Waldenfels

2012, S. 56–67). Auch gemeinsame Antworten sind möglich auf ein gemeinsames Getroffensein, auf das jeder einzelne mit Anderen antwortet und in der die Gemeinsamkeit eines möglichen ‚Wir' immer wieder neu hergestellt werden muss. Die Fremdheit des Anderen darf bei seiner Integration nicht eigeebnet oder ausgelöscht werden.

Waldenfels und Meyer-Drawe beschreiben hier Bildungs- und Lernprozesse, die mit Diskontinuität und Brüchigkeit arbeiten und so Transformationen ermöglichen in Form von Antwortgeschehen. Pädagogische Prozesse so aufzuschließen und zu interpretieren, ist Anliegen der Innsbrucker Projekte zum Lernen (Schratz und Schwarz 2012), aber auch der Berliner Projekte zum Unterrichtsgeschehen (Brinkmann 2015; Rödel 2015).

Die Frage wäre, ob dieses Muster von Interpretation für jegliche soziale Prozesse das Mittel der Wahl ist, ob also jegliches Geschehen primär dieser Logik von *pathos* und *response* folgt?

Gemeinsam ist diesen Ansätzen, dass das Ich nicht durchgängig und einheitlich vorausgesetzt wird, sondern außer sich, mit anderen verwoben und auf sie und ihre fremden Ansprüche antwortend erst entsteht. Mit Meyer-Drawe bleibt aber im Letzten ein Solipsismus, da wir es sind, die auf andere antworten und mit ihnen intersubjektiv interagieren.

2.2 Mit-sein und singulär plural-sein – Heidegger und Nancy

Dieses für sich und auf andere Bezogen-sein des Ichs als Aktzentrum wird von Heidegger (1986) und, diesen weiterdenkend, von Jean-Luc Nancy (2004, 2007) fundamental kritisiert.

Sozialität wird von Heidegger in seiner Fassung des Menschen als Dasein, als in Sinnstrukturen, Verweisungs- und Bedeutungszusammenhänge eingespanntes In-der-Welt-sein verstanden und nicht als Ich-Pol, der auf andere bezogen ist (vgl. Heidegger 1986, besonders S. 114–179). Andere sind im alltäglichen Mitdasein immer schon mit-da, zunächst indem die Dinge, mit denen wir umgehen, auf Personen verweisen, die sie hergestellt haben oder die wiederum mit ihnen umgegangen sind. Darüber hinaus sind andere aber auch direkt in alltäglichen Zusammenhängen und Lebensbezügen schon immer mit-da. Wenn wir etwa eine Fahrkarte oder Brötchen kaufen, dann begegnen uns die anderen in und aus diesen Zusammenhängen, aus dem gemeinsamen Weltbezug heraus. Selten nur treffen sie uns in diesen Kontexten ereignishaft als radikal Andere oder Fremde (ebd. 117–130; vgl. Bedorf 2011, S. 94–101). „Sie begegnen aus der *Welt* her, in der das besorgend-umsichtige Dasein sich wesenhaft aufhält." (Heidegger 1986, S. 119).

So würde man aus dieser Konzeption heraus alltägliche Prozesse der Fürsorge nicht als Handlungen „an" Kindern verstehen, sondern aus einem „Mit-sein" von Professionellen und Kindern erschließen. Anders als bei Waldenfels etwa müssten den Fachkräften die Kinder nicht als Andere oder Fremde begegnen, ihnen muss nichts widerfahren, um etwas lernen zu können, sondern es ginge darum, im umsichtigen Besorgen Bedeutungen zu erschließen, die in dieser geteilten Welt das Handeln und Miteinander-Umgehen strukturieren. Es muss keine Kluft überbrückt werden, weil im Alltag bereits geteilte Bedeutungen durch gemeinsame Handlungen (Essen, Wickeln etc.) entstanden sind.

Alles Mitdasein und Sorgen für Andere ist zwar für das Dasein konstitutiv. Jedoch erscheinen von Heidegger aus diese Zusammenhänge als abkünftiger Modus des Daseins, in dem Andere zwar alltäglich mit-da sind, aber für die Findung eines Worum-willen, aus dem der Mensch lebt, können sie letztlich keinen existentiellen Beitrag leisten. Dieses Worum-willen als welches der Mensch existentiell lebt, entsteht angesichts der Endlichkeit des Menschen auch aus der Deutung seiner Geworfenheit (Vergangenheit) und als Entwurf in die je eigene Zukunft. Das kann nur jeder für sich alleine. Insofern ginge es im pädagogischen Kontext, vergleichbar dem therapeutischen, um Unterstützung beim Verstehen der je eigenen Gewordenheit und der Konzentration auf das Ureigene, das Zurückholen aus dem sich Verlieren in vermeintlich gesellschaftlich vorgegebene Lebensentwürfe (dem nachrangigen Mitdasein als Man) (vgl. Heidegger 1986).

Nancy kritisiert Heidegger fundamental. Er radikalisiert den Gedanken des Mitseins dergestalt, dass er zeigt, dass jede Singularität, jedwede Form von Individualität nur als Mitsein mit anderen, mit und unter anderen denkbar ist (Nancy 2004, S. 27–35, 53–55, 62). Spannend, interessant und weiterführend sind seine Ausführungen auch deshalb, weil zugleich die Vorstellung eines Kollektivs kritisiert wird, in dem das Individuum gleichsam verschwindet. Es geht nicht mehr um eine gemeinsame Identität und Selbstgegenwart einer Gemeinschaft (vgl. ebd., S. 63), sondern um das Wechselspiel, das Auseinandertreten, sich Aussetzen und Anblicken im Mitsein. Es verbinden sich nicht zwei präexistierende Singularitäten. Der Kern des sozialen Geschehens ist das Hervorbringen von Sinn, der im Kommunizieren entsteht als „Sein-in-Hinsicht-auf-ein-ander" (ebd., S. 128). „Der Sinn des Seins ist im *Dasein* nicht im Spiel, um an andere ‚kommuniziert' zu werden: Sein Ins-Spiel-gebracht-werden *ist identisch mit Mitsein*" (ebd., S. 54). Immer schon ko-existierend ist man mit anderen, also außer sich. Wir sind der Sinn, der im Zirkulieren und Teilen des Sinns zwischen uns entsteht (vgl. ebd., S. 19 f.). Dieses „uns" sucht Nancy mit dem singulär Pluralen auf eine spezifische Art und Weise zu fassen, nicht als eine „Identität" eines wir, sondern als Prozesse von „Identifizierungen" (ebd., S. 105 f.). Unser Singular-sein bedeutet, dass nicht nur zwischen, sondern auch in uns Differenzen und Fremdheiten entstehen, die je nach Situation oder Konstellation hervortreten und im Mit-anderen-sein zu jeweiligen spannungsreichen Dynamiken und Profilierungen führen können. In einer Art instabilem Zwischen emergieren Subjektivitäten und Pluralitäten (vgl. auch Bedorf 2011, S. 35–39). Bedorf erläutert die Konsequenzen näher: „Statt einer Identität, die man feststellen könnte und für die Kriterien, Eigenschaften oder Grenzen zu bestimmen wären, spricht ein kontingentes, ereignishaftes Wir sich selbst aus." (ebd., S. 39). In diesem singulär pluralen Geschehen entsteht Welt als Sinn-Raum, der durch die soziale Zirkulation zwischen den Miteinanderseienden hervorgebracht wird, als jeweiliger Ursprung. „Zugang zum Ursprung erhalten, heißt in den Sinn eintreten, heißt nun also, sich dieser Wahrheit aussetzen" (Nancy 2004, S. 33). „Den Ursprung erreichen heißt [...], ihm eigens ausgesetzt zu sein. Der Ursprung, der nicht etwas anderes (*ein aliud*) ist, ist weder ‚verfehlbar', noch aneigenbar (zu durchdringen, absorbierbar). Er gehorcht dieser Logik nicht" (ebd., S. 36). „Wir treten nicht zu einer Sache oder einem Zustand hinzu, sondern zu einem Kommen" (ebd., S. 37).

Im Entstehen des Sinns wird eine Welt geboren, zu der man hinzutreten kann, so wie Kinder, die bei einer Gruppe mitspielen wollen, zu dem sich entwickelnden Sinn im Miteinandersein hinzutreten müssen. Die Frage, ‚was wird gespielt' oder ‚darf ich mitspielen' würde die Spielidee zerstören und beweisen, dass man kein Mitspieler ist. Aber das beiläufige Ergreifen eines Gegenstands, das Handeln als ein Mitspieler in einer stimmigen Rolle, tritt in den Ursprung des entstehenden Sinns ein und kreiert ein Miteinandersein, das den Ursprung ernst nimmt, das in dessen Sinn-Raum mitagiert und ihn mit hervorbringt. Der plurale Ursprung ist ein anderer Anfang als die Antwort (Interaktion oder *response*) eines Individuums auf eine Gruppe oder auf andere Individuen. Diesem Gedanken folgend, ginge es darum, auf Ursprünge zu achten, wo etwas im Kommen ist und aus diesem singulär pluralen Geschehen her zu denken, Teilhabe und Partizipation, bzw. jedwede Formen des Zusammenarbeitens und Zusammenseins zu denken. Auch für Forschungen zur Inklusion könnte dieser Gedanke interessant sein, insofern vom Geschehen der Gesamtgruppe gedacht wird, die nicht als homogene Einheit angesehen werden kann.

Der Gedanke des Mitseins widerspricht sowohl dem Solipsismus als auch der Intersubjektivität, da beide jeweilige Pole annehmen, die prinzipiell auch für sich alleine bestehen könnten. Jegliches Sein des Menschen entsteht für Nancy aus dem Mit-sein, aus dem Teilen einer Welt, die nicht äußerlich ist, in die andere noch zugefügt werden könnten, sie ist Ko-Existenz (vgl. ebd., S. 73–80), ein Spielraum, der zwischen uns entsteht, der nicht einfach so vorhanden ist, sondern der jeweilig Gestalt gewinnt. Jede Form von Selbstheit und Alterität übergeht nach Nancy dieses elementare Geschehen des Entstehens der Sinnwelt als ankommender Welt, die sich sprachlich, symbolisch, musikalisch, körperlich ausartikuliert im „Bei-sich-außer-sich-sein" (ebd., S. 35), im Miteinandersein.

2.3 Zur Genese unseres sozialen Lebens – Multiple Identitätskonstitutionen (Rombach)

In diesem Teil geht es um die Frage, wie unser soziales Leben verfasst ist, wie die mehreren sozialen Leben, die wir führen, entstehen und wie sie zueinander stehen. Was heißt hier noch Identität? Ich nutze dazu vor allem Rombachs Sozialphänomenologie (Rombach 1994 und auch 1987).

Nancy geht es um Prozesse der Entstehung einer singulär pluralen Sinnwelt, die jeweilig entsteht. Rombach fasst dieses Phänomen in vergleichbarer Weise unter dem Begriff Sozialgenese, an der, teilnehmend und sie mit hervorbringend, Menschen Möglichkeitsräume entwickeln. Der Mensch steht als ‚Ich' der Sozietät nicht gegenüber: „Alles, was das Individuum mit sich anfängt, hat immer auch einen sozialen Aspekt; alles, was sich in der Gesellschaft tut, hat immer auch einen individuellen Aspekt" (Rombach 1994, S. 22).

Soziogenesen, in denen Menschen sich befinden und an denen sie teilnehmen, generieren dabei neue Ordnungen, Denkformen, Haltungen, Gefühle, Handlungsmöglichkeiten, ja – Grundformen des Erlebens, etwa wenn eine Familie durch die Geburt eines Kindes oder wenn ein Freundeskreis neu entsteht, oder auch wenn ein Verein, ein Staat gegründet wird und fortan eine soziale Ordnung generiert, in deren Möglichkeitsraum Menschsein in Vielfalt, aber auch je konkret gestaltet wird. Diese Ordnungen bilden dann fortan den Boden möglicher Lebensformen, von dem aus soziale und individuelle Entwicklungen, diesen überformend, möglich sind (vgl. Rombach 1994).

2.3.1 Dynamik sozialer Ordnungen

Soziale Ordnungen generieren und entwickeln sich dynamisch, materiell und symbolisch, körperlich und mental, sozial und institutionell, je historisch und kulturell. Sie bilden einen „Deutungsrahmen, der den Charakter einer sozialen Ordnung hat" (ebd., S. 130). Diese Ordnungen (z.B. Ökonomie, Politik und Bildungswesen) sind einerseits empirisch fassbar, erschöpfen sich aber nicht darin. Sie bilden transzendentale Ordnungen, insofern sie die Bedingung der Möglichkeit bereitstellen, sich selbst aus der Zugehörigkeit zu ihnen (z.B. als Politiker) zu verstehen. Indem sie mitgelebt und mitgetragen werden, können sie „dem Dasein Weite und Ausspannung geben, die es lebenswert macht" (ebd., S. 137). Soziale Ordnungen sind wegen der persönlichen Überformungen keine kollektiven Gleichschaltungen, sondern existenzielle Möglichkeiten, aber auch Begrenzungen, sich selbst als Mensch zu verstehen und zu entwerfen. In unserem sozialen Deutungs- und Spielraum heute entstehen jeweilige Möglichkeiten. „Wir können heute vielleicht Ministerpräsident, aber nicht mehr ‚Pharao' werden" (ebd., S. 130). (Pharao geht höchstens noch im Karneval.). Soziale Ordnungen sind offen und in sich bewegt, sie entwickeln je eigene Dynamiken, Strukturierungen und Wechselwirkungen (zwischen Ökonomie und Bildungswesen) und bilden dabei Entsprechungen, Divergenzen, Verwerfungen. Die jeweilige Ordnung gibt als Deutungsrahmen und Sinnfeld (mit Wittgenstein) die Aussageart vor (ebd., S. 75), sodass eine Aussage oder Handlung in einer Ordnung anerkannt sein kann, in der Andern nicht (beispielsweise kostengünstige Betreuung von Kindern bei mäßiger pädagogischer Qualität). Es kann zu Konflikten kommen, die nicht nur Werte und Rollen, sondern die möglichen Identitäten derer beinhalten, die sich in diesem Sinnfeld bewegen. Soziale Ordnungen sind dynamische Kommunikationsphänomene, die durch vielfältige Teilhabe entwickelt werden (ebd., S. 86 f.). Menschen gewinnen durch Teilhabe und Zugehörigkeit ihr Selbstverständnis, das je zu einer bestimmten Profilierung in der Selbstkonstitution der Individuen führt. Wer seinen Sohn zum Fußballspiel gegen den Erzrivalen begleitet, kann sich auf andere Praktiken der Anfeuerung und Abwertung einstellen, als beim Chorkonzert. Menschen gehören vielen dynamisch sich entwickelnden sozialen Ordnungen an (Hochschule, Familie etc.) und leben als diese ausgespannten Strukturen und Wirklichkeitsformen. Sie leben in ihnen und als diese sinnlich-real, mental und imaginär, spielerisch und ästhetisch.

Anders als in der Systemtheorie geht es bei der Bildung von sozialen Ordnungen nicht um Komplexitätsreduktion, sondern um die Entwicklung von neuen Möglichkeiten, die aus dem Zusammenspiel von Momenten und Faktoren hervorgehen. „Jede Ordnung ‚lebt'. Und nicht nur in Menschen, sondern auch in Dingen, Verhältnissen und Geschehnissen. Ordnungen arbeiten jeweils eine ‚Gestalt' aus, die einen ‚Geist' atmet und ihre ‚Zeit' hat." (ebd., S. 108).

Die Ordnung ist nichts, zu dem man nachträglich eine Beziehung aufnimmt, sie wird erlernt, indem man an ihr teilnimmt, in und mit ihr spielt und so die jeweilige Identität ausbildet (vgl. ebd., S. 137–141). Eine Kitagruppe kann eine soziale Ordnung sein, deren Praktiken, symbolische, materielle und körperliche Ausformungen durch Beobachtung, Nachahmung und schließlich parallele und kooperative Handlungen entwickelt werden. Damit wird eine eigene Profilierung als Kind ausgebildet, die sich wiederum zu Hause oder bei Nachbarn anders gestalten kann. In der sozialen Ordnung der Gruppe entstehen wiederum eigene ‚Banden', Freundschaften oder auch Turngruppen, die wiederum je eigene Möglichkeiten generieren. Es geht dabei nicht nur um das faktische Mitmachen-Können, sondern das Ausbilden eines Mit-seins, das je in Situationen wieder neu gefunden werden muss. Mehreren Ordnungen anzugehören bedeutet dann auch Teilhabe an unterschiedlichen Sozialformen und Erfahrungsräumen und damit neue Identitätsmöglichkeiten ausbilden zu können, die nie statisch, sondern immer in Wechselwirkungen begriffen sind.

2.3.2 Soziogenese

Prozesse, in denen soziale Ordnungen sich bilden und je wieder neu konstituieren, nennt Rombach Soziogenese (vgl. ebd., S. 146–198). Von Beginn an lebt der Mensch in sozialen Ordnungen, in deren Bezugsmöglichkeiten und Dynamiken (nicht in jeder Familie gibt's einen Gutenachtkuss oder ein gemeinsames Essen). Im Mit-leben und Mit-gestalten dieser Ordnungen (auch Säuglinge gestalten mit – und wie!) werden mögliche Formen des Menschseins und der elementaren Distanznahme zu sich gebildet und gestaltet in einem Horizont von Möglichkeiten. Identität und Freiheit sind nicht für sich allein aktiv herstellbar, sondern immer nur im Rahmen der Entfaltung von Sozietäten, welche jeweilige Möglichkeitsräume bereiten und vorenthalten (vgl. ebd., S. 146 f.). Jedwede Sozietät ist immer im Werden, in einer genetischen Entwicklung neuer Möglichkeiten, andernfalls verliert sie ihre Bindekraft. Eine Familie, eine Freundschaft, eine Gesellschaft, gewinnt sich aus Situationen und Aufgaben, „an denen sie sich bewähren und d.h. selbstkonstituieren kann" (ebd., S. 149). Jeder Vorentwurf wartet auf Realisierung und Steigerung, sodass die einzelnen Beteiligten die Entwicklung ebenso als Steigerung ihrer Möglichkeiten empfinden. Ein „circulus vitiosus" entsteht – der Prozess gelingt (ebd., S. 150). Was nicht gelingt, das misslingt, Bleiben ist nicht möglich, da es zum Verharren wird; die Bewegung kommt ins Stocken, rinnt aus, wird hohl, bedeutungslos, erschlafft (vgl. S. 151). Die Sozietät zerfällt oder sie gewinnt sich neu. Aller Anfang ist dabei schwer, bis der Prozess sich wieder selbst trägt und steigert. Grundprinzip der Sozialgenese (gleich ob Familie, Kita, Bürgerrechtsbewegung oder Gesellschaft) ist die „schöpferische Selbstübersteigung" (ebd., S. 154), der es um jeweilig sehr konkrete Findungen und Gestaltungen geht. Es geht hierbei um den „sozialgenetischen Prozess, um die Teilnahme an konkreativen Entwicklungen, die als Hebung der Lebendigkeit, Steigerung des Lebensgefühls, Gewinnung neuer Dimensionen und höherer Bereiche der ‚Selbstverwirklichung' empfunden werden" (ebd., S. 158). Dieses Phänomen ist für pädagogische Kontexte äußerst ertragreich, weil sich daraus Aufgaben für begleitende Pädagogen ableiten können, die den Anfang unterstützen, sich rasch zurückziehen und beim Misslingen zur Seite stehen, wenn aus eigener Kraft nichts mehr geht.

2.3.3 Pluralität von Identitäten und Zugehörigkeiten

Aus jeder Sozialgenese gewinnt der Mensch neue Identitäts- bzw. Identifizierungsmöglichkeiten oder überformt ältere, die alle wiederum soziale Ordnungen aufrufen, die in ihnen wirksam werden. Insofern leben wir mehrere Leben, je nach den Ordnungen und Genesen, in denen wir uns bewegen und aus denen heraus wir unsere Subjektmöglichkeit gewinnen und unser Verstehen entwickeln. Diese Leben müssen sich nicht stören, wenn die Situationen so different sind, dass sie sich ergänzen: Sportverein nach Arbeitsschluss. Es kann aber sein, dass sich das, was sich im Sport entwickelt, so einen Raum in unserem Selbstverstehen einnimmt, dass das Arbeits-Ich beeinträchtigt wird oder aber befördert wird, denn die multiplen Identitäten befinden sich in einem Gespräch, auch in einem Interpretations- und Überbietungsgeschehen.

So können Identitätsmöglichkeiten, die aus dem Herkunftskontext gewonnen wurden (Familie mit religiöser, sozialer und kultureller Zugehörigkeit) in der Jugend möglicherweise mit denen, die aus peer-Beziehungen gewonnen werden, in Konflikt geraten. Im positiven Fall können diese widerstrebenden Möglichkeiten auch in ein Wechselspiel eintreten, etwa indem Eltern durch Kinder wiederum herausgefordert sind, die Familie mit den Kindern mit jeder neuen Lebensphase neu zu strukturieren und neue Lebensmöglichkeiten zu gewinnen. Dabei könnte es dann auch zu einer Transformation der jeweilig biographisch erworbenen ‚Identitäten' der Eltern kommen. Dabei wäre entscheidend, diese Identitäten nicht als feste Gebilde, sondern als dynamisch sich entwickelnde Identifizierungen anzusehen.

Bislang sieht Rombach den Menschen primär im Hinblick auf seine Individualexistenz befördert und betrachtet (vgl. ebd., S. 291 f.). Er geht von einer Doppelstruktur des Menschen aus, denn wir leben mit dem Gelingen der Sozialgestalten (Schüler leiden unter einer Klasse mit Konkurrenzdruck und Mobbing) und werden im positiven Fall von sozialen Bewegungen mitgetragen. Dabei geht es darum, das Konzert bislang erworbener Identitätsmöglichkeiten immer wieder zu befragen und in einen anderen Klang einzustimmen. Die schöpferische Selbstgestaltung des Individuums sollte von den Sozialgestalten profitieren und umgekehrt.

Das ist oft leichter gesagt als getan, denn nicht jede beginnende Freundschaft oder Liebe möchte gleich öffentlich gemacht werden, will erst einmal different bleiben, geheimnisvoll und intim und die Übergänge zwischen den Identitäten lassen sich oft weit schwieriger bewerkstelligen als gewünscht. Die Familie tritt für den verliebten Jugendlichen in den Hintergrund, will das selbst aber nicht wahrhaben und so sind Konflikte zwischen den Identitäten und Leben, die wir führen, Teil der Selbst- und Sozialgestaltungen, in denen und als die wir leben.

3   Schluss

Anliegen meines Beitrages war es zum einen, das mögliche Spektrum zu befragen, das durch diverse phänomenologische Zugänge gegeben ist, wenn es darum geht, unsere soziale und individuelle Existenz zum Thema zu machen mit den Phänomenen und erziehungswissenschaftlichen Fragestellungen, die sich daran anschließen lassen. Die Theorieangebote sind deshalb nicht in Konkurrenz zu verstehen, sondern als Möglichkeiten, verschiedene Aspekte des sozialen Lebens, des Angesprochen-seins und Antwortens, des Mit-seins und der Sozialgenese in einem erziehungswissenschaftlichen Kontext fassen und bearbeiten zu können. Einige Theorieangebote fokussieren eher den Augenblick, das, was zwischen Menschen in wenigen Minuten geschieht, andere fragen nach langwelligeren Wechselwirkungen zwischen sozialem und individuellem Leben. Während mit Meyer-Drawe und Waldenfels eher kurze Sequenzen gut untersucht werden können, um Antworten und Transformationen (etwa im Sinne von Lernen) auf irritierende Appelle zu untersuchen, würde ein solches Forschungsdesign allein für Fragestellungen im Anschluss an Rombach ungeeignet sein. Will man sozialgenetische Prozesse etwa für eine Kitagruppe erforschen, müsste man über einen längeren Zeitraum immer wieder Beobachtungen durchführen, diese ggf. durch Interviews und Gruppendiskussionen mit den Fachkräften ergänzen, um Prozesse der Generierung neuer Möglichkeiten, Gefährdungen, Herausforderungen und Problemstellungen und deren transformatorischer Kraft in der Bewältigung von Herausforderungen zu erfassen. Sicher wären auch hier mikroanalytische Blicke interessant, um die wechselseitigen Konstitutionsprozesse von sozialen Ordnungen und Individualgenesen zu befragen, aber diese wären in weitere Ordnungen und im Kontext pluraler Identifizierungen zu betrachten. Phänomenologisches Forschen würde wissen wollen, wie soziale Prozesse sich formieren und was sie für die daran Beteiligten bedeuten, welche Arten von Erfahrungen Menschen dabei machen und welche Subjektmöglichkeiten darin konstituiert werden, ohne einen normativen Maßstab vorauszusetzen.

Hierbei können international vergleichende Blicke hilfreich sein, weil sie uns über die eigenen unbemerkten Voraussetzungen aufklären können. Ein Gedanke soll daher zum Schluss angedeutet werden, mit einer weitergeführten Interpretation aus den ethnographischen Forschungen von Hayashi und Tobin in japanischen Kitas im Freispiel (Hayashi und Tobin 2011a, 2011b, 2015). Im Freispiel zeigen sich hier u.a. zwei wichtig erscheinende Strategien seitens der Fachkräfte, um das Miteinander zu begleiten. Die im Vergleich zu Kitas hierzulande sehr große Zurückhaltung in Streitsituationen wird begleitet durch ein sehr konzentriertes, geradezu fokussierendes Aus-der-Hocke-beobachten von Konfliktsituationen (zu sehen auf den Fotoserien in Hayashi und Tobin 2011a). Dieses Beobachten der Gesamtsituation scheint eine bestimmte Art von Aufmerksamkeit im Kontext des Gruppengeschehens zu erzeugen. Dies funktioniert nicht durch das Notieren und Auswerten von Beobachtungen, die dann wieder über Dokumentationen zu einem späteren Zeitpunkt rückgespiegelt/den Kindern erzählt werden, sondern durch ein Beobachten, das als eine Art pädagogisches Mittel eingesetzt sein könnte, ein Blick, der in der Situation selbst präsent ist.

Interviews mit den Fachkräften, bei denen zu Beginn die 20-minütigen Szenen gemeinsam betrachtet und im Anschluss von den Fachkräften kommentiert wurden, haben nach Hayashi/Tobin (2011a, 2011b) über die eigenen Auswertungen der Beobachtungen hinaus zu der Erkenntnis geführt, dass für die Fachkräfte das entscheidende Lernen einerseits in einer Art dezentraler Partizipation bestehe, das Bilden der Galerie seitens anderer, nicht involvierter Kinder (welche möglicherweise auch durch die Blicke der Fachkraft angeregt das Streitgespräch aufmerksam verfolgen). „Fights are important for children who are not fighting. Teachers should pay attention to them and consider what *they* are learning." (2011a). Interessant ist dieser Perspektivwechsel auch deshalb, weil die Forscher aus den USA immer nur die in den Konflikt direkt involvierten Akteure analysiert hatten (vgl. auch 2011b, S. 140). Die Aufmerksamkeit der japanischen Fachkräfte richtete sich auch auf die Zuschauenden neben der Fokussierung der Gesamtgruppe, welche durch das Nicht-Eingreifen der Fachkraft die Möglichkeit hat, Strategien des Harmonie- und Kooperationherstellens beobachten und lernen zu können, ohne dass dies proklamiert wird oder durch den Eingriff der Fachkräfte herbeigeführt wird. Soziale Prozesse werden hier nicht als Interaktion der Hauptakteure betrachtet, sondern aus einer Art Balance in der Gesamtgruppe, die ohne Eingriff von außen wieder erzeugt werden soll. Darüber hinaus erscheint besonders interessant, dass das Zeigen und Äußern auch negativer Emotionen, etwa das Weinen eines Mädchens, das bei einem Kampf um einen Teddybären unterliegt, oder das Zeigen von einem Gefühl, das Traurigkeit und Einsamkeit vereint, von den Fachkräften als für weitere Gruppenprozesse wichtig angesehen wird, da hier Kinder zeigen, dass sie interagieren wollen, dass sie ein Verlangen zeigen, zur Gruppe zu gehören und die Sympathie der Gruppe erringen möchten (2011a). Weinen wird als ein Zeichen von Stärke interpretiert, als Verlangen, im Sinne von Takeo Dois (2002) Amae, zugehörig zu sein, da es ein diesbezügliches (prosoziales) Signal an die Gruppe richtet (vgl. Hayashi und Tobin 2011a). Emotionen werden hier gruppenbezogen wahrgenommen und gedeutet. Ein Helfen, Trösten seitens der Fachkraft wäre kontraproduktiv, ebenso wie ein Bearbeiten des Gefühls auf der individuellen Ebene der Weinenden, da so das Ausdrücken der Gefühle und der damit an die Gruppe verbundene Apell sowie die Antwortmöglichkeit durch die Gruppe, gestört werden würde. Lediglich die (demonstrative) Aufmerksamkeit der Fachkraft auf den Prozess zwischen den Kindern soll wirken. Sie wird nur minimal etwa durch eine mediatisierende Anregung zu einer sprachlichen Äußerung durch die Fachkraft unterstützt. Fachkräfte greifen nicht weiter ein, setzen keine Regel durch etc., sondern wirken durch ihre fokussierte Aufmerksamkeit anregend, soziale Prozesse untereinander zu einer Lösung zu führen. Das Gefühl soll seine Wirksamkeit in der Gruppe entfalten, deshalb wäre es geradezu fatal, es abzumildern oder frühzeitig in ein harmonisches Gefüge aufzulösen (vgl. ebd.).

Meine eigenen Beobachtungen von Freispielsituationen in einer japanischen Kita in Tokio machen darauf aufmerksam, dass Fachkräfte im Freispiel selbstverständlich mit kleinen Gruppen spielen, etwas untersuchen und miteinander sprechen, ohne die Situation zu leiten oder zu dominieren. Meine Vermutung wäre, dass Kinder so in nicht lehrenden oder konflikthaften Situationen Gelegenheit haben, die Entwicklung sozialer Situationen unter Beteiligung einer Fachkraft zu erfahren, die nicht auf die Selbsttätigkeit des Kindes am Rand stehend wartet und auch nicht nur ko-konstruierend von ihrem Standpunkt aus das Geschehen bereichert, sondern indem sie Teil des sozialen Prozesses ist, aus dem sie selbst noch mit hervorzugehen scheint. Insofern können aus anderen kulturellen Kontexten neue Blicke und Ideen gewonnen werden, soziale Prozesse in Kitas zu interpretieren und zu gestalten.

Der mögliche Ertrag phänomenologischer Ansätze für einen Perspektivwechsel von einer Zentrierung und Fokussierung auf das Individuum zu einer auch die soziale Konstituiertheit des Menschen einbeziehenden Pädagogik, wäre ein lohnendes Forschungsvorhaben. Theoretische Zugänge aus der phänomenologischen Tradition stehen dafür bereit, um differente Phänomene in Augenschein nehmen zu können.

Literatur

Bedorf, Thomas. 2011. *Andere. Eine Einführung in die Sozialphilosophie.* Bielefeld: transcript.

Brinkmann, Malte. 2015. Übungen der Aufmerksamkeit: Phänomenologische und empirische Analysen zum Aufmerksamwerden und Aufmerksammachen. In *Aufmerksamkeit. Geschichte – Theorie – Empirie eines pädagogischen Phänomens*, hrsg. S. Reh, J. Dinkelaker, und K. Berdelmann, 199–220. Wiesbaden: VL Verlag für Sozialwissenschaften.

Doi, Takeo. 2002. *Amae. Freiheit in Geborgenheit. Zur Struktur japanischer Psyche.* Frankfurt a. M.: Suhrkamp.

Drieschner, Elmar. 2007. *Erziehungsziel „Selbstständigkeit": Grundlagen, Theorien und Probleme eines Leitbildes der Pädagogik.* Wiesbaden: Springer VS.

Fröhlich-Gildhoff, Klaus, Iris Nentwig-Gesemann, Anke König, Ursula Stenger, und Dörte Weltzien. 2013. *Forschung in der Frühpädagogik VI. Schwerpunkt: Interaktion zwischen Fachkräften und Kindern.* Freiburg i. Br.: FEL.

Hayashi, Akiko und Joseph Tobin. 2011a. *The Culture of Japanese Preschool Teaching.* http://www.childresearch.net/projects/ecec/2011_06.html. Zugegriffen: 19. September 2016.

Hayashi, Akiko und Joseph Tobin. 2011b. *The Japanese Preschool's Pedagogy of Peripheral Participation.* ETHOS 39 (2): 139–164.

Hayashi, Akiko und Joseph Tobin. 2015. *Teaching Embodied: Cultural Practice in Japanese Preschools.* Chicago: University of Chicago Press.

Heidegger, Martin. 1986. *Sein und Zeit.* Tübingen: Max Niemeyer Verlag.

Husserl, Edmund. 1986. Konstitution und Intersubjektivität. In *Phänomenologie und Lebenswelt,* hrsg. E. Husserl, 166–219. Stuttgart: Reclam.

Kaščák, Ondrej und Branislav Pupala. 2013. Auf dem Wege zum „normalen" Superkind. In *Normierung und Normalisierung in der Kindheit,* hrsg. H. Kelle und J. Mierendorff, 178–194. Weinheim/Basel: Beltz.

Kelle, Helga. 2013. Normierung und Normalisierung der Kindheit. Zur (Un)Unterscheidbarkeit und Bestimmung der Begriffe. In *Normierung und Normalisierung in der Kindheit,* hrsg. H. Kelle und J. Mierendorff, 15–37. Weinheim/Basel: Beltz.

König, Anke. 2009. Diskussion und Perspektiven. In *Interaktionsprozesse zwischen ErzieherInnen und Kindern. Eine Videostudie aus dem Kindergartenalltag,* hrsg. A. König, 253–276. Wiesbaden: VS Verlag für Sozialwissenschaften.

Lévinas, Emmanuel. 1986. *Ethik und Unendliches.* 3. Aufl. Wien: Passagen.

Lévinas, Emmanuel. 1993. *Totalität und Unendlichkeit. Versuch über die Exteriorität.* Freiburg i. Br./München: Karl Alber.

Lévinas, Emmanuel. 2011. *Jenseits des Seins oder anders als Sein geschieht.* 4. Aufl. Freiburg i. Br./München: Karl Alber.

Lévinas, Emmanuel. 2012. *Die Spur des Anderen. Untersuchungen zur Phänomenologie und Sozialphilosophie.* 6. Aufl. Freiburg i. Br./München: Karl Alber.

Mead, George Herbert. 1973. *Geist, Identität und Gesellschaft aus Sicht des Sozialbehaviorismus.* 17. Aufl. Frankfurt a. M.: Suhrkamp.

Merleau-Ponty, Maurice. 1974. *Phänomenologie der Wahrnehmung.* Berlin: De Gruyter.

Merleau-Ponty, Maurice. 1993. *Prosa der Welt.* München: Wilhelm Fink.

Merleau-Ponty, Maurice. 1994a. *Das Sichtbare und das Unsichtbare.* 2. Aufl. München: Wilhelm Fink.

Merleau-Ponty, Maurice. 1994b. *Keime der Vernunft. Vorlesungen an der Sorbonne 1949–52.* München: Wilhelm Fink.

Meyer-Drawe, Käte. 1984/2001. *Leiblichkeit und Sozialität.* 3. Aufl. München: Wilhelm Fink.

Meyer-Drawe, Käte. 1986. Lernen als Umlernen – Zur Negativität des Lernprozesses. In *Lernen und seine Horizonte. Phänomenologische Konzeptionen menschlichen Lernens – didaktische Konsequenzen,* hrsg. W. Lippitz und K. Meyer-Drawe, 3. Aufl., 19–45. Königstein i. Ts./Frankfurt a. M.: Scriptor.

Meyer-Drawe, Käte. 2008. *Diskurse des Lernens.* München: Wilhelm Fink.

Nancy, Jean-Luc. 2004. *singulär plural sein*. Zürich: diaphanes.

Nancy, Jean-Luc. 2007. *Die herausgeforderte Gemeinschaft*. Zürich: Diaphanes.

Nietzsche, Friedrich. 1980. *KSA 4, Also sprach Zarathustra*. München: DTV.

Rödel, Severin Sales. 2015. Der Andere und die Andere. Überlegungen zu einer Theorie pädagogischen Antwortgeschehens im Angesicht Dritter. In *Pädagogische Erfahrung. Theoretische und empirische Perspektiven*, hrsg. M. Brinkmann, R. Kubac, und S. Rödel, 199–222. Wiesbaden: VS Verlag für Sozialwissenschaften.

Rombach, Heinrich. 1987. *Strukturanthropologie. „Der menschliche Mensch"*. Freiburg i. Br.: Karl Alber.

Rombach, Heinrich. 1994. *Phänomenologie des sozialen Lebens*. Freiburg i. Br.: Karl Alber.

Schratz, Michael, Johanna F. Schwarz, und Tanja Westfall-Greiter. 2012. *Lernen als bildende Erfahrung. Vignetten in der Praxisforschung*. Innsbruck: StudienVerlag.

Sylva, Kathy, Edward Melhuish, Pam Sammons, Iram Siraj-Blatchford, and Brenda Taggart 2003. *The Effective Provision of Pre-School Education. (EPPE)*. London: Institute of Education. University of London.

Tomasello, Michael. 2006. *Die kulturelle Entwicklung des menschlichen Denkens*. Frankfurt a. M.: Suhrkamp.

Tomasello, Michael. 2010. *Warum wir kooperieren*. Berlin: Suhrkamp.

Waldenfels, Bernhard. 2012. *Grundmotive einer Phänomenologie des Fremden*. Frankfurt a. M.: Suhrkamp.

Waldenfels, Bernhard. 2015. *Sozialität und Alterität*. Berlin: Suhrkamp.

Zahavi, Dan. 2009. *Husserls Phänomenologie*. Stuttgart: UTB.

Anfänglichkeit und Pädagogik der frühen Kindheit

Versuch einer gegenstandstheoretischen Verortung
aus phänomenologischer Perspektive

Claus Stieve

Einleitung

„Und in der Tat ist der Mensch nie mehr Anfänger als nach der Geburt" – dieser Gedanke des Schweizer Philosophen Hans Saner (1995/1977, S. 29) klingt wie eine Charakterisierung der frühen Kindheit – man könnte sie als Gegenstandsbestimmung einer mit ihr befassten Pädagogik lesen. Bezeichnungen wie „*Elementar*pädagogik" oder „*Früh*pädagogik" lassen die Deutung zu, dass sie mehr als jede spätere Schul-, Jugendpädagogik oder Erwachsenenbildung mit einer grundsätzlichen, elementaren Anfänglichkeit zu tun haben. In der „Einführung in die Pädagogik der frühen Kindheit" bildet für Liegle (2003, S. 14) jener „unauflösbare Zusammenhang zwischen den *Anfängen* des Lebenslaufs (Kindheit) und Erziehung [...] den wichtigsten Gegenstand der pädagogischen Anthropologie". „Kindheit" selbst wird durch das Anfangen charakterisiert.

Im Folgenden wird der Frage nachgegangen, in welcher Weise sich die Pädagogik der frühen Kindheit über den Bezug zu einer solchen Anfänglichkeit verständigt, und parallel dazu, wie dieser Anfang und seine Pädagogik phänomenologisch beschrieben werden kann. Wie kann die Anfänglichkeit einen Gesichtspunkt bilden (Mollenhauer 1998/1966, S. 320), von dem aus sich Selbstverständnis und Gegenstandsfeld der Pädagogik der frühen Kindheit analysieren und rekonstruieren lassen? Welchen Beitrag kann die Phänomenologie zur Gewinnung dieses Gesichtspunktes einbringen?

Die Phänomenologie bietet sich als Zugang zu dieser Frage an, weil sie auf die Deskription der Anfänglichkeit des Menschen als einen notwendigen Gesichtspunkt ihrer eigenen Philosophie angewiesen ist. Sie kritisiert den idealisierenden Zug philosophischer Traditionen eines mit sich identischen Subjektes, um den Menschen aus seiner Leiblichkeit, Natalität und Endlichkeit, Geschichtlichkeit und Verflochtenheit in eine Erfahrungswelt heraus zu verstehen (vgl. Lippitz 2003, S. 30). „Dass ein Kind wahrnimmt noch bevor es zu denken beginnt, dass es *am Anfang* seine Träume in die Dinge, seine Gedanken in die Anderen verlegt und mit diesen gleichsam einen gemeinsamen Lebensblock bildet, innerhalb dessen die verschiedenen Perspektiven sich noch nicht unterscheiden, – diese genetischen Tatsachen darf die Philosophie nicht einfach ignorieren, sie muss sich dem Problem der Genese ihres eigenen Sinns stellen" (Merleau-Ponty 1986/1964, S. 28; Hervorhebung C.S.). Die phänomenologische Annäherung an die Vorgängigkeit einer eigenen Existenz, die das Bewusstsein nur unzureichend einholen kann, lässt zugleich fragen, ob die frühe Kindheit und die mit ihr verknüpfte Pädagogik nicht einen konstituierenden wie irritierenden Charakter für das pädagogische und philosophische Fragen haben müssen. „Was bedeutet es, dass unser Dasein in der Welt anfängt [...]?", fragt Saner (1995/1977, S. 7) und man kann hinzufügen – Was bedeutet es für die umgebende Welt, dass das Dasein eines Menschen und das Miteinander mit ihm anfängt? Folgende Schritte leiten das Vorgehen:

- *Frühpädagogischer Diskurs:* Erstens werden ordnend ausgewählte aktuelle Argumentationsfiguren der Pädagogik der frühen Kindheit und, in Ansätzen, der Kindheitsforschung, zur Anfänglichkeit des Kindes rezipiert, um einen Bezugsrahmen für die Frage nach dem Anfang zu gewinnen.
- *Eine phänomenologische Skizze:* Zweitens werden phänomenologische Anhaltsmomente für eine Charakterisierung der Anfänglichkeit gesucht. Dabei soll Anfänglichkeit nicht essentiell oder naturalistisch, sondern in ihren ‚Referenzen', in ihrer Verflochtenheit mit einer vorgängigen Lebenswelt, charakterisiert werden, um zugleich die ‚Differenzen' zu den kulturellen Ordnungen dieser Welt herauszuarbeiten.
- *Aspekte eines Bezugsrahmens:* Diese Ambivalenz bildet drittens den Bezugsrahmen, um Gesichtspunkte für eine Pädagogik der frühen Kindheit vor dem Kontext der zu Beginn skizzierten aktuellen Diskurse zu gewinnen.

1 Frühpädagogische Gegenstandsbeschreibungen

„Ich beginne mit einem Wort", schreibt der Frühpädagoge Gerd E. Schäfer in einem Aufsatz über „Bildung und Beteiligung im frühen Kindesalter", „das mir sehr gefällt: kindlicher Anfängergeist. Kleine Kinder sind Anfänger, und sie sind Anfänger in allen Bereichen. Das wird klar, wenn ein Kind geboren wird. Da weiß man, was Anfang ist" (2011, S. 57). Schäfer scheint geradezu ein Empfinden aus-zudrücken, das den, der einen Säugling auf den Armen hält, ergreifen kann. Doch was in der ersten Erfahrung selbstverständlich erscheint – die Anfänglichkeit des Kindes – erweist sich, phänomenologisch betrachtet, als ein *Etwas als Etwas*, eine „signifikative Differenz" (Waldenfels 1997, S. 68). Das Phänomen des *Zur-Welt-Kommens* wird immer schon unterschiedlich gefasst, womit je eine Wahrneh-mungsmöglichkeit ausgesondert und andere ausgeschlossen sind (vgl. ebd.).

Um einzuordnen, wie die Anfänglichkeit des Kindes in verschiedenen Zugän-gen der Pädagogik der frühen Kindheit konturiert wird, sollen im Folgenden vier Linien unterschieden werden, die eine lückenhafte, aber dennoch diskussionswür-dige Landkarte frühpädagogischer Gegenstandskonturierungen anbieten.

Zwei erste Linien bilden eine Art Kontrastfolie aktueller frühpädagogischer Selbstvergewisserungen.

Die erste Linie entdeckt Michael Sebastian Honig in einem „finalisierten" und „funktionalisierten" Bildungsbegriff, mit dem Bildung ihr Emanzipationsverspre-chen verloren habe (Honig 2010, S. 92; vgl. Ders. 2015, S. 44 ff.). Die in fach-politischen Kontexten vielfach verwendete Phrase „Auf den Anfang kommt es an" (Wehner 2012, S. 85) ließe sich im Sinne einer solchen Instrumentalisierung begreifen. Der Anfang bildet lediglich den Ausgangspunkt funktionaler Rationa-lisierung im Interesse einer hochtechnologisierten, flexiblen Wissensgesellschaft. Wenn man fragt, „wie Kind und Pädagogik relationiert werden" (Honig 2010, S. 99), so verkommt Bildung hier zu einer Technologie (vgl. ebd., S. 93; ähnlich: Liegle 2006, S. 7 ff.; Moss und Urban 2010, S. 8, 43).

Eine Finalisierung findet sich auch in einer *zweiten Linie*, in der die Relation von Kind und Pädagogik für Honig als „Operationalisierung" einer Entwicklungs-psychologie (Honig 2010, S. 99) begriffen wird. Dahlberg (2004, S. 16) hat solche psychologischen Paradigmen als Anzeichen eines „Regime des Wissens" (Fou-cault) der auf Kontinuität, linearen Fortschritt, Gewissheit und Universalität aus-gerichteten Moderne charakterisiert (vgl. ebd., S. 14). Innerhalb dieses Regimes wird das einzelne Kind an einem universalen, standardisierten Kind gemessen und gerät vorrangig defizitär in den Blick. Solche Perspektiven treffen sich mit phänomenologischen Kritiken am Entwicklungspostulat. Das Kind erscheint als ein „Noch nicht" (Masschelein 1992, S. 93) und, sobald es sich vom Anfang nicht

schnell genug entfernt, in seiner Entwicklung verzögert. Die Finalisierung und
ihre Normativität definieren Anfänglichkeit im Sinne einer adultzentristisch vor-
definierten Natur, wie es beispielsweise am logisch operationalen Denken der
genetischen Epistemologie Piagets (Piaget und Inhelder 1996/1966) oder an der
„wissenschaftlichen Pädagogik" Montessoris (1969/1950, S. 3) kritisiert wird (vgl.
Stieve 2008, S. 53–63; Meyer-Drawe 1984a, S. 157 ff.). Das Kind „ist dem Forscher
vertraut als rudimentäre Erscheinungsform der Rationalität des Erwachsenen"
(Meyer-Drawe und Waldenfels 1988, S. 280).

Die *dritte Linie* im frühpädagogischen Diskurs stellt sich diesem ‚Noch nicht'
entgegen. Sie lässt sich anhand der bildungstheoretischen Überlegungen Schäfers
exemplarisch darlegen. Demnach wird der Anfang im Sinne von „Selbstbildungs-
potentialen" gedacht (vgl. Schäfer 2011, S. 35). Schäfer führt seinen zitierten Gedanken des Anfängergeistes wie folgt fort: „Da weiß man aber auch, dass das Kind
nicht anfangen könnte, ohne schon etwas mitzubringen, eine Art Basisausstattung,
mit der es etwas *machen* kann" (ebd., S. 57). Kinder machen einerseits „jede Erfahrung zum ersten Mal" (Schäfer 2010, S. 38), andererseits erzeugen sie selbstbil-
dend und selbstorganisierend die „Handlungs- und Denkwerkzeuge", die sie dazu
brauchen, sich ein „unbekanntes Feld" zu erschließen. In der Charakterisierung
innerer Strukturen, die sich von einem szenisch handelnden über ein szenisch
bildhaftes und ein narratives zu einem theoretischen Denken hin entwickeln (vgl.
Schäfer 2011, S. 72 f.), wird auch hier eine Teleologie erkennbar. Den Gegenstand
der Frühpädagogik bildet die „Anerkennung des kindlichen Anfängergeistes", das
Schaffen von Gelegenheiten „zu gemeinsam geteilten Erfahrungen" und die „soziale Resonanz" auf den Ebenen der unmittelbaren Beziehung, des Alltags, der
Institution und der Öffentlichkeit (ebd., S. 67). In der „Entzifferung" kindlicher
„Lebensäußerungen", wie Honig Schäfer deutet, liegt die Voraussetzung für die
„gemeinsame Konstruktion von Themen zwischen Erwachsenen und Kindern"
(Honig 2010, S. 96). „Entziffert" werden die Äußerungen im Sinne einer essentiel-
len Hervorhebung kindlicher Selbstorganisation. Der Anfang ist dem defizitären
Modus entrissen, bleibt aber Moment einer Genealogie, die sich in einem theore-
tischen Denken finalisiert.

Hierauf bezieht sich nun die *vierte Linie*. Angeknüpft sei exemplarisch an eine
„herzliche Kontroverse" (ebd.), die Honig mit Schäfer verbindet:

Honig stellt die These auf, dass der Prozess der Beobachtung und der früh-
pädagogisch institutionalisierten Praxis „seinen Gegenstand ebenso sehr herstellt,
wie er ihn voraussetzt" (ebd., S. 96). „Die Praxis legitimiert sich", kritisiert er
Schäfers Ansatz, „indem sie die kindliche Aktivität als Repräsentation einer immer schon gelungenen Selbst-Organisation der Weltaneignung beschreibt" (ebd.,
S. 97). Für Honig treten an die Stelle einer vermeintlich empirischen „Natur des

Kindes" (ebd., S. 99), auf die Pädagogik lediglich reagiert, die darin konstruierte Relation von Kind und Pädagogik selbst, sprich die „Praktiken", in denen das Kind beispielsweise als Beobachtungsgegenstand situiert wird (vgl. ebd.). So fragt er, wie Pädagogik bewirkt, was sie leistet (Honig et al. 2004, S. 13 f.). In Abkehr der essentialisierten Voraussetzung eines sich bildenden Kindes benennt Honig (2010, S. 100) das „Problem der Gegenstandskonstitution", anders ausgedrückt, der Gegenstands-Institution: Pädagogik befasst sich mit Kindheit als institutionalisierter Differenz von Älteren und Jüngeren (Honig 2003, S. 87 f.). Die Anfänglichkeit wird in dieser vierten Konturierungslinie entsprechend nicht mehr vorausgesetzt, sondern als Herstellungsleistung problematisiert. Tendenziell wird sie in Kritik an finalisierten Technologisierungen, Entwicklungspsychologien oder essentiellen bildungstheoretischen Denkweisen ignoriert oder zumindest eingeklammert.

An dieser Stelle ist ein *Exkurs in die Kindheitsforschung* aufschlussreich. In einer kritischen Auseinandersetzung mit dem Agency-Begriff sieht Eßer auch die Kindheitsforschung von einem essentiellen Verständnis dominiert, „das Kindern eine vorsoziale und ursprüngliche Handlungsfähigkeit zuschreibt, die von gesellschaftlichen Kräften systematisch gestört und korrumpiert wird" (Eßer 2014, S. 236). Agency haftet den Kindern geradezu an und steht in Opposition „zu bestehenden sozialen Strukturen" (ebd.). Das Vorsoziale definiert die Anfänglichkeit. Es charakterisiert eine Dichotomie zwischen Erwachsenen, „als Repräsentanten einer konservativen Struktur", und Kindern, als „rebellischen und frischen Neulingen" (ebd., S. 237).

Eßer sucht dagegen ein Agency-Konzept, das sich auf „konkrete Gesellschaften und ,ihre' Kindheiten" bezieht (ebd., S. 237) und in dem Handlungsfähigkeiten und -möglichkeiten von Kindern aus ihrer sozialen Eingebundenheit heraus verstanden werden. Grundlage für seine Abkehr von einem essentiellen Agency-Verständnis bilden relationale Sozialtheorien (vgl. ebd., S. 236 ff.) wie die Netzwerktheorie Latours (u.a. 2000; 2010). Nicht die Akteure definieren bei Latour ihre Beziehungen, sondern sie werden durch die unterschiedlichen Relationen, in denen sie sich vorfinden, erst definierbar (vgl. Eßer 2014, S. 237). Die Agency des Kindes lässt sich dadurch nicht mehr als vorsoziale Handlungsfähigkeit und Autonomie voraussetzen (ebd., S. 241). Sie ergibt sich erst in den sozialen Beziehungen, „in die Kinder eingebunden sind" (ebd., S. 236) und zu denen die materiale Welt und ihre „Aktanten" hinzugehören (vgl. ebd., S. 238, 242; Latour 2000, S. 372). Eßers Interesse gilt entsprechend nicht nur der Agency vermeintlich noch nicht vergesellschaftlichter Kinder, die für sozialen Wandel verantwortlich gemacht werden könnten, sondern auch ihrem Beitrag an sozialen Reproduktionsprozessen (Eßer 2014, S. 240; vgl. Bühler-Niederberger und Schwittek 2013, S. 15). Agency antwortet auf soziale Beziehungsgeflechte, von denen sie „positioniert" (vgl. Eßer 2014, S. 242) und herausgefordert wird.

Den kritischen Punkt einer solchen Denkweise, wie sie sich auch in Honigs Kritik an Schäfer andeutet, benennt Eßer selbst: Ein Adultzentrismus soll überwunden werden, es kann aber nicht darum gehen, „keine Differenz mehr zwischen Kindern und Erwachsenen beobachtbar" werden zu lassen (ebd., S. 243). Doch wenn die Differenz allein als in Praktiken *hergestellte* rekonstruierbar (ebd., S. 238, 242) wird, gerät auch die Anfänglichkeit des Kindes nur noch als Hergestellte in den Blick.

Fasst man die vier Konturierungslinien von Anfänglichkeit in der Pädagogik der frühen Kindheit zusammen, so lässt sich unterscheiden:

- Anfänglichkeit im Kontext der Verwendungsmöglichkeit für eine bestehende gesellschaftliche Ordnung und ihre Konflikte. Pädagogik der frühen Kindheit wird verstanden als Ausgangspunkt einer finalisierenden Bildungstechnologie.
- Anfänglichkeit als defizitärer Modus eines teleologischen Entwicklungsgeschehens. Pädagogik der frühen Kindheit versteht sich als Operationalisierung psychologischer Diagnose.
- Anfänglichkeit als essentielles Potential einer Selbstbildungsgenealogie: Pädagogik der frühen Kindheit ist als Resonanz und Bereitstellung von Bildungsmöglichkeiten gegenüber einem essentiell sich bildenden Kind zu verorten.
- Anfänglichkeit als sozial hergestellte Relation von Kind und Pädagogik: Pädagogik der frühen Kindheit wird als institutionalisierte Differenz von Älteren und Jüngeren analysiert.

Die folgenden Überlegungen bestehen nun darin, Anfänglichkeit weder zu finalisieren noch zu essentialisieren, sondern, anknüpfend an Eßer, in einer Relationalität und Referentialität zu begreifen. Diese gewinnt ihre Bedeutung aber zugleich aus Differenzen heraus, die in der Tatsache der Geburt und dem Phänomen des Anfangens begründet sind und die die institutionelle Herstellung von Kindheit immer auch unterlaufen. In phänomenologischen Forschungen wird eine ‚Doppeldeutigkeit' des Subjekts relevant: So will Meyer-Drawe, die „insulare Auffassung des Subjekts als *cogito*" überwinden, ohne „es in Relationen aufzulösen" (1990, S. 18). Das Subjekt kommt nicht alleine für seine „Subjektivierungsschicksale" auf. Das Ich ist „in den Relationen zu anderen und zu den Dingen das […], was es ist, aber nicht in der bloßen Wiederholung, sondern in der kreativen Abwandlung" (ebd., S. 22). Es etabliert in den Relationen „als Differenzierungsereignis einen Ort […], an dem Identität modelliert wird, ohne je eine letzte Gestalt zu erhalten" (ebd., S. 19). Wie lassen sich Relation und Abwandlung in der frühen Kindheit denken?

Wenn im Folgenden das Phänomen der Anfänglichkeit als wesentlicher Gesichtspunkt der Pädagogik der frühen Kindheit analysiert wird, so soll eine *Referenz* wie eine *Differenz* dieses Anfangs beschrieben werden.

Der Begriff der *Referenz* wird bevorzugt, weil eine Relation Gefahr läuft, einen Vergleichsmodus oder eine gegenseitige Bedingung verschiedener Adressierungen und Positionierungen in den Vordergrund zu stellen. So bedingen sich Begriffe wie Erwachsener und Kind gegenseitig und stehen in Relation zueinander.

Der Begriff der Referenz steht in der Sprachtheorie für den Bezug zwischen sprachlichen und außersprachlichen Einheiten. Bei de Saussure ist der „Referent" die außersprachliche Einheit, auf die sich das Zeichen als Einheit von Vorstellung und Lautbild bezieht. In strukturalistischen und poststrukturalistischen Denkweisen wird mit diesem Referenten gebrochen. So wie für Kant „das Denken vom wirklichen Gegenstand abgeschnitten ist" (vom Ding an sich), so glaubt z.B. Derrida nicht, dass die „im Inneren des Diskurses sich ereignenden Sinn- und Bedeutungseffekte durch einen Rückgriff auf Außerdiskursives verifizier- oder falsifizierbar sind" (Dick 2009, S. 95). Derrida fordert eine „Verzichtleistung" auf Referentialität (vgl. ebd., S. 91, 96), woraus sich eine Selbstreferentialität ergibt. Für Merleau-Ponty wird das „Problem der referentiellen Übereinstimmung von Sprache und Welt" dagegen „erst in einer auf Referentialität reduzierten Sprachtheorie relevant. Im alltäglichen Gebrauch unseres Ausdrucksvermögens stellen wir zunächst immer schon einen Sinnbezug her" (Stengel 2003, S. 39; vgl. Merleau-Ponty 1966/1945, S. 78). Das Ausdrucksvermögen, das sich insbesondere in Gebärden und Gesten oder in okkasionellen Ausdrücken situativ äußert, bezieht sich immer schon auf eine Lebenswelt und Sozialität, in der wir praktisch engagiert sind und die durch ihre Materialität mitbestimmt ist.

Mit dem Begriff der *Referenz* und *Referentialität* soll deshalb zum Ausdruck gebracht werden, dass das Kind in seinem Anfangen ganz und gar auf seine Lebenswelt bezogen ist.

Der Begriff der *Differenz* dagegen verdeutlicht, dass es in seiner Anfänglichkeit zugleich eine Fremdheit zu den Ordnungen dieser Lebenswelt zum Ausdruck bringt. Diese Fremdheit markiert Brüche, die ein Handeln allererst ermöglichen.

2 Eine phänomenologische Skizze

Honig hat in seinem *Entwurf einer Theorie der Kindheit* (1999) die Phänomenologie und insbesondere den Begriff der Leiblichkeit an mehreren Stellen aufgenommen. „Gegen das mögliche Missverständnis nur einfühlsamer Beschreibungen kindlicher Tätigkeiten und Äußerungen macht die phänomenologische

Kinderforschung […] ernst mit der Einsicht in die Geschichtlichkeit von Kindheit, indem sie sie als sinnkonstituierende und sinnaneignende Tätigkeit begreift, die dem Erwachsenen als eine fremde Eigenwelt entgegentritt" (ebd., S. 135). Diese Fremdheit werde deshalb wichtig, weil sie nicht als psychologischer Sachverhalt beschrieben, sondern in den vorwissenschaftlichen Erfahrungen der kindlichen Lebenswelt und in der „alltäglichen Lebensführung" der Kinder aufgewiesen werde (ebd.). „Wenn die Kindheit als ein genuin soziales Phänomen betrachtet und als institutionalisiertes Konstrukt von der Wirklichkeit des Kindes unterschieden wird, ist […] die Differenz zwischen der Kindheitssemantik und der vorsprachlichen Leiblichkeit der menschlichen Neulinge als Grenze und Bezugspunkt immer mitzudenken" (ebd., S. 181).

Das Konstrukt *Kind* kann demnach nicht darüber hinwegtäuschen, dass sich im Umgang mit Kindern eine Referentialität wie eine Differenz zeigen. Das Kind geht weder in einer vorsozialen Essenz auf, noch kann es *nur* konstruiert werden. Mit ihm verbindet sich eine Diskontinuität des Handelns und Denkens. Phänomenologische Perspektiven ermöglichen, das Kind immer schon in seiner Sozialität zu begreifen – beteiligt an der Reproduktion gesellschaftlicher Strukturen (vgl. Eßer 2014), ohne Differenzen, die die Fremdheit seiner Anfänglichkeit bedingen, auszuschließen. Die Phänomenologie hat „Bruchlinien der Erfahrung" (Waldenfels 2002), die sich in der leiblichen Mundanität des Menschen zeigen, in mehrfacher Hinsicht zu beschreiben versucht. Dabei geht es ihr allerdings weniger um eine den Erwachsenen entgegentretende „Eigenwelt" eines Kindes, wie Honig interpretiert, sondern um die unzugängliche Anfänglichkeit, die die leibliche Verflechtung jedes Menschen in eine Erfahrungswelt spiegelt. In der asubjektiven Phänomenologie Jan Patočkas (1991/1971) ist das Erscheinen weder positivistisch den Gegenständen zuzurechnen noch idealistisch in der Immanenz des Subjekts, sprich eines Bewusstseins, zu suchen. Es offenbart beides erst als Teil eines asubjektiven phänomenalen Feldes (vgl. Stieve 2003, S. 54 ff.; Böhmer 2005, S. 103 ff.).

Einem solchen Feld soll sich nun in fünf weiteren Schritten angenähert werden: Erstens wird Hannah Arendts Begriff der Natalität aufgenommen, um, darauf aufbauend, zweitens die Referenz und Verwiesenheit des Anfangens auf ein lebensweltliches *Bezugsgewebe* sowie drittens die Differenz dieses Anfangs zu sozialen Ordnungen herauszuarbeiten. Viertens wird das Vorfinden des Selbst in dieser Anfänglichkeit hervorgehoben, um fünftens schließlich nach dem erzieherischen Verhältnis zu fragen, das in dieser Deskription der Anfänglichkeit zum Ausdruck kommt.

2.1   Natalität in der politischen Theorie Hannah Arendts

Um einen ersten Bezugspunkt für die weitere Analyse zu finden, kann die Charakterisierung der Natalität in der politischen Theorie Hannah Arendts, die sich selbst als eine Art Phänomenologin bezeichnete (vgl. Young-Brühl 1986, S. 552), aufgegriffen werden:

Für Arendt bildet die Natalität den grundlegenden Gesichtspunkt ihrer politischen Theorie. Ihre Frage lautet, wie „sich aus dem Faktum des Geborenseins die Freiheit des Anfangens als Grundbaustein einer Theorie des Politischen ableiten" lässt (Volkening 2014, S. 26). Handeln im Sinne einer Initiative ist für Arendt die politische Tätigkeit *par excellence*, und gerade weil Natalität ein Initium und Initiativ-*Werden* bedeutet, bildet sie die Bedingung der Möglichkeit des Handelns, das heißt das entscheidende „kategorien-bildende Faktum" ihrer politischen Theorie (ebd.).

Natalität meint für Arendt zunächst, dass alle menschlichen Tätigkeiten des Arbeitens, Herstellens und Handelns „immer auch die Aufgabe haben, für die Zukunft zu sorgen bzw. dafür, dass das Leben und die Welt dem ständigen Zufluss von Neuankömmlingen, die als Fremdlinge in sie hineingeboren werden, gewachsen und auf ihn vorbereitet bleibt" (Arendt 2013/1958, S. 18). Umgekehrt kann der „Neubeginn, der mit jeder Geburt in die Welt kommt, [...] sich in der Welt nur darum zur Geltung bringen, weil dem Neuankömmling die Fähigkeit zukommt, selbst einen neuen Anfang zu machen, d.h. zu handeln" (ebd.). Diese „Fähigkeit" versteht sie als „Initiative – ein initium setzen" (ebd.), wobei der Begriff der Fähigkeit irreführend ist. Er meint für Arendt weniger ein essentielles, psychologisch zu begründendes Potential, als die Bezogenheit und Fremdheit, die einen Neuanfang impliziert: „Weil jeder Mensch auf Grund des Geborenseins ein *initium*, ein Anfang und Neuankömmling in der Welt ist, können Menschen Initiative ergreifen, Anfänger werden und Neues in Bewegung setzen" (ebd., S. 215).

Arendt beschreibt somit einerseits eine vorgängige Welt, in die ein Kind hineingeboren wird und auf die es bezogen ist, andererseits einen Bruch in der Kontinuität dieser Welt, einen zwangsläufigen Neubeginn, aus dem sich die Möglichkeit des Handelns zuallererst ergibt. Lütkehaus und Sloterdijk machen ähnliche Spannungslinien auf, zwischen einem „anfangenden Anfang" (Lütkehaus 2006, S. 24 f.) und einem „angefangenen Anfang" (ebd., S. 62 ff.; vgl. Sloterdijk 1988. S. 44). Geborene lassen sich als „Selbstfindlinge" bezeichnen, die sich „in einer fremden Welt finden, in die sie [...] ‚hineingeraten' sind, ohne jemals anfänglich dazu gefragt worden zu sein" (Lütkehaus 2006, S. 64). Der Neuanfang bildet eine Zäsur, die nirgends so spürbar wird, wie in der frühen Kindheit, eine Diskontinuität der Kontinuität.

Die Anfänglichkeit und der philosophisch-erziehungswissenschaftliche Diskurs zur Natalität sind in Fachdiskursen der Pädagogik der *frühen* Kindheit explizit wenig rezipiert worden. Wehner (2013) stellt als einziger explizit die Frage, welche Bedeutung die Natalität für eine Pädagogik der frühen Kindheit haben könnte. Umgekehrt wird der Diskurs der Natalität in der Philosophie, der Anthropologie und der Erziehungswissenschaft häufig, wie Arendt sagt, auf das *„Faktum der Gebürtlichkeit"* (2013/1958, S. 217) bezogen, weniger auf die *Erfahrung* der Anfänglichkeit. Die frühe Kindheit selbst bildet keinen Bezugspunkt (Volkening 2014, S. 26). Wie ist es möglich, sich diesem Verhältnis deskriptiv anzunähern?

2.2   Referenz auf ein Bezugsgewebe – leibliche Sozialität

Wenn sich die Anfänglichkeit als Initium, als Möglichkeit, einen Anfang zu machen, fassen lässt, so geht dem für Arendt ein „Bezugsgewebe" voraus (Arendt 2013/1958, S. 226). Dieses „Geflecht menschlicher Angelegenheiten" (ebd., S. 258) gibt der Welt, die für Arendt immer die Welt der vom Menschen hergestellten Dinge ist (ebd., S. 159, 161), erst ihren Sinn. Ohne sie wäre sie ein Haufen beziehungsloser Dinge (vgl. ebd.). Die Metaphern des Gewebes oder Geflechts bringen immer wieder neu zu erhandelnde Strukturen zum Ausdruck, die dadurch bewohnbar werden.

Eine Initiative, als Handeln verstanden, bleibt auf dieses „Kontinuum" bezogen, das es zugleich „durchbricht" (Volkening 2014, S. 37). Anzufangen ist nie ein „absoluter Neu-Anfang", sondern der Anfang trifft „wie ein ,Faden' auf ein Netz von Beziehungen, das zwischen Menschen (über Generationen) gesponnen wurde, er trifft auf eine Textur der Welt" (ebd.).

Anfänglichkeit geschieht somit nicht für sich, sondern ist ein soziales Geschehen. Als Menschen erscheinen wir in einer Welt der Anderen, bevor wir uns selbst erscheinen. Das Selbst fängt nicht bei sich an: „Menschen [...] finden sich *zur Welt* vor und werden in einem generativen Beziehungsgefüge verankert, in dem sie (mehr oder weniger) Fürsorge und Pflege erfahren, ohne die sie sich kaum in die Welt eingewöhnen würden, sie erkunden und in sie hinein handeln könnten. Menschen sind aufgrund ihrer Geburt immer bereits in Beziehungen (seien sie glücklich oder unglücklich) [...]. Uns voraus geht eine uneinholbare Vorzeitigkeit des leiblichen Lebens, die älter ist als unser reflexives Denken und die Natalität der Existenz ausmacht" (Schües 2008, S. 13). Die Geburt markiert nicht nur ein *Zur-Welt-Kommen*, sondern auch ein *Von-der-Welt-Kommen*, weil jemand von jemandem, von einer konkreten Mutter, geboren wird (Schües 1999, S. 14).

Die vorgängige Generation *präsentiert* dem anfangenden Kind ihre „Lebensform" (Mollenhauer 2003/1983, S. 22 ff.) zunächst unmittelbar über die alltäglichen leiblichen Praktiken der Pflege oder der „nicht-reziproken Sorgebeziehungen" (Honig 1999, S. 181). Schües erinnert mit Judith Butler daran, dass der Mensch durch seinen Körper in der Welt verortet wird, das heißt, dass sein Körper mit der Geburt eine „materielle, symbolische und zwischenmenschliche Bedeutung gewinnt. Es ist ein Körper, in den eine geschlechtliche Subjektposition eingeschrieben ist und in dem sich eine solche durch Wiederholungen, Verschiebungen oder Veränderungen immer wieder erneut einschreiben wird. Er wird zum Geschlechtskörper, Kindeskörper, medizinischen Körper, kulturellen und gesellschaftlichen Körper als Wirkung von performativen Praktiken und der Wiederholung von vorherrschenden Normen" (Schües 2008, S. 343; vgl. Butler 1991, S. 190–207), bevor er einem Selbst präsent ist.

Gerade jenes „Eingeschrieben-Sein" durchkreuzt (Schües 2008, S. 343) jeden Anspruch auf Autonomie und Unabhängigkeit und bewirkt, mit Merleau-Ponty (1966/1945, S. 398) gesprochen, dass jede „Dichtigkeit der absoluten Individuierung versagt" bleibt. Phänomenologisch betrachtet werden die eigene Existenz und Erfahrung durch eine Verflechtung mit Anderen und Anderem bedingt, die immer schon gegeben ist, bevor sie ein Bewusstsein einholen konnte. „Das Ideal eines *Anfangs* unserer Erkenntnis", schreibt Meyer-Drawe (1984b, S. 248), „wie es der cartesische Identitätspunkt des ‚ego cogito, ego existo' inauguriert, erweist sich für leiblich und sozial existierende Wesen als trügerisch. Streng genommen können wir von einem Anfang unserer Existenz kaum authentisch sprechen". Unser leibliches Dasein und der Bezug der Anderen auf dieses leibliche Dasein gehen uns voraus. Unsere Erfahrung ist ein konkreter Akt „der Übernahme, durch die wir, nach dem Zufall der Zeit, Beziehungen zu uns selbst und zu Andren knüpfen", so Merleau-Ponty (1966/1945, S. 449). Die frühe Kindheit beschreibt in besonderem Maße diesen angefangenen Anfang.

2.3 Fremdheit und Differenz der Anfänglichkeit

Doch obwohl das kleine Kind von und in eine konkrete vorgängige Welt geboren wird, befindet sich sein Handeln in Differenz zu den diese Welt strukturierenden Ordnungen. Neuankömmlinge sind „Fremdlinge" (Arendt 2013/1958, S. 18). Eine Differenz zwischen den *anfangenden* und den ihrer hergestellten Welt *erwachsenen* Menschen lässt sich erahnen, wenn die Erwachsenen den Dingen eine für selbstverständlich erachtete *„bestimmte* Funktion" zuweisen, „während Kinder die Funktionalität der Dinge weit offenhalten. Ein Stuhl kann auch mal ein Haus sein

oder ein Podest oder ein Hindernis oder ein Schlitten, kurz: eben das, was die
Phantasie mit ihm ‚anfängt'" (Saner 1995/1977, S. 92). Die Phänomene appellieren
(vgl. Stieve 2008, S. 171–181), aber sie appellieren nicht allein, wie es ihr Sinn in
der Welt der hergestellten Dinge vorzuschreiben scheint. Das, was Latour als Kol-
lektiv der Aktanten in den Dingen erfasst, also als Versammlung von politischen
Entscheidungen, Normen, technischen Eigenschaften, Gewohnheiten (vgl. Latour
2000, S. 226–232), wird von Kindern unbedarft gebrochen, und dies wird auffällig
von ihrer Umgebung toleriert. Dennoch bleibt das kindliche Tun für die umgebende Welt ein „Fall von Disfunktionalität" (Saner 1995/1977, S. 92), weil Kinder
Ordnungen und Zweckbestimmungen zuwider handeln. Gerade kleine Kinder zu
Beginn ihres Lebens erscheinen unangepasst, einerseits zuhause in ihrer vertrauten Umgebung und andererseits doch fremd. Diese Fremdheit bringt es mit sich,
dass die Ereignisse einem Kind weitaus mehr in verletzbaren „Widerfahrnissen"
(vgl. Waldenfels 2002, S. 60 ff., 99–102 und 2004, S. 40) begegnen als jenem, der
sich in der Welt zu orientieren weiß und der fast jedes Geräusch und jede Bewegung schon als gewohnte einordnen kann.

Was bei Langeveld als „eigene Welt" des Kindes beschrieben wird (vgl.
1968/1956, S. 175, 181) ist im eigentlichen Sinne kein in sich geschlossener In-
nenraum kindlicher Phantasie, sondern eine anfängliche Differenz in der gemeinsamen Lebenswelt selbst, die als Welt der hergestellten Dinge auf einen sie
überschreitenden Raum verweist, aus dem sie erst entspringt. Waldenfels (2002,
S. 60) spricht von den Überschüssen bestehender Ordnungen und umgekehrt von
der „Urdiastase", einem „Spalt" im Geschehen, dem „eine Welt, Andere und ich
selbst entspringen". Eigenes und Fremdes sind keine „festen Objekte", wie ein geo-
graphisches Denken implizieren könnte, in dem das Kind hier zuhause, dort fremd
ist: Eigenes und Fremdes bezeichnen „keine grundsätzlichen Oppositionen von
Innen und Außen [...], vielmehr kann alles Fremde vertraut und alles Vertraute
wieder fremd werden" (Burghardt 2015, S. 51, vgl. dort seine Kritik an Bollnows
homogenem Raumverständnis).

Saner zieht aus dieser Fremdheit in aller Bezogenheit eine radikale Schlussfol-
gerung: Er spricht von einer „Dissidenz" des Kindes, vom „sprengenden Charakter seiner Lebensäußerung im Verhältnis zum kulturell Normierten" (1995/1977,
S. 113). Dissidenz meint für ihn aber nicht eine Gegenseite zum Humanen, sondern
Schritte „über die Ränder des jeweils kulturell fixierten Humanen hinaus, in den
überschreitenden Bereich einer schöpferischen Humanität" (ebd.) – die Dissidenz
ist schöpferisch und nicht berechenbar.

Auch wenn bei Saner ein idealistisches Pathos hineinschwingt, während Eßer
die Überhöhung des Kindes zu einem „rebellischen Neuling" kritisiert (Eßer
2014), kommt erst durch diese Differenz eine Handlungsmöglichkeit des Kindes

ins Spiel. So wie ein Kind einerseits nur handeln kann innerhalb eines vorgängigen Bezugsgewebes menschlicher Angelegenheiten, so sehr sind „die Enthüllung des Neunankömmlings durch das Sprechen wie der Neuanfang, den das Handeln setzt, wie Fäden […], die in ein bereits vorgewebtes Muster geschlagen werden und das Gewebe so verändern, wie sie ihrerseits alle Lebensfäden, mit denen sie innerhalb des Gewebes in Berührung kommen, auf einmalige Weise affizieren" (Arendt 2013/1958, S. 226). Muster, Ordnungen und Handeln weisen keine strikte Dichotomie auf, sondern eine Referentialität, die durch Differenzen gebrochen wird. In „bestimmter Weise ist das heranwachsende Kind Fremder in unserer kulturellen Welt", so Meyer-Drawe (1984b, S. 159). „Es hält sich und seine Welt noch nicht für identisch und existiert in einer Perspektivenvielfalt von gleichberechtigten Sichtweisen" (ebd.). Das Kind ist bezogen auf seine Lebenswelt, um deren Ordnungen, weil sie ihm noch unbekannt sind, ständig zu überschreiten. Es verweist damit auf einen ständigen Überschuss der menschlichen Erfahrung.

2.4 Sich vorfinden

Gehen wir von einer Beschreibung unserer Erfahrung aus, so kommt die Anfänglichkeit dem eigenen Selbst zuvor. So wie die eigene Geburt entzieht sich auch die frühe Kindheit weitgehend der Erinnerung. Die Geburt, so Merleau-Ponty, und man könnte hinzufügen, auch die anfängliche Kindheit, kann mir nicht als meine Erfahrung erscheinen, „da ich, sie also denkend, mich voraussetzte als mir selbst präexistent" (1966/1945, S. 253). Im eigentlichen Sinne ist die beschriebene Referenz wie Differenz eben keine *im* Kind, in seinem Denken, seiner Vorstellungswelt – sondern eine des leiblichen Feldes, des *Zwischen*, in dem es sich orientierend vorfindet, das heißt eine *Inter*-Aktion in seiner sozialen Lebenswelt. Ein Bewusstsein seiner selbst findet sich zuallererst in den Bezügen und Brüchen dieses Feldes vor. „Wann bist du denn geboren?" wird Momo in der bekannten Erzählung von Michael Ende gefragt. Sie überlegt und sagt dann: „Soweit ich mich erinnern kann, war ich immer schon da" (Ende 1988, S. 12; vgl. Schües 2008, S. 250). Unser Selbst taucht aus einer Vorzeitigkeit auf, die gleichermaßen selbstverständlich wie unzugänglich ist und die erst durch Irritationen, Brüche des Gewohnten und Orientierungsversuche Bewusstsein erlangt. Die kindliche Phantasie lässt sich entsprechend weniger als Fähigkeit oder Begabung, wie sie Saner thematisiert (vgl. 1995/1977, S. 112), beschreiben, sondern als *Offenheit* dessen, was begegnet und damit auch als Offenheit des Selbst, das in Szenarien und erspielten Geschichten zuallererst begreifbar wird. „Menschen und Dinge sind […] in Szenarien verwickelt, und so gewinnen sie ihre Identität" (Waldenfels 1985,

S. 197). ,Identitäten' treten in diesem Sinne aus einem Möglichkeitsraum hervor. „Menschliche Identität ist [...] als Relation oder auch als Fuge in der Komplexität des Sozialen zu verstehen" (Böhmer 2005, S. 107). Sie realisiert sich erst innerhalb des Kontextes, im Austausch mit den erscheinenden Dingen und sozialen Anderen (vgl. ebd.). Das Ich ist zugleich durch sein intersubjektives Feld bestimmt, „ohne sich darauf festlegen lassen zu müssen" (ebd., mit Bezug auf Meyer-Drawe 1990, S. 30). So sehr ein Kind in konkrete Bezüge und Angelegenheiten hineingeboren wird, so sehr erfährt es diese Bezogenheit in Szenen, die immer auch befremdende Momente enthalten (vgl. Stieve 2015, S. 27–37).

In dieser Referenz wie Differenz der kindlichen Lebenswelt liegt weniger eine Dichotomie zum Erwachsenen, sondern eine Anfänglichkeit, die in ihm wirksam bleibt. Das Kindsein verschwindet nicht im Leben des Erwachsenen, „vielmehr werden Kindheitserfahrungen durch Eingewöhnung in eine Erwachsenenwelt an den Rand des Erfahrungsfeldes gedrängt, wo sie durchaus eine rebellische Kraft bewahren können" (Meyer-Drawe und Waldenfels 1988, S. 285).

2.5   Zum Pädagogischen Verhältnis – Fremdheit in der Nähe

Die Anfänglichkeit des Kindes ist in dem beschriebenen Sinne nicht ein quasi äußerer Gegenstand der Pädagogik, auf dessen rational erkannte Entwicklung sie fördernd oder auf dessen vermeintlich nicht zugängige Innenwelt sie als Resonanz (vgl. Schäfer s.o.) antwortet. Das Phänomen der Anfänglichkeit bildet zu einem wesentlichen Teil den Rahmen für die Herstellung pädagogischer Institutionen und es markiert zugleich ständig Risse in ihren Ordnungen.

Phänomenologische Perspektiven widersprechen einer Einordnung des pädagogischen Verstehens in eine adultzentristische Aneignung des Kindes, das immer schon auf eine erwachsene Rationalität hin gedacht wird, oder einer Enteignung, in der das Kind einem mit seiner fremden und zu entziffernden Eigenwelt entgegentritt. Meyer-Drawe und Waldenfels bezeichnen solche Perspektiven als theoretisch, weil wir „faktisch immer schon umgehen mit Kleinkindern, auf sie reagieren und sie auf uns" (Meyer-Drawe und Waldenfels 1988, S. 284). Die Anfänglichkeit ist im Alltag gewohnt. Die menschlichen Tätigkeiten sind auf Neuankömmlinge ausgerichtet, wie Arendt schreibt (Arendt 2013). Wir haben daher „gar nicht die freie Entscheidung zur vollständigen Enteignung unseres Verstehens, vielmehr sind wir als konkret existierende leibliche Wesen schon vielfach verflochten mit einer sinngeladenen Welt. In dieser Verflochtenheit spielt das Kind eine besondere Rolle, denn es begegnet mir nicht nur in der Gegenwärtigkeit eines konkreten Anderen, sondern auch in der Vergangenheit als Kind, das ich einmal war" (Meyer-Drawe und Waldenfels 1988, S. 284). Die Ambivalenz von Referenz und Differenz oder von Vertrautheit und Fremdheit der Anfänglichkeit ist in besonderer Weise thematischer, häufig aber mehr noch unthematischer Rahmen für ein pädagogisches Verhältnis in der frühen Kindheit. „Zwischen den Dingen, auf die meine Gesten zielen, und denen, auf die die Gesten des Kindes zielen, breitet sich eine gemeinsame Welt aus, die die Frage danach, ob wir diese gemeinsame Welt auch in der gleichen Weise wahrnehmen, zweitrangig werden lässt" (ebd., S. 285). Und doch bildet das Ineinander von Referenz und Differenz den Bezugsrahmen, in dem sich pädagogische Verständigung, Didaktik und Organisation ständig bewegen.

3   Aspekte eines Bezugsrahmens

In dieser Studie ging es um die Frage, in welcher Weise die Anfänglichkeit als ein Gesichtspunkt gefasst werden kann (Mollenhauer 1998/1966, S. 320), von dem aus sich Selbstverständnis und Gegenstandsfeld der Pädagogik der frühen Kindheit analysieren und rekonstruieren lassen.

Fasst man die phänomenologische Deskription zusammen, so verweisen frühpädagogische Gegenstandskonturierungen auf eine Ambivalenz, die die frühe Kindheit als pädagogisches Feld unterschwellig konturiert und in der Anfänglichkeit ihren entscheidenden *Gesichtspunkt* findet. Die Anfänglichkeit markiert in besonderer Weise eine Zugehörigkeit wie Fremdheit der Welt und des Selbst. Sie gehört, phänomenologisch betrachtet, zu den „Entzugsstrukturen" und zu einer „Zwischensphäre, in der Geist und Leib verwickelt sind und aus der sich die Differenzen von Subjekt und Objekt, von Innen und Außen sowie von aktiv und passiv allererst ergeben" (Meyer-Drawe 2006, S. 371; vgl. Böhmer 2014). Die Bewegung in diesem Spannungsverhältnis bestimmt in besonderer Weise die Erziehung in der frühen Kindheit. Sie kann diese Ambivalenz unterschiedlich ‚lösen', als Unbeachtet-Lassen des kleinen Kindes, als Behütung einer dem vermeintlich beschaulichen Kinderspiel belassenen Lebensphase, als Teleologisierung der Anfänglichkeit, als Idealisierung eines sich selbst bildenden Kindes oder als Relation einer gegenseitigen Herstellungsleistung. Gerade in diesen verschiedenen Thematisierungsformen deutet sich der häufig meist zum Ausgangspunkt genommene Gesichtspunkt des pädagogischen Feldes an, den die Anfänglichkeit charakterisiert.

Die Anfänglichkeit bringt zum Ausdruck, dass eine Zugehörigkeit in einer gemeinsam hergestellten und herzustellenden Welt genauso selbstverständlich gegeben ist, wie eine Differenz beunruhigt. Diese Differenz ermöglicht zuallererst ein die Ordnungen dieser Welt in Frage stellendes Handeln und damit eine Freiheit. Sie macht mit Arendt den politischen Charakter einer Pädagogik der frühen Kindheit offensichtlich. Hieraus ergeben sich analytische, ethische, bildungstheoretische und didaktische Implikationen. Zwischen der Überbetonung einer Autonomie, die der Fragilität der Fremdheit nicht gerecht wird, und dem Ausgesetzt-Sein an ein Bezugsgewebe, das sich weniger vermittelt als in die Erfahrung einschreibt, liegt das Spannungsfeld, mit seinen Differenzen und Erfahrungsbrüchen, in denen sich die Pädagogik der frühen Kindheit verortet.

Masschelein sieht in Anknüpfung an Arendt die wesentliche Bedeutung für die Bestimmung eines pädagogischen Grundgedankens im *neuen* Handeln des Kindes. Erziehung beschreibt eine „Tätigkeit", die für die „Sicherung der Kontinuität des Gattungslebens" einsteht und zugleich der anfangenden Generation *neue* „Handlungsmöglichkeiten" anbietet (Winkler 1998, S. 127 f.; vgl. Masschelein 2000, S. 213). Das Kind nimmt im erzieherischen Verhältnis „die Position des Fremden" ein, „der nicht in unsere Geschichte und unsere gemeinsamen Antworten und Urteile eingepasst ist, und so zu neuen Antworten, d.h. zu einem Urteil über diese Geschichte verpflichtet" ist (Masschelein 1992, S. 97). Es stellt uns *„exklusiv* in die Verantwortung" (ebd.). So ist die „authentische Erfahrung des Kindes bei sich selbst und für uns [...] versagte Erfahrung, aber als solche eine ständige Herausforderung, gestützt durch Vertrautheit und bestärkt durch Beunruhigung. Kinder sind uns fremd und nah in eins" (Meyer-Drawe und Waldenfels 1988, S. 286), und es kann hinzugefügt werden, wir uns selbst durch sie ebenso.

Literatur

Arendt, Hannah. 2013/1958. *Vita activa oder Vom tätigen Leben*. 13. Aufl. München: Piper.
Böhmer, Anselm. 2005. Lernen als Forschen. Vorüberlegungen zu einer a-subjektiven Bildungstheorie. In *Bildung im technischen Zeitalter. Sein, Welt und Mensch nach Eugen Fink*, hrsg. A. Hilt und K. Nielsen, 98–125. Freiburg i. Br./München: Alber.
Böhmer, Anselm. 2014. *Diskrete Differenzen. Experimente zur asubjektiven Bildungstheorie in einer selbstkritischen Moderne*. Bielefeld: transcript.
Bühler-Niederberger, Doris und Jessica Schwittek. 2013. *Young Children in Kyrgyzstan. Agency in Tight Hiearchical Structures*. http://journals.sagepub.com/doi/pdf/10.1177/0907568213496658. Zugegriffen: 15. Januar 2017.
Burghardt, Daniel. 2015. Verortungen des Fremden. Notizen zu pädagogisch-phänomenologischen Grenzdiskursen. In *Grenzerfahrungen. Phänomenologie und Anthropologie pädagogischer Räume*, hrsg. M. Brinkmann und K. Westphal, 40–54. Weinheim/Basel: Beltz.
Butler, Judith. 1991. *Das Unbehagen der Geschlechter*. Frankfurt a. M.: Suhrkamp.
Dahlberg, Gunilla. 2004. Kinder und Pädagogen als Co-Konstrukteure von Wissen und Kultur: Frühpädagogik in postmoderner Perspektive. In *Frühpädagogik international*.

Bildungsqualität im Blickpunkt, hrsg. W. Fthenakis und P. Oberhuemer, 13–30. Wiesbaden: Springer VS.

Dick, Marcus. 2009. *Welt, Struktur, Denken: philosophische Untersuchungen zu Claude Lévi-Strauss*. Würzburg: Königshausen & Neumann.

Ende, Michael. 1988. *Momo*. München: dtv.

Eßer, Florian. 2014. Agency Revisited. Relationale Perspektiven auf Kindheit und die Handlungsfähigkeiten von Kindern. *Zeitschrift für Soziologie der Erziehung und Sozialisation* (ZSE) 34 (3): 233–246.

Honig, Michael-Sebastian. 1999. *Entwurf einer Theorie der Kindheit*. Frankfurt a. M.: Suhrkamp.

Honig, Michael-Sebastian. 2003. Institution und Institutionalisierung. In *Einführung in die Pädagogik der frühen Kindheit*, hrsg. L. Fried, B. Dippelhofer-Stiem, M.-S. Honig, und L. Liegle, 86–120. Weinheim/Basel: Beltz.

Honig, Michael-Sebastian. 2010. Beobachtung (früh-)pädagogischer Felder. In *Frühkindliche Lernprozesse verstehen. Ethnographische und phänomenologische Beiträge zur Bildungsforschung*, hrsg. G. E. Schäfer und R. Staege, 91–101. Weinheim/München: Beltz.

Honig, Michael-Sebastian. 2015. Vorüberlegungen zu einer Theorie institutioneller Kleinkinderziehung. In *Entwicklung und Förderung in der Frühen Kindheit. Interdisziplinäre Perspektiven*, hrsg. P. Cloos, K. Koch, und C. Mähler, 43–57. Weinheim/Basel: Beltz.

Honig, Michael-Sebastian, Magdalena Joos, und Norbert Schreiber. 2004. *Was ist ein guter Kindergarten. Theoretische und empirische Analysen zum Qualitätsbegriff in der Pädagogik*. Weinheim/Basel: Beltz.

Langeveld, Martinus J. 1968/1956. *Studien zur Anthropologie des Kindes*. 3., durchgesehene u. ergänzte Aufl. Tübingen: Niemeyer.

Latour, Bruno. 2000. *Die Hoffnung der Pandora. Untersuchungen zur Wirklichkeit der Wissenschaft*. Frankfurt a. M.: Suhrkamp.

Latour, Bruno. 2010. *Eine neue Soziologie für eine neue Gesellschaft. Einführung in die Akteur-Netzwerk-Theorie*. Frankfurt a. M.: Suhrkamp.

Liegle, Ludwig. 2003. Kind und Kindheit. In *Einführung in die Pädagogik der frühen Kindheit*, hrsg. L. Fried, M. Th. Freitas, und R. Monteiro, 14–53. Weinheim/Basel: Beltz.

Liegle, Ludwig. 2006. *Bildung und Erziehung in früher Kindheit*. Stuttgart: Kohlhammer.

Lippitz, Wilfried. 2003. Phänomenologische Forschungen über Kinder aus philosophischer und erziehungswissenschaftlicher Sicht. In *Kinder und Jugendliche im Blick qualitativer Forschung*, hrsg. B. Fichtner, B. Dippelhofer-Stiem, M.-S. Honig, und L. Liegle, 30–49. Oberhausen: Athena.

Lütkehaus, Ludger. 2006. *Natalität. Philosophie der Geburt*. Zug: Alfred Schmid-Stiftung.

Masschelein, Jan. 1992. Pädagogisches Handeln und Verantwortung. Erziehung als Antwort. In *Pädagogik und Ethik*, hrsg. K. Meyer-Drawe, H. Peukert, und J. Ruhloff, 81–103. Weinheim: Deutscher Studien Verlag.

Masschelein, Jan. 2000. Die Zeit der Generationen. In *Erziehungsphilosophie im Umbruch. Beiträge zur Neufassung des Erziehungsbegriffs*, hrsg. J. Masschelein, J. Ruhloff, und A. Schäfer, 211–229. Weinheim: Deutscher Studien Verlag.

Merleau-Ponty, Maurice. 1966/1945. *Phänomenologie der Wahrnehmung*. Berlin: De Gruyter.

Merleau-Ponty, Maurice. 1986/1964. *Das Sichtbare und das Unsichtbare*, gefolgt von Arbeitsnotizen, hrsg. und mit einem Vor- und Nachwort versehen von C. Lefort. München: Fink.

Meyer-Drawe, Käte. 1984a. Die Beziehungen zum Anderen beim Kind. Merleau-Pontys Konzeption kindlicher Sozialität. *Bildung und Erziehung* 37 (2): 157–168.

Meyer-Drawe, Käte. 1984b. *Leiblichkeit und Sozialität. Phänomenologische Beiträge zu einer Theorie der Inter-Subjektivität.* München: Fink.

Meyer-Drawe, Käte. 1990. *Illusionen von Autonomie. Diesseits von Ohnmacht und Allmacht des Ich.* München: Kirchheim.

Meyer-Drawe, Käte. 2006. Pädagogik, phänomenologische. In *Wörterbuch Erziehungswissenschaft,* hrsg. H.-H. Krüger und C. Grunert, 370–375. München.

Meyer-Drawe, Käthe und Bernhard Waldenfels. 1988. Das Kind als Fremder. *Vierteljahreszeitschrift für Pädagogik* 64 (1): 271–287.

Mollenhauer, Klaus. 1998/1966. Was heißt „Sozialpädagogik". In *KlassikerInnen der Sozialen Arbeit,* hrsg. W. Thole, M. Galuske, und H. Gängler, 307–320. Neuwied/Kriftel: Luchterhand.

Mollenhauer, Klaus. 2003/1983. *Vergessene Zusammenhänge. Über Kultur und Erziehung.* 6. Aufl. Weinheim/München: Beltz.

Montessori, Maria. 1969/1950. *Die Entdeckung des Kindes.* Freiburg i.Br.: Herder.

Moss, Peter und Matthias Urban. 2010. Democracy and Experimentation. Two fundamental values for education. (Online abrufbar unter www.bertelsmann-stiftung.de/de/publikationen/publikation/did/democracy-and-experimentation-two-fundamental-values-for-education/. Zugegriffen: 15.01.2017).

Patočka, Jan. 1991/1971. Der Subjektivismus der Husserlschen und die Forderung einer asubjektiven Phänomenologie. In *Die Bewegung der menschlichen Existenz,* hrsg. J. Patočka, 286–309. Stuttgart: Klett.

Piaget, Jean und Bärbel Inhelder. 1996/1966. *Die Psychologie des Kindes.* 6. Aufl. Stuttgart: Klett.

Saner, Hans. 1995/1977. *Geburt und Phantasie. Von der natürlichen Dissidenz des Kindes.* Basel: Lenos.

Stengel, Kathrin. 2003. *Das Subjekt als Grenze. Ein Vergleich der erkenntnistheoretischen Ansätze bei Wittgenstein und Merleau-Ponty.* Berlin/New York: De Gruyter.

Schäfer, Gerd E. 2010. Fachfrau für den kindlichen Anfängergeist. In *Kinderwelten – Bildungswelten. Unterwegs zur Frühpädagogik,* hrsg. G. E. Schäfer, R. Staege, und K. Meiners, 38–49. Berlin: Cornelsen Scriptor.

Schäfer, Gerd E. 2011. *Was ist frühkindliche Bildung? Kindlicher Anfängergeist in einer Kultur des Lernens.* Weinheim/München: Beltz.

Schües, Christina. 1999. Natalität und Denken – Bedingungen für verantwortliches Handeln. *Journal Phänomenologie* 11: 13–21.

Schües, Christina. 2008. *Philosophie des Geborenseins.* Freiburg i. Br.: Karl Alber.

Sloterdijk, Peter. 1988. *Zur Welt kommen – Zur Sprache kommen. Frankfurter Vorlesungen.* Frankfurt a. M.: Suhrkamp.

Stieve, Claus. 2003. *Vom intimen Verhältnis zu den Dingen. Ein Verständnis kindlichen Lernens auf der Grundlage der asubjektiven Phänomenologie Jan Patočkas.* Würzburg: Königshausen & Neumann.

Stieve, Claus. 2008. *Von den Dingen lernen. Die Gegenstände unserer Kindheit*. München: Fink.

Stieve, Claus. 2015. Grenzverschiebungen zwischen Welt und Selbst. Zur leiblich-räumlichen Reflexivität früher Bildungsmomente. In *Grenzerfahrungen. Phänomenologie und Anthropologie pädagogischer Räume*, hrsg. M. Brinkmann und K. Westphal, 17–39. Weinheim/Basel: Beltz.

Volkening, Heide. 2014. Geborensein. Hannah Arendt über Anfänge, Wunder und Geschichten. In *Natalität. Geburt als Anfangsfigur in Literatur und Kunst*, hrsg. A. A. Hansen-Löve, M. Ott, und L. Schneider, 25–40. Paderborn: Fink.

Waldenfels, Bernhard. 1985. *In den Netzen der Lebenswelt*. Frankfurt a. M.: Suhrkamp.

Waldenfels, Bernhard. 1997. Phänomenologie des Eigenen und des Fremden. In: *Furcht und Faszination: Facetten der Fremdheit*, hrsg. H. Münkler und B. Ladwig, 65–83. Berlin: Akademie Verlag.

Waldenfels, Bernhard. 2002. *Bruchlinien der Erfahrung. Phänomenologie Psychoanalyse Phänomenotechnik*. Frankfurt a. M.: Suhrkamp.

Wehner, Ulrich. 2012. Mit der Perspektive von Kindern. *Karlsruher pädagogische Beiträge*, 81: 76–88.

Wehner, Ulrich. 2013. Bildung von Geburt an. Erziehung von Geburt wegen. Eine zeitgenössische Grundlegung der Frühpädagogik. In *Vierteljahrsschrift für wissenschaftliche Pädagogik* 89 (2): 223–240.

Winkler, Michael. 1998. Friedrich Schleiermacher revisited. Gelegentliche Gedanken über Generationenverhältnisse in pädagogischer Hinsicht. In *Was will die jüngere von der älteren Generation? Generationenbeziehungen und Generationenverhältnisse in der Erziehungswissenschaft*, hrsg. J. Ecarius, 115–138. Opladen: Leske & Budrich.

Young-Bruehl, Elisabeth. 1986. *Hannah Arendt. Leben, Werk, Zeit*. Frankfurt a. M.: Fischer.

Teil II
Pädagogische Phänomene

Negativität und Scheitern

Zum Problem der Freilegung eines Phänomens

Severin Sales Rödel

Wer scheitert, macht eine negative Erfahrung im besten Sinne. Zwar darf der all-tagssprachliche Gebrauch des Wortes ‚negativ' nicht dazu verleiten, darunter aus-schließlich Unangenehmes, Schmerzhaftes und Verstörendes zu verordnen (vgl. Benner 2005), im Scheitern aber fallen beide Bedeutungskomponenten des Wor-tes, die alltagssemantische und die negationslogische, zusammen. Scheitern ist schmerzhaft, der Scheiternde erfährt darin gleichsam die Verneinung dessen, was er sich zu erreichen als Ziel gesetzt hat. So ist ein Schüler, der eine Aufgabe nicht erledigen kann und mit ansehen muss, wie die Mitschüler/-innen sie mit Leichtig-keit und Spaß lösen, mit Frust, Scham, vielleicht sogar Lähmung und Blockade konfrontiert. Gleichzeitig muss er einsehen, dass das, was er sich vorgenommen hatte, und von dem er glaubte, es zu können, schlichtweg negiert wird: Er kann die Aufgabe nicht lösen, und das ist für ihn schmerzhaft.[1] Diese Doppelung bietet die Anschlussfähigkeit des Phänomens ‚Scheitern' an erziehungswissenschaftli-che Überlegungen, wird doch in einer solchen Erfahrung gleichsam ein Welt- und Selbstverhältnis berührt, oder, wie es bei Buck heißt: in einer negativen Erfah-rung – z.B. im Scheitern – macht der Erfahrende eine Erfahrung über die Sa-che und über sich selbst (vgl. Buck 1989, S. 77). Im Idealfall werden diese beiden Ebenen durch Reflexion so aneinander zurückgebunden, dass über das erneuerte bzw. korrigierte Verhältnis des Scheiternden zur Sache auch ein neues Verhältnis

---

1 Dieses Beispiel ist angelehnt an eine Vignette, die aus dem Pool der Innsbrucker Vig-nettenforschung stammt (vgl. Schratz et al. 2012, S. 60).

zu sich selbst aufgebaut wird, es kann also im besten Falle zu einer bildenden
Erfahrung kommen. So kann der Schüler sich neu zu sich selbst positionieren, indem er annimmt, dass er in Bezug auf diese oder jene Sache noch kein Wissender,
sondern ein Lernender ist, gleichsam lernt er sich selbst kennen als jemanden, der
irren kann. Solche über negative, schmerzhafte Erfahrungen vermittelte Lernprozesse werden in der bildungstheoretisch informierten Lerntheorie als Negativität
bzw. Negativität des Lernens[2] bezeichnet. Lernen ist hier ein reflexiver Prozess,
der in Erfahrungen gründet und notwendigerweise mit Enttäuschungen oder zumindest der Infragestellung von bereits Gelerntem, Erfahrenem oder anderweitig
Vertrautem einhergeht. In der Perspektive einer Negativitätslerntheorie zeigt sich
der Zusammenhang von Scheitern, Negativität und (Negativitäts-)Lernen im o.g.
Beispiel als relativ unproblematisch, bei genauerer Untersuchung eröffnen sich
aber einige Fragen: Wir können zwar sagen, welche Phänomene und Erfahrungen
mit großer Wahrscheinlichkeit unter die Kategorie ‚negative Erfahrungen' bzw.
‚Erfahrungen der Negativität' fallen, wir können aber empirisch nicht ‚die' Erfahrung der Negativität ausmachen, noch weniger, ob es sich hier überhaupt um ein
Lernen unter Vorzeichen der Negativität handelt. Was wir sehen, ist ein Schüler,
der an einer Aufgabe scheitert, und selbst dieses Scheitern ist eine Zuschreibung.[3]
Die theoretische Fassung des übergeordneten Phänomens ‚Negativitätslernen' verstellt uns den Blick bzw. verleitet zu vorschnellen Interpretationen. Aber auch die
Erfahrung des Scheiterns im Lernen zeigt sich uns nicht unverstellt und ist zuerst
nur mit einer Zuschreibung zu fassen. Und zuletzt können wir hier im Beispiel
das Scheitern auch nur vom Standpunkt der Reflexion und des gelungenen Lernprozesses als fürs Lernen relevant beschreiben. Andernfalls handelte es sich um

---

2   Ausgangspunkt fast aller Überlegungen zur Negativität in pädagogischen Kontexten
     ist Bucks Studie *Lernen und Erfahrung* (1969 u. 1989). Buck stellt darin eine genea-
     logische, prozessorientierte Perspektive auf das Alltagsphänomen ‚Lernen' vor und
     rückt dabei das ‚Wie' des Lernens und seine Geschichte in den Vordergrund. Vgl. Ab-
     schnitt 2.2 und die vielen, an Buck anschließenden Arbeiten, z.B.: die umfangreichen,
     phänomenologisch orientierten Arbeiten Meyer-Drawes (vgl. 1982, 2003, 2008), die
     bildungstheoretische Arbeit Kollers (vgl. 2011), die detaillierte Studie zur Erfahrungs-
     theorie von Mitgutsch (vgl. 2009) oder die Anschlussversuche an Deweys Erfahrungs-
     theorie von English (vgl. 2013), ebenso einige Beiträge aus dem Sammelband zu Buck
     (vgl. Schenk und Pauls 2014, darin v.a. die Beiträge von English, Göhlich und Zirfas,
     Koch, Koller, Schäfer).

3   Zuschreibungen erlangen in diesem Zusammenhang eine doppelte Bedeutung: Zum
     einen sind sie Akte der Signifizierung des Empirischen (vgl. Brinkmann 2015b, S. 43),
     zum anderen sind es Momente der Adressierung und damit auch der Subjektivierung
     (vgl. Reh und Ricken 2012).

ein ‚rein negatives' Scheitern, eines, das den Gescheiterten in der Aporie und der Ausweglosigkeit seines Scheiterns verbleiben lässt.

Im Folgenden werde ich Probleme einer empirischen Bestimmung von Negativität und der damit verbundenen Erfahrungen – hier dem Scheitern – herausarbeiten. Damit unternimmt der Beitrag den Versuch einer grundlagentheoretisch-phänomenologischen Erkundung der Bedingungen von Negativität und Scheitern. Er ist damit zugleich eine Einführung in die Negativitätslerntheorie und in die Diskurse um das Scheitern. Ich werde dabei die theoretischen Hinsichten und die unterschiedlichen Schichten bei der Beschreibung des Phänomens Scheitern herausstellen, wobei Scheitern als exemplarisches Phänomen der negativen Erfahrung gelten kann. Ich greife dabei einen Gedanken von Rombach auf, der zwischen phänomenalem Sehen und phänomenologischem Sehen unterscheidet. Phänomenologisches Sehen heißt, das Phänomen in seiner Tiefenstruktur zu ermitteln und damit gleichsam die Geltungsdimensionen des Phänomens auszuloten. Das phänomenale Sehen ist demgegenüber zwar „eingeschränkt", „bedingt" und wird vom phänomenologischen Sehen „unterfasst" (Rombach 1980, S. 310), trotzdem hat es seine Gültigkeit innerhalb der Dimensionen des Phänomens und „[besorgt] die Orientierung in dieser Dimension" (ebd., S. 311). Anders gesagt: Wollen wir uns der Tiefenstruktur (so nennt es Rombach) eines Phänomens annähern, so geschieht dies immer zuerst über die phänomenale Ebene, in der gemäß einer bestimmten Subjektstruktur, eines bestimmten historischen Kontextes, verschiedener theoretischer Diskurse und eines je eigenen Interesses Sinn und Orientierung besteht. Diese Orientierungsstrukturen gilt es dann im Laufe der Analyse zu hinterfragen und als je bestimmte (in Bezug auf das Phänomen und in Bezug auf das erfahrende Subjekt) herauszustellen und einzuklammern (vgl. ebd.), und sich dadurch dem phänomenologischen Sehen anzunähern. Dies wiederum kann dann aufzeigen, warum ein bestimmtes Phänomen auf der phänomenalen Ebene entsprechende Ausprägungen erhält, z.B. in Form von theoretischen Konstrukten oder Diskursen. Dabei muss die Fragestruktur eine zirkuläre sein, bei der letztlich das „phänomenologische Bewußtsein das phänomenale Bewußtsein [erhellt und korrigiert]" (Rombach 1987, S. 12), gleichsam aber auch die phänomenale Ebene immer auf ihren verbergenden und entbergenden Charakter hin befragt wird. Phänomenologie wird, wie Rombach es nennt, Rechtfertigungslehre des Sehens (vgl. ebd.).

Ich werde also zuerst versuchen, die Ebene der Lerntheorie auszuloten und einige allgemeine Bemerkungen zu(r) Theorie(n) des Negativitätslernens anzuführen. Ein Blick auf die philosophische Herkunft des Begriffs der Negativität und der Negation erscheint dabei sinnfällig, ebenso ein Blick auf erziehungswissenschaftliche Thematisierungen der Figur des Negativen. Daran anschließend soll bezogen auf das Scheitern gefragt werden, wie dieses Phänomen in den Feldern der Erziehungswissenschaft, der Soziologie und in populär-betriebswirtschaftlichen oder managerialen Diskursen verhandelt wird. Damit wird ein Wechsel der Abstraktionsebene vorgenommen, von Theorien des Lernens aus negativer Erfahrung zu den negativen Erfahrungen, resp. dem Scheitern, selbst – allerdings immer noch auf der Ebene theoriegebundener Beschreibung. Den Abschluss dieser theoretischen Variationen auf das Phänomen bildet jeweils eine kurze Zusammenstellung der Probleme und Chancen, welche sich aus der jeweiligen Perspektivierung in Hinblick auf seine Sichtbarmachung ergeben. Abschließend wage ich einen methodologischen Ausblick, der eine Neudimensionierung von Negativitätslerntheorien und den damit einhergehenden Annahmen über das Lehren enthält.

1   Negativität

1.1   Philosophische Perspektiven

Eine etymologisch orientierte Suche nach der Herkunft des Negativitätsbegriffs führt zuerst auf das lateinische Verb *negare*; es bedeutet verneinen, durchstreichen, als falsch oder unwahr bezeichnen. Daraus leitet sich auch das Wort *negatio* ab, aus dem im Deutschen die Negation wird, ebenso das Wort Negativität. Die darin enthaltenen Negationspartikel *ne* bzw. *nec* oder *neque* tauchen allerdings nur in Konstruktionen wie *auch nicht, doch nicht* oder *denn nicht* auf, was darauf hinweist, dass die Negativität und die Negation eben nicht das Nichts sind, sondern immer eine Verneinung, Infragestellung und Durchstreichung *von etwas*.[4] Blickt man an dieser Stelle auf die Entwicklung des Diskurses um das Nichts bzw. der Verneinung in der klassischen griechischen Philosophie zurück, so zeigt sich hieran auch der von Parmenides eingeführte Unterschied zwischen einem Nichts, das nur verneint (*ouk on*), und einem Nichts, das tatsächlich nichts ist und damit nicht nur die Antithese zum Sein darstellt, sondern das völlig andere des Seins.[5] So führt Gamm aus, dass das reine Nichts oder Nichtseiende (*me on*) bei Parmenides und dann in der Fortführung bei Platon als bedrohlich und zu vermeidend galt, allein sich darüber Gedanken zu machen war verwerflich (vgl. Gamm 2005, S. 7). Die

---

4   Vgl. dazu Petschenig et al. (2008, S. 333 ff.), u.a. die Schlagworte *negatio, nego, negare, nihil, nec* bzw. *neque.*

5   Vgl. dazu das Lehrgedicht des Parmenides, in dem er unterschiedliche Wege „des Suchens und Fragens" beschreibt: „Der eine, daß es ist, und daß es nicht nicht sein kann; […] Der andere aber, daß es nicht ist und nicht sein kann — ein Pfad, so sage ich, ganz und gar nicht zu begehen" (Parmenides V, in der Übersetzung von Riezler 1934, S. 31).

Furcht, dass sich im Nichts das Andere, „Bedrohliche, Unbestimmte, Chaotische"
(ebd.) des Seienden verbirgt, schließt es so zuerst aus der philosophischen Diskussion aus. Eng damit verbunden ist spätestens auch seit Platon das Kriterium
der generellen Erkennbarkeit alles Seienden, womit das Nichts, das eben auch
nicht erkennbar ist, in den Bereich der Irrationalität und der Meinungen (*doxa*)
verbannt wird (vgl. Hetzel 2009, S. 8). Indem mit dem Nichts Begriffe wie Veränderung, Differenz, Mannigfaltigkeit, Kontingenz, Mangel, Meinung und Praxis
(vgl. ebd.) in Verbindung gebracht werden, verliert es Relevanz und Berechtigung
für ein philosophisches Denken, das auf die Ideen, d.h. auf Unveränderbarkeit,
Abgeschlossenheit, Einheit und göttliche Ordnung gerichtet ist. Da es bei Platon
unmöglich ist, sich das Nichtseiende vorzustellen, kann er „dem Nichtseienden die
Unkenntnis [zuweisen] und dem Seienden die Erkenntnis" (Platon 1957a, Politeia,
478c/S. 107). Neben der platonischen Position gibt es, wie Hetzel herausstellt, noch
die Position des Gorgias von Leontinoi, der zwar nicht auf eine generelle Erkennbarkeit des Nichts abzielt, dieses aber im Prozess der Erkenntnis als wichtige Zwi-
schenstufe auf dem Weg zum wahren Sein einordnet (vgl. Hetzel 2009, S. 10 f.).
Hegel übernimmt den Gedanken des „Nichtansichseins des Seins" (Hegel 1986b,
S. 435) von Gorgias. Mit der Einführung dieser Entzugsfigur gewinnen die Negation und das Nichts ihre Kraft für die Dialektik und ihren fortschreitenden Gang,
nämlich gerade, indem sie nicht komplett zerstören, sondern nur durchstreichen
und damit die Basis für einen neuen Schritt legen. Das Nichts wird also zu einer
dem Sein gleichgestellten Einheit. Neben dem Begriff der Negation, der hier in
verkürzender Weise an die Stelle des nun produktiven Nichts gesetzt wurde, prägt
Hegel auch als einer der ersten den Begriff der Negativität.[6]

---

6   Sich in begrifflicher Dimension auf Hegel zu berufen, scheint an dieser Stelle mit
     einigen Schwierigkeiten verbunden. So weist Bonsiepen darauf hin, dass Hegel ver-
     schiedene Formen der Negativität einführt (etwa die absolute, abstrakte, allgemeine,
     daseiende, einfache, in sich reflektierte, natürliche, reale, reine, sich bewegende, die
     unerfüllte Negativität, dann die Negativität an sich, die Negativität des Begriffs und
     die Negativität überhaupt (vgl. Bonsiepen 1984, S. 679), diese aber nicht klar von-
     einander trennt und auch in widersprüchlicher, z.T. unscharfer Weise gebraucht (vgl.
     Bonsiepen 1977, S. 127–142). Für eine bildungs- und lerntheoretische Analyse, die Ne-
     gativität nicht nur als weitere Substantivierung des Negativen oder als einen Nebenbe-
     griff zur negativen Erfahrung bzw. Negation gebrauchen möchte, orientiere ich mich
     weitgehend an der Trennung, die Collmer (2006) und Hübener (1975) anführen. Nega-
     tivität ist dann das bewegende Moment im Spiel von Position und Negation oder „die
     Bewegung des Sichselbstsetzens, [...] die Vermittlung des Sichanderswerdens mit sich
     selbst" (Hegel 1986a, S. 23).

Die Negativität hat bei Hegel eine andere Qualität als das Nichts und die Negation: Sie ist zum einen umfassender Terminus für die dialektische Bewegung, zum anderen eine Eigenschaft des Menschen selbst. Im Bildungsgang von der Entfremdung zur Ent-Entfremdung und weiter zu einer neuen Entfremdung kann die bestimmte Negation als Antrieb der „Rückkehr zu uns selbst" (Buck 1981, S. 126) gesehen werden. Das Negative und die Negation werden zum „konstitutiven Agens" (Marotzki 1984, S. 107) von Bildungsprozessen, indem im Bewusstsein des Bildungssubjekts eine „Ungleichheit zwischen dem Ich und der Substanz" (Hegel 1986a, S. 32) entsteht, ein Zustand des Mangels, der aufgehoben werden will. Diese Ungleichheit ist Teil der Grundverfassung des Subjekts und zwingt geradezu zur Bewegung. Marotzki spricht hier gar vom Negativen als einem Grundzug des menschlichen Seins (vgl. Marotzki 1984, S. 108). Hier führt Hegel den Begriff der Negativität ein, die als das Vermögen der Aufhebung dieses Zustandes, als Vermögen des Seins auf das Agens des Negativen hin in Bewegung zu kommen (und zu bleiben) beschrieben werden könnte. Er bezeichnet die Negativität als die „unendliche Vermittlung" (Hegel 1978, S. 33, zit. nach Bonsiepen 1984, S. 679) des Seins in sich selbst, die von Negation zu Negation schließlich zu Selbstbewusstsein, Vernunft und absolutem Wissen führt. Negativität ist damit konstitutive und konstituierende Eigenschaft des Subjekts, kraft derer es sich erst als Subjekt hervorbringt, abgrenzt und immer wieder neu setzt (vgl. Marotzki 1984, S. 109). Negativität ist also keine Eigenschaft der Erfahrung, kein reines Attribut, sondern in Hegels Worten „seine [d.h. des Subjekts, S.R.] Kraft, zu bewegen" (Hegel 1986a, S. 22). Man könnte also frei nach Goethes Mephisto sagen: Negativität ist der verneinende Geist, der stets nur Böses will und Gutes schafft.[7]

Spätestens mit dieser Wendung ins Produktive verliert das Nichts und die Negation viel an Bedrohlichkeit und wird, paradoxerweise, zu etwas nicht nur im trivialen Sinne Positivem: Wenn das Nichts in so enger Verbundenheit mit dem Seienden, dem Vorhandenen oder der Position steht, und wenn dieses wiederum der Kraft der Negativität bedarf, um überhaupt in einem Stadium des Werdens gehalten zu werden, dann bekommt das Nichts dadurch einen Status, der in Bezug auf seine Relevanz dem Sein gleichkommt. In der dialektischen Philosophie wird dies noch einmal überboten, indem aus dem Nichts das Vehikel des Werdens wird und damit auch „sein schlichtes Wesen, nichts als nichts zu sein", verleugnet

---

7 Mephisto ist eine beliebte Verkörperung eben jener seltsamen Doppeleigenschaft des Nichts (vgl. dazu z.B. das wiederholte Auftauchen in Lütkehaus' umfangreicher Studie über das Nichts, Lütkehaus 2010). Er ist nur „ein Theil" einer kreativen Kraft oder, wie es später heißt, „ein Theil des Theils, der Anfangs alles war" (Goethe 1808, Z. 1350/S. 87), also eingefügt in einen größeren, holistischen Zusammenhang des Werdens und Vergehens.

wird (Lütkehaus 2010, S. 643). Gamm spricht in diesem Zusammenhang von einer „Positivierung" (Gamm 1994) des Nichts und des Negativen, indem deutlich wird, dass zu jedem bestimmten, positiven Wissen ein „Supplement der Unbestimmtheit" gehört, und dass dieses gleichsam als Bedingung der Möglichkeit allen bestimmten Wissens fungiert (Hetzel 2009, S. 11).

1.2   Erziehungswissenschaftliche Perspektiven

In der Erziehungswissenschaft ist Negativität ein diskursiver Sammelpunkt, hinter dem sich Unterschiedliches verbirgt. Um eine weitere Annäherung an den Begriff zu ermöglichen, sollen nun zuerst schlaglichtartig zwei in der deutschsprachigen Erziehungswissenschaft breit rezipierte Lern- und Bildungstheorien[8] auf den systematisch-funktionalen Ort, den die Negativität in ihnen einnimmt, hin geprüft werden.

In Bucks eingangs erwähnter Lerntheorie (vgl. Buck 1969, 1989) wird die Erfahrung im Lernen einerseits in klassischer, erkenntnistheoretischer Weise (mit Aristoteles, Kant und Bacon) gefasst (vgl. Buck 1989, S. 28–60). Die sinnliche Erfahrung stellt ein nötiges Komplement zur begrifflichen Erfassung der Welt dar. Andererseits wird Lernen in erfahrungstheoretischer Perspektive als temporal strukturierter, vermittelnder Prozess zwischen Vorwissen bzw. Vorerfahrung, neu hinzutretenden Elementen und zukünftigen Antizipationen beschrieben. Damit knüpft Buck an Husserls Temporaltheorie von Antizipation und Enttäuschung sowie Retention und Protention an. Erfahrungen werden analog zu intentionalen Akten konzipiert, die auf Erfüllung einer Erwartung gerichtet sind. Dies wird dann mit Gadamer und Hegel dialektisch gewendet und damit für einen fortschreitenden Bildungsprozess fruchtbar gemacht.[9] Die Negativität liegt bei Buck zuerst in einer einfachen Negation begründet, die aber nicht nur eine schmerzhafte Erfahrung ist, sondern gleichsam die Zuversicht birgt, „die Zusammenhänge kraft einer zweiten, absoluten Negation im Zusammenhang einer übergeordneten Geschichte zu vollenden" (Buck 1981, S. 73). Im Rahmen eines hermeneutischen Handlungs- und Erfahrungsbegriffs[10] wird die Negativität bei Buck damit zum

---

8   Vgl. zu Buck die eingangs zitierte Literatur; zu Koller exemplarisch Rieger-Ladich 2013, Müller 2013 und Grabau 2015; zum Thema Negativität den jüngst erschienen Band von Lischewski (2016).

9   Vgl. dazu auch den Beitrag von Malte Brinkmann in diesem Band.

10   Vgl. dazu auch Bucks Konzept einer Handlungshermeneutik, einer verstehenden und auslegenden Erfahrung im Handeln (Buck 1981, S. 39–46).

Substitut einer bestimmten Negation im Hegelschen Sinne. Bildung wird dann als die Wiederherstellung einer Sinnkontinuität gedacht, die in der negativen Erfahrung unterbrochen wurde.[11] Allein diese Kontinuität – und hier lehnt Buck sich an Gadamer – kann das Vor-Verstehen und somit weitere Erfahrungen im hermeneutischen Sinne sichern. Buck spricht der Diskontinuität einen reinen Übergangswert zu. Er argumentiert mit Husserl, dass in der negativen Erfahrung des Neuen, im Sprung der Diskontinuität niemals der Horizont als ganzer in Frage gestellt wird (vgl. ebd., S. 55), da die Erfahrung der Nichtigkeit von Antizipationen immer noch auf dem festen Boden eines Vertrautheitshorizonts statthaben muss, der selbst von der Negativität nicht berührt wird. Buck drückt dies in Anlehnung an Gadamer drastisch aus: „Die Idee eines absoluten Neuen und Unbekannten ist phänomenologisch widersinnig" (ebd., S. 91). Hier zeigt sich deutlich, dass die Negativität nicht nur notwendigerweise in eine Positivität überführt werden muss, sondern dass ein Zustand der absoluten Negation oder nicht-auflösbaren Diskontinuität mit der von Buck vertretenen hermeneutischen Lerntheorie unvereinbar ist. Er würde nicht nur das Lernen in seinem Gang hindern, sondern den Grund des Lernens selbst angreifen: Wenn die Kontinuität des Lernens durchbrochen wird, reißt damit auch der Faden des Verstehens- und Auslegungszusammenhangs einer hermeneutischen Erfahrungstheorie und zukünftige Erfahrungen werden praktisch unmöglich, da sie nicht mehr vor den Hintergrund eines Verständnishorizontes treten können.

In Kollers transformatorischer Bildungstheorie nehmen negative Erfahrungen einen prominenten Stellenwert ein. Koller sieht bildende Erfahrungen als über eine „doppelte Negativität" (Koller 2011, S. 77) vermittelt, nämlich über den Bruch mit Welt- und Selbstverhältnissen in einer negativen Erfahrung. Damit wird das „Krisenhafte und Riskante an Bildungsprozessen" (ebd., S. 77 f.) betont. Das Neue liegt für Koller also in der Ent-Harmonisierung, der Ent-Positivierung herkömmlicher Perspektiven auf den Prozess der Bildung. Gleichsam ist davon auszugehen, dass der Bruch mit Welt- und Selbstverhältnissen für die Herausbildung eben solcher neuer Verhältnisse Voraussetzung ist, stellt doch „eine negative Erfahrung den Anlass für die Entstehung des Neuen dar" (ebd., S. 125). Die negative Erfahrung bekommt hier eine „produktive Bedeutung" (ebd., S. 77) und wird damit – entgegen der Wortherkunft – positiv konnotiert. Negative Erfahrungen stellen für Koller

---

11   In Bucks hermeneutischer Handlungs- und Lerntheorie ist die Kontinuität von Sinn wichtig: Der menschliche Bios als geschichtlicher wird durch Sinn zusammengehalten und aus den Negationen des Sinns in der Diskontinuität entsteht eine praktische Aufgabe (vgl. dazu Buck 1981, S. 71–94). Vgl. dazu kritisch: Schäfer 2014, Schenk 2014, Brinkmann 2014.

eine unauflösbare Herausforderung und (v.a. biographische) Bildungsaufgabe dar, die sich dem Subjekt der Bildung „in ihrer ganzen verstörenden Radikalität, die nach einer Antwort verlangt" (ebd., S. 183) aufdrängen. Trotzdem ist Kollers Theorie der negativen Erfahrung in Vielem der klassischen Idee der Bildung (Humboldt, Hegel) verpflichtet, die auf Erneuerung, Erweiterung und Fortschritt basiert. Die Tatsache, dass es „alte" Weltverhältnisse gibt, mit denen gebrochen wird, dass dieser Bruch einen Anfangspunkt darstellt und dass auf einen Anfang nötigenfalls ein neuer Prozess folgt, der auch zu Ende gebracht werden kann, weist darauf hin, dass die „verstörende", „radikale" Negativität überwindbar ist, womit sie gleichsam ins Positive verkehrt wird.

1.3   Zwischenfazit – Negativität

Rückblickend auf philosophische und erziehungswissenschaftliche Diskurse um Negativität lassen sich einige Punkte festhalten:

a) In Bildungs- und Lerntheorien wird Negativität vielfach positiv gewendet oder zumindest produktiv in Theorien integriert. Der Negativitätsbegriff oder allgemeiner die negativen Momente in Erfahrungsprozessen schöpfen daraus ihr Potential für Bildungstheorien. Auffällig bleibt, dass dieses Potential nur rückwirkend und nur in der Explikation einer subjektiven Erfahrung attestiert werden kann. Der Wert einer negativen Erfahrung für den Lern- und Bildungsprozess ergibt sich aus dem ‚richtigen' Umgang mit der Negativität, hier also aus der Anerkennung und Überwindung einer Herausforderung oder aus der Rück-Überführung der Diskontinuität in die Kontinuität der Erfahrung. Wenn eine Lerntheorie also die Produktivität der negativen Erfahrung betont, dann ist Prämisse dieser Argumentation ein bereits gelungener Lernprozess.

b) Es verbinden sich in diesen Erfahrungen die pathischen Momente des Erfahrens (also das Leiden und die Widerfahrnisse, vgl. dazu Meyer-Drawe 2003, S. 509 f. und Dewey 1993, S. 186 ff.) mit den reflexiven Momenten der Erfahrung bzw. des Erfahren-Habens, dies jeweils auf dem Grund einer existentiellen, subjektiven Erfahrung. Dies weist auf ein allgemeines Problem in der Thematisierung von Erfahrungen hin: Wir können über Erfahrungen nur dann sprechen, bzw. nur entscheiden, ob es sich um eine Erfahrung handelte, wenn diese schon vorüber ist, und dies auch nur, wenn es unsere eigene Erfahrung war.[12]

---

12   Vgl. zur Zirkelproblematik und der Nachträglichkeit der Erfahrungsreflexion Brinkmann (2015a, S. 531), zur generellen Uneinholbarkeit der eigenen Erfahrung Meyer-

Die Außenwelt bzw. die Anderen erscheinen in diesen Erfahrungstheorien zwar als produktive Mitgestalter oder als Welt, mit der wir verstehend, leiblich und emotional verwoben sind oder von der wir je schon in Anspruch genommen sind (vgl. Meyer-Drawe 2003, S. 510). Die Erfahrung selbst, wird sie lerntheoretisch gedacht, bleibt jedoch immer noch auf den Anstoß einer subjektiven, individuellen Irritation angewiesen. Damit wird die negative Erfahrung oder Enttäuschung zu einem individuellen, subjektiv erfahrenen Moment, das einer Explikation zugeführt werden muss, um überhaupt intersubjektiv und damit didaktisch oder auch forschungslogisch relevant zu werden (vgl. Brinkmann 2015a, S. 530 f.).

c) Eine tatsächlich ausweglose negative Erfahrung ist damit entweder keine negative Erfahrung im Sinne einer Negativitätslerntheorie oder die entsprechenden Theorien weisen an dieser Stelle einen blinden Fleck auf. Gerade solche ausweglosen negativen Erfahrungen finden sich aber z.B. im schulischen Lernen sehr häufig. Sie lassen sich mit hermeneutisch-genealogischen Bildungs- und Lerntheorien kaum erklären, da diesen Theorien ein hegelscher, dialektischer Kern inhärent ist. Aufgrund dieses Erbes wird „die Sprache der Zerrissenheit", die die „vollkommene Sprache der Bildung" (Hegel 1986a, S. 384) ist, wie es bei Hegel selbst noch heißt, gegen eine Sprache der Versöhnung und Synthese getauscht. Heydorn bemerkt zur positivierenden Wirkung von Hegels Philosophie, dass sie das „wirkliche Leiden" (Heydorn 1995, S. 58 f.) wegerklärt und damit zu einem notwendigen Umweg im Gang der Bildung degradiert.

Das „wirkliche Leiden" könnte sich vielleicht zeigen, wenn man den Blick von Theorien der Negativität auf exemplarische Erfahrungen der Negativität wendet. In diesem Sinne soll der folgende Abschnitt vom Scheitern als negativer Erfahrung handeln.

2   Scheitern

2.1   Etymologische Perspektiven

Am Anfang soll wieder eine kurze etymologische Orientierung stehen: Das Verb ‚scheitern' kommt von Scheit, einem Holzstück, das gewaltsam und absichtlich geteilt – geschieden – wurde (vgl. Grimm 1999, Bd. 14/Sp. 2472). Damit eröffnet sich der weitere Bedeutungsraum eines gewaltsam zerstörten, zerteilten oder zer-

---

Drawe (2010, S. 14) und zur Subjektivität der Erfahrung des Lernens Prange (2005, S. 89 f.).

trümmerten Ganzen. In Luthers erster Übersetzung der Bibel „scheitert" (ebd., Sp. 2482) Gott Hiob, bei Gryphius „scheitert sich" ein Schiff an den Klippen (ebd., Sp. 2483), und bei Schiller scheitert die „stolze Vernunft" an „verborgenen Klippen" (ebd.). Dabei durchläuft das Verb den Bedeutungswandel von einem Aktivum, das ein Akkusativ-Objekt nach sich zieht, hin zu einem generalisierten, auf Personen, Handlungen und Ideen bezogenen Begriff. Die Metapher der Klippe, an der gescheitert wird, ist auch von Blumenberg aufgegriffen worden (vgl. Blumenberg 1997) und vielfach zitiert. Hier wird die Position des sicheren Landbewohners, der ein scheiterndes Schiff beobachtet, zur Metapher für philosophisch-theoretische Betrachtungen, die vom scheinbar sicheren Ort und in Distanz zur Wirklichkeit angestellt werden. Interessant ist hierbei die Einführung des Beobachters, die für einen modernen Begriff des Scheiterns zentral ist. Das Scheitern wird zu einem Misslingen, das von Dritten bezeugt wird.

2.2 Erziehungswissenschaftliche Perspektiven

In pädagogischen Kontexten taucht der Begriff des Scheiterns zuerst in Verbindung mit intentionalen Erziehungshandlungen auf (vgl. Bollnow 1958). Scheitern ist dann die Nicht-Erfüllung einer erzieherischen Intention, die sich eigentlich im Handeln manifestieren sollte. Legt man ein nicht-kausales Verständnis von Erziehung an, gehört Scheitern also zum pädagogischen Alltag (von Herbarts unsicherem Ausgang des Unterrichts bis zu Luhmanns Technologiedefizit). Wird dem Scheitern ein Handlungsbegriff zu Grunde gelegt, kann hier noch in graduelles und absolutes Scheitern unterschieden werden: Graduell scheitern Erzieher dann, wenn sich eine bestimmte erzieherische Intention nicht durchsetzt, absolutes Scheitern aber bedeutet den Entzug der Grundlage jeder zukünftigen Einflussmöglichkeit (vgl. Reh 2013, S. 172) und damit den „Verlust der Zugriffsmöglichkeiten auf soziale Strukturen als Handlungsgrundlagen" (John und Langhof 2014, S. 3).

Eine folgenreiche Verschiebung der Perspektive auf Scheitern in pädagogischen Kontexten nimmt Rieger-Ladich vor, indem er an das „Scheitern unter Beobachtung", wie Blumenberg es als typisch für die Moderne herausstellt, anschließt. Damit wendet er sich nicht nur von einer auf den Erzieher reduzierten Sichtweise ab, sondern schlägt vor, dass das Scheitern als „relationale" Kategorie zu verstehen ist und als Phänomen nur in seinen sozialen, wirtschaftlichen und diskursiven Verstrickungen zu beschreiben ist (Rieger-Ladich 2012). Rieger-Ladich möchte von bisherigen pädagogischen Betrachtungen des Phänomens Scheitern[13] abrücken und stattdessen die „Historisierung, Kontextualisierung und Politisierung des Scheiterns [...] betreiben" (ebd., S. 616). Scheitern und v.a. die damit verbundenen sozialen Dynamiken und Prozesse werden als ein bestimmtes diskursives Feld organisierende Praktiken gesehen, die aber so ähnlich auch in anderen Feldern auftreten könnten. Scheitern ist somit kein pädagogischer, sondern ein „funktionaler Begriff", der auf „Attributionspraktiken verweist und auf folgenreiche Adressierungen" (ebd., S. 606), womit Rieger-Ladich von der Beschreibung des Scheiterns als „elementarer Erfahrung" und Grundzug der *conditio humana* (vgl. ebd.) abrückt. Indem Menschen Scheitern zugeschrieben wird, werden in bestimmten Diskursen Subjekte hergestellt und gleichzeitig Responsibilisierungsgrundlagen geschaffen: Jeder ist für sein eigenes Scheitern selbst verantwortlich.

Analog zur Debatte um Bildung und Subjektivierung (vgl. Alkemeyer et al. 2013; Ricken 2013) taucht in diesem Zusammenhang die Problematik wieder auf, dass ein auf Praktiken und Adressierungen reduzierter Scheiternsbegriff nicht widerspruchsfrei mit klassischen Vorstellungen von Bildung vereinbar ist (vgl. Koller 2013). Koller schlägt daher vor, das Scheitern als bildende Erfahrung einzustufen, die dann eintritt, wenn bisherige „Figuren des Welt- und Selbstverhältnisses" (vgl. Koller 2010; Koller 2011) nicht mehr zur Bearbeitung oder Verarbeitung neu eintretender Erfahrungen taugen. Hier wird das Scheitern also zum reflexiven Prozess oder zumindest zum Bemerken der Nicht-Tragfähigkeit bisheriger Konzepte. Koller spricht sich aber gegen eine Reduzierung auf den positiven Ausgang dieser Erfahrungen der Unzulänglichkeit aus: Bildung durch Scheitern ist kein Prozess der produktiven Verarbeitung und des einfachen Überwindens, sondern eine „schwer zu beschreibende Doppelbewegung" (Koller 2013, S. 260). Das Scheitern muss einerseits als „unhintergehbare *conditio humana*" (ebd., S. 261, Hervorh. i. O.) anerkannt werden, andererseits darf diese Erkenntnis nicht zur Resignation führen, sondern soll den Scheiternden zur Suche nach einer Antwort auf das Scheitern verführen. Zur reflexiven Komponente kommt also noch eine motivational-volitionale hinzu, die darauf zielt, sich nicht vom eigenen Scheitern unterkriegen zu lassen.

---

13 Rieger-Ladich nennt hier Bollnows Arbeiten *Existenzphilosophie und Pädagogik* (1959/1984) und *Das veränderte Bild vom Menschen und sein Einfluß auf das pädagogische Denken* (1956), die er als anthropologisierende Versuche des Sprechens über Scheitern einstuft (vgl. Rieger-Ladich 2012, S. 616). In beiden Arbeiten wird allerdings nicht das Scheitern, sondern die Krise, die Begegnung und die Ermahnung thematisiert. Sie weisen Strukturähnlichkeiten auf mit einem Scheiternsbegriff, wie er sich aus einer intentionalen Handlungstheorie ergeben könnte, sind aber keinesfalls gleichzusetzen.

2.3   Scheitern in Soziologie und populär-betriebswirtschaft-lichen Diskursen

Eine weitere, politische Dimension eröffnet sich, wenn mit der Perspektive der Soziologie (vgl. dazu John und Langhof 2014; Junge und Lechner 2004) auf das Scheitern geblickt wird. Hier stellt sich die Frage nach dem Scheitern als biographisches Phänomen in einer Wettbewerbsgesellschaft und unter Bedingungen einer postmodernen Gesellschaftsstruktur. Scheitern kommt erst im Kontext der Moderne als Problem auf. Mit der Verpflichtung, sein eigenes Leben zu schreiben,[14] „erhöht sich der Druck, auch für das eigene Scheitern geradezustehen" (Doehlemann 1996, S. 44, zitiert nach Rieger-Ladich 2012, S. 617). Damit bleibt, wenn externe Faktoren als Zuschreibungsort der Scheiternsverantwortung nicht mehr in Frage kommen, nur noch das Selbst. Man könnte aber noch weiter gehen: Das „Mantra der Meritokratie" (vgl. ebd.) sieht nicht nur vor, dass es kein Außen mehr gibt, das ich für Versagen verantwortlich machen kann, zusätzlich ist es mein Scheitern (oder im besseren Falle das der anderen), das dem meritokratischen Prinzip zu Grunde liegt und es erst ermöglicht. In einer Herrschaft der Besten muss es auch die Erfolglosen und Gescheiterten geben, sonst wäre die Differenz, die diese Verteilungsordnung im Innersten zusammenhält, überbrückt (vgl. Junge 2014, S. 18). Mit der Erfahrung des Scheiterns ist damit nicht nur eine Selbstzuschreibung verbunden, sondern ggf. ein gewisser Fatalismus, den diejenigen, die sich im meritokratischen, kapitalistischen Spiel befinden, auch akzeptieren. Wer heute zu den Verlierern gehört, kann zumindest vom Versprechen zehren, dass er morgen zu den Gewinnern gehören wird.

Und so verwundert es kaum, dass das Scheitern in verschiedenen, direkt oder indirekt mit wirtschaftlichen Diskursen verknüpften Bereichen, Konjunktur hat. Hier wird das Scheitern interessanterweise oft mit dem Lernen zusammengeführt, so z.B. in managerialer Logik, wenn es in Bezug auf betriebswirtschaftliche Überlegungen und Firmengründungen heißt: „Scheitern ist die Voraussetzung für künftige Erfolge. Wer es tabuisiert, steht sich beim Bessermachen und Gewinnen selbst im Weg" (Interview mit dem ‚Wirtschaftsweisen' Lars Feld, Lotter 2014, S. 35). Als Credo eines erfolgreichen Bestehens in (konkurrenzhaften) wirtschaftlichen Kontexten wird das Scheitern zur Verantwortlichkeit des Einzelnen. Wer sich „nicht selbst im Weg stehen" will, muss aus dem Scheitern lernen, d.h. es thematisieren, analysieren und produktiv wenden. Das „große moderne Tabu" (Sennett 1998, S. 159) wird verschoben, und zwar vom Scheitern bzw. der Thematisierung

---

14   Biographie dann im Sinne eines aktiven Gestaltens des eigenen Lebens; von *bios* (Leben) und *graphein* (schreiben, ritzen).

des Scheiterns auf eine Nicht-Thematisierung und ein Ignorieren des Scheiterns oder – wahrscheinlich eher im Sinne einer innovationshungrigen Wettbewerbsgesellschaft – auf das Aufgeben.

In einer „komplexen Wissensgesellschaft" (Lotter 2014, S. 37), in der „Versuch und Irrtum den Normalfall beschreiben" überlebt nur, wer vom „Loser zum Löser" (ebd., S. 44) wird, auf der kollektiven Ebene einer marktwirtschaftlichen Ordnung heißt es folgerichtig dann: „Wir scheitern uns voran" (ebd., S. 35).[15] Stets werden in dieser Argumentation erfolgreiche Manager, Start-Up-Gründer und Wirtschaftssysteme mit erfolglosen verglichen, dies wird auf ein aus dem Scheitern erfolgtes (oder eben auch nicht erfolgtes) Lernen zurückgeführt. Gemein haben aber alle diese Unternehmer- und Unternehmensbiographien, dass sie zumindest einen Moment des Scheiterns durchlebt haben müssen. Der Lernbegriff, den man aus diesen Diskursen ableiten könnte, ist dann viel eher einer des Durchhaltens, des Aushaltens der z.T. extrem frustrierenden und auch finanziell-existenziell gefährdenden Spielregeln eines entfesselten und neoliberal etablierten Kapitalismus. Oser z.b. spricht hier von einem „sense of failure", der zu den Basiskompetenzen moderner Entrepreneurship gehöre (vgl. Oser und Volery 2012).

Kurioserweise wirkt eine solche ökonomische Sicht auf das Scheitern wieder in pädagogische Bereiche zurück und gibt implizit Erziehungsziele vor. In der (auch) schulpädagogisch ausgerichteten Resilienzforschung verbinden sich dann psychologisch-psychotherapeutische Konzepte (Resilienz, Vulnerabilität) mit allgemeineren, prognostischen Vermutungen über biographische Implikationen bestimmter Dispositionen, die gezielt beeinflusst werden können, um entweder in Resilienztrainings eine Scheiterns-Kompetenz aufzubauen oder auf der anderen Seite Faktoren, die für Vulnerabilität verantwortlich sind, einzudämmen, sodass es gar nicht erst zu Erfahrungen des Scheiterns kommt[16] (vgl. Fröhlich-Gildhoff et al. 2014; Fröhlich-Gildhoff und Rönnau-Böse 2015). Die gesamtgesellschaftliche Norm des widerstandsfähigen Selbst und gleichzeitig die Vorstellung, dass

---

15 Vgl. hier weiterführend auch die immer wieder bemühten Konzepte der „schöpferischen Zerstörung" (vgl. Schumpeter 1997, S. 100 f.), der „Exnovation" (dem gezielten Beseitigen alter Lösungsmodelle, die ihre Gültigkeit verloren haben, und neuen Modellen Platz machen sollen, vgl. Fichter 2010, S. 181) oder der „Disruption", der Kraft innovativer Geschäftsmodelle, ganze Marktsektoren zur Umstrukturierung zu zwingen (vgl. Christensen et al. 2015).

16 Im Rahmen der Resilienztrainings sollen so etwa Problemlösen, soziale Kompetenzen, Selbstmanagement und auch kognitive Kompetenzen trainiert werden. Für Vulnerabilität verantwortliche Faktoren, die nicht im Subjekt zu verorten sind, wären dann z.B. geringe mütterliche Bildung, Minoritätenstatus oder psychische Erkrankung eines Elternteils (vgl. Hagen und Voigt 2013, S. 19).

über den Lauf einer Biographie zwangsweise Resilienz aufgebaut werden müsse, wirken so in pädagogische und psychologische Konzeptionen von Kindern hinein und bestimmen stets mit, was als pathologisch gilt – in diesem Falle ein wenig resilientes Kind, das an den gesellschaftlichen Anforderungen scheitert – und therapeutisch bzw. pädagogisch zu bearbeiten ist. Trotz schon früh geäußerter Kritik an einem Transfer dieser Überlegungen in pädagogische und v.a. schulische Felder und Verweisen auf die Gefahr, Resilienz als Eigenschaft zu stark im Bereich individueller Dispositionen zu verorten (vgl. Gabriel 2005), finden diese Konzepte in der Therapie (vgl. Lenz und Kuhn 2011), in der auf Eltern gerichteten Ratgeberliteratur[17] und auch in Schulprogrammen[18] große Resonanz.

2.4 Zwischenfazit – Scheitern

Im Rückblick auf diese unterschiedlichen Perspektiven stellt sich heraus, dass Scheitern als pädagogisches und weiterreichendes Konzept sehr vielschichtig ist. Allerdings scheint es schwierig, Scheitern als pädagogische Erfahrung und genuin pädagogisches Phänomen zu identifizieren.

a) Rieger-Ladich schlägt eine Perspektivierung vor, in der das Scheitern als pädagogisches Phänomen in den Hintergrund tritt. Scheitern wird hier nur dann zu einem pädagogisch relevanten Phänomen, wenn das pädagogische Feld als von Zuschreibungen und Adressierungsformen geprägtes gedacht wird und subjektive Erfahrungen nur als Subjektivierungserfahrungen in den Blick kommen. Eine solche Perspektive bietet den großen Vorteil, dass z.b. in schulischen Kontexten die Machtförmigkeit der Interaktion und die Adressierungspraktiken, die einen großen Teil schulischen Handelns ausmachen (vgl. Reh und Rabenstein 2009; Reh und Ricken 2012), in den Blick gerückt werden können. In diesem praxistheoretisch-diskursanalytisch ‚formalisierten' Blick liegt aber auch ein

---

17 Z.B. unter dem Titel *Das Resilienz-Buch. Wie Eltern ihre Kinder fürs Leben stärken* (Brooks und Goldstein 2007). Hier wird auf Anne Frank als „resilientes junges Mädchen" verwiesen, der ihre „Resilienz über Jahre hinweg [half] mit widrigsten Lebensumständen fertigzuwerden" (ebd., S. 18). Inwiefern dieser Vergleich hinkt und ggf. sogar höchst geschmacklos ist, dürfte offensichtlich sein.

18 So z.B. die Freiburger Vigelius-Grundschule, die „Glücksstunden" eingeführt hat, in denen Resilienz trainiert werden soll.(Vigelius-Grundschule Freiburg 2013, S. 30). Laut Aussage der Schulleiterin haben diese Stunden noch einen weiteren Effekt: „Unsere Kinder sind intelligenter geworden durch das Resilienztraining" (Bruhns 2015, S. 80).

Nachteil: Die subjektive Erfahrung rückt in den Hintergrund, wenn Leistungs-
zuschreibungen, Differenzierungspraktiken und performative Akte der Herstellung von Ungleichheit im Blickfeld stehen. Geht man davon aus, dass auf
der Ebene des Lernens (und ebenso des Lehrens) neben diesen zur Analyse der
„pädagogischen Ordnung" (vgl. Fritzsche et al. 2011) angelegten Dimensionen
andere Aspekte entscheidend und ggf. entscheidender sind, verliert eine solche
Theorie des Scheiterns in Teilen ihre Relevanz für die pädagogische Theoriebildung. Zudem ist mit einer solchen Verlagerung auch das Problem der empirischen Unzugänglichkeit des Scheiterns nicht gelöst. Zwar können Sprechakte,
die als Adressierung gelten, beschrieben werden, die Folgen der Adressierung
auf subjektiver Ebene bleiben aber weiterhin verborgen.

b) Wird Scheitern nur auf das Misslingen von Handlungen reduziert, wird damit
pädagogische Interaktion und allgemein pädagogische Erfahrung als intentional strukturiert gedacht. Dies entspricht aber einer Verkürzung. Pädagogische
Interaktion emergiert aus komplexen Situationen und die Handlungen, die in
diesem Feld vorkommen, sind nur zu einem kleinen Teil mit klassischen Hand-
lungstheorien und Planbarkeitsvorstellungen in Einklang zu bringen. Vielmehr
kann das pädagogische Geschehen als performatives (vgl. Kalthoff 2004) oder
als Antwortgeschehen (vgl. Waldenfels 1998; Rödel 2015a) der teilnehmenden
Akteur/-innen beschrieben werden.

c) Die von Koller vorgeschlagene Perspektive, Scheitern als bildende Erfahrung
im Moment (bzw. rückblickend auf den Moment) einer Erfahrung des Bru-
ches in bestehenden Welt- und Selbstverhältnissen zu beschreiben, führt zu
einem ähnlichen Problem, wie es unter 2.3 benannt wurde. Scheitern ist dann
eine Erfahrung, die nur reflexiv einzuholen ist. Zudem ist sie, und dies zeigen
Forschungen Kollers zu ähnlichen Fragestellungen (vgl. Koller 1993), an Ver-
sprachlichungen gebunden, womit sie stets der Gefahr eine Ex-post-Rationali-
sierung und der Vereinfachung unterliegt, sowie einer Vernachlässigung leiblicher Dimensionen des Scheiterns.

d) Die soziologische Perspektive legt nahe, dass Scheitern ein soziales Phänomen
ist, das aufs Engste mit Grundannahmen über eine moderne Gesellschaftsord-
nung verbunden ist. Hier deutet sich eine ähnliche Positivierung an, wie dies
schon im Diskurs um Negativität der Fall war. Scheitern kann hier nicht losgelöst vom Erfolg gedacht werden und erscheint – wohlgemerkt in kritischer
Betrachtung – als nötiger Betriebsunfall und zu ertragender Rückschlag in
persönlichen Biographien. In Verbindung mit Karriereorientierung und Er-
folgsdenken wandelt sich dies zu einem quasi-pädagogischen Imperativ, der
Scheitern als Aufgabe und Zwang zum Lernen umdeutet, und der als Ziel von
Ausbildung aber auch individualisierten Erziehungs- und Therapiebemühun-

gen den scheiternsresistenten Menschen bzw. Kind vorgibt. Damit wird das Scheitern hier zum doppelten Tabu; zum einen gilt es gemäß der meritokratischen Logik stets auf Erfolge abzuzielen, zum anderen darf der Misserfolg, so er denn eintritt, auf keinen Fall ignoriert werden sondern muss thematisiert, analysiert und als Lernanlass genutzt werden.

3 Ausblick und Schluss

Rückblickend kann festgehalten werden: Im ersten Teil haben die philosophischen und lerntheoretischen Überlegungen zur Negativität gezeigt, dass auf der Grundlage eines hermeneutisch-subjektivistischen Bildes von dem/der Lernenden und eines quasi-hegelianischen Erbes die negative Erfahrung allein im Bewusstsein des erfahrenden Subjekts verortet wird. Aufgrund dieser Abgeschlossenheit können nur gelungene Lernerfahrungen auch als solche beschrieben werden. Analog dazu muss eine Theorie des Negativitätslernens Negativität zwangsweise als positivierte Negativität denken – sie hätte sonst keine Relevanz für das Lernen. Der Blick auf die ‚Negativität der Negativität' bleibt damit verstellt. Im zweiten Teil wurde ein Phänomen der negativen Erfahrung, das Scheitern, vorgestellt, in dem in der Theorie die sozialen und intersubjektiven Seiten in den Vordergrund treten und das damit nicht mehr rein bewusstseinstheoretisch gedacht wird. Diese Zugänge können Scheitern nicht als subjektive Erfahrung beschreiben. Sie lassen es damit lerntheoretisch unterbestimmt. Gleichsam muss die Rede vom „Lernen durch Scheitern" in Alltags- und Wirtschaftsdiskursen als „Begriff mit verschwommenen Rändern" (Wittgenstein 2001, § 71) gelten, was nicht verwundert, da dies ein Charakteristikum alltäglichen Begriffsgebrauchs ist (vgl. ebd.). Problematisch ist hier m.E. aber die semantische Neubelegung des Begriffs: Er ist nicht nur unscharf, sondern wird über die genannten Diskurse mit einer völlig anderen, für eine pädagogische Theoriebildung höchst fragwürdigen Bedeutung gefüllt.

Was bedeuten diese Überlegungen nun für eine phänomenologische Annäherung an negative Erfahrungen und damit auch für eine qualitative, phänomenologische Empirie (a)? Was bedeuten Sie für eine pädagogische Theorie des Negativitätslernens in schulischen Kontexten (b)?

Ad a) Erstens kann davon ausgegangen werden, dass Theorien des Negativitätslernens nicht problemlos in empirische Forschung zu überführen sind, da sie zwar gemäß Husserls Diktum von der lebensweltlichen Fundierung der Wissenschaften in (negativen) Erfahrungen gründen, im Fortgang aber weitgehend losgelöst davon entworfen werden und operieren. Zweitens zeigt sich, dass auch Einzelphänomene wie etwa das Scheitern durch Vorerfahrungen und gesellschaftliche Diskurse verstellt sind, womit die Frage nach dem Phänomen bleibt. Die konkreten, allein-stehenden Phänomene des Scheiterns und der Enttäuschung sind in (fast) keiner Lern- oder Erfahrungstheorie zur Sprache gekommen. Als Desiderat sind sie ausgewiesen (vgl. Rödel 2015b; Mitgutsch 2009) und auch im Anschluss an Bil-dungstheorien ist die Frage danach formuliert worden, so z.B. in Bezug auf Kollers transformatorische Bildungstheorie (vgl. Grabau 2015, S. 49). Im Bereich des schu-lischen Lernens stellt sich drittens das Problem, dass die in der Forschung be- und verhandelten Beispiele stets methodisch erzeugte Beispiele sind und damit auch nur methodisch erzeugte Allgemeinheiten mit begrenzter Reichweite darstellen.

Werden die bisher angestellten Überlegungen im Anschluss an Rombachs ein-gangs erwähnte Unterscheidung der phänomenalen Ebene zugeordnet, so müsste nun an dieser Stelle eine phänomenologische Analyse einsetzen. In einer Phäno-menologie des Scheiterns kann so z.b. versucht werden, dichte Beschreibungen (vgl. Geertz 1987; Reh 2012), Dokumentationen teilnehmender Erfahrung oder Anekdoten (vgl. van Manen 2014, S. 249 ff.), Vignetten (vgl. Schratz et al. 2012) oder auch Verschriftlichungen von Videoausschnitten phänomenologisch auszu-legen. Damit könnten einerseits die Erfahrungen in der spezifischen Unterrichts-situation, in Lern- und Bildungsprozessen und auch in Lehrprozessen zur Sprache kommen. Andererseits könnten in einer reduktiven Vorverständigung durch das Einklammern und das Extrapolieren leitender Annahmen auch die „organisieren-den Gesichtspunkte" (Waldenfels 1991, S. 65), die den Blick auf die Erfahrung des Scheiterns mitbestimmen, befragt werden. Damit kann genauer Auskunft darüber gegeben werden, was in unserer Erfahrung gegeben ist und wie dieses Gegebene strukturiert ist. Diese „organisierenden Gesichtspunkte" und die beispielhafte Be-schreibung der Phänomene werden in einer theoretisch-empirischen Doppelung (vgl. Brinkmann 2015b, S. 33 f.) produktiv aufeinander bezogen, ohne aber einer der beiden Seiten, d.h. der Phänomen-Seite oder der Seite der Thematisierung des Phänomens einen Vorzug zu geben. Neben der Operation der Reduktion kann auch eine variative Modellierung der einzelnen Phänomene vorgenommen werden (vgl. ebd., S. 38 f.), in der Perspektiven angelegt werden, die zwar auch dem erziehungs-wissenschaftlichen Diskurs entstammen, die aber anbieten, die mit dem Scheitern und der Negativität verbundenen Erfahrungen analytisch von einer Theorie des Lernens oder der Bildung zu trennen und damit den Blick gezielter auf Einzelphä-nomene zu lenken. Mit einer solchen Analyse wären Theorien bzw. Diskurse und Erfahrungen der Negativität produktiv aufeinander bezogen, die spezifischen Er-fahrungen könnten genauer erfasst werden und letztlich könnte durch die Variation auch dem Problem von Allgemeinem und Konkretem begegnet werden.

Ad b) Die Bedeutung dieser Überlegungen für eine pädagogische Theorie des Lernens im Schulunterricht aus negativen Erfahrungen kann in zwei Bereichen verortet werden: Mit einer phänomenologischen Beschreibung ist zuerst das Anliegen einer Signifizierung und Typisierung von im Unterricht auftretenden negativen Erfahrungen resp. Scheitern verbunden, dies aber stets mit dem Wissen um die Problematik einer solchen signifizierenden Praxis (vgl. ebd., S. 43). Das Ziel wäre somit, nicht besser, allgemeiner oder ‚wesentlicher' zu bestimmen, was das Scheitern ist, sondern zu beschreiben und konkret zu benennen, wie sich Scheitern in einem bestimmten Kontext unter den außer Kraft gesetzten Vorzeichen eines bereits theoretisch vorbestimmten Blicks zeigt. Werden negative Erfahrungen operationalisiert und möglichst genau im Unterrichtsgeschehen lokalisiert, kann nach Anfängen und dem genauen Gang von Lernprozessen gefragt werden. Eine Bestandsaufnahme negativer Erfahrungen im Schulunterricht weitet zudem den Blick auf Erfahrungen außerhalb bestehender ggf. dialektisch ausgerichteter Lerntheorien. Damit geraten auch negative Erfahrungen wie radikales Scheitern, Stagnation, Frust oder Paralyse in den Fokus und es kann weiterführend gefragt werden, wie und ob diese Phänomene mit dem Lernen in Verbindung zu bringen sind. Zweitens kann auf der Ebene des Lehrens nach der didaktischen Bedeutung negativer Erfahrung gefragt werden. Geht man davon aus, dass Lehrer/-innen versuchen, negative Erfahrungen gezielt zu inszenieren, um Lernprozesse einzuleiten, so kann eine Typisierung negativer Erfahrungen den Blick auch auf nicht-intendierte Effekte des pädagogischen Handelns öffnen. Somit kann die Frage nach den Möglichkeiten und Grenzen der Inszenierung negativer Momente im Lernen neu gestellt werden – eine Frage, die seit dem sokratischen Lehrstück in Sachen negative Erfahrungen (Menon-Dialog, vgl. Platon 1957b) ungebrochen aktuell ist.

Literatur

Alkemeyer, Thomas, Gunilla Budde, und Dagmar Freist, Hrsg. 2013. *Selbst-Bildungen. Soziale und kulturelle Praktiken der Subjektivierung.* Bielefeld: transcript.

Benner, Dietrich. 2005. Einleitung. Über pädagogisch relevante und erziehungswissenschaftlich fruchtbare Aspekte der Negativität menschlicher Erfahrung. In *Erziehung, Bildung, Negativität. Theoretische Annäherungen, Analysen zum Verhältnis von Macht und Negativität, exemplarische Studien*, hrsg. D. Benner, 7–21. Weinheim/Basel: Beltz.

Blumenberg, Hans. 1997. *Schiffbruch mit Zuschauer. Paradigma einer Daseinsmetapher.* Frankfurt a. M.: Suhrkamp.

Bollnow, Otto F. 1956. Das veränderte Bild vom Mensch und sein Einfluß auf das pädagogische Denken. In *Erziehung wozu? Pädagogische Probleme der Gegenwart. Sendereihe des Süddeutschen Rundfunks*, hrsg. Süddeutscher Rundfunk, 35–47. Stuttgart: Alfred Kröner.

Bollnow, Otto F. 1958. Wagnis und Scheitern in der Erziehung. *Pädagogische Arbeitsblätter zur Fortbildung für Lehre und Erzieher* 10 (8): 337–349.

Bollnow, Otto F. 1959/1984. *Existenzphilosophie und Pädagogik. Versuch über unstetige Formen der Erziehung.* Stuttgart: Kohlhammer.

Bonsiepen, Wolfgang. 1977. *Der Begriff der Negativität in den Jenaer Schriften Hegels.* Bonn: Bouvier.

Bonsiepen, Wolfgang. 1984. Negation, Negativität. In *Historisches Wörterbuch der Philosophie. Bd. 6*, hrsg. J. Ritter, 671–686. Basel: Schwabe.

Brinkmann, Malte. 2014. Verstehen, Auslegen und Beschreiben zwischen Hermeneutik und Phänomenologie. Zum Verhältnis und zur Differenz hermeneutischer Rekonstruktion und phänomenologischer Deskription am Beispiel von Günther Bucks Hermeneutik der Erfahrung. In *Aus Erfahrung lernen. Anschlüsse an Günther Buck*, hrsg. S. Schenk und T. Pauls, 199–222. Paderborn: Schöningh.

Brinkmann, Malte. 2015a. Pädagogische Empirie. Phänomenologische und methodologische Bemerkungen zum Verhältnis von Theorie, Empirie und Praxis. *Zeitschrift für Pädagogik* 61 (4): 527–545.

Brinkmann, Malte. 2015b. Phänomenologische Methodologie und Empire in der Pädagogik. Ein systematischer Entwurf für die Rekonstruktion pädagogischer Erfahrungen. In *Pädagogische Erfahrung. Theoretische und empirische Perspektiven*, hrsg. M. Brinkmann, R. Kubac, und S. S. Rödel, 33–59. Wiesbaden: Springer VS.

Brooks, Robert und Sam Goldstein. 2007. *Das Resilienz-Buch. Wie Eltern ihre Kinder fürs Leben stärken – das Geheimnis der inneren Widerstandskraft.* Stuttgart: Klett.

Bruhns, Annette. 2015. Wie Kinder stark werden: „Mia, du lächelst so schön". *SPIEGEL Wissen* (1/2015), 76–81.

Buck, Günther. 1969. *Lernen und Erfahrung. Zum Begriff der didaktischen Induktion.* Darmstadt: Wissenschaftliche Buchgesellschaft.

Buck, Günther. 1981. *Hermeneutik und Bildung. Elemente einer verstehenden Bildungslehre.* München: W. Fink.

Buck, Günther. 1989. *Lernen und Erfahrung – Epagogik. Zum Begriff der didaktischen Induktion.* Darmstadt: Wissenschaftliche Buchgesellschaft.

Collmer, Thomas. 2006. Hegels Begriff der Negativität (I). Z. *Zeitschrift für marxistische Erneuerung* 65: 174–184. http://www.zeitschrift-marxistische-erneuerung.de/article/747. hegels-begriff-der-negativitaet-ii.html. Zugegriffen:19. September 2016.

Christensen, Clayton M., Michael E. Raynor, und Rory McDonald. 2015. What Is Disruptive Innovation? *Harvard Business Review* 93 (10): 44–53.

Dewey, John. 1993. *Demokratie und Erziehung. Eine Einleitung in die philosophische Pädagogik.* Weinheim/Basel: Beltz.

Doehlemann, Martin. 1996. *Absteiger. Die Kunst des Verlierens.* Frankfurt a. M.: Suhrkamp.

English, Andrea. 2013. *Discontinuity in Learning. Dewey, Herbart and Education as transformation.* Cambridge: Cambridge University Press.

English, Andrea. 2014. Interruption and the In-between: Buck and Dewey on Learning and Transformation. In *Aus Erfahrung lernen. Anschlüsse an Günther Buck*, hrsg. S. Schenk und T. Pauls, 91–100. Paderborn: Schöningh.

Fichter, Klaus. 2010. Nachhaltigkeit: Motor für schöpferische Zerstörung? In *Soziale Innovation. Auf dem Weg zu einem postindustriellen Innovationsparadigma*, hrsg. J. Howaldt und H. Jacobsen, 181–198. Wiesbaden: VS Verlag für Sozialwissenschaften.

Fritzsche, Bettina, Till-Sebastian Idel, und Kerstin Rabenstein. 2011. Ordnungsbildung in pädagogischen Praktiken. Praxistheoretische Überlegungen zur Konstitution und Beobachtung von Lernkulturen. *Zeitschrift für Soziologie der Erziehung und Sozialisation* 31 (1): 28–44.

Fröhlich-Gildhoff, Klaus, Jutta Kerscher-Becker, Sophia Rieder, Bianca von Hüls, Stefanie Schopp, und Matthias Hamburger, Hrsg. 2014. *Grundschule macht stark! Resilienzförderung in der Grundschule – Prinzipien, Methoden und Evaluationsergebnisse*. Freiburg i. Br.: FEL.

Fröhlich-Gildhoff, Klaus und Maike Rönnau-Böse. 2015. *Resilienz*. München: Reinhardt/ UTB.

Gabriel, Thomas. 2005. Resilienz – Kritik und Perspektiven. *Zeitschrift für Pädagogik* 51 (2): 207–217.

Gamm, Gerhard. 1994. *Flucht aus der Kategorie. Die Positivierung des Unbestimmten als Ausgang der Moderne*. Frankfurt a. M.: Suhrkamp.

Gamm, Gerhard. 2005. *Nicht nichts. Studien zu einer Semantik des Unbestimmten*. Frankfurt a. M.: Suhrkamp.

Geertz, Clifford. 1987/1983. *Dichte Beschreibung. Beiträge zum Verstehen kultureller Systeme*. Frankfurt a. M.: Suhrkamp.

Goethe, Johann W. von. 1808. *Faust. Eine Tragödie*. Tübingen: J. G. Cotta'sche Buchhandlung.

Göhlich, Michael und Jörg Zirfas. 2014. Lernen und Selbsterfahrung. In *Aus Erfahrung lernen. Anschlüsse an Günther Buck*, hrsg. S. Schenk und T. Pauls, 101–115. Paderborn: Schöningh.

Grabau, Christian. 2015. Vom „Ringen um Selbstachtung" und den „Kollateralschäden des sozialen Aufstiegs". Überlegungen im Anschluss an Zadie Smiths London NW. *Vierteljahrsschrift für wissenschaftliche Pädagogik* 91 (1): 47–63.

Grimm, Jacob und Wilhelm Grimm. 1999. *Deutsches Wörterbuch*. München: Deutscher Taschenbuch Verlag.

Hagen, Cornelia von und Friedrich Voigt. 2013. Resilienz. Eine positive Entwicklung trotz belastender Lebensumstände. *Psychotherapie im Dialog* 17 (1): 16–20.

Hegel, Georg W. F. 1978. *Wissenschaft der Logik II*. Hamburg: Meiner.

Hegel, Georg W. F. 1986a. *Phänomenologie des Geistes*. Frankfurt a. M.: Suhrkamp.

Hegel, Georg W. F. 1986b. *Vorlesungen über die Geschichte der Philosophie I*. Frankfurt a. M.: Suhrkamp.

Hetzel, Andreas. 2009. Negativität und Unbestimmtheit. Eine Einleitung. In *Negativität und Unbestimmtheit. Beiträge zu einer Philosophie des Nichtwissens. Festschrift für Gerhard Gamm*, hrsg. A. Hetzel, 7–20. Bielefeld: transcript.

Heydorn, Heinz-Joachim. 1995. Bildungstheoretische und pädagogische Schriften. 1971 – 1974. In *Werke*. Vaduz: Topos.

Hübener, Wolfgang. 1975. Hegels Idee der Negativität und die metaphysische Tradition. In *Positionen der Negativität*, hrsg. H. Weinrich, 476–481. München: W. Fink.

John, René und Antonia Langhof. 2014. Die heimliche Prominenz des Scheiterns. In *Scheitern – Ein Desiderat der Moderne?*, hrsg. R. John und A. Langhof, 1–7. Wiesbaden: Springer VS.

Junge, Matthias. 2014. Scheitern in Moderne und Postmoderne. In *Scheitern – Ein Desiderat der Moderne?*, hrsg. R. John und A. Langhof, 11–24. Wiesbaden: Springer VS.

Junge, Matthias und Götz Lechner, Hrsg. 2004. *Scheitern. Aspekte eines sozialen Phänomens*. Wiesbaden: Springer VS.

Kalthoff, Herbert. 2004. Schule als Performanz. Anmerkungen zum Verhältnis von neuer Bildungsforschung und der Soziologie Pierre Bourdieus. In *Das kulturelle Kapital und die Macht der Klassenstrukturen. Sozialstrukturelle Verschiebungen und Wandlungsprozesse des Habitus*, hrsg. S. Engler und B. Krais, 115–140. Weinheim/Basel: Beltz.

Koch, Lutz. 2014. Kritische Anmerkungen zur Beispieltheorie von Günther Buck. In *Aus Erfahrung lernen. Anschlüsse an Günther Buck*, hrsg. S. Schenk und T. Pauls, 39–54. Paderborn: Schöningh.

Koller, Hans-Christoph. 1993. Bildung im Widerstreit. Bildungstheoretische Überlegungen im Anschluß an Lyotards Konzeption pluraler Diskurse. In *Kritische Erziehungswissenschaft, Moderne, Postmoderne*, hrsg. W. Marotzki und H. Sünker, 80–104. Weinheim: Deutscher Studien Verlag.

Koller, Hans-Christoph. 2010. Grundzüge einer Theorie transformatorischer Bildungsprozesse. In *Gesellschaftliche Bedingungen von Bildung und Erziehung. Eine Einführung*, hrsg. A. Liesner, 288–300. Stuttgart: Kohlhammer.

Koller, Hans-Christoph. 2011. *Bildung anders denken. Eine Einführung in die Theorie transformatorischer Bildungsprozesse*. Stuttgart: Kohlhammer.

Koller, Hans-Christoph. 2013. Vom Scheitern des Verstehens. Zu Jeffrey Eugenides' *Die Selbstmord-Schwestern*. In *Vom Scheitern. Pädagogische Lektüren zeitgenössischer Romane III*, hrsg. H.-C. Koller und M. Rieger-Ladich, 247–264. Bielefeld: transcript.

Koller, Hans-Christoph. 2014. Zur Entstehung des Neuen in Bildungsprozessen. Bemerkungen zur hermeneutischen Bildungstheorie Günther Bucks. In *Aus Erfahrung lernen. Anschlüsse an Günther Buck*, hrsg. S. Schenk und T. Pauls, 75–90. Paderborn: Schöningh.

Lenz, Albert und Juliane Kuhn. 2011. Was stärkt Kinder psychisch kranker Eltern und fördert ihre Entwicklung? Überblick über die Ergebnisse der Resilienz- und Copingforschung. In *Kinder mit psychisch kranken Eltern. Klinik und Forschung*, hrsg. S. Wiegand-Grefe, F. Mattejat, und A. Lenz, 269–298. Göttingen: Vandenhoeck & Ruprecht.

Lischewski, Andreas, Hrsg. 2016. *Negativität als Bildungsimpuls? Über die pädagogische Bedeutung von Krisen, Konflikten und Katastrophen*. Paderborn: Schöningh.

Lotter, Wolf. 2014. Wird schon schiefgehen. *brand eins* (11/2014), 33–37.

Lütkehaus, Ludger. 2010. *Nichts. Abschied vom Sein, Ende der Angst*. Frankfurt a. M.: Haffmans bei Zweitausendeins.

Marotzki, Winfried. 1984. *Subjektivität und Negativität als Bildungsproblem. Tiefenpsychologische, struktur- und interaktionstheoretische Perspektiven moderner Subjektivität. Mit einem Vorwort von Rainer Kokemohr*. Frankfurt a. M./New York: P. Lang.

Meyer-Drawe, Käte. 1982. Lernen als Umlernen. Zur Negativität des Lernprozesses. In *Lernen und seine Horizonte. Phänomenologische Konzeptionen menschlichen Lernens – didaktische Konsequenzen*, hrsg. W. Lippitz und K. Meyer-Drawe, 19–45. Königstein: Cornelsen Scriptor.

Meyer-Drawe, Käte. 2003. Lernen als Erfahrung. *Zeitschrift für Erziehungswissenschaft* 6 (4): 505–514.

Meyer-Drawe, Käte. 2008. *Diskurse des Lernens*. München: W. Fink.

Meyer-Drawe, Käte. 2010. Zur Erfahrung des Lernens. Eine phänomenologische Skizze. *Santalka: Filosofija, Komunikacija* 18 (3): 6–17.

Mitgutsch, Konstantin. 2009. *Lernen durch Enttäuschung. Eine pädagogische Skizze*. Wien: Braumüller.

Müller, Hans-Rüdiger. 2013. Produktiv scheitern. Biographische Prozesse und Konfigurationen der Bildung in Jonathan Franzens Roman Freiheit. In *Vom Scheitern. Pädagogische Lektüren zeitgenössischer Romane III*, hrsg. H.-C. Koller und M. Rieger-Ladich. Bielefeld: transcript.

Oser, Fritz und Thierry Volery. 2012. "Sense of failure" and "sense of success" among entrepreneurs: the identification and promotion of neglected twin entrepreneurial competencies. *Empirical Research in Vocational Education and Training* 4 (1): 27–44.

Petschenig, Michael, Franz Skutsch, Alexander Christ, Robert Pichl, und Josef M. Stowasser, Hrsg. 2008. *Stowasser. Lateinisch-deutsches Schulwörterbuch*. München: Oldenbourg Schulbuchverlag.

Platon. 1957a. Phaidon. Politeia. In *Sämtliche Werke*. Hamburg: Rowohlt.

Platon. 1957b. Menon, Hippias I, Euthydemos etc. In *Sämtliche Werke*. Hamburg: Rowohlt.

Prange, Klaus. 2005. *Die Zeigestruktur der Erziehung. Grundriss der Operativen Pädagogik*. Paderborn: Schöningh.

Reh, Sabine. 2012. Beobachtungen aufschreiben. In *Beobachtung in der Schule – Beobachten lernen*, hrsg. H. de Boer und S. Reh, 115–130. Wiesbaden: VS Verlag für Sozialwissenschaften.

Reh, Sabine. 2013. Über das Scheitern. Überlegungen zu den Voraussetzungen eines pädagogischen Verhältnisses im Anschluss an Herta Müllers Niederungen. In *Vom Scheitern. Pädagogische Lektüren zeitgenössischer Romane III*, hrsg. H.-C. Koller und M. Rieger-Ladich, 171–195. Bielefeld: transcript.

Reh, Sabine und Kerstin Rabenstein. 2009. Die pädagogische Normalisierung der „selbständigen Schülerin" und die Pathologisierung des „Unaufmerksamen". Eine diskursanalytische Skizze. In *Standardisierung – Kanonisierung. Erziehungswissenschaftliche Reflexionen*, hrsg. J. Bilstein und J. Ecarius, 159–180. Wiesbaden: VS Verlag für Sozialwissenschaften.

Reh, Sabine und Norbert Ricken. 2012. Das Konzept der Adressierung. Zur Methodologie einer qualitativ-empirischen Erforschung von Subjektivation. In *Qualitative Bildungsforschung und Bildungstheorie*, hrsg. I. Miethe und H.-R. Müller, 35–56. Opladen/Berlin/Toronto: Budrich.

Ricken, Norbert. 2013. Zur Logik der Subjektivierung. Überlegungen an den Rändern eines Konzepts. In *Techniken der Subjektivierung*, hrsg. A. Gelhard, 29–48. Paderborn: Fink.

Rieger-Ladich, Markus. 2012. „Biographien" und „Lebensläufe": Das Scheitern aus der Perspektive der Pädagogischen Anthropologie. *Vierteljahrsschrift für wissenschaftliche Pädagogik* 88 (4): 606–623.

Rieger-Ladich, Markus. 2013. Verhängnisvolle Zurechnungspraxis. Zweierlei Spielarten des Scheiterns in Philip Roths Nemesis. In *Vom Scheitern. Pädagogische Lektüren zeitgenössischer Romane III*, hrsg. H.-C. Koller und M. Rieger-Ladich. Bielefeld: transcript.

Riezler, Kurt. 1934. *Parmenides*. Frankfurt a. M.: Vittorio Klostermann.

Rombach, Heinrich. 1980. *Phänomenologie des gegenwärtigen Bewusstseins*. Freiburg i. Br./München: Alber.

Rombach, Heinrich. 1987. *Strukturanthropologie. Der menschliche Mensch*. Freiburg i. Br.: Alber.

Rödel, Severin S. 2015a. Der Andere und die Anderen. Überlegungen zu einer Theorie pädagogischen Antwortgeschehens im Angesicht Dritter. In *Pädagogische Erfahrung. Theoretische und empirische Perspektiven*, hrsg. M. Brinkmann, R. Kubac, und S. S. Rödel 199–222. Wiesbaden: Springer VS.

Rödel, Severin Sales. 2015b. Scheitern, Stolpern, Staunen – Zur Produktivität negativer Erfahrung im schulischen Lernen. In *Berlin-Brandenburger Beiträge zur Bildungsforschung 2015. Herausforderungen, Befunde und Perspektiven interdisziplinärer Bildungsforschung*, hrsg. J. Stiller und C. Laschke, 29–56. Berlin: P. Lang.

Schenk, Sabrina. 2014. Praktische Pädagogik als Handlungshermeneutik. In *Aus Erfahrung lernen. Anschlüsse an Günther Buck*, hrsg. S. Schenk und T. Pauls, 181–198. Paderborn: Schöningh.

Schenk, Sabrina und Torben Pauls, Hrsg. 2014. *Aus Erfahrung lernen. Anschlüsse an Günther Buck*. Paderborn: Schöningh.

Schumpeter, Joseph Alois. 1997. *Theorie der wirtschaftlichen Entwicklung. Eine Untersuchung über Unternehmergewinn, Kapital, Kredit, Zins und den Konjunkturzyklus*. Berlin: Duncker und Humblot.

Schratz, Michael, Johanna F. Schwarz, und Tanja Westfall-Greiter, Hrsg. 2012. *Lernen als bildende Erfahrung. Vignetten in der Praxisforschung*. Innsbruck: StudienVerlag.

Sennett, Richard. 1998. *Der flexible Mensch. Die Kultur des neuen Kapitalismus*. Berlin: Berlin Verlag.

Schäfer, Alfred. 2014. Domestizierte Negativität. Anmerkungen zur Bildungstheorie Günther Bucks. In *Aus Erfahrung lernen. Anschlüsse an Günther Buck*, hrsg. S. Schenk und T. Pauls, 55–72. Paderborn: Schöningh.

Vigelius-Grundschule Freiburg. 2013. *Unser Schul-ABC für Eltern*. http://www.vigeliusgrundschule.de/fileadmin/Benutzerordner/WebsiteDateien/Schul-ABC/Schul_ABC_Version2013.pdf. Zugegriffen: 19. September 2016.

van Manen, Max. 2014. *Phenomenology of practice. Meaning-giving methods in phenomenological research and writing*. Walnut Creek: Left Coast Press.

Waldenfels, Bernhard. 1991. Phänomenologie unter eidetischen, transzendentalen und strukturalen Gesichtspunkten. In *Sinn und Erfahrung. Phänomenologische Methoden in den Humanwissenschaften*, hrsg. M. Herzog, 65–85. Heidelberg: Asanger.

Waldenfels, Bernhard. 1998. Antwort auf das Fremde. Grundzüge einer responsiven Phänomenologie. In *Der Anspruch des Anderen. Perspektiven phänomenologischer Ethik*, hrsg. B. Waldenfels und I. Därmann, 35–50. München: W. Fink.

Wittgenstein, Ludwig. 2001. *Philosophische Untersuchungen. Kritisch-genetische Edition*, hrsg. J. Schulte. Darmstadt: Wissenschaftliche Buchgesellschaft.

Das Subjekt des Lernens

Phänomenologische Perspektiven auf die Lernerfahrung

Anna Orlikowski

Die Berücksichtigung phänomenologischer Konzepte in der Pädagogik ermöglicht eine erweiterte Vermittlungsperspektive, in der *das lernende Subjekt* sowie seine soziale und kulturelle Verflechtung einbezogen und reflektiert werden können. Im Hinblick auf die tendenzielle Anonymisierung des Lernens, die auf eine zunehmende Technisierung und Komplexität der Lebenswelten zurückzuführen ist, wird eine neue Diskussion über die *Bedeutung der inter-subjektiven Erfahrung* erforderlich sein. Diese kann im Rekurs auf die methodologische Hervorhebung der subjektiv inter-korporalen Erfahrung im Kontext des phänomenologischen Vorgehens geführt werden, worin sich relevante Bereiche des Wissens und der Praxis (Relevanzstrukturen) als kollektive Lernprozesse deuten lassen.

Im Fokus des Beitrags steht die leibphänomenologische Perspektive, wie sie im deutschsprachigen Diskurs vor allem durch Waldenfels und seine Merleau-Ponty Rezeption etabliert ist und in einer *Phänomenologie des Leibes* mündet (Waldenfels 2000). Diese phänomenologische Hervorhebung der konkreten Leiblichkeit und der Zusammenhang mit dem Erfahrungsbegriff findet dann durch Meyer-Drawe Eingang in die bildungstheoretischen Diskurse der Allgemeinen Erziehungswissenschaft. Im ersten Teil meines Beitrags werde ich das Problem der Intersubjektivität als Zwischenleiblichkeit in der Perspektive der Verallgemeinerung des Leibes bei Merleau-Ponty skizzieren. Im zweiten Schritt gehe ich auf die intersubjektive Sinnstiftung und ihre Fundierungsfunktion im Hinblick auf Sozialität

143

und Lernen ein. Im letzten Abschnitt wird die daraus resultierende Herausbildung pädagogischer Handlungsfelder unter dem Gesichtspunkt einer Verankerung im Kontext der Lerndiskurse thematisiert.

1 Von der Verallgemeinerung des Leibes zur Inter-Subjektivität

In der Auseinandersetzung mit der Möglichkeit einer phänomenologischen Pädagogik oder mit dem konkreten Verhältnis von Phänomenologie und Pädagogik wird hier auf eine systematische Untersuchung dieses Verhältnisses verzichtet zugunsten einer Fokussierung auf den Bereich der vielfältigen Lern-Erfahrungen und deren phänomenologischer Deutung.

Diese divergieren sowohl im Hinblick auf die erziehungs- bzw. bildungstheoretischen Schwerpunksetzungen als auch in ihrem Rekurs auf phänomenologische Diskurse bzw. Denker (vgl. Brinkmann 2010). An dieser Stelle wird auf eine systematische Untersuchung dieses Verhältnisses verzichtet zugunsten einer Fokussierung auf die Perspektive leiblicher Lern-/Erfahrungen und deren phänomenologischer Deutung. Daraus ergibt sich durchaus eine Systematik, da ausgehend von Merleau-Pontys Denken des Leibes, über Waldenfels und seine Hervorhebung einer „Leiblichkeit des Denkens" gibt es bei Meyer-Drawe eine Überführung dieser phänomenologischen Perspektive in die Erziehungswissenschaft.

Mit dem Begriff ‚Erfahrung' verweist Husserl zunächst auf das Bewusstsein bei den ‚Sachen selbst' zu sein; das impliziert einen Zugang zu einer Ding- und Welterfahrung, die sowohl auf der Ebene der alltäglichen Erfassung und Handhabung der uns umgebenden Dinge als auch auf der Ebene der wissenschaftlichen Erkenntnis stattfindet. Gerade aber Husserls Kritik an den Objektivierungsverfahren der Wissenschaft zielt auf eine Rehabilitierung einer vor-prädikativen Erfahrung. Im Rekurs auf Husserl verweist Merleau-Ponty darauf, dass alles, was ich von der Welt weiß – „sei es auch durch die Wissenschaft" vermittelt – „weiß ich aus einer Sicht, die die meine ist, bzw. aus einer Welterfahrung, ohne die auch alle Symbole der Wissenschaft nichtssagend […] wären" (Merleau-Ponty 1966, S. 4). Damit ist das phänomenologische Vorgehen durch einen Rückgang auf eine Lebens- und Erfahrungswelt gekennzeichnet, „deren bloß sekundärer Ausdruck die Wissenschaft bleibt" (ebd.). Den Dreh- und Angelpunkt dieser lebensweltlichen Erfahrung bildet die Leiblichkeit als konstitutives Faktum unserer Existenz: „Der Leib ist das Vehikel des Zur-Welt-seins, und einen Leib haben heißt […], sich einem bestimmten Milieu zugesellen, sich mit bestimmten Vorhaben identifizieren und darin beständig sich engagieren" (Merleau-Ponty 1966, S. 106). Darin zeichnet sich auch ein neues Verständnis der Subjektivität ab; das Subjekt ist leiblich definiert und zeichnet sich durch einen inkarnierten Bezug zur Welt aus. Diese Modifikation des Subjekt-Begriffs betrifft die cartesianische Auffassung, worin sich das Subjekt in erster Linie als ein denkendes identifiziert.[1]

Der phänomenologische Zugang zu einer Welt der Erfahrung, worin uns die Dinge der äußeren Welt *leibhaftig* angehen, zentriert sich um die Frage nach der Seinsweise des Eigenleibes. Dabei muss verdeutlicht werden, dass die *leibliche Erfahrung*, die hier vordergründig ist, über die bloße *Erfahrung des Leibes* hinausgeht. So verweist Waldenfels darauf, dass die Erfahrung des Leibes eine Leiblichkeit der Erfahrung voraussetzen würde (vgl. Waldenfels 2006, S. 70).

„In dieser Erfahrung sind mein Leib und die Welt nicht mehr Gegenstände, miteinander durch funktionelle Relation verknüpft, wie die Physik sie feststellt. Das Erfahrungssystem, in dem der Leib und die Welt miteinander kommunizieren, ist kein solches, das dergestalt vor mir sich ausbreitete, daß ein konstituierendes Bewußtsein es zu durchlaufen vermöchte. Die Welt, die *ich habe*, ist ein unvollendetes Individuum, und ich habe sie durch meinen Leib hindurch, der das Vermögen dieser Welt ist; ich verfüge über die Stellung der Gegenstände durch die meines Leibes und umgekehrt über dessen Stellung durch die der Gegenstände, nicht aber in der Art einer logischen Implikation und nach Art der Bestimmung einer unbekannten Größe durch deren objektive Verhältnisse zu bekannten Größen, sondern in einer wirklichen Implikation, insofern nämlich mein Leib Bewegung auf die Welt zu ist und die Welt der Stützpunkt meines Leibes" (Merleau-Ponty 1966, S. 401).

Die Welt, von der hier die Rede ist, entspringt nicht einer holistischen Idee ‚Welt', sondern es ist die unmittelbare Lebenswelt, zu der ein Subjekt Zugang durch die eigene Leiblichkeit erhält; es ist die Welt, in der es sich bewegt, worin es sich engagiert und Erfahrungen macht. Die so verstandene Lebenswelt ist der beständige Boden aller Lern- und Aneignungsprozesse; sie ist „das *Feld* all unserer Erfahrung […] und wir selbst [sind] nichts anderes als eine Sicht der Welt" (Merleau-Ponty 1966, S. 462). Das phänomenologische Paradigma der Wahrnehmungserfahrung bzw. der Fremderfahrung verweist auf den Bereich der Inter-Subjektivität, die im Kontext der ‚Phänomenologie des Leibes' im Anschluss an Merleau-Ponty und

---

1   Bei Merleau-Ponty findet eine kritische Auseinandersetzung mit der cartesianischen Auffassung der Subjektivität, die sich als ein ‚Cogito' identifiziert. Die Annahme des „schweigenden Cogito" (1986, S. 231) soll auf eine vorprädikative Intentionalität verweisen, die auf der Ebene des Leibes bereits zum Ausdruck kommt und ein leiblich inkarniertes Subjekt indiziert (vgl. Merleau-Ponty 1966, S. 421 ff.; 1986, S. 98, 228, 231f.).

Waldenfels als eine ‚Zwischenleiblichkeit' oder als ‚zwischenleibliche Sozialität'
verstanden wird. Jeder Erfahrung der Zwischenleiblichkeit scheint zunächst der Kontrast zwischen Eigenleib und zwischen dem Körper des Anderen im Sinne einer Fremderfahrung vorauszugehen. Die Fremderfahrung im Sinne Husserls entspricht strukturell einer Wahrnehmungserfahrung. Denn der/die Andere wird zunächst vordergründig als anderer Leibkörper wahrgenommen; der andere Körper dort ist mir in der Wahrnehmung originär präsent gegeben, das heißt, er steht *leibhaftig* vor uns da (vgl. Husserl 1986, S. 187). In der Perspektive der Eigenleiblichkeit liegt auch die Differenz zwischen der physischen und örtlichen Positionierung zweier Körper verankert:

> „Der Leib [...] hat für sein Ich die einzigartige Auszeichnung, dass er den Nullpunkt all dieser Orientierungen in sich trägt. Einer seiner Raumpunkte, mag es auch kein wirklich gesehener sein, ist immerfort im Modus des letzten zentralen Hier charakterisiert, nämlich in einem Hier, das kein anderes außer sich hat, in Beziehung auf welches es ein ‚Dort' wäre. So besitzen alle Dinge der Umwelt ihre Orientierung zum Leibe, weil denn alle Ausdrücke der Orientierung diese Beziehung mit sich führen" (Husserl 1952, S. 158).

Ausgehend von meiner leiblichen Orientierung zur Welt und zu den Anderen wird der fremde Körper durch die Modalität einer „apperzeptiven Übertragung" von meinem Leib her wiedergegeben. Dabei wird der Andere nur „mittelbar" im Sinne einer souveränen Subjektivität vorstellig. Dass der wahrgenommene Körper eine psychische Dimension beinhaltet, wird wesentlich durch die Modalität der ‚Einfühlung' ermöglicht, die bei Husserl als ein Hineindenken in Andere und weniger als ein Einfühlungsvermögen verstanden werden muss.

Die physische Hier-Vorortung des Ich und die Erfassung des fremden Körpers dort deuten auf eine grundsätzliche Uneinnehmbarkeit der beiden Perspektiven hin. Das Paradigma der Fremderfahrung wird mit Husserls Worten als „Zugänglichkeit in der eigentlichen Unzugänglichkeit, im Modus der Unverständlichkeit" (Husserl 1973, S. 631) definiert.[2] Darin zeigt sich das eigentliche Problem der Appräsentationsthese: Indem mein Leib- und Selbstverständnis von mir aus auf ein anderes Subjekt übertragen wird, bleibt die eigentliche ‚Unzugänglichkeit' sowie die Nicht-Deckungsgleichheit beider Subjekt-Perspektiven unreflektiert. Hierzu kritisiert Meyer-Drawe (1984): „Husserls Lösung des Problems der analogisieren-

---

2   Zur ‚Erfahrung des Fremden in Husserls Phänomenologie' siehe auch bei Waldenfels: „[...] etwas ist zugänglich nicht trotz, sondern in seiner Unzugänglichkeit" (1995, S. 53).

den Einfühlung verfehlt deshalb den konkreten Vollzug des Fremdverstehens, weil sie den wesentlichen Unterschied übersieht zwischen dem Anderen, so wie ich ihn wahrnehme, und dem Anderen, so wie er sich selbst erfährt. Mein Außeneindruck und seine Innenerfahrung sind nicht zur Deckung zu bringen" (S. 122).

Das Verhalten der Anderen wird grundsätzlich in Analogie zu meinem Verhalten und aufgrund meiner ‚inneren Erfahrung' interpretiert. Im Kern der phänomenologischen Auseinandersetzung bleibt das eigentliche Problem des Eigenleibes bestehen, denn der Leib zeichnet sich durch eine Doppelexistenz aus: Er ist Objekt für die Anderen und gleichsam Subjekt für mich. Das Denken der Nicht-Koinzidenz in der Analyse des Seins-für-sich und des Seins-für-Andere macht die interne Differenz dieser Eigenleibperspektive deutlich, indem zwischen ‚objektivem Körper' und ‚phänomenalem Leib' unterschieden wird. Darin vereinigt der Eigenleib die Perspektive meines Leibes „meinerseits" und die Perspektive auf meinen Leib für andere. Ferner gibt es eine Gegenwart des Eigenleibes im Sinne der Ständigkeit „meinerseits"; er ist ständig bei mir bzw. ich kann meinem eigenen Leib, der konkreten Situation oder den Gegebenheiten nicht entkommen. Aber gerade dieses „Phänomen der Ständigkeit des eigenen Leibes" unterwandert den Leib als bloßen Gegenstand und macht ihn zum „Mittel unserer Kommunikation mit der Welt" (Merleau-Ponty 1966, S. 117). Denn die in der Dialektik des Leib-Körpers enthaltene „Spannung der Existenz auf eine andere Existenz hin" (ebd., S. 200) verweist auf den Kernpunkt einer Intersubjektivität, die im Sinne einer genuinen Fremderfahrung verstanden werden kann.

Sowohl die Kommunikation als auch die Mechanismen der Fremdkonstitution verweisen darauf, dass uns die anderen Leib-Subjekte immer schon vor dem Hintergrund bestimmter Sinnstrukturen begegnen, die bereits kulturell überformt sind. Unsere Sichtweisen, Vorurteile und Erwartungen, die ein anderes Subjekt betreffen, sind habitualisiert: Der Eigenleib selbst ist „die Urgewohnheit, der primordiale Habitus" (ebd., S. 116). Damit ist der Leib der Dreh- und Angelpunkt unserer Erfahrung sowie zentral bei der Klärung der Konstitution des Sinns der Dinge. Denn das, was wir als „logische Objektivität" betrachten, leitet sich – so betont Merleau-Ponty im Rekurs auf Husserl – „von der leiblichen Intersubjektivität (*intersubjectivité charnelle*) her" (Merleau-Ponty 2003, S. 262).

In diesem Zusammenhang und im Zuge der bereits vorgetragenen Kritik am Verfahren der Fremdkonstitution findet eine phänomenologisch motivierte Revision der Begriffe ‚Subjekt' und ‚Objekt' statt. Zwar fundiert erst die Intersubjektivität eine Objektivität, diese Fundierung erweist sich als paradox im Hinblick auf die bereits thematisierte Nichtdeckung der beiden Perspektiven. Das „Für-mich" und das „Für-Andere" als zweierlei Systeme sind miteinander verschränkt und vollenden sich im Sinne einer Koexistenz in derselben Welt:

„Zwischen meinem Bewußtsein und meinem Leib, so wie ich ihn erlebe, zwischen diesem meinem phänomenalen Leib und dem des Anderen, so wie ich ihn von außen sehe, herrscht ein inneres Verhältnis, welches den Anderen als die Vollendung des Systems erscheinen läßt. Möglich ist die Evidenz des Anderen dadurch, *daß ich mir selbst nicht transparent bin* und auch meine Subjektivität stets ihren Leib nach sich zieht" (Merleau-Ponty 1966, S. 403 f.; Hervorhebung A.O.).

Durch das Leib-sein gibt es einen Überschuss an Nicht-Transparenz, was zur Folge hat, dass jede (Fremd-)Konstitution sich als lückenhaft und unvollständig erweist. Was letztlich die Evidenz des Anderen ausmacht, gipfelt in einem ‚Wunder des Verstehens':

„Die Trauer des Anderen oder der Zorn haben niemals für ihn und für mich genau denselben Sinn. Für ihn sind sie erlebte Situationen, für mich appräsentierte. Oder wenn ich als Freund an seiner Trauer oder seinem Zorn teilnehme, so bleiben sie doch die Trauer oder der Zorn meines Freundes Paul: Paul leidet, weil er seine Frau verloren hat, oder ist wütend, weil man ihm seine Uhr gestohlen hat, ich aber leide, weil Paul Schmerzliches erfuhr, ich bin zornig, weil er zornig ist; die Situationen decken sich nicht" (ebd., S. 408).

Und diese Nicht-Deckung potenziert sich dadurch, dass „[n]iemandem […] seine [eigenen] Gefühle und Antriebe, seine sprachlichen Ausdrucksformen und seine kulturellen Gewohnheiten ganz und gar zugänglich [sind], niemand ist seiner Kultur ganz und gar zugehörig" (Waldenfels 2006, S. 119). Dabei unterstreicht Waldenfels, dass es sich hier um keinen Mangel oder um ein Unvermögens ‚meinerseits' handelt, sondern „[e]in Mangel wäre dies nur, wenn wir von der vollendeten Selbsttransparenz eines Wesens ausgingen" (ebd.).

Trotz der lückenhaften Konstitution, die hier kein Abstraktum darstellen muss, weil sie durch alle möglichen Differenzbeziehungen hindurch wie die zwischen Erwachsenen und Kindern, zwischen Mann und Frau eine Asymmetrie einzeichnet, ermöglicht uns die Erfahrung des Leibes eine andere Form der Sinnstiftung. So verweist Merleau-Ponty darauf, dass der Eigenleib jenen „Bedeutungskern" ausmacht, „der sich wie eine allgemeine Funktion verhält" (Merleau-Ponty 1966, S. 177). Dadurch wird eine Erfahrung des Anderen ermöglicht, die im Sinne einer „auswärtigen Verlängerung" meiner selbst eine Verdoppelung und gleichzeitig eine Dezentrierung darstellt: „Die Erfahrung des Anderen ist immer die einer Entgegnung von mir und einer Entgegnung auf mich" (Merleau-Ponty 1993, S. 150). Sie ist eine radikale Infragestellung, in der wir mit uns selber konfrontiert werden. Sie entspricht der Struktur einer genuinen Erfahrung des Fremden, die „in ein

Fremdwerden der Erfahrung" übergeht" – wie es Waldenfels in seinem Konzept zur ‚Phänomenologie des Fremden' formuliert (Waldenfels 2006, S. 8).

2 Einverleibung und Lernen

Wie wir bereits erörtert haben, ist der Möglichkeitshorizont eines Subjekts an seine leiblichen Gegebenheiten geknüpft. Der Begriff Einverleibung bedeutet, dass „der Leib nicht einfach als Werkzeug eingesetzt wird, sondern daß die Dinge der Welt selber im Leib zur Erscheinung und zur Darstellung kommen. Das In-der-Welt-sein will gelernt sein" (Waldenfels 2000, S. 173). Durch die Sinnlichkeit ist eine allgemeine Form der Sinnstiftung[3] denkbar, weil es offenbar „eine Allgemeinheit des Empfindens" gibt; auf dieser beruhe „unsere Identifikation, die Verallgemeinerung meines Leibes und die Wahrnehmung des Anderen" (Merleau-Ponty 1993, S. 152). Durch den fundamentalen Bezug des Leibes und durch eine Art der *Zwischenleiblichkeit* wird ein verstehender Zugang zur Welt und zu den Anderen ermöglicht. Es handelt sich um eine elementare Form der Sozialität, worin Lern- und Aneignungsprozesse stattfinden.

„Im pädagogischen Sinne meint Lernen die Umbildung eines leiblichen *Zur-Welt-seins*, deren Anfang und Ende nicht in der Verfügung stehen. Lernen ist ein Prozess mit Herkunft und Zukunft. Beide verändern sich mit ihm. Es meint nicht nur den Gewinn einer neuen Perspektive, sondern gleichzeitig den Verlust der alten" (Meyer-Drawe 2008, S. 16).

Zwar gibt es eine Vorgegebenheit des Leibes sowie seine Fundierungsfunktion als ein *Zur-Welt-sein*, dennoch gehört die Herausbildung des Körperschemas als „Erwerb einer Welt" (Merleau-Ponty 1966, S. 182) zu seinen Lernaufgaben. Das Körperschema wird durch die Vorstellungen, die wir vom Körper haben, sowie durch die implizite Leiberfahrung geprägt (vgl. Waldenfels 2000, S. 110f.; Merleau-Ponty 1966, S. 123 f.). Es ist nicht angeboren, sondern es wird erlernt. Beim Erlernen des Körperschemas spielen die motorische und perzeptive Orientierung bzw. Gewohnheit eine zentrale Rolle. Ebenso fließen sozio-kulturelle Aspekte hi-

---

3 Zu betonen ist, dass Merleau-Ponty die Prozesse der Sinnstiftung auf der vorobjektiven Ebene verortet: „Der Reflex, insofern er dem Sinn einer Situation sich öffnet, die Wahrnehmung, insofern sie jeder erkenntnismäßigen Gegenstandsetzung zuvor eine Intention unseres ganzen Seins verkörpert, sind Weisen der *präobjektiven Sicht*, die wir als das Zur-Welt-sein bezeichnen." (Merleau-Ponty 1966, S. 104).

nein, indem bestimmte Körperideale, Differenzierungen und Habitualisierungen *inkorporiert* werden. Das Körperschema „ist also nicht allein eine Erfahrung meines Leibes, sondern eine Erfahrung meines Leibes in der Welt" (Merleau-Ponty 1966, S. 171). Es handelt sich also um ein Bezugs- und Erfahrungssystem, das alle Bereiche impliziert und worin sich das Subjekt ausdrückt. Meyer-Drawe (2008) unterstreicht, dass die Erfahrung

> „vor allem die zur Sprache gebrachte Erfahrung" ist: „[...] denn Sprache setzt den Artikulationsversuch des Vorsprachlichen fort. Habitualisierungen der gelehrigen Körper, die gesellschaftliche Spielregeln einhalten, sittliche Erwartungen erfüllen und Wahrnehmungsgewohnheiten aufrechterhalten, kommen nur als in Worte gefasst ins Bewusstsein und öffnen sich der Reflexion" (ebd., S. 206).

Habitualisierte oder tradierte Lebensformen können modifiziert werden, das kann auf der individuellen Ebene, aber auch als Modifikation des gesellschaftlichen Bewusstseins stattfinden. Es handelt sich um implizite und explizite Lernprozesse, worin Kulturstandards errichtet, modifiziert und erhalten werden. Wenn Merleau-Ponty zu Beginn seiner Untersuchung über *Das Sichtbare und das Unsichtbare* (1986) schreibt: „Auf der einen Seite ist die Welt *das, was wir sehen*, und auf der anderen Seite müssen wir dennoch lernen, sie zu sehen" verweist er darauf, dass eine Reflexion und Modifikation unserer Wahrnehmung notwendig ist.[4] Dieser phänomenologische Anspruch zielt zunächst auf eine radikale Überprüfung unserer Denk- und Sehweisen und fügt sich in den methodologischen Rückgang ‚zu den Sachen selbst'. Das Primat der Wahrnehmung steht im Vordergrund eines lebensweltlichen Lernprozesses. Dabei wird keine Einschränkung auf die visuelle Erfahrung fokussiert, vielmehr spielen alle Wahrnehmungsmodalitäten eine Rolle bei diesem Umbildungsprozess.

Für Merleau-Ponty haben auch alle Formen der Wahrnehmung ihre Berechtigung und ihre Wahrheit: „Alle Weisen des Sehens sind wahr, wenn man sie nur nicht isoliert, vielmehr stets der Geschichte auf ihren Grund und zurück auf den einen Kern existentieller Bedeutung geht, der in jeder der Perspektiven sich auslegen muß" (Merleau-Ponty 1966, S. 16). Gerade in den Analysen aus dem Bereich der Psychopathologie hat sich der Philosoph mit den Abweichungen und Störungen der Wahrnehmung befasst und fügt diese in den Kontext einer Vielfalt von Rationalitäten ein (vgl. Waldenfels 2000, S. 179). Darin sind naives Denken und rationales Denken gleichwertige Weisen eines Logos. Ebenso die Unterscheidung

---

4   Siehe dazu auch in der *Phänomenologie der Wahrnehmung* (Merleau-Ponty 1966, S. 18): „Philosophie heißt in Wahrheit, von neuem lernen, die Welt zu sehen".

zwischen einer Kinder- und Erwachsenenlogik kann nicht zu einer Abwertung des kindlichen Weltverständnisses führen:

> „Doch Piaget geleitet das Kind zum Alter der Vernunft, als genügten die Gedanken des Erwachsenen sich selbst und höben alle Widersprüche auf. In Wahrheit muß das Kind in gewisser Weise gegen die Erwachsenen – oder gegen Piaget – Recht behalten, [es] muß, soll es für den Erwachsenen auch eine einzige intersubjektive Welt geben, das barbarische Denken des frühen Kindesalters als unentbehrlicher Erwerb auch dem des Erwachsenen zugrundeliegen bleiben"[5] (Merleau-Ponty 1966, S. 407).

Diese Form der Gleichberechtigung von diversen Sichtweisen könnte z.B. im Kontext von integrativen Bildungsansätzen oder auf der Ebene interkultureller Lernprozesse neue *Relevanz* erhalten. Auch die Vorstellung, dass Lernen hierarchisch und als eine einseitige Vermittlung, wo nur Kinder, Lernende oder Studierende einen Lernprozess durchlaufen, muss revidiert werden in dem Sinne, dass alle am Lernprozess Beteiligten eine Lernerfahrung (durch)machen. Dazu bemerkt Waldenfels sehr treffend: „Wäre das kindliche Verhalten nur eine vorläufige oder vorrationale Stufe, so könnten Kinder zwar von uns, aber nicht umgekehrt wir von ihnen lernen" (2000, S. 180).

In seinen Vorlesungen zur *Phänomenologie des Leibes* (2000) unterscheidet Waldenfels zwei Aspekte des Lernens, das hier als Einverleibung von Strukturen begriffen wird. (1) Im Unterschied zum *trail und error* Modell, wo es um punktuelle Fähigkeiten geht, wird der Erwerb von generellen Fähigkeiten unterstrichen. Dabei geht es um die Fähigkeit, mit variablen Mitteln auf typische Situationen zu antworten. „Lernen bedeutet also ein Erlernen bestimmter Strukturen, das Erlernen eines Zusammenhangs und nicht das An-dressieren von Einzelheiten Schritt für Schritt" (ebd., S. 168). In diesem Sinne spielt das Erlernen des Körperschemas eine zentrale Rolle. Wie wir bereits bei Merleau-Ponty von einer ‚Verallgemeinerung des Leibes' gesprochen haben, handelt es sich hier um Ausbildung allgemeiner Strukturen: „Die Gewohnheit ist der Ausdruck unseres Vermögens, unser Sein zur Welt zu erweitern oder unsere Existenz durch Einbeziehung neuer Werkzeuge

---

5   In den Jahren 1949-1952 lehrte Merleau-Ponty Kinderpsychologie und Pädagogik an der Sorbonne, bis er 1952 an das Collège de France wechselte. In dieser Zeit hat er sich intensiv mit der Entwicklungspsychologie des Kindes und mit Piaget befasst. Dabei vertritt er die innovative Auffassung, dass „die kindliche Rationalität nicht als bloße Vorstufe oder Mangel, sondern als Ausdruck einer eigenen Lebensform zu verstehen ist" (Waldenfels, in: Merleau-Ponty 1994, S. 11). Ferner siehe zur Auseinandersetzung zwischen Merleau-Ponty und Piaget zum Thema Lernen bei Waldenfels (2000, S. 174 ff.).

in sie zu verwandeln" (Merleau-Ponty 1966, S. 173). Es ist eine Bewegung auf die Welt zu im Sinne einer Erweiterung eigener Erfahrungsräume. Das Beispiel für das Sprechen, das Waldenfels anführt, verdeutlicht, dass das Sprechen-können bzw. der Erwerb der Muttersprache ein implizites Wissen bzw. inkorporiertes Wissen darstellt. Das Erlernen der Sprachregeln und die Möglichkeit, eine weitere Sprache systematisch zu lernen, sind nachträglich und stellen eine andere Form der Lernerfahrung dar.

Der zweite Aspekt, den Waldenfels im Kontext des Lernens hervorhebt, ist die Neuschöpfung: „Im Lernen ändert sich die Welt, sie nimmt eine andere Bedeutung an. Denn Lernen bedeutet keine bloße Anpassung an eine Welt, die schon fertig da ist oder von Anderen für mich produziert wurde, sondern das Lernen selber enthält ein Moment des Schöpferischen" (Waldenfels 2000, S. 167). Das so verstandene Lernen zielt nicht auf bloße Reproduktion von Wissen, sondern lässt Raum für kreative Modifikationen oder spielerische Lösungsansätze. Dabei entspricht bzw. entspringt das Moment des Schöpferischen der Erfahrung, die aufgrund der Leibhaftigkeit des Denkens sowie der inter-subjektiven Verflechtung bereits Überschüsse erzeugt:

> „Hüten wir uns davor, Denken und Sprechen ausnahmslos den Standards bloßer Klarheit und Korrektheit zu unterwerfen, und entschließen wir uns dazu, tieferen Überzeugungen und langfristigen Gewohnheiten ein gehöriges Gewicht zu verleihen, so spricht nichts dagegen, ein *leibhaftiges* Denken zuzulassen" (Waldenfels 2006, S. 83).

Die Erkenntnisse der Wissenschaft, die Errungenschaften der neueren Technologien und die damit verbundenen Möglichkeiten der Optimierung von Lebenswelten gehören zu unserer Erfahrungswelt und zu einer zukunfts- und fortschrittsorientierten Gesellschaft. Selbst der entlegenste Bereich des Lebens ist durch Benennung und Systematik fassbar geworden. Im Kontrast zu den heutigen Enhancement-Tendenzen zielt die phänomenologische Sicht auf die konkret-individuelle Perspektive des Leib-Körpers, ohne dabei die Leiblichkeit in irgendeiner Form zu idealisieren oder optimieren zu wollen. Hier erhält jede Form der Wahrnehmung *ihre* Gültigkeit und *ihre* Wahrheit. Die methodologische Wiedergewinnung der Lebenswelt verweist aber auch auf das Paradox der Erfahrung bzw. der Subjektivität selbst, das in der doppeldeutigen Struktur des Leibes zum Ausdruck kommt.

3 Von anderen lernen – Lernen als Erfahrung

Wie bereits in der Analyse der lebensweltlichen Strukturen deutlich wurde, spielt sich Lernen als intersubjektive Verflechtung innerhalb diverser Relevanzbereiche ab. Kulturelle Bedeutungen und Sinnzusammenhänge werden durch Ausschluss und Bestätigung bzw. Präferenzen etabliert. Ferner vollziehen sich Lernprozesse auf allen gesellschaftlichen Ebenen als Wissenstransfer – durch die Medien, im Austausch, in Bildung und Wissenschaft. Das entspricht einer Auseinandersetzung mit der Welt, an der das leiblich inkarnierte Subjekt beteiligt ist. Im Kontext der phänomenologischen Betrachtung des menschlichen Lernens unterstreicht Meyer-Drawe (2008) die Formel *Lernen als Erfahrung*: „Nicht Lernen *aus* Erfahrung, sondern Lernen *als* Erfahrung steht im Mittelpunkt des Interesses" (S. 206).

Zuvor wurden bereits das Fundamentalerlebnis der Wahrnehmungserfahrung und der Übergang zur Fremderfahrung als Inter-Subjektivität in phänomenologischer Sicht betrachtet. Im Hinblick auf die Lernerfahrung wurden die zwei Momente unterstrichen, nämlich der passive Erwerb des Körperschemas als Einverleibung von Strukturen und Lernen als Neuschöpfung. Die Neudeutung des Erfahrungsbegriffs, wie er hier phänomenologisch zur Geltung kommen soll, zielt auf einen Begriff der „Erfahrung als *ein Ereignis, das* *eine vorgängige Überzeugung durchstreicht*" (Tengelyi 2007, S. 9; Meyer-Drawe 2008, S. 188). In diesem Sinne kommt etwas Neues ins Bewusstsein:

> „Das Neue, das hier mit der Erfahrung aufkommt, betrifft hier nicht sosehr unseren Wissensgehalt, als vielmehr den Vollzugssinn des Gewußten. Es ist kein Wunder, wenn ein derartiges Ereignis einem nicht selten ins Lebendige schneidet. Daraus wird verständlich, weshalb eine Erfahrung, die man macht, einen Ausdruck in der ersten Person des Singulars erfordert. Sie ist ein eigens erlebtes Ereignis, das sich jeweils dem Zusammenhang einer Lebensgeschichte einfügt" (Tengelyi 2007, S. 9).

Lernen *als* Erfahrung hat in erster Linie etwas mit mir zu tun, es betrifft meine Geschichte, indem es Teil meiner Erfahrungsstruktur wird. „Das Wort ‚Erfahrung' bezeichnet nicht immer ein Ereignis, das man erlebt oder durchmacht; es bezieht sich manchmal vielmehr auf eine Einstellung, die man sich zu eigen macht, indem man aus den Erfahrungen der Anderen lernt" (ebd., S. 10).

Hinsichtlich der Verflechtung der Begriffe Leib, Erfahrung und Lernen lassen sich weitere Charakteristika dieses phänomenologisch orientierten Lernbegriffs hervorheben, die bereits in die pädagogischen Diskurse Eingang gefunden haben (Buck 1989; Lippitz 2003; Meyer-Drawe 2008; Brinkmann 2010). Vordergründig ist hierin die Erfahrung, die der Lernende im Lernprozess über sich selbst als

Wissender macht. Damit werden leistungsbezogene Lerneffekte wie etwa die Steigerung von Sachkompetenz, die z.B. in behavioristischen Konzepten eine Rolle spielen, abgeschwächt. Lernen wird vielmehr als ein Erfahrungsvollzug begriffen und weniger vom Resultat her betrachtet. Dabei gewinnt der intersubjektive Austausch bzw. der Lernprozess als Interaktion von Lehrenden und Lernenden, in dem sich etwas zeigt, was vorher nicht im Besitz der Beteiligten war, an Relevanz. Dieser ‚Mehrwert' kann nicht als bloße Vermehrung von Wissen oder Erreichung von Lernzielen verstanden werden, sondern vollzieht sich als ein intersubjektives Lernen, das unter der Formel ‚vom anderen lernen' das Paradigma eines Lernens *als* Erfahrung darstellt. In diesem Lernprozess machen alle daran Beteiligten eine Lern-/Erfahrung, und zwar ohne Unterschied, ob es sich strukturell um Lehrende oder Studierende handelt. Der intersubjektive Austausch fundiert eine Situation, die eine Erfahrung nach sich zieht, worin ein Bruch mit der vertrauten Sicht der Dinge möglich wird.

> „Etwas Neues in Erfahrung zu bringen, heißt aber Lernen. Dies ist der Vollzug, in dem das Zutrauen zu prärationalen Konventionen gestört wird und in dem das Fremde in das Vertraute einbricht. Das gilt [auch] für den Übergang von der lebensweltlichen Erfahrung zum wissenschaftlichen Erkennen" (Meyer-Drawe 2008, S. 14).

Unter Berücksichtigung phänomenologischer Perspektiven im Kontext bildungstheoretischer Diskurse soll die aktuelle Relevanz des Lernens als *Lernen in einer komplexen und technisierten Welt* hervorgehoben werden. Es muss betont werden, dass die Tendenzen zur Anonymisierung der Lernräume, die auf eine medial-digitale Vermittlung zurückzuführen sind, eine neue Diskussion über die Bedeutung der intersubjektiven Erfahrung erforderlich macht. Der intersubjektive Vermittlungsraum fungiert gleichzeitig als Ort der Anschauung, Erfahrung und Reflexion. In diesem Zusammenhang hebt Meyer-Drawe (2008) hervor:

> „Im Unterschied zu Managementkonzeptionen antwortet eine phänomenologische Theorie des Lernens auf die Schattenseite der Flexibilisierung, auf eine riskante Existenz. Widerfahrnisse erscheinen in diesem Licht nicht als Hindernisse, sondern als ermöglichender Grund diesseits des Kalküls. Lernen meint unter diesem Aspekt kein Kontinuum und keine Anhäufung. Es ist eine Gratwanderung zwischen Konvention und Aufbruch" (S. 214).

Das entspricht einer Auseinandersetzung mit der Welt, an der Lernende unmittelbar beteiligt sind. Die Einbeziehung lebensweltlicher Erfahrung in die Reflexion sowie die Verdeutlichung deren Bedeutung in Lehr-, Lern- und Erkenntnisprozessen resultiert aus einer phänomenologischen Annäherung an die Problematik der Vermittlung, die durch das Paradox des leiblichen Subjekts gekennzeichnet ist. Die Frage nach einer Selbst-Transformation als Prozessualität der Aneignung, Umformung, Reflexion und Reproduktion im Kontext gesellschaftlicher Referenz- und Lebensräume verweist auf eine fruchtbare Bezugnahme auf Fremdes.

Literatur

Brinkmann, Malte. 2010. Phänomenologische Forschung in der Erziehungswissenschaft. In *Erziehung. Phänomenologische Perspektiven*, hrsg. M. Brinkmann, 7–19. Würzburg: Königshausen & Neumann.
Buck, Günther. 1989. *Lernen und Erfahrung – Epagogik. Zum Begriff der didaktischen Induktion*. Darmstadt: Wissenschaftliche Buchgesellschaft.
Husserl, Edmund. 1952. *Phänomenologische Untersuchungen zur Konstitution*. Den Haag: Nijhoff.
Husserl, Edmund. 1973. *Zur Phänomenologie der Intersubjektivität. Texte aus dem Nachlass. Dritter Teil: 1929-1935*. Den Haag: Nijhoff.
Husserl, Edmund. 1986. *Phänomenologie der Lebenswelt. Ausgewählte Texte II*. Stuttgart: Reclam.
Merleau-Ponty, Maurice. 1966. *Phänomenologie der Wahrnehmung*. Berlin: Walter de Gruyter & Co.
Merleau-Ponty, Maurice. 1986. *Das Sichtbare und das Unsichtbare*. München: Wilhelm Fink Verlag.
Merleau-Ponty, Maurice. 1993. *Die Prosa der Welt*. München: Wilhelm Fink Verlag.
Merleau-Ponty, Maurice. 1994. *Keime der Vernunft*. München: Wilhelm Fink Verlag.
Merleau-Ponty, Maurice. 2003. *Das Auge und der Geist. Philosophische Essays*. Hamburg: Felix Meiner Verlag.
Meyer-Drawe, Käte. 1984. *Leiblichkeit und Sozialität. Phänomenologische Beiträge zu einer pädagogischen Theorie der Inter-Subjektivität*. München: Wilhelm Fink Verlag.
Meyer-Drawe, Käte. 2008. *Diskurse des Lernens*. München: Wilhelm Fink Verlag.
Tengelyi, László. 2007. *Erfahrung und Ausdruck. Phänomenologie im Umbruch bei Husserl und seinen Nachfolgern*. Dordrecht: Springer.
Waldenfels, Bernhard. 1995. *Deutsch-Französische Gedankengänge*. Frankfurt a. M.: Suhrkamp.
Waldenfels, Bernhard. 2000. *Das leibliche Selbst. Vorlesungen zur Phänomenologie des Leibes*. Frankfurt a. M.: Suhrkamp.
Waldenfels, Bernhard. 2006. *Grundmotive einer Phänomenologie des Fremden*. Frankfurt a. M.: Suhrkamp.

A Shift of the Question: from *freedom-of* to *freedom-as*

SunInn Yun

> *If nothing is more common today than demanding or defending freedom in the spheres of morality, law, or politics – to such an extent that 'equality,' 'fraternity,' and 'community' have demonstrably and firmly been pushed, if at times regrettably, into the background of preoccupations and imperatives, or have finally even been considered as antonyms of freedom – then nothing is less articulated or problematized, in turn, than the nature and stakes of what we call 'freedom' (Nancy 1993, p. 1).*

1 The Contested Idea of Freedom in Education

In the discussion of the aims of education there has been both celebration of and contestation over the idea of freedom. Celebration is manifested in many of the eulogies to empowerment and choice that are promoted by the agendas of neoliberal policy. But it is also there, sometimes in contrasting ways, in the more considered ideals expressed in progressivism and liberal education. Proponents of these views may disagree about what freedom consists of: the advocate of liberal education will perhaps see it as a state to be achieved *through* education via an initiation into forms of knowledge and understanding, through which one can become rationally autonomous; the progressive will rather emphasize its importance as education's starting-point. Yet both share commitment to it as some kind of substantive ideal.

Education, however, is not the only kind of practice that takes freedom as a substantive ideal. Freedom has been rigorously defended in the field of socio-political studies and practices. The French philosopher Jean-Luc Nancy states, however, that the "nature and stakes of what we call 'freedom' are less articulated or problematized". This statement may seem somewhat self-contradictory: How could an idea be defended before getting any clear articulation of it? In response, Nancy suggests that the establishing of working definitions of rights, exemptions and moral values in respect of freedom has tended to divert attention from any direct questioning of freedom itself. But what is it to question freedom without bringing in those ideas that ally freedom with education? To broach this point, let us begin with the received discourse within philosophy concerning the idea of freedom, specifically its differentiation between negative and positive freedom. In a reading of Heidegger that takes the form of a hermeneutic-phenomenological inquiry, the questioning of freedom will then be reframed as a shift from *freedom-of* to *freedom-as*.[1]

2 *Freedom to* and *freedom from* – Two Concepts of Liberty

In order to consider the discourse surrounding the idea of freedom, let us begin with the famous lecture, *Two Concepts of Liberty*, by Isaiah Berlin.[2] It is not too exaggerated a claim to say that this lecture established the terms for and has continued to influence current debates on freedom in social and political philosophy and related studies. In this lecture, he distinguishes between two kinds of freedom: negative and positive. Negative freedom refers to *freedom from* the obstacles or constraints imposed by other persons or other factors on an individual's action. Positive freedom is *freedom to* take action under the control of one's own act of will. For example, person A wants to smoke a cigarette in a pub. In the light of negative freedom, A is unfree because smoking on such premises is prohibited in the UK by British law.[3] Although A's desired action is restricted by this condition, in terms of positive freedom, A is still free to decide whether to conform to the law or not. The example shows the distinction between negative and positive freedom based on the absence of external obstacles and the presence of self-determination.

---

1   In other words, this is a phenomenological inquiry inspired by Heidegger. In the course of this, Heidegger's phenomenological method, the 'as-structure', will be employed to examine the pedagogical questions attached to the concept of freedom.

2   There are some attempts made to distinguish between the terms 'liberty' and 'freedom' (see Williams 2001). But liberty and freedom are often interchangeably used in social and political philosophy (see Berlin 2002, p. 169). Besides, such attempts often aim to delineate the discussion applicable only for the field of social and political studies from philosophical inquiries. However, the concept of autonomy or free will is inevitably assumed in the notion of freedom throughout the history of Western philosophy (see Mill, Locke, Kant, Hegel). Therefore, it is not only social and political philosophies that talk about freedom in this way, but philosophy in general.

3   However, the smoking example to describe the negative freedom should be falsely based on Day's interpretation of the connexion between desire and freedom (Day 1970, 1987). For negative freedom does not depend on the successful consequence of the desired action, but having the open choice for one to have such desire and act according to the desire.

Admittedly, Berlin's notion of two concepts of liberty is hardly new in the history of Western philosophy. In negative freedom Berlin finds the optimistic and individualistic conception of man. The idea that the harmonious progress of society is compatible with "reserving a large area for private life over which neither the State nor any other authority must be allowed to trespass" (Berlin 2002, p. 172) is one that is widely shared. According to Berlin, it ranges across the claims of such diverse advocates of liberty as Mill, Hobbes, Bentham, Locke, or Benjamin Constant and de Tocqueville in France (Berlin 2002, p. 171). In contrast, Berlin finds the rational conception of man in positive freedom. From Spinoza to Hegel, a rational man is free because he acts based on his will. The rational or autonomous self is the higher self which can control any irrational impulse of the lower self. The problem is, so Berlin tries to show, that this higher self can be qualified or even replaced by the 'whole' of which the individual is an element or a part. And this kind of hierarchical conception of the self may lead to the justification of tyranny or to a defence of the ascetic self. After his cautious analysis of both negative and positive freedom, Berlin states that "perhaps the chief value for liberals of political – 'positive' – rights, of participating in government, is as a means for protecting what they hold to be an ultimate value, namely individual – 'negative' – liberty" (Berlin 2002, p. 211). After all, as his editor Henry Hardy later states, Berlin stands for the values of pluralistic negative freedom (2002, p. x).

Berlin's lecture provided arguments that were taken up by at least two 'camps' of theorists of freedom: in the negative camp one might include Hayek (1960), Day (1970), Oppenheim (1981), Miller (1983) and Steiner (1994), whereas the positive camp takes in such work as that of Milne (1968), Gibbs (1976), C. Taylor (1979) and Christman (1991, 2005). Nearly every philosophical discussion of freedom, especially within the analytic tradition, has come to be conceived in terms of these polarised camps. Although there have been some attempts to find a third way, beyond these two clear-cut conceptions of freedom presented by Berlin (MacCallum 1967; Kristjánsson 1996; Kramer 2003), such ideas have easily come to be assimilated to the grounds of one or the other of these camps.

Education is no exception. In fact, a different kind of justification regarding certain kinds of education policies and practices can be made by theorists of the two camps. The distinctive differences between the two camps are found in their focus of interest. In his criticism of positive freedom Berlin warns that some constraints can be justified by education. When looking at Kant, such reasoning was apparent in his account of the human being's need to acquire reason through education and autonomy through initial restriction. For Fichte education was included in his grand vision of the development of Germany: children, its future citizens, should be educated to become autonomous citizens; they may not yet be able to understand the virtue of being constrained for the sake of education, but later they will be. Berlin warns against this kind of logic on the grounds that it may become a justification for forms of tyranny. In positive freedom, however, the constraints are justified as a necessary intervention.

In negative freedom, on the contrary, there is limited room for such justifications. Certain kinds of constraints can be regarded as interference in individual freedom by the state. The advocates of free choice of schools, or parental choice, emphasise individual preference or the ability of the child to benefit from a certain type of education system. The constraints involved in a national curriculum can also be put into question, especially insofar as this restricts the possibility of educational practice being based on an individual's needs and learning path. Needless to say, selecting the contents of a national curriculum is a painstaking task. On the other hand, some would argue that the state's interference should be properly put into place in order to avoid possible inequality in education. The debates surrounding educational practice and the idea of freedom are matters open to endless dispute.

3   The Discourse of *freedom of,* and its Limit

The two concepts of freedom do not stand in such stark contrast in educational matters, as is found in Berlin's account. For example, Mill, the champion of negative freedom according to Berlin, would not disagree over the need for education in the development of children who are to become autonomous free individuals. By the same token, and to simplify matters for the sake of the argument, the debate between liberal education, which would hold back the exercise of freedom until children become autonomous, and progressivism, which would allow children to exercise freedom from the start, is in fact not about freedom as we have discussed it in the previous chapter. Educationalists on both sides might share the idea that education is for the sake of the autonomous free individual and for the good of society. The debate diverges over *how* to promote such a quality (Hirst 1965; Scheffler 1989; Dearden 1975; Quinn 1984). Freedom is not questioned in any fundamental way; it is subordinated to the question of autonomy and it becomes something that is already commonly assumed.[4] *The question becomes something other than the question of freedom.*

---

4   As John White (2003) rightly points out, autonomy has, since the 1960s, featured as a key enabling-concept for British philosophy of education as well as for the liberal framework itself (p. 148). Research on autonomy has typically been divided between

In his criticism of Berlin's notion of freedom, Gerald MacCallum (1967) also points out that debates based on the distinction between the two conceptions of freedom are too polarized to create a productive discussion. He claims that in any case such a distinction is not even clear: for example, classic theorists of freedom across the negative and positive camps would have agreed that human nature without education is animalistic. Rather than focusing on either kind of freedom, he clarifies three dimensions of freedom as follows:

> "Whenever the freedom of some agent or agents is in question, it is always freedom from some constraint or restriction on, interference with, or barrier to doing, not doing, becoming, or not becoming something. Such freedom is thus always *of* something (an agent or agents), *from* something, *to* do, not do, become, or not become something; it is a triadic relation." (MacCallum 1967, p. 314)

To put it differently, freedom must involve an agent (or agents), constraints or prevention conditions, and the doing of actions or becoming of the agent. Although there may be cases where one or more of these three are not clearly mentioned – such as free will or the free society – MacCallum claims that discussions will always implicitly include these three elements, and it is this that constitutes the triadic relation.

What these approaches have in common is a tendency to draw distinctions that pass over what is more fundamental and more difficult to fathom about the nature of freedom. Too much is taken for granted in the history of Western philosophy with respect to the understanding of freedom. It is as though the heart of the matter is being side-stepped. It is as though the fundamental significance of freedom for the nature of thought is being missed, with the idea of freedom more neatly contained as a more or less political 'quality' that human beings potentially 'have'. This is not to deny that we can and do talk in that way, but to confine our understanding to those terms risks missing the point: it obscures what is fundamental to human life and to the world. Jean-Luc Nancy identifies in this a vacancy of meaning:

---

a socio-political emphasis, and an epistemological and existential emphasis. The development of educational discourse on autonomy is discussed in Yun (2016). Of course this is not to deny that there have been attempts to address the problems attached to the concept of autonomy and to question the dominance it had come to have. In relation to this, the work of Michael Bonnett (1994, 2004) and Paul Standish (1992, 1999, 2000), for example, should be acknowledged. Their arguments include Heideggerian approaches to the problem of autonomy.

"Nevertheless we know – by means of another knowledge no less incontestable but kept in some way discreet, if not ashamed – that 'freedoms' do not grasp the stakes of 'freedom.' They delimit necessary conditions of contemporary human life without considering existence as such. They sketch the contours of their common concept – freedom – as if these were the borders of an empty, vacant space whose vacancy could definitely be taken to be its only pertinent trait. But if freedom is to be verified as the essential fact of existence, and consequently as the fact of the very meaning of existence, then this vacancy would be nothing other than the vacancy of meaning: not only the vacancy of the meanings of existence, whose entire metaphysical program our history has exhausted, but the vacancy of this freedom of meaning in whose absence existence is only survival, history is only the course of things, and thinking, if there is still room to pronounce this word, remains only intellectual agitation." (Nancy 1993, p. 2)

The first evidence of a vacancy in the meaning of freedom appears in this discourse as *freedom of*: a genitive and adjectival condition that is attached to the human being. Frequently this is accompanied by such catch-phrases as 'freedom of the oppressed', 'freedom of the child', and so on. In spite of the importance of these themes, the expressions reveal a particular way of thinking about freedom – as something to be owned. In the discourse of *freedom of*, the weight of the focus is laid more on what comes after 'of', the oppressed, the child, and so on. This then delimits the focus of the question in terms of the prospective 'owner' of freedom.

The second piece of evidence is found in the shift of the focus within the *freedom-of* structure: what is seen as problematic is its absence for the rightful possessor in the conditions of the status quo. The freedom of the oppressed or of the child, for instance, addresses the problem in terms of an absence of freedom. In its absence, to put it differently, freedom becomes something to be acquired, such that its acquisition is to be celebrated or praised. Freedom is good to be achieved. As a result, regardless of the countless references to freedom, few questions or doubts are raised about freedom itself. Instead, there is a tendency in Western philosophy to reside somewhat complacently with the idea of freedom as free will or as some kind of ideal. With little variation, freedom takes care of itself.

Criticism of this kind should not lead us to attempt to provide another kind of definition of freedom. And yet this seems inevitable within the structure of the questioning of *freedom-of*. This sentence structure already exhibits the way we think of this idea. The definition of the conjunction 'of' is suggested in the Cambridge Dictionary as 1) showing possession, belonging, or origin; 2) expressing amount, number or a particular unit such as a kilo of apples; 3) containing, such as a bag of sweets; 4) showing position, such as the top of this building and so on.

The examples directly show the structure of possessive relations in the conjunction 'of'.[5]

Of course the order of the nouns evidently changes the structure of the question. To say 'freedom of something' can mean something quite different from the 'something of freedom'. Whilst the former indicates the quality of something that is in a state of freedom, the latter may show the typical aspect or characteristic of freedom. For instance, the double-genitive structure of 'the freedom of the child' indicates two potential subjects, freedom and child. The focus is more naturally on the child as the subject, whose possession of freedom is somehow in question. But let us reverse the expression and think of the child of freedom. The focus is now on freedom as the subject, whose child, figuratively, is at issue – say, where a child is born (or conceived) on the night of the revolution and is, therefore, regarded as the child of the revolution: revolution's or freedom's child. What this grammatical investigation helps to show is that in an ontological inquiry[6] of the kind that this paper undertakes, one should be careful with the investigation of the *characteristics* of freedom, since this already suggests that there is a substance of freedom to be distinguished by such and such a characteristic or quality. Whilst avoiding any assumptions that are already attached to the formulation of the question as constructed within Western philosophical tradition, the problem remains of how we form the questions that will enable us to directly address the problem of freedom.

At this juncture, phenomenology provides us with a way forward. It offers a way of questioning and thinking that provides a more rigorous assessment of both those substantive ideals of freedom mentioned at the start and the very fact that the notion is celebrated in this way. Phenomenology, in this respect, is particularly timely with regard to the possibility of a new discourse in education. In particular, it can lead to a different conceptualization of freedom, different from its idealization in

---

5   http://dictionary.cambridge.org/dictionary/english/of (Accessed: 17 May 2016).

6   Ontological inquiry needs to be distinguished from ontology in the classical sense. In the classical notion, ontological inquiries focus on the essence of beings in terms of which the divisions between body and mind, the idea and the real are made. When I use the phrase 'ontological inquiry', I am not invoking such assumptions but attempting to question freedom in terms of how it is experienced in educational practices. In doing so, one should be aware that the change of the word order from 'freedom of something' to 'something of freedom' does not fully address the problems of the classical ontological assumptions attached to freedom. While questions concerning this 'something of freedom' may attract our attention towards freedom, such attempts are intended to direct attention towards the particular characteristics of freedom as something to be unveiled. In other words, the change of the word order is not radical enough to address classical ontological assumptions about freedom. We need to look at it in a different way.

substantive statements of educational aims. This is not, of course, to dispense with freedom. At a time when the direct focus on freedom has been called into question by some, but where it is still placed at the centre of educational discourse as an educational ideal, the question should be how, other than as an educational ideal, freedom can appear in education.

4   A Step towards the Phenomenon of *Freedom as*

Now the purpose of this paper should be coming into view more clearly: it is not to establish the *concept* of freedom but rather to discuss the *phenomenon itself.* As Hans-Georg Gadamer (2004) emphasizes, however, one particular method would never be sufficient to enable what philosophical inquiry prompts us to consider. Philosophical methods themselves must present us with ways of thinking without any accompanying dogmatic insistence that what they collectively discover is the only or determinate truth. In light of this, I would like to follow Heidegger's philosophical way of thinking that is named 'hermeneutic phenomenology', in order to initiate the questioning to be undertaken.

A brief and helpful sketch of the characteristic ideas associated with hermeneutic phenomenology is provided by Charles Guignon (2012). Guignon gives us a reliable account of hermeneutic phenomenology basically as a counter-concept to that reductive form of naturalism characteristic of such modern sciences of humankind as psychology. This requires: a) bracketing the uncritical assumptions embedded in this study of the human species including self-evidence in physical, psychical or any types of admixture of the two; b) being sceptical towards the approach of value-free 'facts' about human nature; and c) challenging empirical attempts at generalization arising in the study of humankind. In place of this approach, hermeneutic phenomenology turns the question of substance ontology towards an appreciation of human being as meaning-laden and defined by meanings in the world – in other words, away from the naturalistic attitude and towards an understanding in terms of meaning. It circumscribes this horizon of understanding human experience by means of an ensemble of such newly-configured terms as "temporality, historicity, thrownness into a world and understanding," which cannot be reduced to empirical discovery or law-like causality (Guignon 2012, p. 99). In thus distancing itself from the empirical approach in educational research, the reading of Heidegger I propose opens up possibilities of viewing the problem of education with regard to its meaning-laden aspects, the terminological core which is revealed in this paper as that of freedom. As Richard Polt (1995) sums up:

"According to Heidegger [...] the difference it makes that entities are is a situated, contingent, historical difference. There are two fundamental themes of Heidegger's thought, then: manifestation, and the finitude of manifestation. Interpretations of Heidegger should not stress one of these themes at the expense of the other. [...] Heidegger's position, I would argue, is that it is precisely through finite, situated interpretation – whether we are reading a text, fixing a car, or playing the violin – that we are able to encounter what is not willed or constituted by our interpreting." (p. 728)

Whilst it is also true that the world is manifested in our interpretation, as Polt emphasises, there is another side to the same coin: the finitude of the manifestation. This is the finite condition (ground) of the possibility of understanding. It is what might be called Heideggerian transcendence, which is internal to Dasein, world, and Being, which depends upon human finitude and is characterized by freedom (Heidegger 1998, p. 163). The human being experiences this finitude through the mood of anxiety. Heidegger writes:

"Of all beings, only the human being, called upon by the voice of being, experiences the wonder of all wonders: *that* beings *are*. The being that is thus called in its essence into the truth of being is for this reason always attuned in an essential manner. The lucid courage for essential anxiety assures us the enigmatic possibility of experiencing being. For close by essential anxiety as the horror of the abyss dwells awe. Awe clears and cherishes that locality of the human essence within which humans remain at home in that which endures." (Heidegger 1998, p. 234)

In Husserl's phenomenological reduction, as Sheehan argues, things remain the same as they were before. For Heidegger, there is a hermeneutical structure to the relation of human beings to things, and they are mutually determined through this relation. In Heidegger's phenomenological reduction, therefore, things do not remain the same as they were before: in the experience of awe or anxiety, the hermeneutic structure reveals 'being' as 'meaning' and 'is' as 'makes sense as' (Sheehan 2011, p. 44). For such a reduction, as Thomas Sheehan shows, directs "our hermeneutical (sense-making or meaningful) relation to that thing" (ibid.). Heideggerian phenomenological reduction rests on the hermeneutical structure of the human being. Sheehan thus argues that "it is quite incorrect to say that, given its strong focus on everyday practical activity Heidegger's early phenomenology operates within the 'natural attitude' that Husserl's epoché brackets out" (ibid.). Educational concerns are inherent in this meaningful relation to things in daily activities, i.e. in hermeneutic-phenomenological investigation. To put this differently, human practices themselves inevitably involve teaching and learning, where newcomers to a practice are initiated into its patterns of behavior and thought.

To begin with, Heidegger's interest in being and truth is closely connected to the phenomenology of freedom. This understanding is radically different from the Western tradition, as the following passage indicates:

> "The essence of freedom is originally not connected with the will or even with the causality of human willing. Freedom governs the open in the sense of the cleared and lighted up, i.e., of the revealed. It is to the happening of revealing, i.e., of truth, that freedom stands in the closest and most intimate kinship. All revealing belongs within a harbouring and a concealing. But that which frees – the mystery – is concealed and always concealing itself. All revealing comes out of the open, goes into the open, and brings into the open. The freedom of the open consists neither in unfettered arbitrariness nor in the constraint of mere laws. Freedom is that which conceals in a way that opens to light, in whose clearing there shimmers that veil that covers what comes to presence of all truth and lets the veil appear as what veils. Freedom is the realm of the destining that at any given time starts a revealing upon its way." (Heidegger 2013, p. 25)

In the quotation, Heidegger shows that freedom is not to be construed fundamentally in terms of free will or in some systematic way, the kind of understanding of freedom that has shaped the idea of education as directed towards the development of the autonomous being. If Heidegger is right, such assumptions about freedom are barriers to understanding it better and barriers also, as I shall try to show, to its realization in education. How should it be questioned then? Having previously proposed that the question should be formulated in terms of freedom-as, I will now argue why that should be the case.

"The vacancy of meaning in freedom" that Nancy's criticism identified has led us to see the discourse of freedom in Western philosophy as structured by *freedom-of*. In this structure, the question is narrowed to focus on the possessor of freedom and the desirable characteristics of freedom in its absence. In our reading of Heidegger, we have come to question this view of freedom. For this, phenomenology is suitable, as the expression indicates, not to "the *what* of the objects of philosophical research as subject-matter, but rather the *how* of that research" (Heidegger 1962, p. 50). The question should be formulated to address the nature of freedom itself, with neither its ownership nor its status assumed. The question should bring into focus freedom as it appears to us.

The hermeneutic-phenomenological investigation of freedom requires us to consider two aspects of its grounding: the phenomenon and its logic. The phenomenological method was briefly introduced earlier in the chapter as "ways of thinking without an accompanying dogmatic insistence that what they collectively discover is the only or determinate truth". This is famously expressed in the phrase: 'To the things themselves!' The phenomenon is understood as the *showing-itself-in-itself* (Heidegger 1962, p. 54), in which something can be encountered. How do we encounter things as themselves? For Heidegger, it is logos which lets things be seen. Among other significations of logos, Heidegger also states:

"... because λόγοσ as λεγόμενον can also signify that which, as something to which one addresses oneself, becomes visible in its relation to something in its 'relatedness', λόγοσ acquires the signification of *relation* and *relationship*." (Heidegger 1962, p. 58)

This relation is structured through our use of the conjunction 'as'. We make sense of an entity by encountering it as something. Something as something indicates a connection of the two. For Heidegger, 'as' is more than one of the ways of expression, but is something grounded in the meaning of Dasein in its relation with things in the world, i.e. sense-making-as, in Sheehan's terms. From the structure of 'as', Heidegger insists that "our task is to bring to light that original connection from out of which and for which this 'as' has emerged as a specific meaningful coinage." He goes further:

"... 'as' signifies a '*relation*' and that the 'as' is never given independently on its own. It points to *something* which stands in the '*as*', and equally it points to *some other thing*, *as which* it is. Involved in the 'as' there is a relation, and thus *two relational terms*, and these not just as any two, since the first is one term and the second is the other. But this *structural linking* [Gefüge] pertaining to the relation and to the relational terms is not something free-floating on its own account." (Heidegger 1995, p. 288)

A as B signifies 'A, insofar as it is B'. In other words, in A there is B already given and explicitly brought out in the 'as' structure. In this statement, we may test out what is true or false in each case as the statement contains a manifestness of the matter itself. "The structure of the statement that makes manifest bears this 'as' within itself" (Heidegger 1995, p. 287). To put it differently, in the 'as' structure, the manifestness of the world is possible. Stephan Käufer (2007) summarises the logic of Heidegger's phenomenology as follows:

"Heidegger explains the universality of the 'as'-structure in experience from the temporal constitution of existence, which is the most fundamental analysis of the conditions of experience that he ever gives. Dasein projects ahead and comes back to what is present on the basis of what already is. It is part of the essential nature of temporal beings that they experience presence in terms of 'something as something,' and this 'as'-structure provides the ground for logic as a science of the structure of experience." (Käufer 2007, p. 151)

The conjunction 'as' binds two different entities in relational terms. In this, a statement or sentence is constituted. Heidegger, at this point, claims such holding is only possible in freedom (Heidegger 1995, p. 342–3). Käufer explains Heidegger's conception of freedom as follows:

> "The originary phenomenon of ground is the for-the-sake-of that belongs to transcendence. Freedom, holding the for-the-sake-of out in front of it and binding itself to it, is 'freedom for the ground' (GA 26: 278). This means that Dasein, being bound by entities that it understands out of possibilities, encounters these entities in terms of ground-relations (whatever those relations may be; Heidegger explains several modes in which entities can metaphysically ground or be grounded). Heidegger thus posits a metaphysical version of the principle of ground: 'the ground-character of ground in general belongs to the essence of being in general' (GA 26: 283)." (Käufer, 2007, p. 153)

Freedom is to be understood as the ground of the hermeneutic-phenomenological investigation, i.e. the ground for the human being's making sense of the world that is asserted in language with the structure of 'as'. If Heidegger is right that the structure allows us a phenomenological interpretation of the world, our questioning on freedom should be understood in the very same manner. In order to understand freedom in phenomenology, I propose bringing this inquiry into freedom into the structure of 'as': *freedom-as*.

What should be acknowledged is this: The structure of 'something as something' is one to present and to affirm; something is presented as something, and is affirmed as being conceivable or understandable in its terms. Any affirmation of freedom fails to address freedom because freedom by its nature cannot fully be grasped or conceptualized in the form of an affirmation. To make this point, Nancy introduced the idea of the experience of freedom:

> "[an] attempt executed without reserve, given over to the peril of its own lack of foundation and security in this 'object' of which it is not the subject but instead the passion, exposed like the pirate (peirātēs) who freely tries his luck on the high seas. In a sense, which here might be the first and last sense, freedom, to the extent that it is the thing itself of thinking, which cannot be appropriated, but only pirated, its seizure will always be illegitimate." (Nancy, 1993, p. 20)

By the same token, the freedom-as structure is introduced in this paper not to establish a proposition to be tested out but to present the phenomenon of freedom as it appears to us in the practice of education – i.e. as a phenomenon that appears to us as prior to our judgement or concern.

5 The Structure of the Question – *freedom-as*

The methodological aspects of this inquiry underline the ontological problem of freedom. With reference to these ontological aspects of the inquiry, I would like to draw attention to Heidegger's distinctive approach to the canonical legacy of particularity and universality (Heidegger 2002). This is a recurrent issue with which we are confronted in his persistent method of inquiring into what concerns us 'as a whole'. The meaning of the whole and its effect upon us in phenomenal terms is discernible from the outcome of the analytic approach. While analytic thinking can be fruitful in discovering certain kinds of knowledge, it tends to promote particular kinds of conceptualization with an expectation of the sum at the culmination of the process. However, it would be a mistake to think that we can proceed to understanding by discovering reality bit by bit and then gradually accumulate a sense of the whole. The whole is *not* the sum of the parts. The methodology that Heidegger initiates in his philosophical inquiry maintains an expectation of analyzing the problem as a whole while suspending commitment to either particularity or universality, having no intention of giving up one for the other. Käufer concludes his understanding of Heidegger's logic as follows:

> "Heidegger thus develops an essential connection between the holism of entities, the normativity that entities exercise on assertions, and the inferential interrelations of assertions. In Heidegger's philosophy of logic, this inferential holism is more fundamental still than the fact that assertions can be true or false. 'Man is primarily not a no-sayer, nor is he a yes-sayer; he is a why-asker. And only because that is what he is, he can and must say yes and no, not occasionally but essentially'." (Heidegger 1984, p. 280, quoted in Käufer 2007, p. 154)

Inquiry into the nature of freedom-as will require something more than a questioning of the veracity of assertions, a testing of propositions for their truth or falsity. But how strange this is, it might be said! If this study is not solely concerned with testing the truth of assertions, what is the point of this paper? The point is that a proper appreciation of the nature of freedom must accept that freedom cannot simply be grasped or conceptualized. To use a visual image to exemplify the structure, *freedom-as* only serves as the spokes of a wheel whose hub is not grasped in a full sense. The hub cannot be understood separately from the spokes or the wheel. The spokes of the hub are engaged in the reality that appears, on the whole, as the wheel. In the light of this, the question of freedom in the structure of 'freedom-as' is presented in what follows along two lines of inquiry. The question acquires its initial impulse from some current problems of education that reveal how the idea of freedom is commonly understood. It is the day-to-day practice of education that triggers the question of freedom because it is through this that freedom is experienced: the learner, the teacher, and the content itself are all to be understood as being in a dynamic relation, a relation in which freedom is of the essence. Following this, the inquiry leads us to see freedom as a phenomenon that shifts the emphasis from a concern with the *freedom-of* other things (the child, the oppressed, the educated man), where freedom is in a way understood as detached from the human being, as something to be achieved, to a concern with *freedom-as*, where freedom is something experienced by the human being. This may suggest the possibility of an alternative account of education. Thus, how does it appear?

Let us begin with Heidegger's own terms. Heidegger shows that the phenomenon of freedom is a kind of revealing. Revealing is a phenomenon in which a thing appears as it is. Revealing is close to the Greek notion of truth as *aletheia*, as the unconcealed. Unconcealing is not simply brought about by a kind of human free will; nor does it refer to a kind of ideal stage that human beings should reach at some point. Heidegger attaches the notion of revealing to mystery, which emphasizes the nature of concealing and the veil. Freedom is revealing, and such revealing contains concealing at the same time.

In the light of this and in this way, I want to investigate the Heideggerian notion of freedom and its implications for education. I propose to do this by working through the implications of the phenomenological approach we have now started to consider. This involves disrupting a number of common-sense assumptions about the human being's relation to the world. I propose to adopt five pathways into or across our topic, each of which will affect a kind of phenomenological inversion of those common-sense assumptions, and I formulate each of these as iterations of *freedom-as*.

In a reading of Martin Heidegger and Jean-Luc Nancy, I attempt to take a stance on the idea of freedom as a phenomenon that in education appears 'as' something, rather than in terms of a genitive condition of human beings as an outcome of education: it is not a property that education confers, it is the condition in which education takes place. In order to illustrate and explore the phenomenon of freedom in education, this paper analyzes the five themes of freedom: as *movement*, as *possibility*, as *a leap*, as *language*, and as *thinking*. In the light of such a phenomenology, education comes to be seen as a practice (or a set of practices) in which the play of freedom reveals and conceals. In this way, I shall discuss the nature of education as freedom in action through which the human being is defined, refined, and renewed. The question then undergoes a shift from the way it appeared at the beginning. We should not deal with freedom as a concept which can be rightly measured and distributed by human beings themselves. We should approach this idea in a different way. Let me briefly explain, then, how I shall proceed.

Common-sense and science prompt us to consider movement first and foremost in physical terms. Leaves fall from the trees. Clouds are blown across the sky. In a sense this is incontrovertible. And this physical picture is then extended to the kinds of things that human beings do – such as walking into a room or raising one's hand, or signing a document, or speaking. But this is to posit a physical universe to which human beings and minds are subsequently added. If one thinks in terms of a purely linear conception of time, then once again this is difficult to resist. Phenomenology, however, will question how such things can come to light. What is presupposed in the perceptions or descriptions just given? The leaves falling from the trees were tacitly pictured from the point of view of ordinary human perception, which in turn presupposes human physiology, and in fact the needs and desires that ultimately derive from this. Falling leaves are the kinds of things that human beings notice, and this noticing of leaves – along with a host of other things – contributes to what comes to appear as the world. Thus, when Heidegger speaks of being-in-the-world, and when he prefers *Dasein* (there-being) to familiar but burdened terms such as "man" or "human being", he is acknowledging a kind of mutuality: what we mean by "world" is not conceivable without its fit with human physiology and functioning. Even to conceive of the extinction of all life is derivative from this holistic conception of the world, of being-in-the-world. One consequence of this is that our common-sense starting point is inverted. The movement of physical objects is not understood in advance of the movement of ourselves in the world, with all the purposiveness this implies. To borrow words from Wittgenstein, "the axis of reference of our examination must be rotated, but about the fixed point of our real need" (Wittgenstein 1953, #108).

It is worth acknowledging that the idea of movement is, in any case, scarcely confined to the movement of physical bodies, whether they are planets or leaves or arms or vocal cords. We also commonly speak of political movements or movements in art. And we can also think of the kind of developmental movement that is involved in education, the progress a child makes – "progress" itself being a word whose root implies movement. One response here is to see such uses as merely metaphorical, as if the change in the child was described in analogy with physical movement. But this seems too quick. As we have seen, our starting point could not be physical movement alone, as this was shown to presuppose the holistic intentional movement of human beings. Such a holism dispels any idea of a clear separation of the physical and the mental, upon which the metaphor would rely. And even those "primitive" movements, such as raising an arm, are already characterized by complex purposes, by ideas of achievement and progress: the small child reaches for the toy, and one day succeeds in picking it up.

There is reason to be suspicious of the ways in which, in education, linear narratives license a thinking in terms of cause-and-effect, and of the appropriateness of planning and intervention, all of which presuppose metaphysical assumptions that phenomenology shows to be false. The path that phenomenology takes with the theme of movement is richly suggestive of the way that we can revise our conceptions. What other avenues might there be?

Let us turn to the nature of temporality, next, and see what this particular path reveals. Once again we find that the common-sense conception of time is of a line stretched out and characterized by datability, the scheduling of time as *chronos*. While there is no denying that such a relation to time is crucial to human beings, and more obviously so in complex societies, this relation does not exist without one that is perhaps more profound: this is a matter of our experience as always having come from something and always being on the way to something, where these orientations will bring different things into focus, with different intensity, at different times. I remember the library books I should have given back, or that today is the anniversary of my friend's marriage, or that I must complete this paper before February 1st. This will in turn affect my perception of things in their linear cycles: the last time I saw the full moon I was with a special friend in a particular place. Once again we see that there is intentionality and purposiveness in these orientations that themselves occur within a realm of freedom. These are fundamental to human being and to world, insofar as world, as we saw, involves being-in-the-world. Heidegger describes our being-towards-death not as our being free to die, in the way that perhaps Sartre would conceive this, but rather as the precondition of our being free. Chronological time – time as conceived in physics – does not depend upon this, so it seems: yet such a conception of time is derivative from this involved understanding and engagement in the world. Being-towards-death invites us to think about the world differently, and this awareness of our mortality always somehow flickers beneath our everyday absorption in things, conditioning those practices, however much this may be concealed.

A further path across our topic is offered by the idea of freedom as a leap. Once again we seem to be in the territory of the metaphor. A leap is surely a physical thing. The deer leaps. The monkey leaps. And if I say that my heart leapt, this is not a metaphorical usage – because my heart did not move a meter in the air. On the contrary, it is rather the leaping of the spirit that brings us to delight in the physical movement of the animal. The notion of a leap then involves some sense of, say, joy. Of course things need not be so beautiful: the man leaps from the balcony of the burning building. Either way, what the leap suggests is something other than the carefully planned route, the carefully judged next step, the next rung of the ladder. The leap is a less conditioned, more spontaneous movement to a place not fully known in advance. Does this sound melodramatic? Let us balance the examples with something that is more everyday – for many people at least. This is that the leap is there in the very act of translation, in the continuing need to find appropriate words where no rule suffices and no training sufficiently directs us: translation is a constant exercise of judgment, involving continuing risks, little leaps into the unknown. By extension, the leap can be there in our everyday conversations, in the spaces for judgement that continually open there.

Another path through which to think of freedom is language. One has one language or more. We cannot detach language from our daily life. We need language to describe what we experience, think, and feel. We cannot conceive ourselves without language. Language, however, is not to be understood in familiar philosophical terms as the defining mark of the human being. What makes us human beings is the experience of becoming a language being from infancy – from the state of not being able to speak. Giorgio Agamben claims that language makes the human being historical, on the strength of the differences and discontinuities of being. By becoming a language being, by being enlightened, there is a loss of something. The pure experience of infancy is never retrievable, for instance. We experience something becoming clear whilst the other remains de-focused, dimmed. We tend to focus on language that gives us a clearer vision of the world. But, in fact, language holds this open possibility because as soon as we hold a clear vision of the world through language, it already leaves us: it leaves us with an unfocused vision of the world as a mystery. Language is not a tool for us to unlock the meaning of the world. The more we know, the more we do not know.

Finally, the phenomenon of freedom is experienced in no other way than in thinking. The traditional way of thinking is based on the subject-object division. In this approach, the world and the human being appear to be observable objects whose substance can be examined and calculated, while the one who observes the object believes to be separated from it. Objectivity, as it arises in this conceptualization of freedom, depends upon a certain metaphysical presupposition. Heidegger makes the claim that, within the Kantian way of thinking, both transcendental and practical freedom are understood in terms of an object-world governed by causality. The idea of the object separates the subject from the world and sets up a division as the inner ego vs. the object – that is, the external world. In this, concepts are resting places that are always in danger of becoming too fixed, and they can then become fixations. Thinking is not to be grounded in subject-object metaphysics but must itself be in movement.

I have listed five ways of thinking of freedom: as movement, temporality, a leap, language, and thinking. Anyone who expected to find practical debates about freedom here may by now have come to the conclusion that this article is absurd and wants to say: 'You have not talked about freedom at all.' And of course, this may reflect a limit in my ability to address certain deeper meanings of freedom as these arise in the prevailing discussions. But it is also due to the nature of freedom itself. As Nancy puts this, freedom frees itself. The moment you grip it, it is no longer freedom. Once we conceptualize freedom as a concept, we fail to achieve the concept we seek. Rather than conceptualizing a new understanding of freedom in this paper, I have attempted to show the various phenomena of freedom through which we experience freedom. One may also ask how these phenomena are logically connected. It is true that there is a relation between them, and it may be seen as a logical connection. But then, that is a wrong way to put it. These themes do not function as logical stages in the argument, one step leading to another. It is rather the case that they show a holistic inter-connection in *Dasein*. And these ordinary practical conceptions of each theme, each freedom-as, suggestive of *Bildung* as they may be, are derivative from the experience of freedom.

References

Berlin, Isaiah. 2002. Two Concepts of Liberty. In *Isaiah Berlin: Liberty*, ed. H. Hardy. Oxford: Oxford University Press.

Bonnett, Michael. 1994. *Children's Thinking: Promoting Understanding in the Primary School*. New York: Continuum International Publishing.

Bonnett, Michael. 2004. *Retrieving Nature: Education for a Post-Humanist Age*. Oxford: Blackwell.

Christman, John. 1991. Liberalism and Individual Positive Freedom. *Ethics* 101: 343–359.

Christman, John. 2005. Saving Positive Freedom. *Political Theory* 33: 79–88.

Day, John Patrick. 1970. On Liberty and the Real Will. *Philosophy* 45: 177–192.

Day, John Patrick. 1987. *Liberty and Justice*. London: Croom Helm.

Dearden, Robert Frederick. 1975. Autonomy as an Educational Ideal I. In *Philosophers Discuss Education*, ed. S. C. Brown. London: Macmillan.

Gibbs, Benjamin. 1976. *Freedom and Liberation*. London: Chatto and Windus.

Guignon, Charles. 2012. Becoming a Person: Hermeneutic phenomenology's contribution. *New Ideas in Psychology* 30: 97–106.

Hardy, Henry. 2002. The Editor's Tale. In *Isaiah Berlin: Liberty*, ed. H. Hardy. Oxford: Oxford University Press.

Heidegger, Martin. 1962. *Being and Time*. New York: Harper.

Heidegger, Martin. 1984. *Metaphysical Foundations of Logic*. Bloomington: Indiana University Press.

Heidegger, Martin. 1995. *Fundamental Concepts of Metaphysics*. Bloomington: Indiana University Press.

Heidegger, Martin. 1998. *Pathmarks*. Cambridge: Cambridge University Press.

Heidegger, Martin. 2002. *The Essence of Human freedom*. London: Continuum.

Heidegger, Martin. 2013. *The Question Concerning Technology and other essays*. New York: Harper Perennial.

Hirst, Paul. 1965. Liberal Education and the Nature of Knowledge. In *Philosophical Analysis and Education*, ed. R. Archambault. London: Routledge.

Käufer, Stephan. 2007. Logic. In *A Companion to Heidegger*, ed. H. L. Dreyfus and M. A. Wrathall. Oxford: Blackwell Publishing.

Kramer, Matthew H. 2003. *The Quality of Freedom*. Oxford: Oxford University Press.

Kristjánsson, Kristján. 1996. *Social Freedom: The Responsibility View*. Cambridge: Cambridge University Press.

MacCallum, Gerald C. 1967. Negative and Positive Freedom. *The Philosophical Review* 76 (3): 321–334.

Miller, David. 1983. Constraints on Freedom. *Ethics* 94: 66–86.

Milne, Alan John Mitchell. 1968. *Freedom and Rights*. London: George Allen and Unwin.

Nancy, Jean-Luc. 1993. *The Experience of Freedom*. Stanford: Stanford University Press.

Oppenheim, Felix E. 1981. *Political Concepts: A Reconstruction*. Oxford: Blackwell.

Polt, Richard. 1995. Review: The Cambridge Companion to Heidegger (1993). *Philosophy and Phenomenological Research* 55 (3): 725–728.

Quinn, Victor. 1984. To Develop Autonomy: A critique of R. F. Dearden and Two Proposals. *Journal of Philosophy of Education* 18 (2): 265–270.

Scheffler, Israel. 1989. *Reason and Teaching*. Indianapolis: Hackett.

Sheehan, Thomas. 2011. Facticity and Ereignis. In *Interpreting Heidegger: Critical Essays*, ed. D. O. Dahlstrom. New York: Cambridge University Press.

Standish, Paul. 1992. *Beyond the Self: Wittgenstein, Heidegger, and the Limits of Language*. Aldershot: Avebury.

Standish, Paul. 1999. Education without aims? In *The Aims of Education*, ed. R. Marples. London: Routledge.

Standish, Paul. 2000. In Freedom's Grip. In *Lyotard: Just Education*, ed. P. A. Dhillon and P. Standish. London: Routledge.

Steiner, Hillel. 1994. *An Essay on Rights*. Oxford: Blackwell.

Taylor, Charles. 1979. What's Wrong with Negative Liberty. In *The Idea of Freedom*, ed. A. Ryan. Oxford: Oxford University Press.

Von Hayek, Friedrich August. 1960. *The Constitution of Liberty*. London: Routledge and Kegan Paul.

White, John. 2003. Five Critical Stances Towards Liberal Philosophy of Education in Britain. With responses by Wilfred Carr, Richard Smith, Paul Standish and Terence H. McLaughlin. *Journal of Philosophy of Education* 37 (1): 147–184.

Williams, Bernard. 2001. From Freedom to Liberty: The Construction of a Political Value. *Philosophy and Public Affairs* 30: 3–26.

Wittgenstein, Ludwig. 1953. *Philosophical Investigations*. Oxford: Blackwell.

Yun, SunInn. 2016. *A Concept of Education in the Experience of Freedom: Hermeneutic-Phenomenological Investigations*. Doctoral Thesis. UCL – Institute of Education, University College London.

Online References

Cambridge Dictionary. http://dictionary.cambridge.org/dictionary/english/of (Accessed: September 19, 2016).

Radicalizing the Pedagogical Relation: Passion and Intention, Vulnerability and Failure

Norm Friesen

The pedagogical relation, the idea of a special relationship between teacher and child, has long been a central theme or "problem" in German "human science" education and pedagogy (*Geisteswissenschaftliche Pädagogik*; Klafki 1970, p. 58). Wilhelm Dilthey, the founder of the human sciences asserted in 1888 that "the study of pedagogy […] can only begin with the description of the educator in his relationship to the educand" (Dilthey 1888, p. 8). In this statement, Dilthey not only establishes the indispensability of the student-teacher relationship for continental pedagogical theory, he also identifies life-world description as most appropriate for its study. In doing so, he also seems to have anticipated one of the fundamental tasks that one particular type of educational thought, reconceptualist curriculum theorizing,[1] has more recently set for itself. This is reflected in the autobiographical phenomenology of William Pinar's "method of *currere*" as well as in more recent (auto-)ethnographic descriptive and interpretive approaches to educational research. This task, in short, is the description of the lived experience of teaching and of being taught, and their imbrication in intersubjective lifeworld. However, it is in the work of Max van Manen and his students that the pedagogical relation has received its most explicit and sustained treatment (e.g., van Manen 1991a, 1991b,

---

1   Reconceptualist curriculum theory arose late in the 1970s, as a critical response to the narrow instrumentalist focus of curriculum theorizing in America. It emphasizes the subjective and autobiographical dimensions of curriculum, and its influence is reflected in the work of van Manen, McWilliam, Smith, and others cited in this paper.

1996, 2000, 2003, 2013, 2015; Sævi and Husevaag 2009; Friesen and Sævi 2010; Sævi 2011). In this work, the pedagogical relation is seen as being notably different from other relations. For example, it is regarded as intentionally cultivated by the educator for the sake of the educand; it is characterized, in this and other senses, as asymmetrical; and it is further described as an eminently ethical and tactful relationship.

Herman Nohl, a student of Dilthey's, was the first to coin the phrase "pedagogical relation," and to define it in explicit terms. Nohl characterized it as a "passionate (*leidenschaftlich*) relation between a mature (*reif*) person and one who is becoming, specifically for the sake of the latter (*seiner selbst willen*), so that he comes to his life and his form" (1933, p. 22). However, even as Nohl's conceptualization was taking shape, it was censured by Theodor Litt (1967) for its isolation from "impersonal" socio-political realities (pp. 60–61); and it has been subsequently criticized on many other counts, including in terms of the independent authority it grants to those responsible for the most vulnerable in society. Finally, any TV pop-psychologist would warn against a relation that is at once "passionate," *and* allegedly only for the "sake of an 'other,'" and his or her future. Some recent scholars have at least indirectly indicated their discomfort with such characteristics.[2] In the face of these and other, more overtly critical responses, we are led to ask: "Is the pedagogical relation relevant or even possible and desirable in the 21st century – and if so, in what form?"

I respond to this question first with an overview of Herman Nohl's understanding of the pedagogical relation based on his original texts,[3] something which has apparently not yet been undertaken in English. I then consider some of the ways in which the pedagogical relation has been addressed as a "problem" in both German and English scholarship. In the light of these concerns, I then argue that the pedagogical relation needs to be radically reconceptualized in terms of its key components – its asymmetry, intentionality and "passionate" nature. I then refer-

---

2   This discomfort is suggested in the way the word passionate (*leidenschaftlich*) is translated or paraphrased. Wulf, for example, incorrectly renders *leidenschaftlich* as "compassionate," which in German would actually be *mitfühlend, teilnahmsvoll* or *erbarmungsvoll* (2003, p. 31). Van Manen describes the pedagogical relation as involving simply "*a* passion with its own pleasures and pains" (van Manen 1991b, p. 74; emphasis added).

3   The first principle text in this regard is *Die pädagogische Bewegung in Deutschland und ihre Theorie* (Nohl 1988), particularly the sections titled *Das Wesen des erzieherischen Verhaltens* and *Der pädagogische Bezug und die Bildungsgemeinschaft* (pp. 226–240). The second one is *Gedanken für die Erziehungstätigkeit des Einzelnen mit besonderer Berücksichtigung der Erfahrungen von Freud und Adler* (Nohl 1949).

ence Bernhard Waldenfels' notion of "the alien" – a radicalization of the relational characteristics of "otherness" and "intentionality" – to suggest what this revision and reconfiguration might be.

As Wolfgang Klafki explains, the pedagogical relation was thematized implicitly long before Nohl's time, and also before *geisteswissenschaftliche Pädagogik* came to be known as such. Klafki reminds us that this relation was a central theme – if not *the* central theme – in educator J.H. Pestalozzi's life and career (Klafki 1970, p. 55). This short, perhaps familiar passage from Pestalozzi's 1799 *Letter from Stans* might suffice as an introductory description:

> "I determined that there should not be a minute in the day when my children should not be aware from my face and my lips that my heart was theirs, that their happiness was my happiness, and their pleasures my pleasures... Such was the foundation upon which I built..." (1799/1892, p. 153)

Pestalozzi's words are illustrative of at least one characteristic of the pedagogical relation already mentioned by Nohl: that it is for the sake of another. Pestalozzi's concern, for example, is that the children are "aware that [his] heart was theirs, that their happiness was [his] happiness." The focus is not on *his* happiness or feelings, but on the experience of his charges. This emotional description can also be seen as a manifestation of the "passionate" character of the pedagogical relation. Its emphasis on the awareness and pleasures of the children, rather than those of the adult, might somewhat allay the pop-psychological concerns alluded to above. It refers to an affective, intersubjective bond. It appears as a kind of identification with or emotional mirroring of the children's responses to their lived experience, their emergent "subjectivity." From these characteristics arises what Nohl identifies as a key "pedagogical criterion":

> "In this approach to the subjective life of the child lies the pedagogical criterion: the claims (*Ansprüche*) that social relations and objective culture make on the child must all be subjected to a transformation, based on the question: what is the meaning of this claim or demand in the context of the life of this child ... ?" (1988, p. 127)

Nohl's concern, to borrow Gert Biesta's (2014) phrasing, is with *how* this child *is* (his or her subjectivity), rather than with *who* she is (identity) or with what she can do (efficacy). Putting this phenomenologically, the adult's "pedagogical interest" (Giesecke 1997, p. 244), or his or her "intentionality" (Klafki 1970, p. 58; Mollenhauer 1972, p. 21), is structured around, focused on, and is attuned to the child's experience. The adult or teacher attempts to identify with the child and with the child's experience, to see the world as it is seen by the child, rather than by the adult. The significance of what is thus encountered is then "transformed," from an adult point of view to the perspective of the child – or at least the perspective that the child is *seen* to hold. This concern with the child's subjectivity, and with the deliberately directed intentionality of the adult, means that questions about the pedagogical relation can be readily treated as *phenomenological* questions. In focusing on the child's subjectivity, and on quality of the child's experience, the questions raised by the pedagogical relation have to do with another's experiences, and with the possibility of gaining access to or experiencing them oneself. It has to do with our experience of relation in general, with an "other," with their "otherness," and also with the special type of otherness represented by the child for whom one is responsible.

A further important feature of the pedagogical relation in this regard is its *asymmetry*. The child and the adult do not meet as equals in such an "intentional" relation; they obviously are not friends who are together for their mutual benefit. As Nohl explains, this relation has as its principle, unique and inalienable purpose the unfolding or self-fulfillment of the educand and of his or her subjectivity.

> "This basic approach ... has its point of departure in the child... [It] finds its goal above all in the subject and his/her physical and personal realization (*körper-lich-geistige Entfaltung*) – that this child here comes to his life's purpose (*Lebens-ziel*), this is its autonomous and inalienable task." (Nohl 1949, p. 152; as quoted in Klafki 1970, p. 58)

The further tacit implication, of course, is that the explicit awareness of this "autonomous and inalienable" purpose is the exclusive possession of the *adult*.

Nohl is also clear about the *personal* and *individual* character of the pedagogical relation – or what Mollenhauer has called its *"dyadic"* structure (1972, p. 21). In speaking of "this child here," Nohl is emphasizing that he is not addressing a generalized notion of childhood or children as an abstraction, nor even a specific group or generation (e.g., his own children or contemporaneous youth movements). Instead, he is appealing to the irreplaceable particularity of *this* unique child and his or her relation with a single teacher. The teacher does not encounter a given child; instead, we encounter each other in the classroom.

However, Nohl does not see this relation, despite its singularity, as having its home in a setting with only one educator and one educand. He describes it instead as being realized in a *Bildungsgemeinschaft*, a "pedagogical" and formative community of cultivation and education. Nohl speaks of this community as being "sustained by two forces" which are seen slightly differently by adult and child.

For the adult, these are "love and authority," and, "as perceived by the child," these are "love and obedience (*Gehorsam*)" (1933, p. 25). Of course love, authority and obedience are all terms that require clarification if not also qualification. The love of the teacher, as Nohl describes it, calls for a "community of love with the child, which opens all doors in the child, and collects and secures the child's whole ... life in the trust of such love" (1988, p. 138). This love, moreover, is two-fold: It is "love for the child in his/her [present] reality, and "love for her goal, for the ideal of this child," for what he or she *can be* or *become* (1988, pp. 135–136). This can be said to mark a particular temporality of the pedagogical relation: It is split between a concrete present and an imagined future, rather than being focused just on present needs or the demands of the future.

Like love, the "authority" and "obedience" implied in a pedagogical relation and a "community of formation" needs to be contextualized by Nohl's emphasis that the relation cannot be forced, but that it is entered into freely by both educator and educand. It proceeds as much from the *authority* of the adult as from the *freedom* of the child:

> "Authority does not mean force, even if this authority, under certain circumstances, must forearm itself (*wappnen*);[4] and obedience does not mean following blindly or acting out of fear, but instead the free assimilation by the child of the adult's will to her own." (1988, p. 139)

As a result, if the legitimacy or authority of the adult or the free obedience of the child is absent, the pedagogical relation can or will fail: The teacher, Nohl says, "may not be offended or hold it against the educand (*gekränkt sein*) if the relationship does not succeed... One would instead attempt to bring the child into

---

4   Nohl, like Pestalozzi, sees recourse to corporeal punishment as a part of or a possibility in the pedagogical relation. Pestalozzi, in fact, is clear about its utility in his *Letter from Stans*: "In the same way, when I heard that it was reported that I punished them too severely, I said to them: 'You know how I love you, my children; but tell me, would you like me to stop punishing you? Do you think that in any other way I can free you from your deeply rooted bad habits, or make you always mind what I say?' You were there, my friend, and saw with your own eyes the sincere emotion with which they answered, 'We do not complain of your treatment. Would that we never deserved punishment; but when we do, we are willing to bear it'" (1799/1892, p. 163). However, unlike Pestalozzi, Nohl explicitly advocates a move away from corporeal punishment, and describes the possibilities of a "new pedagogy" as follows: "Everywhere it is a matter of awakening self-activity, and to win the 'will' of the child, whereas the oldest pedagogy thought progress lay in terms of training, force and habit" (1949, p. 157).

relationship with another" teacher or adult (1949, p. 154). The pedagogical relation, in short, is also characterized by its *fragility*.

The Pedagogical Relation after Nohl?

Readers may have noted the conspicuous absence of any reference to children's "vulnerability" or "defenselessness" in Nohl's description of the pedagogical relation. Similarly conspicuous is the absence of sustained consideration of adult fallibility and misdirected adult "passion," as well as any mention of the multiple ways that children teach and question *us*, as adults, about how *we* should act. Despite the importance, even urgency, of these issues, the critique most frequently levelled against Nohl, as indicated above, has been much broader in scope: It objects to Nohl's insistence on the pedagogical relation's autonomy and isolation from more general political, cultural and socio-economic realities. It is perhaps simplest to illustrate the thrust of this argument through reference to Nohl's own biography, particularly during the time of National Socialism and the Second World War. During the Nazi regime, and in the very same book that explains the pedagogical relation, Nohl characterizes his work as a search for the "biological" and "spiritual substance" for the "construction of our essence as a *Volk*" (1988, p. 286). And after the war, Nohl did not reflect publically on his complicity; instead, he wrote privately and derisively of the "muck-raking (*Wühlen*) through the pain and blood of the past" that this would entail (as quoted in Ortmeyer 2008, p. 105). The problem that this situation still presents for research and practice is summed up well by Klaus Mollenhauer in his 1968 book *Education and Emancipation: Polemical Sketches:*

> "Educational processes, including those envisioned by Nohl in his conception of the 'pedagogical relation' as the most basic relation, have not been subject to reflective engagement... The realization of such pedagogical propositions in combination is at the same time the realization of an image of society [*Gesellschaftsbild*]. The criteria for pedagogical valuation are at the same time those that belong to a particular understanding of society." (pp. 24–25)

Particularized relational moments and manifestations, in short, cannot be divorced from corresponding macro-social conditions. Subsequent postwar German scholars have sought to frame and reinterpret the pedagogical relation specifically in response to the newer image(s) of German society. For example, amid the protest and unrest at the end of the 60s, Wolfgang Klafki provided both a careful explication of the pedagogical relation and a cautionary comparison of an "authoritarian" pedagogical style with a "social-integrative" and "democratic" one (1970, pp. 84–91). A second example is Hermann Giesecke's book-length study of the pedagogical relation from 1997, which explores Rousseau, Pestalozzi and others as precursors to Nohl, and also attempts to update "the pedagogical relation [for a] pluralistic society" (pp. 243–272). It does so by emphasizing a professional ethos for teachers. It concludes this discussion by citing a 16-point "oath for educators" from the famous German educationist Hartmut von Hentig – one that begins by committing the educator to "respect the individuality of each child, and defend this against everyone and anyone" (von Hentig 1993, p. 246; as quoted in Giesecke 1997, p. 266). The cruel reality, however, is that von Hentig's life partner, Gerold Becker, was a member of a multigenerational pedophile ring at a renowned progressive boarding school – and that von Hentig himself labelled the young victims "seducers" (Eppelsheim 2011, n.p.).[5] This example from von Hentig's life, like that from Nohl's own biography, presents powerful empirical, if not strictly "systematic," counter-evidence to any approach that might grant a single individual socially autonomous authority over the most vulnerable and powerless.

In English, on the other hand, the pedagogical relation has been given constructive coverage by Max van Manen (e.g., 1991a, 1991b, 1992, 1996, 2000, 2013, and 2015), Stephen J. Smith (1991), Tone Sævi (2011), Erica McWilliam (2014), and others. Concerns regarding adult emotions, responsibility and authority in the face of children's vulnerability are also addressed by these authors, and this has been done using an explicitly phenomenological vocabulary. For example, the title of a 2009 article by Sævi and Husevaag asks whether, in the pedagogical relation, the "child" is actually "seen as the Same or [as] the Other?" Sævi and Husevaag ask further: "How do we encounter the otherness of the child pedagogically when we, by necessity, are trapped in the social conventions of the grownup world?" (p. 35). Sævi and Husevaag's conclusion is that this encounter can only remain a constant and perilous challenge: "our challenge as adults and pedagogues is to become more attentive to the experience of the child and to acknowledge the child's *utter otherness* as the basic precondition for pedagogical relational practice" (2009, p. 37; emphasis added). Similarly, in a short piece titled *Phenomenological Pedagogy*, van Manen and Adams concern themselves with the self-understanding of the adult in this relation or encounter. They ask: How can one "identify and 'form' oneself in the everyday experience of the pedagogical encounter ... in the life of the child?" (2014, p. 609). Their answer presents a similarly strenuous challenge: Such identification and formation, they say, "is only possible if one does not lose

---

5   Eppelsheim writes that von Hentig defended this school (*Odenwaldschule*) despite the fact that "Gerold Becker, who led the school from 1972 to 1985, as well as other teachers, had abused and raped children there" (2011, n.p.; see also: Brachmann 2015, pp. 256–307).

oneself in this identification but, in spite of and even thanks to this identification, remains oneself and at the same time empathically lives in the situation of *the other* – the child" (p. 609; emphasis added).

However, upon closer examination, these questions and responses only seem to lead to further questions. For example: How do we "acknowledge" or "live the situation of" the other when Emmanuel Levinas, as the philosopher of the Other, insists that the other is not only "unknown but [also] unknowable, refractory to all light" (Levinas 1987a, p. 76)? What does it mean to "identify" empathically with the situation of the child as "other," as van Manen and Adams advocate? Again, it is Levinas who warns that "the relationship with the other is not an idyllic and harmonious relationship of communion, or a sympathy through which we put ourselves in the other's place… The relationship with the other," he adds, "will never be the feat of grasping a possibility" (1987a, pp. 75–76). No high minded oath or strenuously attentive concern is a precondition for a relation with this "other," in other words. Instead, the other, Levinas clearly emphasizes, is the Other to be encountered only through "an absolute passivity," or through a kind of "persecuting obsession" (1991, pp. 110, 111). These go "against intentionality," he explains, "such that responsibility for others could never mean altruistic will, instinct of 'natural benevolence,' or love" (1991, pp. 111–112). Using slightly different terms, Levinas emphasizes that

> "To be in the presence of something is not to open it to oneself, and aim at it thus disclosed, nor even to "fulfill" by intuition the "signitive thought" that aims at it and always ascribes a meaning to it which the subject bears in itself… Proximity is not an intentionality." (1987b, p. 125)

Of course, the pedagogical relation, as described by Nohl, is nothing if it is not intentional. Indeed, it is a "*thoroughly* intentional (*absichtsvoll*)" relationship, as Mollenhauer has put it (1972, p. 21; emphasis added). It is defined by the pedagogical intention – a personal and individual interest that is made all the more crucial and precarious through the authority of the adult and the vulnerability of the child.

Speaking of "the other" and appealing to Levinas' relational ethics seems only to illustrate the impossibility of a coherent articulation of the pedagogical relation. On these terms at least, a reconfiguration or updating of Nohl's pedagogical relation for the present appears impossible. However, this does not mean that Levinas' phenomenological ethics and the broader phenomenological tradition do not contain alternative possibilities – at least in nascent or embryonic form. However, this requires returning to the basics, the phenomenological roots, of the difference that necessarily inheres in any relation between oneself and another. It also necessitates a radicalization of the phenomenological understanding of "relation" that is implied in the pedagogical relation, and further requires a brief setting aside or "bracketing" of the pedagogical aspects of this relation, and focusing explicitly on phenomena of relationality as they have been recently recast in phenomenological thought. Referencing closely the work of Bernard Waldenfels, a scholar of Levinas, and a student of Merleau-Ponty, who provides his own reconceptualization of otherness, I now outline, in the briefest way, some possible characteristics of a radicalized understanding of the pedagogical relation.

This begins with the recognition that to regard the "self" as existing in relation with an "other" is to assume an underlying comparability or symmetry between the two. Otherness suggests an *opposition* between two things that still presupposes a certain symmetry. It "delimits," Waldenfels explains, an opposition between, say, "apple and pear, between table and bed... The relational proposition 'A is not B,'" Waldenfels continues, "can always be reversed to yield 'B is not A'" (2007, p. 7). However, pedagogy and human relations in an age of immigration and globalization deal regularly with experiences that do not fall into a pattern of symmetrical opposition. It involves phenomena in Waldenfels' terms that entail experiences such as familiarity, recognizability and "ownness" on the one hand, and estrangement, foreignness, and "withdrawal," flight or "escape" on the other. These experiences, Waldenfels explains, belong to the sphere of the *alien*:

> "The alien... does not arise from a mere process of delimitation. It emerges from a process which is realised simultaneously as an inclusion (*Entgrenzung*)[6] and an exclusion (*Ausgrenzung*). The alien is not opposed to the same, rather it refers to the *Self*... to myself or to ourselves, including the "sphere of ownness" from which it escapes. What is alien does not simply appear different, rather it arises from elsewhere. The sphere of alienness is separated from my sphere of ownness by a threshold, as is the case for sleep and wakefulness, health and sickness, age and youth, and no one ever stands on both sides of the threshold at the same time." (2011, p. 7)

The pedagogical relation thus can no longer be seen as a relation that is asymmetrical in comparison to other types of relations and interactions. Instead, *all* relations must be regarded as being asymmetrical in nature, with the pedagogical relation representing at most a *special type* of asymmetry.

To return to the realm of the pedagogical, one can say that the radical asymmetry implied in any relation of ownness to that which is alien also radicalizes Nohl's idea of "*this* child here." The child's singularity in the pedagogical relation must

---

6   This is how Waldenfels himself translates *Entgrenzung*, which would be more accurately rendered in English as a "blurring" or "dissolution" of boundaries.

be understood differently than it is in Nohl's, van Manen's, or Sævi's accounts. The adult's sphere of ownness is constituted through the exclusion of the alien, and the adult cannot step outside of this sphere to take on a more symmetrical or "balanced" position to another. Just as the adult is separated from his or her own childhood by a threshold, the adult is similarly separated from the child before her. This is a separation, a gap, which neither identification nor attentiveness can overcome. Indeed, intentional acts of these kinds only more forcefully reduce what might be alien to what is my "own." Also, Waldenfels – writing with Meyer-Drawe in the article *The Child as Alien* (1988) – says that the child can be seen to belong, in cultural and historical terms, to a special class of "alien." Reminiscent of Foucault's (1978) grouping of figures such as the "hysterical women" and the "masturbating child" as targets for social sexual control (pp. 103–105), Meyer-Drawe and Waldenfels refer to a metaphorical "gravitational field" constituted by the alien: "[It] correspondingly forms itself around three figures, the child, the wild [one or child], and the fool or idiot" (1988, p. 272). In this characterization, Meyer-Drawe and Waldenfels effectively ascribe to our relation with the child (or the wild one or idiot) a special or extreme asymmetry. It is not only a matter of an opposition of "alienness" versus "ownness;" the child, they are saying, is alien to the adult in the same politically- and historically-burdened way that categories such as "native" or "savage" are burdened, particularly when juxtaposed with the "civilized." Despite its quotidian character, the juxtaposition of the child and adult is as problematic as the pairing of the cultured with the barbaric, or more simply, the idiotic with the sane, or the nonsensical with the commonsensical.

In addition, not only the child, but also the adult is experienced as alien in this context. The adult experiences his or her own conflicting and unarticulated desires and impulses in relation both to herself and to the child. Speaking of specifically parents and their children, Wilfried Lippitz observes that "parents, those who are ostensibly closest to their children, are rendered foreign to themselves through their children. And children are rendered foreign in the eyes of their parents" (2007, p. 91).[7] There are thresholds, in other words, which bisect not only the pedagogical relation, but the parent's or adult's experience of their own "selves" within it. As an adult, in such a context one simply *cannot* "remain oneself," as van Manen and Adams suggest. We do not enjoy a stable self-identity or self-sameness in relation

---

7   The idea of the irreducible alienness of children in the eyes of their adult caregivers surfaces at times in the popular press, as in the title of a recent article reviewing a memoir by a mother of one of the Columbine School shooters: "The terrifying truth: Sometimes our children are unknowable" (McLaren, Feb. 18, 2016).

to the alien, the child. Instead, we are subject to instability and difference in our experiences of ourselves, in our past and of the child or children in our present.

Lippitz continues by explaining that this "compounded" alienness and the multiple thresholds it implies are also palpable in the the future-orientation in our relations with children:

> "...the responsibility of the parents for the future of their children... [is marked by] a radical break. How can they answer for their children if they do not also have at their disposal the time that belongs to their children? ... In a radical sense, parents cannot take *any* responsibility for their children, since they do not have the future of the child available to them. Should they attempt to appropriate this responsibility without a view to the difference that separates the generations, then they lose their ethical justification and grounding." (2007, p. 91)

This radical temporal break changes not only adult *responsibility* and *authority* but also the child's *will* and *trust*, as well as the *love* that Nohl sees as uniting them. As Lippitz' description suggests, these "forces" cannot be seen to circulate in uninterrupted interchange between child and adult. For the adult in particular, such love can no longer be responsibly or reliably directed toward the child's future in an unproblematic sense. Not only is this future "unavailable" to the adult, it also cannot be observed from a stable position of self-identity by the adult. As a further consequence, the "love" of the adult and its relevance to the child's present reality is also put into question, since this, too, is doubly marked by alienness, both that of the adult and his or her past, and that proper to the child's "ownness."

One thing that is not "broken" or reduced in this suggested radicalization of the pedagogical relation, though, is *passion*. However, this passion is different from the one named by Nohl. It is not one that actively "collects and secures a child's whole life" (1988, p. 128); instead, it is one that is "touched, affected, stimulated, surprised and to some extent violated" (Waldenfels 2011, p. 46). This passion takes the form of what Waldenfels calls pathos, which he uses "to designate those events which are not at our disposal, as if merely waiting for a prompt or command, but [which] rather happen to us, overcome, stir, surprise, attack us" (2011, p. 26). These are experiences or events which do not arise through a strenuous effort or structured intentionality, but rather *despite* intentionality, even in resistance to it:

> "In sum, everything that appears [to us] as something has to be described not simply as something which receives a sense, but as something which provokes sense without being meaningful itself... I call this happening pathos, *Widerfahrnis* or af-fect, marked by a hyphen in order to suggest that something is done to us." (Waldenfels 2007, p. 74; emphases in original)

Pathos or *Widerfahrnis* is experienced as a provocation, stimulation, surprise and violation – it provokes a response. As the words "pathos" and "provocation" themselves suggest, our response to such an "event" is not one of "sense-making" or "ordering," but of a particular reaction, a sensing and feeling that exceeds and envelops cognition, as Waldenfels puts it:

> "Responsivity goes beyond every intentionality because responding to that which happens to us cannot be exhausted in the meaning, understanding, or truth of our response. All this is not restricted to the affective background of our cognitive and practical modes of comportment; it concerns these modes in their essence..." (2011, p. 28)

In underpinning cognitive and practical modes "in their essence," responsivity is not confined to moments of sudden shock or surprise, but is a part of what touches, affects or stimulates us moment-by-moment. The unexceptional and enduring character of this pathos is expressed in Waldenfels' original German term *Widerfahrnis*. It begins with a prepositional prefix (*wider*) meaning "against;" this is followed by the verb "*fahren*," to travel – with "*er*fahren" meaning to experience. Together, these meanings suggest a kind of "friction" that is inherent in all experience. It is experience "despite oneself" or despite one's own intentions; it is experience "against the grain," so to speak.

It is in the adult's ongoing experience of her purpose and feelings being constantly "affected, stimulated, surprised and to some extent violated" that the passion and intentionality of the pedagogical relation can be understood. The intense and intimate mirroring and identification characteristic of the relation – emphasized from Pestalozzi through to van Manen – can thus be seen in terms of the irresolvable tension implied in the relationship between intentionality on the one hand and *Widerfahrnis* or pathos on the other. It is perhaps only in this sense that proximity and estrangement should be said to exist in the pedagogical relation "spite of and even thanks to... identification," as van Manen and Adams (2014, p. 609) put it.

"The authentic experience of the child on its own and for us" as adults, as Meyer-Drawe and Waldenfels conclude, "is a *failed* experience, but as such a continuous challenge, supported through familiarity or intimacy (*Vertrautheit*), and strengthened by its being unsettled (*Beunruhigung*)" (1988, p. 286; emphasis added). However, this failure is not entirely counterproductive or limiting; instead, it can be viewed as fertile, or to borrow Levinas' term (with Lippitz), *fecund*: "It is only" in terms of the child's alienness, Lippitz concludes, "that generativity and plurality is to be thought of in the context of pedagogy, which otherwise so easily shuts itself off in adult perspectives on action and meaning" (Lippitz 2007, p. 74). The pedagogical relation, in short, is a "responsive" and unsettled relation more than it is one of any intention and identification. It is only in the context of the manifold, uncomfortable tensions of proximity and alienation, intention and passion – and under the shadow of past and present abuse and tragedy – that the pedagogical relation can be said to still retain its relevance today.

References

Biesta, Gert. 2014. Remembering forgotten connections: Klaus Mollenhauer's opening to theorising education differently. *Phenomenology & Practice* 8 (2): 34–38.

Brachmann, Jens. 2015. *Reformpädagogik zwischen Re-Education, Bildungsexpansion und Missbrauchsskandal: Die Geschichte der Vereinigung Deutscher Landerziehungsheime 1947–2012*. Bad Heilbrunn: Klinkhardt.

Dilthey, Wilhelm. 1888. Über die Möglichkeit einer allgemeingültigen pädagogischen Wissenschaft. In *Kleine pädagogische Texte*, ed. H. Nohl. Heft 3. Langensalza: Beltz.

Eppelsheim, Philip. 2011. Die Wahrhaftigkeit und Hartmut von Hentig. *Frankfurter Allgemeine Zeitung*. http://www.faz.net/aktuell/politik/inland/odenwaldschule-die-wahrhaftigkeit-und-hartmut-von-hentig-11502178.html. Accessed: September 19, 2016.

Foucault, Michel. 1978. *The history of sexuality (Vol. 1)*. New York: Random House.

Friesen, Norm and Tone Sævi. 2010. Reviving forgotten connections in North American teacher education: Klaus Mollenhauer and the pedagogical relation. *Journal of Curriculum Studies* 142 (1): 123–147.

Giesecke, Hermann. 1997. *Die Pädagogische Beziehung: Pädagogische Professionalität und die Emanzipation des Kindes*. Weinheim/Basel: Beltz.

Klafki, Wolfgang. 1970. Das pädagogische Verhältnis. In *Erziehungswissenschaft 1. Eine Einführung*, ed. W. Klafki, 55–91. Frankfurt a. M.: Fischer.

Levinas, Emmanuel. 1987a. *Time and the Other*. Pittsburgh: Duquesne University Press.

Levinas, Emmanuel. 1987b. Language and Proximity. In *Emmanuel Levinas. Collected Philosophical Papers*. Dordrecht: Martinus Nijhoff.

Levinas, Emmanuel. 1991. *Otherwise than being*. Dordrecht: Kluwer.

Lippitz, Wilfried. 2007. Foreignness and otherness in pedagogical contexts. *Phenomenology & Practice* 1 (1): 76–96.

Litt, Theodor. 1967. *Führen oder Wachsenlassen*. Stuttgart: Klett.

McLaren, Leah. 2016. The terrifying truth: Sometimes our children are unknowable. *The Globe and Mail*. http://www.theglobeandmail.com/life/parenting/the-terrifying-truth-sometimes-our-children-are-unknowable/article28793819/. Accessed: September 19, 2016.

McWilliam, Erica. 2014. Pedagogical relations in the age of big data. *ACCESS*. 28 (1): 6–12.

Meyer-Drawe, Käte and Bernhard Waldenfels. 1988. Das Kind als Fremder. *Vierteljahresschrift für wissenschaftliche Pädagogik* 64: 271–287.

Mollenhauer, Klaus. 1968. *Erziehung und Emanzipation: Polemische Skizzen*. Weinheim/ Basel: Beltz.

Mollenhauer, Klaus. 1972. *Theorien zum Erziehungsprozeß: Zur Einführung in erziehungswissenschaftliche Fragestellungen*. Weinheim/Basel: Beltz.

Nohl, Herman. 1933. Der pädagogische Bezug und die Bildungsgemeinschaft. In *Handbuch der Pädagogik*, ed. H. Nohl. Langensalza: Beltz.

Nohl, Herman. 1949. Gedanken für die Erziehungstätigkeit des Einzelnen mit besonderer Berücksichtigung der Erfahrungen von Freud und Adler. In *Pädagogik aus dreißig Jahren*, ed. H. Nohl, 151–160. Frankfurt a. M.: Fischer.

Nohl, Herman. 1988. *Die pädagogische Bewegung in Deutschland und ihre Theorie*. Frankfurt a. M.: Vittorio Klostermann.

Ortmeyer, Benjamin. 2008. *Nohl und die NS-Zeit*. http://www1.uni-frankfurt.de/fb/fb04/ schriftenreihe/index.html. Accessed: September 19, 2016.

Pestalozzi, Johann-Heinrich. 1799/1882. Letter from Stans. In *Pestalozzi: His Life and Work*, ed. R. Guimps, 149–172. New York: D. Appleton & Co.

Smith, Stephen J. 1991. *Risk and our pedagogical relation to children: On the playground and beyond*. Albany NY: SUNY Press.

Sævi, Tone and Heidi Husevaag. 2009. Child Seen as the Same or the Other? The Significance of the Social Convention to the Pedagogical Relation. *Philosophical Inquiry in Education* 18 (2): 29–41.

Sævi, Tone. 2011. Lived relationality as fulcrum for pedagogical–ethical practice. *Studies in Philosophy and Education* 30 (5): 455–461.

Van Manen, Max. 1991a. Can teaching be taught? Or Are real teachers found or made? *Phenomenology & Pedagogy* 9: 182–199.

Van Manen, Max. 1991b. *The tact of teaching: The meaning of pedagogical thoughtfulness*. Albany, NY: SUNY Press.

Van Manen, Max. 1996. Phenomenological Pedagogy and the Question of Meaning. In *Phenomenology and Educational Discourse*, ed. D. Vandenberg, 39–64. Durban: Heinemann Higher and Further Education.

Van Manen, Max. 2000. Moral language and pedagogical experience. *Journal of Curriculum Studies* 32 (2): 315–327.

Van Manen, Max. 2003. *The tone of teaching: The language of pedagogy*. London, ON: Althouse Press.

Van Manen, Max. 2013. The call of pedagogy as the call of contact. *Phenomenology & Practice* 6 (2): 8–34.

Van Manen, Max and Catherine Adams. 2014. Phenomenological Pedagogy. In *Encyclopedia of Educational Theory and Philosophy*, ed. D. C. Phillips, 606–610. Thousand Oaks CA: Sage.

Van Manen, Max. 2015. *Pedagogical Tact: Knowing What to Do When You Don't Know What to Do*. Walnut Creek, CA: Left Coast Press.

Von Hentig, Hartmut. 1993. *Die Schule neu denken*. München: Hanser.

Waldenfels, Bernhard. 2007. *The Question of the Other*. Albany: SUNY Press.

Waldenfels, Bernhard. 2011. *Phenomenology of the alien: Basic concepts*. Evanston: Northwestern University Press.

Wulf, Christoph. 2003. *Educational science: Hermeneutics, empirical research, critical theory*. Münster: Waxmann.

Das Pädagogische Band

Maximilian Waldmann und Martin Preußentanz

Einleitung

Verhältnisbestimmungen zwischen Pädagogik und Phänomenologie können in mehrere Richtungen verlaufen. Eine naheliegende Perspektive ist mit der Frage verbunden, was die Pädagogik aus der Phänomenologie übernehmen kann. Im Gegensatz zu dieser auf *Innovation* abzielenden Bemühung lässt sich von einem dezidiert phänomenologischen Blickstand eine Fremdperspektive auf pädagogische Sachverhalte gewinnen, die ein anderes Sehen *initiieren* kann. Diesem Anderssehen wollen wir uns hier in Bezug auf pädagogische Sozialität annähern. Dazu werden wir im Folgenden eine leibphänomenologische Perspektive anlegen, die davon ausgeht, dass Sozialität in antwortenden Vollzügen auf fremde Ansprüche gestiftet wird. Diese *responsive Phänomenologie*, zu der Werke von Maurice Merleau-Ponty, Emmanuel Levinas und Bernhard Waldenfels gezählt werden können, dient uns als Problematisierungsfolie für die Frage nach dem pädagogischen Verhältnis, das in der Vergangenheit u.a. von so unterschiedlichen Autoren wie Herman Nohl und Otto Friedrich Bollnow thematisiert wurde. In unserer Problematisierung wird gleich zu Anfang deutlich, dass weder ein normativistischer Ansatz noch eine Pädagogik der unvorhersehbaren Begegnung eine befriedigende Antwort auf die Frage liefern, wie Sozialität in pädagogischen Verhältnissen gestiftet wird. Wir schlagen daher vor, das Soziale in pädagogischen Ordnungen im Anschluss an sich wiederholende Stiftungsmomente aus Unverfügbarem zu denken (vgl. Tengelyi 2007). Zu diesen Unverfügbarkeiten zählen fremde An-

sprüche, die sich in sozialer Hinsicht als Anspruch des Anderen im Wirkungsfeld
von Dritten artikulieren. Dies bedeutet, dass noch vor dem Rekurs auf eine genuin pädagogische Haltung oder dem Verweis auf die Spezifik des pädagogischen
Raumes Voransprüche auftreten, die pädagogische Ordnungen immer wieder von
Neuem herausfordern. Der Beitrag liefert ausgehend vom leibphänomenologischen
Grundgedanken der duplikativen Fremdheit zwischen Lehrenden und Lernenden
eine Systematisierung des Pädagogischen als antwortendes Gabe- und Gegenga-
begeschehen einer vorläufigen Anerkennung, das sich im Rahmen der triadischen
Struktur der pädagogischen Ordnung vollzieht. Im Gabegeschehen sind das Hinzeigen auf etwas *als* etwas und das anerkennende Antworten auf andere zusam-
mengespannt. Aus diesem Grund kann die Erforschung von Erziehungsprozessen
nicht auf eine sozialtheoretische Grundlagenbestimmung, verbunden mit einer Explikation der intersubjektiven Verhältnisse im Pädagogischen verzichten. Der *terminus technicus*, mit dem wir dieses Verschränkungsverhältnis bezeichnen, lautet
Pädagogisches Band.

1   Das pädagogische Verhältnis zwischen voraus-
gesetzter Wechselseitigkeit und unvorhersehbarer
Begegnung

Was zeichnet das pädagogische Verhältnis aus? Dieser Frage hat sich Herman
Nohl in seinen Überlegungen zum pädagogischen Bezug gewidmet (vgl. Nohl
1933, S. 20–26). Er kommt hier zu dem Schluss, dass das pädagogische Verhältnis zwischen Lehrenden und Lernenden zu den herausragenden Verbindungen im
Leben des Menschen gehöre. Dabei profitieren die „werdenden Menschen" von
der „Reife des Lehrers", wie es bei Nohl weiter heißt. Dieses leidenschaftliche
Verhältnis, das anderes als eine quasi natürliche väterliche bzw. mütterliche Sorge
um den anderen oder gar ein „erotisches Band" (ebd., S. 22) darstellt, charakterisiert Nohl als geistigen Bezug, der sich auf das höhere Ziel einer Menschwerdung
richtet. So überrascht es nicht, wenn Nohl im Weiteren den geistigen Bezug des
pädagogischen Verhältnisses von bloßem sexuellen Begehren und der Triebbefrie-
digung abzugrenzen versucht. Als stärkstes Argument für die Leidenschaft pädagogischer Liebe im Gegensatz zum Ausleben sexueller Wünsche sieht Nohl neben
der Wechselseitigkeit im Verhältnis von Erziehenden und Zu-Erziehenden den
Bezug zum Erziehungsziel einerseits und zum Kind andererseits. Diese „doppelte Liebe" sei es, die den „Eigenwert" des pädagogischen Verhältnisses ausmacht.
Die Symmetrie der pädagogischen Liebe wird durch das wechselseitige Bezogen-
sein von Erzieherautorität und der Gehorsamkeit des Zöglings garantiert. Wäh-

rend Erziehende der Einheit von Ideal und Wirklichkeit verpflichtet sind und sich umsorgend, aber stets mit pädagogischem Takt auf die Zu-Erziehenden beziehen, geben sich diese im Gegenzug dem Erzieher liebevoll hin. Beide wechselseitig ineinandergreifenden Elemente bilden das Dritte der „pädagogische[n] Struktur der Erziehungsgemeinschaft" (ebd., S. 25) aus.

Ein Motiv sticht in Nohls Beschreibung des pädagogischen Bezugs besonders heraus. Und zwar ist dies die *Normativität der Wechselseitigkeit*, die für Nohl im pädagogischen Liebesideal ihren Ausdruck findet. Die pädagogische Vergemeinschaftungsform, die hier am Werk ist, resultiert aus der pädagogischen Liebe im Erziehungsprozess. Erzieher und Zögling lieben sich wechselseitig, vertrauen dem jeweils anderen und brauchen einander. Auf dieser spezifischen Form von Liebe gründen wiederum alle weiteren Rollenunterscheidungen, Pflichten und Bedürfnisse. Nun lässt sich heutzutage nicht erst seit Bekanntwerden der massenhaften Missbrauchsfälle an der Odenwaldschule an der Tragfähigkeit einer „pädagogischen Liebe" für ein pädagogisches Verhältnis zweifeln. Der Liebesbegriff steht seit längerem unter Verdacht, einer illusionären und unterwerfenden Liebe zum Kind Vorschub zu leisten, die unter dem Deckmantel der Pädagogik auftritt, aber in Wirklichkeit als Päderastagogik aufgefasst werden muss (vgl. Pinar 1998, S. 11–12). Es scheint also, als wäre aus dem wechselseitigen Liebesideal eine Stiftung von pädagogischer Sozialität nicht ohne Weiteres herzuleiten, da hier das Resultat vor den Prozess gestellt wird.

Ein anderer Versuch, das pädagogische Verhältnis zu denken, kann in den existenzialistischen Ausführungen von Otto Friedrich Bollnow zur Begegnung im Rahmen der unstetigen Formen von Erziehung gesehen werden (vgl. Bollnow 1984). Im Gegensatz zur Resultatorientierung bei Nohl betont Bollnow die Unverfügbarkeit und die Flüchtigkeit des pädagogischen Verhältnisses als Begegnung. Es ist laut Bollnow so, dass sich Begegnung in einem pädagogischen Sinne nur dann ereignen könne, wenn sie nicht unter den einheitlichen Grund einer vorgängigen Bestimmung gestellt wird, woraus Begegnung resultiert oder wozu sie geschieht. Bollnow hat dann im Anschluss an die Auseinandersetzung mit Josef Derbolav den Begegnungsbegriff in eine existenzialistische und in eine klassisch-humanistische Deutungslinie auszudifferenzieren versucht (vgl. Bollnow 1981). Demnach gehe es in der humanistischen Variante um die Bereicherung des Eigenen durch die Aneignung fremder Inhalte. Im Gegensatz zu dieser Aufnahme von bisher Unbekanntem betont der existenzialistische Begegnungsbegriff die Zurückgeworfenheit des Menschen auf sich selbst in der widerständigen Begegnung. In Hinblick auf ein Denken des pädagogischen Verhältnisses sind hier zwei Dinge von Relevanz. Zum einen ist dies das Hereinbrechen von Ereignissen in das Leben des Menschen, die sich nicht voraussagen oder herbeiführen lassen, aber wesentlich für die weitere Entwicklung des Menschen sind. Und zum anderen ist dies die Unmöglichkeit einer Einverleibung dieser herausfordernden Begegnungen. Das pädagogische Verhältnis lässt sich im Anschluss an das Gesagte nicht als Kontinuität oder allein vom Machsal aus denken. Die Relation zu anderem bleibt einer Widrigkeit und Dynamik unterworfen, die das Leben erst auszeichnet.

Aus der existenzialistischen Radikalisierung des pädagogischen Verhältnisses folgt, dass eine pädagogische Vergemeinschaftungsform, wie sie bei Nohl der Fall war, undenkbar wird. Wenn das pädagogische Verhältnis zur unverfügbaren wie *unvorhersehbaren Begegnung* wird, dann lässt sich zwar eine normative Engführung auf ein Liebesideal vermeiden. Damit geht aber auch der Verlust der Sozialdimension in der Begegnung zwischen Erziehenden und Zu-Erziehenden einher, die Nohl als Wechselseitigkeit zu bestimmen versucht hat. Demgegenüber lässt sich zwar die von Bollnow als humanistische Variante bezeichnete Einverleibung von Fremdem in der Begegnung mit dem Ziel einer Selbstvervollkommnung an ein intersubjektives Geschehen rückbinden. Allerdings vermag es diese Interpretation des pädagogischen Verhältnisses nicht, demjenigen nachzuspüren, das sich einer Aufhebung oder Aneignung widersetzt und gerade in dieser unhintergehbaren Insistenz eine pädagogische Relevanz entfaltet.

Im Anschluss an diese idealtypisch verstandenen Positionen können wir die Leitfrage für unsere weiteren Überlegungen stellen: Wie lässt sich das pädagogische Verhältnis systematisieren, ohne es auf die Bindekräfte eines Ideals zu verengen oder es vom Primat des Unstetigen aus zu denken? Im Folgenden wird es uns also darum gehen aufzuzeigen, wie im Rahmen pädagogischer Überlegungen Sozialität denkbar ist, die einerseits dem Widerfahrnischarakter von Begegnung Rechnung trägt und andererseits Stiftungsmomente von Sozialität innerhalb der intersubjektiven Dimension berücksichtigt. Wir bezeichnen diese Form der Sozialität als *Pädagogisches Band*. Um diese Vergemeinschaftungsform in pädagogischen Settings auszuweisen, bedienen wir uns leibphänomenologischer Ideen (3. und 4.) in Verbindung mit sozialphilosophischen Überlegungen (5. und 6.). Wir werden als Ergebnis unserer Überlegungen anstelle der Wechselseitigkeit die *Gegen*seitigkeit im Sinne eines alternierend asymmetrischen Geschehens einer Gabe vorläufiger Anerkennung im pädagogischen Verhältnis formulieren (7.).

2   Der Auftritt des Fremden

Die Frage nach dem Stellenwert des Fremden innerhalb unseres alltäglichen Miteinanders hat sich bekanntlich bereits innerhalb der Phänomenologie Edmund Husserls gestellt. Husserl ist hier von einer „verähnlichenden Apperzeption" ausgegangen, die es uns ermöglicht, den anderen wahrzunehmen (vgl. Husserl 1995, S. 113). In seinen Analysen bezieht er sich dabei auf den anderen, wie er sich als Körper zeigt und im Rahmen dieser Körperlichkeit gewisse Ähnlichkeiten zu uns selbst aufweist. Innerhalb der Bewusstseinsphänomenologie konnte vor diesem Hintergrund einer Verähnlichung die Problematik des Fremdverstehens noch nicht in ihrer Radikalität auf den Plan treten. Erst mit neueren phänomenologischen Entwürfen, wie sie bei Emmanuel Levinas, Maurice Merleau-Ponty und in der Folge bei Bernhard Waldenfels vorliegen, wurde das Fremdverstehen und mit ihm das Verhältnis zum *Anderen* vom egologischen Primat befreit.

Eine ideengeschichtliche Zäsur, die zur Ablösung vom Rückgang auf das Bewusstsein geführt hatte, findet sich in Levinas' Überlegungen zum verwundbaren Subjekt, das immer schon vom Ereignis der Alterität angesprochen und affiziert ist, ohne auf diesen Anspruch zur Gänze antworten zu können (vgl. Levinas 2011). Auf diese Scheidung von sozialer und radikaler Alterität werden wir im Abschnitt über die alternierende Asymmetrie zurückkommen. Die andere Zäsur, auf die es uns jetzt ankommt, lässt sich auf die Thematisierung von Leiblichkeit *als* Leib-Körper-Differenz zurückdatieren. Im Anschluss an Husserl, aber gegen den Vorrang des Bewusstseins, hatte Merleau-Ponty die Doppeldeutigkeit unseres Leibes als gleichzeitig mit der Welt verbundenes und von ihr geschiedenes Verhältnis zu fassen versucht (vgl. Merleau-Ponty 2011). Wir können als leibliche Wesen ein Verhältnis zur Welt und damit zu anderen nur deshalb eingehen, weil wir von ihnen getrennt sind, aber zugleich von Ich-Fremdem affiziert werden. Dabei können wir uns von unserem Leib nicht lossagen, weil sich Wahrnehmen, Verstehen und Handeln nur *durch* den Eigenleib vollziehen. Im Gegensatz zum Körper wird unser Leib nie als Gegenstand oder als Zentrum zu erfassen sein, sondern er bewegt sich in der natürlichen Einstellung scheinbar mit uns und verschwindet in den alltäglichen Vollzügen aus unserem Fokus. Erst wenn wir auf Widerständiges stoßen, das uns (be-)trifft, uns affiziert und unseren Leib verfremdet, wird der zuvor fungierende wie unsichtbare habituelle Leib in seiner *Offenheit* und *Verletzbarkeit* thematisch (vgl. Merleau-Ponty 1993, S. 40). Die Voraussetzung für diese Betroffenheit, dass uns überhaupt etwas aus der natürlichen Einstellung, unserem unhinterfragten alltäglichen Zur-Welt-Sein herausdrängt, liegt in der bereits skizzierten Spaltung des Leibes, die sich als *Selbstverschiebung* äußert. So kann der Leib nie zu sich selbst aufschließen, weil jede Reflexion, jede sprachliche Äußerung und jede sinnliche Berührung einen Spalt im Verhältnis von Bezug und Bezogenem öffnet, der sich einer dialektischen Vereinigung verwehrt (vgl. Meyer-Drawe 2002). Gemäß dieser Nicht-Koinzidenz erfolgen die leiblichen Bezüge auf etwas immer zu spät, da der Leib sich selbst vorausgeht.

Das wird gerade dann deutlich, wenn wir etwas erfahren. Erfahrung ist möglich, weil uns unsere Umgebung nur bis zu einem gewissen Grad (selbst-)verständlich erscheint. Dort, wo unser bisheriges Wissen und unsere Gewohnheit brüchig werden, begegnen wir dem Zwischenreich der Erfahrung. Wir können in diesem Zusammenhang mit Waldenfels von Erfahrung in einem emphatischen Sinne sprechen, wenn „wir von etwas getroffen sind, bevor wir dieses als etwas verstehen und zielgerichtet handeln" (Waldenfels 2002, S. 192). Dieser pathische Charakter von Erfahrung zeigt sich im Durchleben von etwas, dessen Urheber ich nicht bin und das sich einem aneignenden Zugriff prinzipiell widersetzt. Damit ist Erfahrung stets Fremderfahrung. Sie führt uns zum Fremden als Schwellenphänomen, wo nicht das eine vom anderen geschieden ist, sondern sich *etwas von sich selbst unterscheidet*. Dies impliziert auch, dass das Verhältnis zu anderem stets vor dem Hintergrund eines vergleichenden oder ordnenden Dritten beobachtet wird, während wir in der Erfahrung des Fremden nicht auf diese Vermittlungsinstanz zurückgehen können, ohne das Phänomen aufzuheben (vgl. Waldenfels 2002, S. 187–192). Auf der Schwelle, wo wir auf das Anderswo des Fremden stoßen, ist stets Eigenes von Fremdem geschieden. Dabei lässt sich das Verhältnis des Eigenleibes zu Fremdem als Bezug zu einem Entzug formulieren. Waldenfels hat in diesem Zusammenhang vorgeschlagen, nicht nach der Beschaffenheit des Fremden zu fragen, was die vergleichende Außenperspektive des (Nicht-)Identischen voraussetzen würde, sondern das Fremde ausgehend von den Verschiebungsbewegungen des leiblichen Selbst zu untersuchen, zu dem seine nachgängigen Antworten auf vorgängige Widerfahrnisse gehören:

> „*Wem* etwas widerfährt, *wen* eine Aufforderung erreicht und *an wen* sich diese wendet und *wer* antwortet, also das *erleidende*, *aufgeforderte* und *antwortende* Selbst, all diese Instanzen sind weder miteinander identisch noch nicht-identisch" (Waldenfels 2002, S. 203; Hervorhebungen im Original).

Eine responsive Deutung des Erfahrungsgeschehens geht also, *erstens*, von der *Nachzeitlichkeit* der Antwort aus. Die Diachronie von Sagen und Gesagtem, von fremdem Anspruch und eigener Antwort hat zur Folge, dass unser Antworten „anderswo beginnt, dort, wo es nie war und nie sein kann" (Waldenfels 2008, S. 93). Die Insistenz des Fremden lässt sich erst mit der Antwort auf es fassen, die stets im Nachhinein erfolgt. Einfälle kommen, Erinnerungen fallen uns ein und Traumatisches sucht uns heim, „wenn *sie* wollen, nicht wenn *ich* will." (ebd.; Hervorhebungen im Original). *Zweitens* folgt daraus, dass der fremde Anspruch, der an uns geht, unhintergehbar ist. Das leibliche Selbst ist immer schon mit Fremdem durchsetzt, weil es sich selbst vorausgeht, insofern es zu anderem in Bezug steht. Die Ausgesetztheit an den Anderen bzw. gegenüber dem Fremden fordert derart heraus, dass wir darauf *nicht nicht antworten* können. Auch ein Schweigen oder das Wegsehen stellen eine Antwort auf etwas dar. Und *drittens* zeichnet sich das Erfahrungsgeschehen durch eine *unaufhebbare Asymmetrie* aus. Da der fremde Anspruch unseren Intentionen stets zuvor kommt, uns überrascht und eine Antwort abverlangt, sind das Fremde als Selbstentzug und das Eigene im Sinne des Selbstbezugs „gegeneinander verschoben" (ebd., S. 94). Der Selbstentzug im Selbstbezug wird nur aus der Binnenperspektive des Eigenleibes erfahren. Das Vergleichen impliziert bereits eine Distanz zur leiblichen Perspektive unter Vernachlässigung des vorgängigen Widerfahrnischarakters, der sich zuallererst mir selbst zeigt. Diese responsive Perspektive auf das Erfahrungsgeschehen lässt sich nun auf das Verhältnis von Selbst und Anderem erweitern, insofern wir immer bereits von Anderen angesprochen werden und mit ihnen koexistieren.

3 Verdopplung der Fremdheit

In der Sozialdimension, die sich durch die Begegnung mit anderen auszeichnet, verdoppelt sich die Fremdheit des leiblichen Selbst im anderen Leib. Der Selbstentzug des Eigenen steht damit in einem Verhältnis zum Fremdentzug des Anderen. Innerhalb dieser duplikativen Fremdheit verschränken sich die Fremdheit im Selbst und der Andere als Fremder in einer Zwischensphäre von besonderer Qualität. Denn der Blick des Anderen auf uns selbst ist niemals gleichzusetzen mit unserer präferentiellen Eigenperspektive auf den anderen Leib (vgl. Waldenfels 2002, S. 203–213). Eigenleib und Fremdleib stehen im Verhältnis einer *doppelten Asymmetrie* zueinander, die sich nicht durch eine übergeordnete Vermittlungsinstanz aufheben lässt. Diese Verdopplung stellt eine besondere Herausforderung an jede Ordnung – sei sie nun dialogisch, hierarchisch oder anderweitig verfasst. Denn die doppelte Asymmetrie zwischen Eigenleib und Fremdleib verführt zu Umgangsstrategien, die nicht selten der Fremdheit den Stachel ziehen. So gehen eine transzendentale Symmetrie (vgl. Derrida 1976, S. 191; vgl. Herrmann 2013) oder eine kommunikative Vernunft (vgl. Habermas 2011) bereits von voraussetzungsvollen metaphysischen bzw. normativen Ordnungsfiguren aus. Gerade weil das Selbst nie vollkommen bei sich selbst verbleiben kann, aber auch nicht mit anderen verschmilzt, zeichnet sich ein doppelt in sich selbst verschobener Zwischenraum ab. Selbst und Anderer verschränken sich hier in der Weise, dass sie einander berühren, ohne einander anzueignen (vgl. Waldenfels 2002, S. 213). Waldenfels schlägt in diesem Zusammenhang den Begriff der *Hypermetrie* vor, um das doppelt asymmetrische Verhältnis von Selbstentzug des Eigenen und Fremdentzug im Anderen, das jeder Stiftung von Ordnung vorausgeht, auszuzeichnen (vgl. ebd., S. 229–233). Damit bestimmt sich allerdings der Logos im Dialog nicht von einer vorgängigen wie gemeinsamen Sinnsphäre, sondern „Anspruch und Antwort interferieren in einer zeitlich verschobenen Doppelbewegung […]. Was zwischen uns geschieht, läßt sich erst im Nachhinein einem Wir zuschreiben" (ebd., S. 219). Und dies hat wiederum zur Folge, dass wir von Sozialität nur im Sinne eines „gestörten Gleichmaßes" (ebd., S. 222) sprechen können, denn der Fremdentzug im Anderen stellt einen Überschuss dar, der den Prinzipien des Vergleiches entrückt ist und der Symmetrieerwartung des Dialogs zuwiderläuft.

Wenn wir etwa das pädagogische Verhältnis bei Nohl als gemeinsamen Logos begreifen, insofern der pädagogische Bezug vom Gemeinschaftsideal wechselseitiger Liebe garantiert wird, dann können wir leicht erkennen, dass die Standpunkte von Lehrenden und Lernenden nicht umkehrbar sind. Damit ist in das pädagogische Verhältnis bereits ein Moment „bedingter Asymmetrie" (ebd., S. 227) eingezogen. Die Lernenden müssen sich auf die Fähigkeiten und das Gespür des Lehrenden als ‚Bewahrer eines höheren Ideals' verlassen. Der dialogische Rahmen der pädagogischen Gemeinschaft bleibt bestehen, solange sich das Pädagogische in der Art einer Höherentwicklung der ‚werdenden Menschen' identifizieren lässt. Der phänomenologische Einspruch lautet an dieser Stelle, dass der Bezug auf eine Gemeinschaftssphäre stillschweigend von der Binnenperspektive des Eigenleibes – bei Nohl ist dies der Pädagoge in seinem einseitigen Verstehen der Zöglinge – zur Beobachterperspektive des Dritten in Form eines Ideals übergeht, dort verbleibt und damit das letzte Wort für sich beansprucht. Diese Reduktion auf einen Dritten erscheint in der Konzeption Nohls auch deswegen möglich, weil der Anspruch des Fremden kategorisch ausgeschlossen wird, wenn es beispielsweise heißt, „es soll ihm [dem Zögling, M.W. und M.P.] nichts Fremdes eingebildet werden" (Nohl 1933, S. 23). Fremdes lässt sich aber nicht auf seine Geltung zurückführen als dasjenige, was dem Erziehungsideal einfach nur fremd ist, wie die Ausführungen zur duplikativen Fremdheit gezeigt haben.

Wenn das pädagogische Verhältnis nicht unter der Vorherrschaft eines gemeinsamen Logos begriffen werden kann, wie eine leibphänomenologische Perspektive nahelegt, und wenn in dieser Relation ein mögliches aber keineswegs garantiertes Produkt einer Genese gesehen wird, dann geraten nicht nur die dem Dialog vorhergehenden Voraussetzungen in den Blick. Darüber hinaus ließe sich ein allzu einfacher Dialogzentrismus mit fremden Ansprüchen konfrontieren, sodass wir sehen können, dass das vermeintliche Primat des gemeinsamen Logos von der Asymmetrie des Pathos durchkreuzt wird. Anstatt einer bedingten Asymmetrie unterschiedlicher Rollen hätte man es mit einer doppelten Asymmetrie zwischen Lehrenden und Lernenden zu tun, deren Perspektiven aber standortgebunden bleiben, weil das Verhältnis des Eigenleibes der Lehrenden nicht mit der Relation des Fremdleibes der Lernenden austauschbar ist. Jedes Hineinversetzen in den jeweils anderen kann nur von der eigenen leibgebundenen Perspektive aus geschehen. Es kommt dann zu den skizzierten Mehrfachverschiebungen in den Antwort- und Anspruchsverhältnissen zwischen Selbstentzug des Eigenen und Fremdentzug des Anderen. Der *Dritte* entfaltet genau in diesem Kontext seine *identifikatorische Funktion*. Lehrende als Appellanten und die Zu-Erziehenden als Respondenten werden nur unter dem vermittelnden Einfluss eines übergreifenden Logos abwechselnd zu Sprecher- und Höreridentitäten. Diese Synthesis ist möglich, indem Anspruch und Antwort auf das Gesagte reduziert werden, was die Diachronie von Sagen und Gesagtem suspendiert:

> „Nur auf diese Weise wird, wer zu mir spricht und wem ich zuhöre, identisch mit dem, zu dem ich spreche, und nur auf diese Weise werde ich, der ich spreche, identisch mit dem, der auf den Anderen hört. Die ‚Synthesis der Identifikation‘ vollzieht sich unter der Bedingung, daß das Sagen, das sich zwischen uns abspielt, *vom Gesagten her* und *auf das Gesagte hin* betrachtet wird, einem Gesagten, das wir gemeinsam zustande bringen" (Waldenfels 2002, S. 228; Hervorhebungen im Original).

Damit sind die Grenzen jeder dialogischen Pädagogik gleichzeitig beschrieben und gesprengt, insofern mir der Andere nicht mehr als anderes Ich begegnet und lediglich einen Spiegel meiner Selbst darstellt mit der Verheißung, durch das ‚Du‘ zum ‚Ich‘ zu kommen. Mit der Verdopplung der Fremdheit im Anderen und der Verschränkung mit der eigenen Fremdheit wird jedes pädagogische Setting durch eine irreduzible Fremdheit gespalten, die das Selbst und den Anderen immer wieder von Neuem herausfordert und hervorbringt.

4   Andere(r) und Dritter

Wir hatten festgestellt, dass der Übergang von der Erfahrungsperspektive des leiblichen Selbst zur Sozialdimension einen Terrainwechsel zur Folge hat. Diese Veränderung zeigt sich darin, dass die Beobachterperspektive des Dritten ins Spiel kommt, indem wir uns mit anderen vergleichen, über sie urteilen und sie identifizieren (vgl. Waldenfels 2008, S. 168). Der Dritte bezeichnet als Zugangsweise nicht nur diese Außenperspektive, sondern er verweist als Gegenstand auf Sozialität im elementaren Sinne (vgl. Bedorf 2010b). Dabei lässt sich nicht einfach von einem Additionsverhältnis ausgehen, so als käme zur Dyade von Erziehenden und Zu-Erziehenden noch ein Drittes hinzu. Vielmehr schaut uns, wie bereits Levinas

(2014, S. 307–308) gezeigt hat, in den Augen des Anderen immer schon der Dritte an, insofern wir zu anderen Anderen in einem Verhältnis stehen und uns im Rahmen einer Ordnung bewegen (vgl. Waldenfels 2015). Für ein pädagogisches Setting bedeutet dies zweierlei. Zum einen lässt sich der pädagogische Bezug nicht durch einen Dritten ohne Anderen vorstellen. Dies käme einem normativen oder funktionalistischen Kurzschluss gleich, indem der Anspruch des Anderen durch eine Funktionslogik oder den unhintergehbaren Bezug auf ein höheres Ideal ersetzt wird. Herman Nohls pädagogischer Bezug ist dabei der letzten Variante zuzurechnen. Und andererseits tendiert gegenüber dieser „normalistische[n] Form eines *Dritten ohne Anderen*" (Waldenfels ebd., S. 63; Hervorhebungen im Original) die existenzialistische Spielart zum Anderen ohne Dritten. Das Andere als Begegnung erfährt in Bollnows Entwurf die Bedeutung einer außerordentlichen Trennung. Die Begegnung wird als ein Stoßen auf etwas ganz Anderes aufgefasst, insofern der Mensch im Ausgang an diese Grenzerfahrung, vollkommen auf sich selbst zurückgeworfen, in seiner Existenz auf dem Spiel steht. Mit der leibphänomenologischen Umarbeitung können wir den Widerfahrnischarakter der Begegnung beibehalten, während der existenzialistische Rückgang auf sich selbst der pathischen Berührung ohne Berührung mit Anderen weicht, auf die wir zu antworten herausgefordert sind (Waldenfels 2008, S. 79). So können wir, entgegen der existenzialistischen Verkürzung, nie ganz bei uns selbst sein, während der Bezug zu Anderen, der in den Ausführungen von Bollnow nur marginal ausgearbeitet ist, eine Aufwertung erfährt. Denn es hatte ja geheißen, dass sich die Herausforderung des Antwortens, die in der Binnenperspektive des Selbst als Antwort auf einen fremden Anspruch erläutert wurde, in der Sozialdimension auf die Antwort auf den und die Anderen verschiebt.

5 Gegenseitigkeit als alternierende Asymmetrie

Mit der Befreiung der Beziehungen zwischen Selbst und Anderem vom egologischen Primat und von den uneinlösbaren Versprechen des Dialogismus, wonach ‚ich' und ‚du' einfach nur umkehrbare Sprechpositionen seien, ist der Rückweg zu sich selbst mit dem ‚Umweg' über den Anderen versperrt. Die Fäden, die zwischen Selbst und Anderem hin und herlaufen, bestätigen damit nicht einen gemeinsamen Raum der Anerkennung oder eine normative Ordnung, sondern Selbst und Andere setzen sich und die Ordnung jedes Mal von Neuem aufs Spiel, wenn sie einander begegnen.

Gegenseitigkeit wird damit als eine Dynamik von *alternierender Asymmetrie* ausweisbar, wie dies Marcel Hénaff (2014) kürzlich herausgearbeitet hat. Die beschriebene doppelte Asymmetrie erfährt hier eine responsive Entfaltung in der Zeit. Dabei erfolgt mein Antwortangebot auf den vorhergehenden wie unhintergehbaren Anspruch des Anderen stets im Nachhinein. Mit Levinas, aber gegen Hegel, deutet Hénaff diesen Anspruch des Anderen zu einem Ruf nach Anerkennung um. Dies geschieht allerdings nicht im Sinne bloßer Unterwerfung, sondern durch Verschiebungsbewegungen, die am Ende nicht in einer Aufhebung innerhalb eines Dritten kulminieren:

> „Weil *der Andere antworten kann und tatsächlich antwortet*, sieht sich meine prinzipielle Zuweisung ständig und bei jeder Gelegenheit verschoben und erneuert; mehr noch, sie ist desorientiert und dem Unvorhergesehenen ausgesetzt. Die Antwort führt die Abzweigung ein und bricht die Kurve. Die Diachronie ist nicht unilinear; sie ist der Pfeil, der die Abzweigungen bewirkt und verbindet" (ebd., S. 108; Hervorhebungen im Original).

Die Grundlage für diese Stiftung von Gegenseitigkeit aus dem Gegeneinander der asymmetrischen Beziehungen zwischen Herausforderung und Erwiderung schafft Hénaff durch eine Reformulierung des seit Marcel Mauss bekannten Gabe-Theorems. Dabei fasst Hénaff die Gabe, entgegen der philosophischen Tradition, nicht als etwas auf, dass *per definitionem* ohne Erwiderung auskommen muss. Vielmehr erfolgen Gabe und Gegengabe als Antwort auf einen vorhergehenden Anspruch des Anderen. Bedeutsam ist in diesem Zusammenhang, dass hier weder von einem Äquivalenzprinzip die Rede ist, wonach die gegenseitigen Beziehungen als Tausch in ein Gleichgewicht überführt werden, noch von einer selbstlosen Verausgabung (ebd., S. 109).

Für das pädagogische Verhältnis hat dies zweierlei zur Konsequenz. Zum einen können wir es nicht mit einer antagonistischen Scheidung von Selbst und Anderem zu tun haben, wenn wir von Geben und Nehmen im Rahmen von alternierender Asymmetrie sprechen. Die pädagogische Begegnung ist damit keine Grenzerfahrung, die eine Selbstfindung anstoßen kann. Wir geben uns in der Begegnung selbst, weil wir uns aufgrund unserer Verletzbarkeit, die bei Levinas im verwundbaren Subjekt ihre Entsprechung findet, im Angesicht des Anderen Selbst aufs Spiel setzen, aber dem Anderen gegenüber verantwortlich bleiben. Zum anderen ist dieser Einsatz des Selbst keineswegs mit absoluter Hingabe an etwas oder gar mit (bedingungsloser) Liebe für jemanden zu verwechseln. Wechselseitigkeit setzt bereits den Gleichgewichtszustand einer gemeinsamen wie konfliktbefreiten Ordnung voraus, in der die Positionen austauschbar sind wie Personalpronomina (vgl. ebd., S. 126–127). Demgegenüber werden in der Gegenseitigkeit Nähe und Distanz sowie Trennung und Verbindung in ihrer Prozesshaftigkeit erst ausweisbar.

Die altruistischen Tendenzen der Wechselseitigkeit gehören so zu einem Extrempunkt der Beziehung zwischen Lehrenden und Lernenden, mit dem ein totaler Aufschluss zu sich selbst und der Abschluss gegenüber Anderen korrespondiert. Der gabetheoretische Zugang zu Sozialität verspricht einen dritten Weg abseits dieser vermeintlichen Alternativen. Denn Gabe und Gegengabe spielen sich in einer Sphäre ab, die sich zwischen Responsivität und Intentionalität, zwischen Ausgesetzsein an den Anderen und Ruf nach Erwiderung, zwischen Alterität und Anerkennen, zwischen Risiko und Verantwortung und zwischen Antizipation und Antwort konturiert (vgl. Bedorf 2010a).

So haben wir es, *erstens*, mit dem unhintergehbaren Fremdanspruch des Anderen im Sozialen zu tun. Die *Herausforderung* des Anderen besteht dabei in der Unmöglichkeit, auf das Ereignis radikaler, weil entzogener, Alterität vollumfänglich antworten zu können. Denn die Antwort auf den Anderen adressiert diesen stets als bestimmten sozialen anderen (vgl. ebd., S. 137–149). Damit geht *zweitens* das *Risiko* einher, mit der Antwort auf die Herausforderung des Anderen etwas zu erwidern, von dem unsicher ist, *ob* es seinerseits vom Anderen anerkannt wird. Darüber hinaus ist mit dieser Ungewissheit einer Erwiderungsgeste des Anderen auf das Angebotene die Unsicherheit verbunden, *als was* meine Eröffnungsgabe anerkannt wird. Da hier aber nicht bloß Güter oder Tauschobjekte auf dem Spiel stehen, sondern ich mich selbst an das Gegebene binde, steht auch meine eigene Integrität auf dem Spiel. Dieser *Einsatz des verletzbaren Selbst* durch das Gegebene setzt aufgrund des beschriebenen Risikocharakters, der im Spielraum der Gegenantwort begründet liegt, einen Vertrauensvorschuss voraus (vgl. ebd., S. 150–158). Denn es hatte ja geheißen, dass es unvorhersehbar ist, ob und auf welche Weise eine Gegengabe vom Anderen erfolgt. *Drittens*, mit der beschriebenen (Eröffnungs-)Gabe wird die Entstehung eines Bindungsmomentes im Sozialen beobachtbar. Indem ich dem Anderen etwas anbiete, ist dieser seinerseits dazu angehalten, auf diesen Anspruch zu antworten. Genau hier liegt das *Genesemoment von Reziprozität*, die aufgrund der herausgearbeiteten doppelten Asymmetrie nicht vorausgesetzt werden kann, sondern erst im Nachhinein ersichtlich wird (vgl. ebd., S. 178). *Viertens* haben wir es hier mit einem *agonalen Verhältnis* zu tun, weil Gabe und *Gegen*gabe den Charakter eines Wettstreits zwischen den Antwortenden annehmen (vgl. Hénaff 2014, S. 122–127; vgl. Bedorf 2010a, S. 159–189). Damit ist gleichzeitig ein Moment minimaler Normativität in das Gabegeschehen eingezogen, da ich stets auf einen vorhergehenden Anspruch des Anderen zu antworten herausgefordert bin und in der Gabe eine mögliche Gegengabe antizipiere. Und *fünftens*, Anerkennung, die sich stets prozesshaft als Anerkennen vollzieht, ist damit immer nur von vorläufigem Status, weil es zu keinem Abschluss des responsiven Verhältnisses zu Anderen kommen kann. Dies wird gerade dadurch ersichtlich, „dass Anerkennung nur in Form von Handlungen und Sprechakten zu haben ist, die die absolute Alterität verkennen, weil sie stets von identifizierenden Anerkennungsordnungen geprägt sind" (Bedorf 2014, S. 169).

6 Das Pädagogische Band

Die Rede vom sozialen Band erfreut sich in aktuellen Verbindungen von Anerkennungs- und Gabetheorie einer gewissen Prominenz. Dies lässt sich darauf zurückführen, dass die Metapher des sozialen Bandes Bindungsmomente im Sozialen akzentuiert, ohne dabei die Trennung in Form von Konflikten und Zerreißproben außer Acht zu lassen (vgl. Bedorf 2010a, S. 199). Demnach gehen unsere Bezüge, was wir dem Anderen anbieten, stets mit *Entzügen* einher. Daneben kündigt sich im sozialen Band die Relation zum Dritten an, da wir Stiftungsmomente nicht nur aus der leiblichen Binnenperspektive erfahren, sondern auch von der Außenperspektive beobachten. Das Verhältnis zwischen interner leiblicher Akzentuierung und externer Außenperspektive lässt sich dabei als Vexierbild auffassen. Wir können entweder Eigen- und Fremdleib oder das Verhältnis zum Anderen und Dritten im Intersubjektiven als Zugangsweise wählen. Neben den Relationen zwischen Selbst, Anderem und Dritten provoziert die Bandmetapher die Frage nach der Beschaffenheit des Bandes. Im Rahmen der anerkennungstheoretischen Grundierung lautet die Antwort darauf, dass Sozialität in Antwortverhältnissen als Gabe und Gegengabe immer wieder hervorgebracht wird. So wird das soziale Band

> „nicht durch eine versöhnte Einheit stabilisiert, sondern es besteht performativ in der Notwendigkeit, es beständig erneuern und die Gesten der Anerkennung wiederholen zu müssen. Indem provisorische Anerkennung auf provisorische Anerkennung folgt, wird das Netz des Sozialen geknüpft" (Bedorf 2010a, S. 189).

Ausgehend von den skizzenhaften Beschreibungen zu Leiblichkeit, Alterität und Sozialität können wir nun ein kursorisches Verständnis des pädagogischen Verhältnisses als Pädagogisches Band entfalten. Dabei wird das Band im Pädagogischen durch die Relationen zum Dritten zwar mitbestimmt, es erschöpft sich allerdings nicht darin. In den Erläuterungen zum problematischen Charakter eines Dritten ohne Anderen wurde deutlich, dass ein Anspruch an das Pädagogische gerade darin bestehen kann, funktionalistischen Kurzschlüssen bzw. einer normativen Überdeterminierung nicht das letzte Wort zu lassen. Die Fixierung pädagogischer Settings durch Selbstmanagement-Strategien oder den unhintergehbaren Bezug auf ein Erziehungsideal schlagen leicht in Immunisierungsstrategien gegenüber der Erfahrung um (vgl. Meyer-Drawe 2010). Um derartige Verengungen in pädagogischen Kontexten zu vermeiden, ist eine *kairologische Aufmerksamkeit* notwendig, die Fremderfahrung als Gelegenheit ergreift (vgl. Meyer-Drawe 2007). Darunter fällt auch die Einsicht, dass Lernen als Erfahrung Lehren braucht, wie es bei Käte Meyer-Drawe (2013a) heißt. Diese intersubjektive Rückbindung verhindert gleichzeitig die solipsistischen Tendenzen einer existenzialistischen Radikalisierung des pädagogischen Bezugs. Die Vollzüge der Lehrenden können in diesem Zusammenhang gerade darauf gerichtet sein, dass die Lernenden nicht zum Vertrauten zurückkehren, sondern sich aus ihrer Komfortzone des habituellen Leibes herauswagen (vgl. ebd.). Das Wagnis, sich selbst aufs Spiel zu setzen, betrifft hier sowohl die Lernenden als auch die Lehrenden (vgl. Bedorf 2014). Denn die Rückführung auf einen umfassenden Logos, der es ermöglichen soll, Lernende dort abzuholen, wo sie sind, erweist sich angesichts der herausgearbeiteten leibgebundenen duplikativen Fremdheit als Illusion im Pädagogischen (vgl. Meyer-Drawe 2013b). Kein intentionaler Bezug kann sich von den Entzügen im Pädagogischen befreien, zu denen auch die Fremdentzüge im Anderen gehören (vgl. Bedorf 2014, S. 169). Daraus folgt, dass die vermeintliche Alternative zwischen *Führen und Wachsenlassen* immer schon durch responsive Beziehungen zu anderen bzw. anderem und einem damit verbunden Überschuss im Sagen, Wahrnehmen, Wissen, Handeln und Antworten unterlaufen wird (vgl. Meyer-Drawe 2013b).

Lernfortschritt wird stets nur unter der identifikatorischen Funktion der *pädagogischen Anerkennungsordnung* artikulierbar, indem das Gelingen des eigenen Tuns, das wir beim Lehren in die Hände anderer legen (vgl. Waldenfels 2009), im Nachhinein *als* Erfolg oder Scheitern anerkannt wird. Pädagogik als intersubjektiver Prozess kann damit als triadische Struktur beschrieben werden, da wir jemandem etwas *als* etwas vermitteln wollen. Diese Vermittlungsintention ist nicht auf das didaktische Dreieck oder die Zeigestruktur von Erziehung (vgl. Prange 2005) zu begrenzen, sondern immer auch als *provisorische* Antwort auf andere zu betrachten (vgl. Ricken 2009). Im Kontext von pädagogischen Anerkennungsordnungen wird in Eröffnungsgaben durch Lehrende in einer spezifischen Art und Weise auf etwas hingezeigt, sodass die Lernenden zu einer Erwiderung auf die Gabe herausgefordert sind. Im Gabegeschehen verbinden sich von daher Zeigeakte mit einem anerkennenden Anspruch auf „entgegenkommendes Verstehen" (Ricken 2009, S. 119). Im Sinne der doppelten Asymmetrie kommt dem Gezeigten dabei eine andere Bedeutung für die Lernenden zu als für die Lehrenden. Denn gerade der „Herausforderungscharakter der Dinge" (Meyer-Drawe 1999, S. 333), auf die im Pädagogischen hingezeigt wird, ist oftmals unverzichtbar für die Erfahrung des Lernens (vgl. Meyer-Drawe 2008). Da das Zeigegeschehen sich gleichzeitig beschränkt, indem es die Aufmerksamkeit auf etwas Bestimmtes lenkt, und sich selbst überschreitet, weil andere und anderes in dieser Beschränkung außen vor bleiben, haben wir es mit einem unabgeschlossenen Prozess zu tun. Dieser heute unwidersprochenen Einsicht kommt die Dynamik der gegenseitigen Gabe einer immer nur vorläufigen Anerkennung im Pädagogischen entgegen. Wir haben es hier stets mit „unversöhnter Anerkennung" (Bedorf 2014) zu tun, wenn wir Schüler und Schülerinnen als lernend, als störend, als talentiert oder anderweitig identifizieren. Das Ereignis radikaler Alterität fordert Lehrenden eine Antwort ab, die immer nur Ausschnitte des Gegenübers thematisiert und damit die diachrone Spaltung des Anderen als Gesprächspartner und als Gesprächsthema verkennt. Eine *Anerkennung der ganzen Person* erscheint von daher im Pädagogischen genauso unerreichbar wie die *Anerkennung der Differenz*.

Die Umstellung des erziehungswissenschaftlichen Theorievokabulars auf das Pädagogische Band hat dann zur Folge, dass die Stiftungsereignisse von Sozialität im Prozess des Anerkennens und nicht in der Transzendierung einer resultativen Anerkennungsordnung gesucht werden müssen. Der bei Hénaff zur Sprache gekommene Dreischritt von *herausfordern, anbieten* und *binden* könnte sich in diesem Zusammenhang für eine Beschreibung pädagogischer Sozialität eignen. So wird etwa anhand der vielbeschworenen Aufmerksamkeit von Lehrenden in diesem Zusammenhang ersichtlich, inwieweit die Lernenden nicht nur einander, sondern auch dem Lehrenden ausgesetzt sind.

Der „grelle Blickstrahl" einer pädagogischen Aufmerksamkeit kann allzu schnell zur Strafe für die Lernenden werden, wie Meyer-Drawe (2013c) in der Deutung einer Vignette aus der Unterrichtsforschung verdeutlicht. Eine Lehrerin hatte in dem analysierten Beispiel auf die Herausforderung eines Schülers, der in der Vergangenheit offenbar abweichendes Verhalten gezeigt hatte, mit dem Geschenk mehrerer Mathematikbücher unter der bewusst einkalkulierten Zeugenschaft aller anderen Schüler und Schülerinnen geantwortet. Die Gabe wurde von den Worten der Lehrerin begleitet, dass sich der Schüler nun nicht mehr hinter der Ausrede verstecken könne, er besäße die entsprechenden Bücher nicht, wenn eine Hausaufgabe wieder einmal unerledigt bleiben sollte. Das Angebotene und die Art und Weise seiner Übergabe zeigen dem Schüler sein Fehlverhalten auf und reduzieren ihn darauf. Gleichzeitig werden andere Deutungsangebote in der Anerkennung seines Verhaltens und mit ihnen die Möglichkeit für den Schüler, auf die Gabe anders als mit Scham oder Wut zu reagieren, durch den rigiden Einsatz von der Lehrerin *verspielt*. Das Beispiel verdeutlicht neben der Relation zu anderen, die hier als Zeugen dieser „Erziehungsmaßnahme" instrumentalisiert werden, den eingeschränkten Antwortspielraum des Schülers. Denn ihm wurde weder die Chance gelassen, „die Gabe auszuschlagen" (ebd., S. 57), noch sich anderweitig über sein Verhalten mit der Lehrerin verständigen zu können. Im Gegensatz zu einer quasitechnologischen Deutung, die im Verhalten der Lehrerin womöglich ein funktional legitimes Ahndungsmittel sieht, können wir hier von einer restriktiven Gabe sprechen, die zur Statuierung eines Exempels wird und so den Fremdanspruch des Anderen marginalisiert. Die *Bindekräfte* des Pädagogischen Bandes sind hierbei schwach, weil die Gegengabe des Schülers nur noch als Gehorsam oder als dessen Verweigerung von der Lehrerin antizipiert wird und dadurch dem Schüler das Vertrauen entzieht. Damit rückt statt der Gegenseitigkeit das Eigeninteresse der Lehrerin in den Vordergrund. Die pädagogische Relation zeichnet sich aber gerade durch ihre Gegenseitigkeit aus, die immer wieder aufs Neue zelebriert wird, um das Band zwischen Lehrenden und Lernenden zu aktualisieren. Es genügt dabei nicht, dass sich die Lehrenden aufs Spiel setzen, sondern sie sind dazu angehalten, durch geschickte Gaben im Hinzeigen auf etwas auch Gelegenheiten zu schaffen, sodass die Lernenden einen Antwortspielraum in ihrer Gegengabe wahrnehmen können.

Analog zur Verkennung des Lernprozesses in der Konzentration auf Lernziele und Kompetenzen hat die Stiftung von Identitäten durch den zeitweiligen Abschluss der responsiven Beziehung zur Alterität im Pädagogischen auch den Erfordernissen Dritter Rechnung zu tragen (vgl. Bedorf 2014, S. 169). Diese begegnen uns nicht selten in der Verflechtung mit der institutionellen Dimension oder in Machtfragen, wie das Beispiel aus der Unterrichtsforschung auch zeigen könnte. Darüber hinaus werden im Verhältnis von Anderem und Dritten Fragen der Gerechtigkeit und des Politischen im Pädagogischen systematisierbar (vgl. Wimmer 2014). Die Entscheidung, auf den Anspruch des Anderen zu antworten, birgt letztlich immer das Dilemma in sich, andere Andere in ihren Ansprüchen zu ignorieren – seien dies Mitschüler und Mitschülerinnen, familiäre Hintergründe oder eine anonyme Öffentlichkeit. Von daher können längst nicht alle Entzüge im Pädagogischen berücksichtigt werden. Insbesondere die Beziehung zur konflikthaften Natur des Politischen, das pädagogische Ordnungen durchzieht, gehört zu den angedeuteten Zerreißproben des Bandes und bedarf einer weitergehenden Auseinandersetzung.

Literatur

Bedorf, Thomas. 2010a. *Verkennende Anerkennung. Über Identität und Politik*. Frankfurt a. M.: Suhrkamp.
Bedorf, Thomas. 2010b. Der Dritte als Scharnierfigur. Die Funktion des Dritten in sozialphilosophischer und ethischer Perspektive. In *Die Figur des Dritten – Ein kulturwissen-*

schaftliches Paradigma, hrsg. E. Eßlinger, T. Schlechtriemen, und D. Schweitzer u.a., 125–136. Frankfurt a. M.: Suhrkamp.

Bedorf, Thomas. 2014. Unversöhnte Anerkennung im pädagogischen Prozess. In *Hegemonie und autorisierende Verführung*, hrsg. A. Schäfer, 161–174. Paderborn: Schöningh.

Bollnow, Otto F. 1981. Das Problem der Begegnung. *Alma Mater Aquensis* (19): 75–84.

Bollnow, Otto F. 1984. *Existenzphilosophie und Pädagogik. Versuch über unstetige Formen der Erziehung*. Stuttgart: Kohlhammer.

Derrida, Jacques. 1976. *Die Schrift und die Differenz*. Frankfurt a. M.: Suhrkamp.

Habermas, Jürgen. 2011. *Theorie des kommunikativen Handelns. Bd. 1 und 2*. 8. Aufl. Frankfurt a. M.: Suhrkamp.

Hénaff, Marcel. 2014. *Die Gabe der Philosophen. Gegenseitigkeit neu denken*. Bielefeld: transcript.

Herrmann, Steffen K. 2013. *Symbolische Verletzbarkeit. Die doppelte Asymmetrie des Sozialen nach Hegel und Levinas*. Bielefeld: transcript.

Husserl, Edmund. 1995. *Cartesianische Meditationen. Eine Einleitung in die Phänomenologie*. 3. Aufl. Hamburg: Meiner.

Levinas, Emmanuel. 2011. *Jenseits des Seins oder anders als Sein geschieht*. 3. Aufl. Freiburg i. Br.: Alber.

Levinas, Emmanuel. 2014. *Totalität und Unendlichkeit. Versuch über die Exteriorität*. 5. Aufl. Freiburg i. Br.: Alber.

Merleau-Ponty, Maurice. 1993. *Die Prosa der Welt*. 2. Aufl. München: Fink.

Merleau-Ponty, Maurice. 2011. *Phänomenologie der Wahrnehmung*. Berlin/New York: De Gruyter.

Meyer-Drawe, Käte. 1999. Herausforderung durch die Dinge. Das Andere im Bildungsprozeß. *Zeitschrift für Pädagogik* 45 (3): 329–336.

Meyer-Drawe, Käte. 2002. Die Dichte der Dauer. Phänomenologische Notizen zu den Grenzen des Verstehens bei Merleau-Ponty. In *Grenzen des Verstehens. Philosophische und humanwissenschaftliche Perspektiven*, hrsg. G. Kühne-Bertram und G. Scholtz, 163–171. Göttingen: Vandenhoeck & Ruprecht.

Meyer-Drawe, Käte. 2007. Kairos. Über die Kunst des rechten Augenblicks. Lutz Koch zum 65. Geburtstag. *Vierteljahrsschrift für wissenschaftliche Pädagogik* 83 (2): 241–252.

Meyer-Drawe, Käte. 2008. *Diskurse des Lernens*. München: Fink.

Meyer-Drawe, Käte. 2010. Sich einschalten. Anmerkungen zum Prozess der Selbststeuerung. In *Steuerungsprobleme im Bildungssystem. Theoretische Probleme, strategische Ansätze, empirische Befunde*, hrsg. U. Lange, S. Rahn, und W. Seitter u.a. 19–34. Wiesbaden: Springer.

Meyer-Drawe, Käte. 2013a. Lernen braucht Lehren. In *Pädagogische Reform. Anspruch – Geschichte – Aktualität*, hrsg. W. Beutel, P. Fauser, und J. John, 89–97. Seelze: Kallmeyer.

Meyer-Drawe, Käte. 2013b. Treffpunkte oder über die Täuschung, Schülerinnen und Schüler dort abholen zu können, wo sie sind. In *Lernseits des Geschehens. Über das Verhältnis von Lernen, Lehren und Leiten*, hrsg. E. Christof und J. F. Schwarz, 15–19. Innsbruck/Wien/Bozen: StudienVerlag.

Meyer-Drawe, Käte. 2013c. Im grellen Licht des Scheinwerfers. Aufmerksamkeit als Strafe. Respondenz zu Johanna F. Schwarz „Lehren und Lernen im Wirkungsfeld von Zuschreibung, Anerkennung und Aufmerksamkeit". In *Lernseits des Geschehens. Über das*

Verhältnis von Lernen, Lehren und Leiten, hrsg. E. Christof und J. F. Schwarz, 55–57. Innsbruck/Wien/Bozen: StudienVerlag.

Nohl, Herman. 1933. Der pädagogische Bezug und die Bildungsgemeinschaft. In *Handbuch der Pädagogik. Bd 1*, hrsg. H. Nohl, und L. Pallat, 20–26. Bad Langensalza: Beltz.

Pinar, William. 1998. Introduction. In *Queer Theory in Education*, hrsg. W. Pinar, 1–48. London: Routledge.

Prange, Klaus. 2005. *Die Zeigestruktur der Erziehung. Grundriss der operativen Pädagogik*. Paderborn: Schöningh.

Ricken, Norbert. 2009. Zeigen und Anerkennen. Anmerkungen zur Form pädagogischen Handelns. In *Operative Pädagogik. Grundlegung. Anschlüsse. Diskussion*, hrsg. K. Berdelmann und T. Fuhr, 111–134. Paderborn: Schöningh.

Tengelyi, Laszlo. 2007. *Erfahrung und Ausdruck. Phänomenologie im Umbruch bei Husserl und seinen Nachfolgern*. München: Fink.

Waldenfels, Bernhard. 2002. *Bruchlinien der Erfahrung*. Frankfurt a. M.: Suhrkamp.

Waldenfels, Bernhard. 2008. *Grenzen der Normalisierung*. Frankfurt a. M.: Suhrkamp.

Waldenfels, Bernhard. 2009. Lehren und Lernen im Wirkungsfeld der Aufmerksamkeit, In *Umlernen: Festschrift für Käte Meyer-Drawe*, hrsg. N. Ricken, H. Röhr, und J. Ruhloff, 23–33. München: Fink.

Waldenfels, Bernhard. 2015. *Sozialität und Alterität. Modi sozialer Erfahrung*. Frankfurt a. M.: Suhrkamp.

Wimmer, Michael. 2014. *Pädagogik als Wissenschaft des Unmöglichen. Bildungsphilosophische Interventionen*. Paderborn: Schöningh.

Education in crisis:
Reflections on the contribution
of phenomenology to modern educational
and political culture

Konstantinia Antoniou and Vasiliki Karavakou

Introduction

Broad is the disappointment due to the modern crisis in education and educational research. Our aim is to reclaim phenomenology and its method in an attempt to debunk this current predicament. It is suggested that a crisis cannot be overcome if education continues to be pursued in the absence of subjectivity, with no focus on critical reflection, capable judgment and informed citizenship. We need, therefore, to (a) re-think the role, the significance and the potential of education and educational research together with the priorities of modern culture; (b) assume an endemic bond between phenomenology and education in the broader sense of *paideia*. Modern education and educational research need to recapture the broader depth and richness of *paideia* by focusing on the self-formative, self-transformative and self-actualizing endeavors of a capable, mindful subject (Karavakou 2002, 2009). We refer to education in the sense of *paideia* (or *Bildung*), which, in the words of Kelly (1969), "…means not only education, but maturation, fulfillment…and an emergence to the plateau of judgment" (p. 342); (c) reclaim the legitimacy of "the subjective" in educational methodology and research. We need, therefore, to resist those epistemological anxieties about the reliability of phenomenology, which have their origin in the commitment to the dominant ethos of quantitative research. No matter how admirable the achievement of statistical accuracy is, educational research and policy have lapsed into a vicious circle of infinite formalism, characterized by a lack of meaningful reflection on the purposes of education and modern (political) culture.

Contrary to this perspective, we argue that subjectivity does not pose a methodological problem, as personal narratives are authentic sources of how we deal with real-life situations. Phenomenology offers substantial information on what really happens to the subject, the way in which it relates to the world and how it reclaims its critical and imaginative abilities. Apparently, phenomenology tolerates the paradox that objective truths are known by subjective acts of knowing. Those philosophers of education, and educationalists who embrace the phenomenological standpoint, have consistently identified ordinary subjects as the crucial epistemological agents that offer firsthand accounts of their experiences. By understanding subjectivity as an indication of objectivity, we place subjective narrative clusters of accumulated meaning in a dialogical relationship with culture. It is further work on these clusters that guarantees the empowerment of individual reflexivity, capable judgment and informed citizenship.

1   Education in crisis

In 1935, Husserl (1965) delivered a lecture at the University of Prague under the provocative and by all means prophetic title *Philosophy and the Crisis of European Man*. Out of this lecture, originally intended as an "independent introduction" to phenomenology (p. 185), grew a new conception about the crisis of European culture and the European sciences, which gave in to a rampant naturalism and objectivism that invaded all method and research. Husserl describes this as a deep and prolonged "situation of distress" (*Notlage*) that thrives upon the arbitrary dualisms of modern science, "a danger of dangers" to be overcome only by a "heroism of reason". Unfortunately, Western developments on the fronts of education, science and culture have affirmed Husserl's fears and added to the sense of distress an overwhelming sense of disappointment. Decades later, Arendt (1968) refers to a pernicious crisis in her essay on *The Crisis in Education* (p. 173–174). Arendt argues that, if we compare the problems of education to other kinds of problems (for example, wars, violence and the infliction of human suffering), it is difficult to credit them with any urgency or priority. Nevertheless, the challenge to cultivate subjectivity and the training of judgment in order to respond to the crisis in resourceful and imaginative ways remains intact and more compelling than ever.

A brief look into the etymological origins of the term might be useful here. In both ancient and modern Greek, the term "crisis", originating from the verb κρίνω ("to judge"), refers to the exercise and cultivation of our judging abilities and is equivalent to the German *Urteilskraft*. This is a positive meaning of the term. It is not the meaning Husserl had in mind when he castigated the collapse of European culture; but it is the meaning Arendt wished to ascribe by playfully converting a "crisis" (in the sense of disaster) into a "crisis" in the sense of making ourselves the most capable judges on important practical issues that occupy the human intellect.

Any discussion about the variety of meanings adds to the conceptual elasticity of the term. Koselleck (2006) speaks of "an enormous quantitative expansion" (p. 397) that has dominated bibliography and Milstein (2015) observes that "… there is comparatively little discussion about crisis as such" (p. 141–142), i.e. as a prominent feature of social and political reality. Seen either as a danger or an opportunity, a crisis is inextricably linked to local and global changes of conceptions and perspectives, practices and institutions, values, behaviors and the economy. One of its central features is that it is "an inherently reflexive concept, native to modernity", which presupposes not only the urgent need for an effective response but also "a capacity for crisis consciousness" (Milstein 2015, p. 147). In other words, it depends on crisis-conscious actors capable of making judgments about their relationship to the world. Saying this means that (a) human subjects retain their relationship to the world and have escaped alienating themselves from any of its significant objective dimensions; and (b) crisis-conscious subjects play a constitutive role in what a crisis (or a crisis experience) actually is and how it should be overcome.

There are cases in which a crisis indicates a fragmentation between society and its crisis-conscious members. In these cases, the effects of the crisis reflect the exclusion and disempowerment of all those incapable of assuming a response to the ongoing crisis. It seems possible to suggest that a "crisis" in its positive sense (as a relic of the modern culture of reflexivity and subjectivity) may offer opportunities through the exercise of individual judgment. But in its negative sense, a "crisis" gives rise to an endless spiral of subjective alienation and loss of cognitive and valuational orientation. As a result, the subject experiences "a secondary crisis", the severest form of alienation from the community of the crisis-conscious subjects. As all members of such a community are already constrained by the structures of the existing world, they stand on a doubly disadvantageous threshold to making any contribution as to how the crisis should be overcome (Milstein 2015, p. 154). In this context, a "crisis" contributes to the demise of a crisis-conscious subjectivity, whilst *being* and *lived experience* are understood as parts of a continuous processing mechanism that secures biological preservation. For example, in the case of homelessness, even when homeless people are ensured of the basic means for self-subsistence through charity, what they insist on striving for is to regain their lost sense of integrity by healing their broken relationship with themselves and with society.

This pernicious and alienating aspect of "crisis" may be witnessed in the fortunes of education. Gustavsson (2002) elaborates the effects of the new dominant economic culture on central educational concepts, a development "...which has charged humanism and democracy with great challenges" (p. 14). But, whereas he focuses on the "radical redefinition" of educational concepts, we draw broader links with the spheres of research, policy and political culture. In this case, the current crisis has the following negative features: (a) the absence of grand narrative descriptions of education and culture; (b) the dominant banking conception that treats education as a means to measurable ends; (c) the robust global blend of economics, technocracy and business that promotes the profile of consumptive subjectivities and policies that disregard the democratic deficits they involve (Apple 1992, p. 783–784); and (d) the strong quantifying and de-personifying empiricism that seals all results in educational research. In other words, this highly destructive blend affects education, democratic self-government and human *entelecheia*. Here, we evidently borrow the dynamic nature of Aristotelian (1987) *energeia* or *entelecheia*, i.e. the capacity of human beings to complete themselves through an activity which is self-ascribed, characteristic of their own nature and purposive (*Metaphysics*, Θ.6 1048a25), in order to stress the significance of the exercise of our reflective and deliberative powers.

With regard to modern educational research, it prefers to generalize and oversimplify, as it: (a) uses excessive quantitative measuring, (b) abstains from the use of qualitative criteria, (c) neglects any reference to subjectivity and its experiences and (d) abstains from being critical; instead, it yields to a growing neutrality and indifference. The picture that has been entitled "education in crisis" finds completion in the analogous changes in the content of curricula, in teaching and learning methods and, of course, in the implementation of actual educational policies. As they are hugely influenced by what happens on the front of educational research, they contribute to a vicious circularity and reinforce the ongoing crisis.

It is important to clarify, here, the distinction between "education" and *paideia* or *Bildung* (as equivalent to *paideia)*. The paideutic process is a profoundly self-formative, self-transformative and self-actualizing process. This is a rather Hegelian understanding of *paideia*, which re-establishes, in a modern setting, the connection between education, character-building and political virtue that had appeared as the highest of goods in ancient Greece. Aristotle (1932) thought that it leads to the fulfillment of the definition of man, of how man becomes *spoudaios*, i.e. virtuous and respectable (*Politics*, 1332b 10–11). Of course, one must mean the free man, since anyone with no rights to citizenship was excluded from the achievement of being *spoudaios*. Quite important is another pervasive aspect of the ideal of *paideia* as man's only real possession: the inalienable possessions acquired in this lifelong paideutic process. Indicative, here, is the old Heracliteian saying "Man's character is his daemon" (*Fragments*, D119 as translated in Kahn 1979) or the widely spread ancient Greece notion that *paideia* is man's guardian angel. In the Platonic *Phaedo* (1993), Socrates claims that *paideia* and nurture "...are indeed said to do the greatest benefit or harm to the one who has died" (107d 4–5) assuming, apparently, that *paideia* bestows upon human life an enduring value and quality. The educational content and the organization of *paideia* were provided by the polis, the broader public sphere for the instantiation and exercise of citizenship. Good and virtuous (καλός καγαθός) was the man who had reached high levels of *paideia* or fulfilled the definition of man by utilizing powerful weapons, i.e. philosophy and rhetoric, critical thinking and argumentation, public deliberation and political participation. In fact, in all subsequent attempts, the educational system had been entrusted with this end (τέλος), i.e. the provision of the appropriate means for human beings to complete themselves by realizing all epistemological and practical forms of self-characterization. In this spirit, *paideia* was seen as the realization of human *entelecheia*.

Equally pervasive is a more recent conception originating in the Enlightenment. *Bildung* in Kant's understanding (1980), for example, refers to the cultivation of both intellect and character and is explicitly associated with the overall project of self-enlightenment. In the famous essay *An Answer to the Question: "What is Enlightenment?"* Kant renders *Bildung* the imperative of the new age, incorporating all meanings of culture, education and humanity. Herder, by understanding the term in a self-reflexive form (*sich bilden*), opens up the door to an expressivist understanding: *Bildung* as the individual meaningful self-expression. The entire *Bildungsroman* tradition encourages the understanding of the term as a process of self-exploration and self-vindication, whilst the expressivist emphasis on the meaning-disclosing contributions of subjectivity passes on to Hegel's philosophy and the subsequent phenomenology.

When modern Philosophy of education retrieves the Hegelian concept of *Bildung*, its first aim is to recapture the lost richness and complexity of the concept. The loss is a rather unfortunate outcome of regarding education as synonymous with schooling. Its second aim is to embrace both the ancient anthropological-political and the modern individualistic elements as crucial to a concept of *paideia* that is viable in modern conditions. Of course, *Bildung* constitutes an educative process, "but it is also related to the sharing and clustering of social values, that goes beyond the limits of a particular educational achievement" (Karavakou 2002, p. 73). On the basis of this analysis, it should be clear that we would benefit enormously from regarding *paideia* as the true goal of education. This would be an excellent opportunity to reshape modern education, absolve it from its post-modern picture as a product of consumption and reconceive it in terms of a process capable of accomplishing *paideia*. In doing so, it may be argued, one also addresses the sense of passivity involved in the term "education", in the sense of formal schooling. Irrespective of its particular orientation, which currently speaks through idioms of inclusive ideals, fair opportunities and interculturalism, modern education is widely accepted to serve a social mobility role, satisfying the demands of the modern economic world. Indeed, although this is the case, it seems to have also worked under the assumption that individual subjects become (*via* schooling) increasingly strong to constitute themselves as the self-legislating authors of their lives. In contrast, the suggested use of the term *paideia* serves precisely this purpose, i.e. to rejuvenate education in a self-formative and self-encompassing manner that respects the activity and dynamism of individual subjectivity. This may prove to be quite stimulating in times of crisis, when education assumes a managerial and controlling role. In such times, *paideia* assumes the creative and dynamic role of generating science, art, politics and every aspect of human life to the extent that it moulds the realm of consciousness itself and constitutes the social space. In this sense, *paideia* reminds us of Husserl's appeal to "the heroism of reason", although the basis for such a critique may be seen to flourish in a huge variety of texts, such as Plato's *Republic*, the writings of Kant, Hegel and the Frankfurt School thinkers and more recent educational and political concerns, as they have been formulated by Foucault, Deleuze, Bourdieu, Badiou, Nussbaum, Critchley, Butler and many others.

On the same basis we rest our additional claim that there is an endemic bond between phenomenology and *paideia*. In fact, one may correlate education with the "natural attitude" and *paideia* with the "phenomenological attitude" in the following sense: In phenomenology both researchers and respondents abandon (via *epoche*) their natural standpoint of perceiving and understanding the world in order to find the "essence" of phenomena. By "looking" at the "essence", they reclaim the imaginary alternatives of the phenomenon as equally important and change their attitude. The phenomenological attitude reclaims intrinsic mental, volitional and psychological states as opposed to mere extrinsic quantifiable and measurable results. When the subjective states become explicitly recognized and known, this triggers new associations and transformations in the way the subject confronts the world thereafter.

This scenario resists the idea that we merely perceive "facts". When we abstract something from a phenomenon, it ceases to be recognizable as what it is essentially, since we have destroyed its "essence" or significance. The inner link between the "phenomenological attitude" and *paideia* is their common method of going beyond "mere facts", their pointing to the "essence" of events, their reclaiming the imaginary alternatives of phenomena.

2   Phenomenology –
Issues in theory, research and method

In the 21st century, phenomenology emerges as a longstanding philosophical tradition with prominent exponents, who have distanced themselves from the original program. No matter how true Ricoeur's view about the history of phenomenology "as the history of Husserlian heresies" (Zahavi 2008, p. 661) is, our intention is not to rebel against some versions of phenomenology, but rather rebel in the name of phenomenology! There is an ongoing fertile discussion within the phenomenological tradition, which is valuable for mapping out areas of confusion, developing new concepts and inventing new responses to old problems (Finlay 2009, 2012). Our insistence on reclaiming subjectivity must be read in the light of the following analysis on "the subjective" and its integrity. Employing phenomenology and drawing the useful distinction between the natural and the phenomenological attitudes brings the concept of subjectivity and its experience to the forefront of our attention. Before we examine various issues regarding methodology, it is important to explain the nature and the role of "the subjective" and its traditional opposition to "the objective".

Phenomenology has been famous for its criticism of scientific rationality and naturalistic reductionism calling for a disclosure of our more original relation to the world. Subjectivity pertains to the first-person perspective, the source of the experiential dimension of all knowledge. Within the phenomenological scheme, an object (as the object of knowledge) is always the object of a subjective consciousness. Outside the phenomenological scheme, "the objective" (typical of its blind material necessity) amounts to the reified, quantifiable and measurable reality. In fact, "the objective" stands powerful over and against a powerless subject. Quantitative research methods assume such measurable objects whilst remaining skeptical, or even dismissive, of phenomenology for its appeal to the "invisible" and therefore unreliable realm of "the subjective". Merleau-Ponty (1962) spoke of the naïve aspiration of scientists to attain objectivity from a third-person perspective:

> "All my knowledge of the world, even my scientific knowledge, is gained from my own particular point of view, or from some experience of the world without which the symbols of science would be meaningless. The whole universe of science is built upon the world as directly experienced." (p. viii)

For phenomenology, the core of the subject is its intentionality, which, (as already announced by Hegel in his *Phenomenology of Spirit*, 1977, para. 166 f.), re-establishes the broken relationship between subjective consciousness and the objective world. The phenomenological consciousness abandons any appeal to naturalistic reductions of the objective (Husserl 1972, p. 100) and deals with its own *noemata*, i.e. the world as consciousness relates itself to it (Husserl 1972, p. 153). Even the inclusion of *Lebenswelt* (Husserl 1986) constitutes a space of meanings and worldviews, a horizon of moral and communicational reciprocity, in which all subjective consciousnesses strive to retain their intentionality and autonomy. This space is not exhausted in the natural world of everyday experience, but arises instead as a transcendental condition for every trace of reciprocity, communication and recognition that pervades ordinary experience. *Lebenswelt* arises as an ideal type of community between intentional beings who are immune to the calculative exchanges and the measurable standards of ordinary life. In a similar fashion, the phenomenological subject, enjoying the liberty of its intentionality and *noetic-noematic* contents, is immune to the dualisms and dichotomies it experiences in the world of experience.

There can be no disagreement about the utmost importance of the preservation of a *forum internum*, indicative of the subject's integrity and autonomy, for this trend. Even in subsequent formulation, there had been concern for the integrity of "the subjective". For example, although Merleau-Ponty (1962) deviates considerably from Husserl, he still regards consciousness as an intricate system of relations. Heidegger (1962) also regards the existential subject (*Dasein*) as "the innermost possibility" of being itself in itself (p. 68, para. 43), calling it "authentic" (*eigentlich*), or belonging to itself: "...any Dasein whatsoever is characterized by mineness [*Jemeinigkeit*, author's remark]" (ibid.). In this spirit, the challenge for anyone employing the phenomenological idiom and method is to describe the necessary bond between subjective consciousness and the objective world from the standpoint of the subject, not from that of the natural object. In phenomenology, the objects of consciousness are their own objects in the most emphatic and essential sense. Any reservations raised by the non-phenomenologist about the reliability of this approach simply miss the point: Subjective consciousness, out of its original and spontaneous act of intentionality, remains intact of any external threats; its *noetic-noematic* content constitutes the objective presupposition for its own self-knowledge, autonomy and integrity.

Unfortunately, in education, there are not many examples of phenomenological research. This reflects the sad state of current educational research and its surrender to quantitative methodology. The most recent implementation of phenomenology in pedagogy lies in *lifeworld* and narrative pedagogy, which hold the lion's share in nursing studies (Ironside 2006, p. 479). But even in this case, practitioners of phenomenological research methods have a loose or vague link to the philosophical background of the method. Not accidentally, there are examples of research which are phenomenological only by name (Dowling 2007, p. 137). Finlay (2009, 2012) has excellently explained how this tendency gives rise to serious confusion. A sophisticated version of phenomenology, discussed especially amongst psychologists, follows Heideggerian hermeneutics and pursues an interpretative path of analysis. Famous is the model of Smith, Flowers and Larkin (2009) that appears to be a useful tool for novice researchers and offers a model base for innovative variation. Conroy (2003) suggests a similar attempt by using the idea of the hermeneutic spiral to create a six-step model of approaching subjective consciousness. Such attempts may be used with innovative variation in education as well, although there are special difficulties in this field which threaten the viability of the phenomenological method. The limited number of phenomenological paradigms prevent us from reaching any conclusions and a detailed comparison of different methodological findings. This is also supported by the fact that a method is being optimized through its experimental implementation, the quality of the extracted outcomes, as it is being rated by the academic community according to the impact it can have in the future.

At this point, it is useful to ponder over the reasons which compel education to adopt the phenomenological direction. Introducing phenomenology to pedagogy demands that educators and researchers distance themselves from dominant theory and methodology. Behaviorism, for example, is perhaps the most widely used educational theory and its results are studied extensively in many different fields. In spite of its dominant status, behaviorism fails to answer the question of knowledge acquisition, its techniques lead to rather superficial achievements (Russell 1974, p. 153) whilst its obsession with control undermines subjective autonomy. In contrast, following phenomenological principles implies that: (a) Teachers abandon the behaviorist teaching style that has been consolidated in 20th century curricula and re-direct themselves to the student's inner world, the space where consciousness dwells. Thus, phenomenology challenges teachers to be more than providers of stimuli, or actors who reward and punish students. (b) Teachers reflect on their presuppositions or culturally instilled norms in order to approach the "essences" of a phenomenon, as we say in the phenomenological jargon (Greer 1991, p. 29). For example, the tendency to acquire as many "good students" as possible, in accordance with a pre-determined and highly selective so-called "excellence", haunts the mission of the modern school.

Regarding the requirements for a fruitful phenomenological research, we should stress the following. (a) The collaboration between researchers and educators is essential, because teachers are able to indicate the proper ways to activate children's reflections. (b) Teachers, as they constitute a vital parameter for the inquiry, should become familiar with the phenomenological method and acquire good training in applying its principles in practice. (c) High level commitment is required on behalf of the participants, if researchers want to get records continuously and regularly; and (d) participants should overcome past influences and prejudices and start reflecting afresh.

Burning is the question about the reasons behind the limited use of phenomenological methods. Phenomenology advocates the study of immediate experiences and focuses on events and occurrences without presuppositions. The idea is to study and describe events from the subjective standpoint rather than produce claims about the significance of the events themselves. This requires a certain shift in perspective. The researcher is not standing upon personal experience in order to carry out the research, but needs to take the narratives of the participants seriously. This may prove problematic; beside the necessary frequent and regular communication between researchers and respondents, there remains the open and plausible question about the achievability of such an impartial perspective (Sævi and Foran 2012, p. 61). In fact, hermeneutic phenomenology takes for granted that "the researcher is a guide who takes cues from the participant as the interview ensues" (Vandermause and Fleming 2011, p. 374), so that they "co-create the story" (ibid., p. 375). This is indeed an open issue, but it escapes the purposes of our work here.

The phenomenologist also strives to avoid regress into Cartesian solipsism; his concern is not to place subjectivity in a state of ontological exile, epistemological isolation, moral individualism and political atomism. The phenomenologist treats the subjective "I" in its integrity, i.e. through the relations it establishes towards the world. Of course, phenomenology encourages us to deal with people as individuals; not with what the modern generalized crisis moulds human subjectivities into and what Deleuze (1992) calls "*dividuals*", i.e. subjects constantly divided or fragmented by external demands that remain extrinsic to them. In times of crisis, we should remind ourselves of the need to constantly re-activate and re-work our mental powers. This should be advanced beyond the robust ethos of performativity, blind rule-following and engagement with urgent or ephemeral needs. In times of crisis, our research should presuppose the legitimacy of "the subjective" in its integrity. Phenomenology has the stubborn predilection to "look" at the "essence" of the phenomenon by reclaiming its imaginary alternatives in addition to mere facts. This strategy is valuable for the aim of overcoming the fragmentation of modern "*dividuals*" and for recapturing the integrity of the subjective.

For quite some time now people involved in research have been puzzled with epistemological anxieties about the worth of findings through phenomenological inquiries. A lurking excessive and malign subjectivism is held responsible for the failure to universalize subjective experiences. A considerable variety of questions have been raised reflecting the alleged failure: How authoritative are accounts of first-person experiences? Can we really grasp the "essence" of a situation simply on the basis of a first-person experience? Where is the distinctive line between the subjective and the social? Does reliability require universalizability? Positivist critique of qualitative research methods has always stood against subjectivity on various grounds: for example, the respondent's contribution, the researcher's biases, the selection of data, etc. These contributed to the failure of achieving verifiable, generalizable and empirically tested results (Weiner and Popper 2013, p. 2186). Humanistic studies and a huge part of what comprises social sciences, educational studies included, followed the positivistic paradigm and struggled to quantify their results. As a consequence, they objectified subjective consciousness under microscopic lenses. It is a great pity that the increase in the number of such scholarly studies has produced little progress or improvement in our responses to educational problems. Noteworthy are the exemptions of nursing studies, psychology, the arts and pedagogy, which seem to embrace phenomenology at an impressive rate. In these contexts, the experience of pain, for example, or the act of seeing between teachers and students, is studied on the basis that all subjects are taken to ascribe meaning to their condition and the contents of their consciousness. Above all, this is regarded as immanent. A notable example, coming from the realm of pedagogy, is Sævi's and Foran's (2012) approach to "the act of seeing". The authors refer to the pre-reflective intentional process that pre-exists every intersubjective (i.e. school) relationship (p. 60). The relationship between teachers and students develops under the influence of factors such as: (a) the place (the classroom); (b) the time (e.g. one's age, previous experiences, leisure), (c) the corporeal expressions; and (d) the ineffable subjective meanings. One may also include the important element of Bollnow's "pedagogical atmosphere", to which Henriksson (2012) refers when she insists on cultivating a special relationship between teachers and students, a "meeting" or "encounter" of looks (p. 124) indicative of "authentic pedagogy" (p. 126).

As Levering (2006) plausibly suggested, phenomenology provides us with information about (a) the inner conditions under which a phenomenon is projected in consciousness and (b) the differentiated quality of that being which triggers the exceptional signification in each subject (p. 455). Evidently, for phenomenology, subjectivity constitutes a departure point, not a validity issue; anyone who organizes the questions of a research inquiry should be alert about the defining emergent themes of a phenomenon. Our concern was to argue against the view that subjectivity poses a methodological problem. On the contrary, phenomenology offers substantial information on what really happens to the individual and personal narratives constitute excellent sources of knowledge about the way subjectivity deals with real life.

3 Reclaiming phenomenology in modern education and educational research – Concluding remarks

Phenomenological is that approach, which never leaves the subjective standpoint outside its theoretical premises and research proposals. We should never gloss over the fact that, beneath the surface of any critique against phenomenology, subjectivity is at stake. When subjectivity is at stake, man's aspirations and rights to paideutic self-fulfillment are also at stake. In addition, to avoid the inclusion of subjectivity is to prevent any further modern interdisciplinary attempt that embraces work on subjectivity and its experiences.

In this paper, we have argued in favor of the extended use of phenomenology as an educational philosophy and research method in education. On several occasions we stressed that this bears a highly beneficial effect on educational and political culture. Education is not an isolated space, but a constitutive part of the broader culture of a society; it reflects, as Plato taught us in the *Republic*, the internal strength and maturity of a society. But it may also reflect the dramatization a society experiences. It may set the way forward but it is also conditioned by what takes place in real life. Education and society are in continuous interchange; it is a pernicious naivety to assume that changes in the realm of education bear no effect on society or vice versa.

Of course, reclaiming phenomenology in education and educational research may not amount to a miraculous panacea for resolving the crisis in education. It is merely an important step in restoring its lost humanistic aspect. Its benefits may be witnessed in the research method itself as well as in its products. As a dynamic exploratory process that discourages any conclusive and finalizing analysis, phenomenology portrays: (a) A profound respect for subjectivity, otherness and difference, (b) A concern for the continuity of all lifelong paideutic endeavors, minimizing thus the epistemological distance between those who educate and those who receive education. In fact, it could also be argued that the dynamism in all the learning, teaching and research moments annuls all of these typical distinctions. In the case of research, its implementation has a likewise effect on both researchers and respondents. In every phenomenological inquiry, a certain intersubjective relationship develops among the subjects involved. This relationship, which we have often seen to be described as "an act of seeing", rests on a mutually acknowledging recognition that pervades the whole process. There is a continuous feedback, or traffic, of emotions and sentiments, concepts, ideas and ideals, virtues, habits and practices among all those who participate in a didactical or a researching process. Any phenomenological process soon develops a double dialectic: Human subjects constitute themselves in and through educational/

cultural practices whilst their self-constitution is responsible for the constitution of cultural space.

In conclusion, introducing the phenomenological attitude in educational research and practice initially proves to be a decisive step towards restoring education in its paideutic heights. As a consequence, this also creates a pathway of possibilities for everyone involved in the process of phenomenological exploration: Firstly, the broken relationship between self-conscious subjectivity and its actions or self-expressing creations is healed; its integrity (or "authenticity" in the Heideggerian sense) is thereby, immediately, recaptured. In its turn, the latter emerges as a necessary condition in order to activate modern learners and absolve them from their passivity and creeping indifference to the problems with which they are confronted *via* schooling: These may arise from the technological innovations that have changed the educational terrain, its new roles and expectations, which depend on the dominant logic of measuring and achieving a high performance. They may also come from the modern horizon of confronting "otherness" with various modes of rhetorical and practical fanaticism. These and many others map out areas in which phenomenology, as philosophy, method and practice, may be usefully and intelligibly applied for the benefit of both subjective learners and social cultures.

References

Apple, Michael W. 1992. Educational Reform and Educational Crisis. *Journal of Research in Science Teaching* 29 (8): 779–789.

Arendt, Hannah. 1968. The Crisis in Education. In *Between Past and Future: Eight Exercises in Political Thought*. New York: Penguin.

Aristotle. 1987. *Metaphysics*. In *A New Aristotle Reader*, ed. J. Acrill. Oxford: Clarendon Press.

Aristotle. 1932. *The Politics*, transl. H. Rackham. The Loeb Classical Library: Harvard University Press.

Conroy, Sherrill A. 2003. A Pathway for Interpretative Phenomenology. *International Journal of Qualitative Methods* 2 (3): 36–62.

Deleuze, Gilles. 1992. Postscript on the Societies of Control. *October* 59: 3–7.

Dowling, Maura. 2007. From Husserl to van Manen. A review of different phenomenological approaches. *International Journal of Nursing Studies* 44: 131–142.

Finlay, Linda. 2009. Debating Phenomenological Research Methods. *Phenomenology & Practice* 3 (1): 6–25.

Finlay, Linda. 2012. Debating Phenomenological Methods. In *Hermeneutic Phenomenology in Education. Method and Practice*, ed. N. Friesen, C. Henriksson, and T. Sævi, 17–38. Rotterdam/Boston/Taipei: Sense Publishers.

Greer, Douglas R. 1991. The Teacher as Strategic Scientist: A Solution to Our Educational Crisis? *Behavior and Social Issues* 1 (2): 25–41.

Gustavsson, Bernt. 2002. What do we mean by lifelong learning and knowledge? *International Journal of Lifelong Education* 21 (1): 13–23.

Heidegger, Martin. 1962. *Being and Time*, transl. J. Macquarrie and E. Robison. Oxford: Basil Blackwell, reprint 1987.

Hegel, Georg W. F. 1977. *Phenomenology of Spirit*, transl. A. V. Miller. Oxford: Oxford University Press.

Henriksson, Carina. 2012. Hermeneutic phenomenology and pedagogical practice. In *Hermeneutic Phenomenology in Education. Method and Practice*, eds. N. Friesen, C. Henriksson, and T. Sævi, 119–137. Rotterdam/Boston/Taipei: Sense Publishers.

Husserl, Edmund. 1965. *Philosophy and the Crisis of European Man*. New York: Harper Torchbooks.

Husserl, Edmund. 1972. *Ideas*. London & New York: Collier-Macmillan.

Husserl, Edmund. 1986. *Phänomenologie der Lebenswelt*. Stuttgart: Reclam.

Ironside, Pamela M. 2006. Using narrative pedagogy: learning and practicing interpretive thinking. *Journal of Advanced Nursing* 55 (4): 478–486.

Kahn, Charles. 1979. *The Art and Thought of Heraclitus. An Edition of the Fragments with Translation and Commentary*. Cambridge: Cambridge University Press.

Kant, Immanuel. 1980. An Answer to the Question: "What is Enlightenment?" In *Political Writings*, ed. H. Reiss. Cambridge: Cambridge University Press.

Karavakou, Vasiliki. 2002. *Hegel's Theory of Individual Freedom*. Athens: Gutenberg Publications.

Karavakou, Vasiliki. 2009. *Essays on Hegel's Theory of Bildung*. Athens: Gutenberg Publications (in Greek).

Kelly, George A. 1969. *Idealism, Politics and History: Sources of Hegelian Thought*. Cambridge: Cambridge University Press.

Koselleck, Reinhart. 2006. Crisis. *Journal of the History of Ideas* 67: 397–400.

Levering, Bas. 2006. Epistemological Issues in Phenomenological Research: How Authoritative Are People's Accounts of their own Perceptions? *Journal of Philosophy of Education* 40 (4): 451–463.

Merleau-Ponty, Maurice. 1962. *Phenomenology of Perception*, ed. C. Smith. London: Routledge.

Milstein, Brian. 2015. Thinking politically about crisis: A pragmatist perspective. *European Journal of Political Theory* 14 (2): 141–160.

Plato. 1993. *Phaedo*, ed. C. J. Rowe. Cambridge: Cambridge University Press.

Russel, Dennis. 1974. Phenomenology: Philosophy, Psychology and Education. *Educational Theory* 24 (2): 142–154.

Sævi, Tone and Andrew Foran. 2012. Seeing Pedagogically, Telling Phenomenologically: Addressing the Profound Complexity of Education. *Phenomenology and Practice* 6 (2): 50–64.

Smith, Jonathan A. 2009. *Interpretative Phenomenological Analysis: Theory, Method and Research*. London: Sage.

Vandermause, Roxanne K. and Susan E. Fleming. 2011. Philosophical Hermeneutic Interviewing. *International Journal of Qualitative Methods* 10 (4): 367–377.

Weiner-Levy, Naomi and Ariela Popper-Giveon. 2013. The absent, the hidden and the obscured: Reflections on "dark matter" in qualitative research. *Quality & Quantity* 47 (4): 2177–2190.
Zahavi, Dan. 2008. Phenomenology. In *The Routledge Companion to Twentieth Century Philosophy*, ed. D. Moran, 661–692. London & New York: Routledge.

Teil III
Pädagogik und Phänomenologie in der Schule

Practising as a fundamentally educational category

Rethinking school practices with and against Bollnow

Joris Vlieghe

In this text I revisit Otto Friedrich Bollnow's 1978 study *Vom Geist des Übens*. My main concern here is not first and foremost to give a complete account of this most perceptive work on the educational significance of *Übung*, nor is it my aim to defend the reintroduction of a pedagogical form that in the eyes of many educationalists is no longer an adequate method to use in our day and age. Rather, I want to use some of Bollnow's phenomenological analyses in order to develop a view on the meaning of school practices (practices that typically happen in schools), in order to flesh out their particular *educational* relevance. I partly agree with Bollnow but I also show that his account is not fully satisfactory. In that sense, my contribution tries to think school practices *with and against* Bollnow. Inspired by the work of Giorgio Agamben, I argue that we need to take up one of Bollnow's basic insights in a new direction.

Before turning to Bollnow's work, I first give a terminological clarification and I explain in greater detail why an investigation into *Üben* or practising is relevant for coming to terms with the specific educational value of school practices. In a second part, I discuss in detail Bollnow's analysis of practising, an activity which he defines by opposing it to learning. Whereas Bollnow justifies making this distinction on the basis of the fundamental difference between the attainment of skill versus knowledge, I argue that another distinction, which remains implicit in Bollnow's work, is more fundamental and more helpful for defining practising (as opposed to learning) in the third section. This relates to the tension between ability and incapacity. Basically, I defend with the help of Giorgio Agamben the view that practising consists of a transition from a situation of possibility to one of what he calls impotentiality. Over and against this, learning could be defined as the reverse operation. In a last section, I flesh out the particular educational significance of practising, trying to give a more positive account of impotentiality. This will moreover offer a critical argument against the learnification of education as we witness it today.

1   The practice of school practising

It is not at all obvious to come up with an adequate translation for 'üben' in the English language. Expressions such as exercise and exercising, training, rehearsal and drill all come to mind, but neither of these terms cover exactly what is rendered in German by 'üben'. The best way to translate it is probably the somewhat outdated and not commonly used expression practising, which according to the *Oxford English Language Dictionary* refers to 'performing an activity or an exercise (a skill) repeatedly or regularly in order to acquire, improve or maintain proficiency in it'. Examples abound: getting to know a formula or poem by heart while reciting it over and over again; mastering the tables of multiplication by repeating the appropriate mathematical formulae ('four times nine is thirty-six'); reiterating sets of movements in physical education class (callisthenics); learning to play an instrument by unremittingly retaking a piece of music, etc. In this contribution I want to stress that practising is a specific way of doing something, i.e. that it concerns a *distinct* form of action to be set apart from other activities that take place in the world of teaching and learning, hence *the practice of practising* (cf. Laws 2011). Or, to use a term Masschelein and Simons (2010, p. 41) have coined, practising is a 'unique pedagogic form'.

Furthermore, this particular practice has distinct qualities when it is taken up inside the four walls of the school classroom. Many of the activities which are covered by the aforementioned definition can, evidently, take place outside of school. For instance, one can practise at home the text of a presentation one has to give during a conference, and oftentimes, musical instruments are practised alone in the privacy of one's home. My contention is, however, that these activities (i.e. rehearsing the exact words of a text, getting to master the performance of a piece of music) when performed under school conditions start to belong to a specific category of action. This is to say, it makes a marked difference when one practises together the recorder in a classroom, under the supervision of a master who ensures that the music score is correctly executed by everyone, without producing false tones or letting go the rhythm; likewise it constitutes a unique experience when students rehash the same text as a group according to a fixed and imposed pattern.

As such, there are distinctive features which set apart *school* practising from other forms of action (cf. Masschelein and Simons 2013). First, it is dependent upon a specific organization of time and space: it cannot happen everywhere and at any time. What is required is that people are gathered in a confined space which distributes bodies in such a way that everyone perceives immediately what others are doing in order to make coordinated action possible. Also, an interruption of the flow of time is indispensable so that an appropriate level of concentration can be reached. Relating to this, school practising is characterised by its repetitive, rhythmical, collective, heavily embodied and exhausting nature. According to a set rhythm, pupils take up again and again, and as a collective of bodies, the same stuff (words, numbers, movements, sounds, etc.). This requires imposing a strict discipline – one that usually wears pupils out. Third, the presence of a master is required, as there needs to be someone who watches over the coordination of the actions taking place and the precision of the execution, and to enforce a cadence to which pupils' sounds and movements should obey. Fourth, school practising values form over content and immediate use. At school, stuff is being practiced for its own sake. What is at stake, for instance, is to get the formula right and to master the text without the slightest mistake, rather than using the formula to solve real-world problems or engaging with the content of the text (in the latter case the preciseness of the formulation would only be of secondary importance).

These features are most easily to be perceived when basic things are being practised (e.g. drilling the letters of the alphabet or learning how to sing a song in group). However, many of these features are also distinctive for things that happen in other than the basic levels of school education. In that sense, practising is *not merely typical but moreover archetypical* for schooling. Practising sets a model for *everything*, which has a school-like quality (cf. Stiegler 2006, p. 174–175). So, even when we are dealing with far more complex subject matters, there is always a typical and archetypical 'school' way of doing it. For instance, when higher mathematics is the object of study in a classroom, it is required that one gets the hang of what it means to prove a theorem by doing it over and over again – the major aim not being the application of the theorem to real situations (although that might follow from it), so much as just being capable of proving it without giving in to the least inaccuracy. This is something which requires repetition, supreme concentration, control and strict discipline, and it is certainly exhausting. The collective dimension might be more difficult to discern here, but in an age in which on-line learning becomes more and more dominant, it is at least a very pertinent question to ask whether or not individualized programs of study, to be executed in the solitude of one's study room (or on whatever other location), are still to be regarded as *school* education. Studying individually, in one's own private space and according to one's own preferred rhythm surely has a different 'feel' compared to performing school activities. This difference is, perhaps, close to the distinction in experience between laughing together as opposed to watching a funny film and laughing alone.

An implication of the view I defend is that the existence of the school is a contingent one. Schools have been invented at a given moment (viz. when the features just mentioned began to be applied in a consistent manner and on a large scale), which means that one day, schools might also disappear (cf. Postman 1982; Böhme 2006). This is not an unrealistic scenario in a fully digitized world. So, there is nothing necessary to *school* education. As such, the ideas which I develop in the following are neither to be taken as revealing some kind of universal or trans-historical truth, nor are they to be taken as a plea to stick to (or to reintroduce) practices that are at risk of disappearing (or that have already waned away). My sole goal is to understand what is (arche)typal about schooling – i.e. to flesh out the specific educational meaning of a practice which, for a long time, has determined what schooling is all about.

I do this – as I said – in the full awareness that the practice of practising is dependent upon cultural and historical conditions. At the same time, I want to take this practice fully seriously. As such, I go against one of the two following approaches, which have become common today (cf. Vlieghe 2013, p. 190). First, more often than not, practising is being looked down upon, because it is taken to be opposed to genuine learning experiences. In the wake of constructivist and student-centred learning theories, practising is seen as an obsolete activity which hinders long-term retention and which prevents students from seeing connections between study material and their own life-world. According to this view, practising only stimulates a passive attitude, and it is antithetical to genuine personal development and flourishing. A second, often-professed view is that practising is a dimension of school life, which we have to tolerate for the time being, i.e. as long as educationalists do not come up with more efficient and personally gratifying methods. This is to say that, as things stand, we have no choice but to drill children in order to make them familiar with certain learning contents. In any case, in both of these popular approaches, practising has no intrinsic value. It is exactly therefore that I turn to Bollnow, because he defends the exact opposite idea. Not unlike more recent scholars (e.g. Brinkmann 2008 and Sloterdijk 2009), he argues that practising is *in and of itself* a meaningful endeavour. Therefore, in the next section I revisit his work and have a look at some of the arguments he develops in order to make a case for the *properly educational value* of practising.

2   Bollnow's analysis of practising and learning

Bollnow's ideas (1978) are predicated on the mutually exclusive opposition he draws between the activities of *Wissen* and *Können*, i.e. appropriating a piece of knowledge as opposed to getting to master a skill. These concepts differ fundamentally: *Wissen* is a discrete activity, whereas *Können* is a continuous one (ibid., p. 26–27). It is either the case that one knows something, or that one does not: a situation in-between is not imaginable. This is similar to concepts such as being faithful (one is faithful to one's partner or not: there is no half-hearted way of being loyal to one's beloved) and being dead (it is not meaningful to say that someone is 40 or 60 percent dead). So either one knows that Madrid is Spain's capital, or one does not. There exists no such thing as fractional knowledge (only a lack of knowledge, for instance when one believes Barcelona to be the capital of Spain).

Over and against this, it is very common to say that one is only partially proficient at a skill. Even more so, Bollnow argues, *Können* must always be partial. It does not make sense to say that one is never fully proficient in, say, playing the cello. In order to 'have' this skill, it is even a necessary condition that the skill in question is never fully possessed: full possession of ability equals death (Bollnow 1978, p. 36). It is constitutive to the very activity of performing a skill that there is always room for improvement. And this applies even to a Rostropovich.

As such, every actualization of *Können* is one of *Immer-besser-können-wollen* (ibid., p. 32). In stark opposition with knowledge, which is an all-or-nothing matter, one can and must always relate to a skill one wants to possess under the form of a never-ending quest for self-perfection. Things are different when knowledge is involved: there is no point in desiring to know *better* that Madrid is the capital of Spain. One can only desire to learn *more* (i.e. other things, such as what the capital of Portugal is). Moreover, Bollnow argues that *Können* is fundamentally *Nichtkönnen* (ibid., p. 33). The lack of full possession and control constitutes what it means to be a creature of possibilities. This also explains why repetition is essential. One has no choice but to come back, over and over again, to that what one never fully masters. Again, this is different in the case of *Wissen*. Obviously, in order to get to know the name of the capitals of the European countries, repetition might be an efficient tool. If one does not recall the appropriate city names, one needs to repeat them until one knows them by heart. However, here repetition is merely functional: it is not about perfecting oneself, but about the conservation of one's knowledge (fighting against the forgetfulness which comes with time).

Now, alongside this difference, Bollnow opposes learning and practising: the first activity is aimed at *Wissen*, whereas the latter is geared at *Können*. And therefore, *learning* is to be defined as a discrete activity, which has a clear and fixed goal: once the learners are satisfied (i.e. when they do not crave to know other things), their learning comes to an end. If repetition is required in order to reach this goal, it is only accidental. In contradistinction to this, *practising* should be defined as an activity which never comes to an end, and which requires continuous self-improvement. As such, repetition is essential to practising.

At first sight, Bollnow's account is a very promising one. It is a small masterpiece of phenomenological analysis, which presents most interesting insights on the differences between fundamental and fundamentally different pedagogical activities. Although I agree with most of what he says, and although I wholeheartedly assent to the opposition he makes between learning and practising, there is a major problem which specifically relates to the issue of *school* practising. Consider some of the examples I discussed in the first part of this text: drilling on the letters of the alphabet, repeating the tables of multiplication, performing simple callisthenics, etc. In all these cases, perfect control can (easily) be mastered: there comes a moment in one's education where one can and must say that one is a fully competent user of the alphabet or that one has reached total proficiency in counting and multiplying. Callisthenics, as opposed to athletics, does not really offer occasions for self-improvement. Therefore, in Bollnow's book, these examples should better be termed learning instead of being regarded as instances of practising. For Bollnow, practising only applies to highly complex cultural endeavours such as athletics, archery and playing musical instruments – not to the archetypal practices which constitute school education.

Moreover, what is really at stake in Bollnow's analysis is that practising is ultimately a form of self-exercise (cf. Brinkmann 2008). It is an activity concerned with overcoming oneself, which actually comes down to saying that the subject matter does not matter. Both archery and playing the cello – or for that matter the piano, the recorder or the triangle are good causes for striving after self-excellence. The only restriction to the choice of the subject matter is that it is not too simple and unsophisticated, so that full mastery is excluded. In that sense, the Triangle might be a wrong example. And: something like getting the hang of the alphabet or performing basic callisthenics most certainly is an inappropriate case of practising according to the Bollnowian scheme.

Therefore it might seem, at first sight, that Bollnow's analysis is not of great relevance when trying to come to terms with the properly educational meaning of elementary school practices, which is the objective I have set in this chapter and which is the main reason why I revisited Bollow's work on practising. Nonetheless, in the next sections I show that Bollnow's approach *is* important, albeit for another reason. More precisely, I propose in the following to develop one of the distinctions he has introduced in a new direction. Rather than emphasizing the distinction between knowledge and skill (after all, if I want to bring together practices such as callisthenics and learning multiplication tables, there is little point in making such a distinction), I base my further analysis on Bollnow's insight that the distinctive category which singles out practising from other pedagogical activities (inclusive of learning) is *Nichtkönnen*. This allows me to redefine practising and learning in terms of the interrelation between capacity and incapacity in both activities (i.e. attaining knowledge and skill).

3 Practising as relating to things in the mode of *Nichtkönnen*

My alternative account, which could be read as a fine-tuning of Bollnow's work, is based on the following two ideas: First, it is not so much the opposition between *Wissen* and *Können* that is the most important to draw, as it is the distinction between *Können* and *Nichtkönnen*. Second, both knowledge and skill can be the object of learning and practising alike. The basic opposition to make between learning and practising is not concerned with their object (i.e. whether students relate to skill or to knowledge). Rather, the more relevant difference to make here is that learning, as Bollnow hints at himself, is an operation during which students move from the side of *Nichtkönnen* to the side of *Können*. Therefore, learning – no matter if it is concerned with gaining knowledge or skill – can be redefined as an activity motivated by a lack (of knowledge and skill), which is geared at a complete possession of something (knowledge or skill).

In practicing it is exactly the other way around. Practising always requires that there is at least a minimal possession of the knowledge and skill at hand. After all, repetition – which is vital to the practice of practising – is only possible in so far as there is already an ability present. Now, whereas Bollnow only draws attention to repetition for the sake of improving oneself, this obviously does not apply to elementary school practices. What is at stake here, so I argue, is the exact opposite of what takes place when we learn something: when practising, we move from a situation of *Können* to one of *Nichtkönnen*.

Obviously, I am not claiming here that practising is equal to forgetting and unlearning, i.e. losing altogether the abilities one has gained. Rather, what happens is that we come to relate to the things we are already able to do, but in a completely new way: our knowledge and skills are no longer things we can say to possess, i.e. things we can appropriate and call 'ours'. It no longer makes sense to say that it is 'I' who is able to do this and that. In order to explain this, I refer to the work of the Italian philosopher Giorgio Agamben. His whole work revolves around the question of potentiality, i.e. he wants to understand what it means to claim 'I can'. Or, otherwise stated, he wants to grasp what it means that we are creatures of possibility rather than of necessity (Agamben 1999). Interestingly, Agamben argues that potentiality, taken in its most profound sense, is indistinguishable from impotentiality. 'I can' and 'I cannot' *at the same time.*

With this, at first sight contradictory definition, Agamben criticizes an ordinary and superficial account of possibility – one that merely states that if there are no obstacles hindering our ways, we are able. This is, 'if there is no impossibility, then there is possibility' (ibid., p. 183). The problem with this definition is that it is purely tautological and therefore meaningless. When Agamben claims that potentially is basically impotentiality, he refers to a pure state of being-able *before* this state is actualized in any specific direction. Another way of phrasing this is that the verb 'can', in its conventional use, is a transitive verb (i.e. in order to make sense, it must be connected to a direct object): we are used to saying 'I can do *this*' and 'I can do *that*'. For Agamben, this is again an insignificant use of this word. Instead, he would like to take this verb in an intransitive mode, stressing the 'can' part in the aforementioned expressions. The emphasis is fully on 'I *can* do this and that'. Thus, potentiality should not be taken in terms of the possible realization of the ability to do *this* and *that*. It should be regarded as a potential that preserves itself as such (Agamben 1999, p. 182).

The difficulty one might have with understanding this argument is precisely due to our common experience with potentiality. When we are able to do *this* and to do *that*, we normally do not experience that we also *can* do this and that. Therefore, the claim that potentiality and impotentiality are essentially equivalent also refers to the fact that we only genuinely experience to be creatures of possibility at the very moment that we are (temporarily) not in the possibility to bring our abilities into realization. We are no longer in the position to express and to realize ourselves. For instance, it is precisely at the moment that one ceases to find the correct words to express one's ideas or feelings, or when one falls victim to stuttering, that proficient users of the English language actually experience that they *can* speak English. It is only then, i.e. in moments of sheer impotence, that one experiences what being-able is all about. And so, fundamentally, the meaning of the expression 'I can' is actually 'I can not'.

However, this last expression is not fully accurate. First and obviously, because in the English language one has to write 'cannot' in one word. However, in Agamben's own native language (Italian) it makes sense to say so – and as such it is stressed that impotentiality is not merely a state of lack and absence, rather than a more intense experience of possibility (Agamben 2014). Second, and more importantly, the 'I' in the expression 'I can not' is misleading. This is because in experiencing impotentiality, intentional subjectivity (momentarily) disappears. It regards an anonymous experience that cannot be appropriated by any private, individual subject. So, at the moment that we are no longer in the capacity to speak English because our speech stammers or when we do not come across the appropriate words, we have a strong experience of ability, but it is not 'our' ability in the sense that we have ownership of it at that moment. Rather, there is just the experience that English words and sentences can be spoken. Impotentiality is thus a profound experience of ability which an 'I' (i.e. a foundational subject) can never appropriate.

Whereas the examples I just gave (stuttering, not finding the right expression) are mere incidental occurrences, it could be claimed that the practice of practising is an educational device for granting impotentiality in a structural way. More precisely, it could be argued that the particular 'school' characteristics of practising help bringing about the transition from *Können* to *Nichtkönnen* – from a privatized possession of an ability to an anonymous experience of what it means to be able. More precisely, the formalistic, repetitive, heavily embodied and collectivistic dimensions of practising are all conducive to this. They give rise to a distinct, most unique and extra-ordinary way of relating to the world we live in. This relationship is no longer structured by the intentional control foundational subjectivity has over it.

The first and perhaps most evident feature of school practising in this regard is its *formalistic nature*. As said before, the school can be primarily defined as a particular time and place which withdraws children from their immediate life-world, and which offers them the opportunity to devote themselves completely to a subject matter without any regard for its possible uses and abuses outside of the classroom (Arendt 2006 [1958], Oakeshott 1972, Masschelein and Simons 2013). In that sense it is a most out of the ordinary place. This is supported by the very practices that take place there, and especially because of the practice of practising, during which letters, numbers, movements, music, etc. are taken up for no other reason than for flawless and impeccable execution. Things are being practised for their own sake. As such, they are no longer at the service of individuals who might use them for their own benefit and for dealing with their particular problems.

In that sense, we are rendered impotent during practising: we can no longer use the things we practise in order to actualize our own possibilities. With my reading of Bollnow through an Agambenian lense, this special character of school practising can be specified as causing a shift from the customary subject-centred mode of relating to things, i.e. *Können*, to a fully unfamiliar and deprivatized relationship, i.e. *Nichtkönnen*. At the same time, *Nichtkönnen* is still a form of potentiality, albeit of an exceptional kind. However, before I develop this affirmative part of impotentiality further, I would like to draw attention to other typical features of school practices which bring about this unusual impotential mode of connecting to things, beside their formalistic nature.

Another characteristic trait that singles out these practices is the fact that they are *repetitive*. Normally, repetition is something we tend to avoid and which has been defined as a means antithetical to the good and spontaneous self-development of life (Freud, Bergson). In the case of school practising, on the contrary, repetition is sought after. It is even essential to it (instead of being merely instrumental, as Bollnow's opponents would claim, i.e. something we have to tolerate, a necessary evil we might do without one day). Repetition is essential because it installs an exceptional relation to the things we repeat. Instead of taking them as a potential means of self-expression and self-actualization, taking them up – again and again, almost mechanically – puts an end to this logic of self-expression and self-actualization.

This is further supported by other characteristics of practising, viz. the *assembled* and *corporeal* nature of school practices. With this I mean the fact that we come *together* in classrooms and do exactly the same things at the same time as a collective of *bodies*. The point of this is that, amidst this collective, the foundational subject disappears (cf. Turetzky 2002). It is no longer individuals in control over the meaning of what it is they do, but a composite of fully coordinated bodies which relates to words, numbers, movements, etc. Thus, intentionality gets suspended (Cf. Vlieghe 2013, pp. 199f.). This also means that the criticism of practising by constructivist pedagogues, because it is supposed to foster a passive attitude, is only in part correct. We must actively do something, but the 'we' is no longer in control and possession over the things that are practised. And so, the normal course of things in which we relate to the world in order to toughen our own position and to intensify our own possibilities is radically interrupted. Impotentiality takes over.

A last characteristic to which I draw attention here is the *exhausting* dimension of practising. As Frederik Buytendijk, one of the important representatives of the Utrecht School, has argued (1961), exhaustion can be defined as the point at which it has become utterly impossible to discern between the collapse of possibility and the collapse of subjective strength of will. If one is really worn out, the situation one is in could be described both as 'I still would, but I cannot' and as 'I still could, but I don't want to'. Exhaustion is thus a most unique phenomenon because the two aforementioned positions are normally mutually exclusive. Moreover, it is an excruciating instance of impotentiality: one's willpower is cancelled out by one's lack of ability, and one's ability is cancelled out by one's lack of willpower – simultaneously. In that sense, school practising is the exact opposite and interruption of what Bollnow has called *Immer-besser-wollen-Können* (because 'immer' [i.e. still] no longer applies due to the state of exhaustion).

To summarize, the practice of school practising is characterized by a particular, if not unique set of features: a disconnection between form and content (fully stressing the former), a high level of repetition, the need to come together as bodies and to do exactly the same, as well as the degree of exhaustion that is involved. These features guarantee a (temporary) transition from *Können* to *Nichtkönnen*. As such, an exceptional situation is brought about during which we might experience what it means *to be able* – in such a way that the grounding intentional subjectivity no longer plays a role. In the last section, I explain in greater detail why this experience of *Nichtkönnen*, which is constitutive of school practising, is of the greatest importance for the contemporary world of education.

4 Practising beyond learnification: beginning anew with our world

Up till now, my fine-tuning of Bollnow's analysis of practising in terms of the transition from possibility to impotentiality has been predominantly negative, as I have stressed the desubjectifying power of this practice: intentional and foundational selves disappear amidst an anonymous collective of bodies which relate to things for their own sake and with the aim of flawless execution, exhausting as it might be. However, all this could be rendered in a much more *affirmative* way, and more precisely, in a profoundly *educational* manner.

As I already indicated, impotentiality is not merely the absence of possibility; it is the experience of possibility in the most literal sense of that word (Agamben 1999, p 182). A parallel could be drawn with Bollnow here. In a most Heideggerian spirit (Heidegger 1962), he uses the concept *Nichtkönnen* in a substantivated sense (as a noun, rather than merely as a verb, and therefore spelled with a capital in German) and, moreover, as a wholly positive expression (written without a hyphen, which would stress the absence of something) (Bollnow, 1978, p. 33). *Nichtkönnen/* impotentiality is also a form of *Können/*potentiality, and even the most direct and pure form of *Können/*potentiality. To be more precise (and again, not unlike Heidegger's (1962) analysis of *Dasein* in terms of *Seinkönnen*), these terms refer to the most direct experience of the fact that we are creatures of possibility, rather than of necessity. This is, there is no necessity whatsoever in the way we give shape to our own and our collective lives: everything can begin anew, in a radical sense. This means that what is most unexpected can take place.

This exactly requires a (temporary) suspension of a perspective on the world which is egologic and driven by private interests, as it is these interests which work against true transformation. This is of course not to deny that persons driven by their own individual interests can change in substantial ways. However, this change is a form of development of something which already exists. Such a change adds something to individuals in their never ending quest of strengthening their own position in life. And this means that a truly new beginning is excluded. In the sense in which Hannah Arendt (1958) has defined this term, this is also to say that in this case there is no room for *education*. Education means fundamentally *that a new beginning with the world can be made*, that our existence is *radically without destiny*: the future meaning of our individual and collective lives can be totally different from the way in which it is defined in the present situation (i.e. confined by private perspectives).

This is, at least, the original meaning of the word education, which can be recognized in the Latin verb *e-ducere* (meaning leading-out) and in the German word *er-ziehen*. Educands are literally 'drawn away' from the immediacy of a world defined by their individual experiences, needs, desires and interests. And therefore, what is at stake in practising the abc, tables of multiplication, callisthenics, singing together, etc. is a strong experience of ability: we *can* spell out letters, we *can* multiply numbers, we *can* sing, we *can* move, etc. But, this sense of potentiality is *not* for individuals to appropriate. It is an *anonymous* sense of possibility. Beginning *anew* with letters, numbers, songs, etc. precisely means that it is not about toughening a private, subject-centred take over the world. It is here that the intrinsically educational sense of practising is to be located.

I would like to conclude with pointing out how this analysis sheds a new light on Bollnow's distinction between practising and learning. As Gert Biesta (2006) has argued, we are faced today with a far-reaching *learnification* of education (and of society). This is to say that it has become self-evident today to define everything meaningful which might happen in education in terms of learning. The teacher is reduced to being a facilitator to individual learning processes. Obstacles, challenges and difficulties we meet are seen as learning opportunities and manageable learning deficits. The past is defined as a resource for learning, the world as a learning environment and, in the end, the whole of one's life as a never-ending enterprise of learning. The most characteristic trait of learning is that it regards an activity through which pupils and students *reinforce themselves* (Simons and Masschelein 2006; Masschelein and Simons 2013). They enhance their position in life by *adding* something to themselves that they formerly did not possess (i.e. something they did not know or were not able to do). The logic of learning is one of constant progress and intensification. As such, it is fully in accord with the way in which we give shape to our individual and collective lives under a late capitalist, neo-liberal order of things (ibid.). Learnification supports the societal demand to live a live centered on the capitalization and maximization of each and every individual's potential (cf. Lewis 2013).

Practising runs counter to this societal logic. What is at stake is not the full actualization of learning potential (transforming *Nichtkönnen* into *Können*), but exactly the inverse operation. In that sense, it is completely understandable that the practice of practising has no longer a place in today's educational world, and that is has to meet with the greatest disparagement. If it is true that practising is a typical and archetypical *school* practice, it also becomes comprehensible why a learnified society tends to be a deschooled society, i.e. one in which schools disappear and are replaced by strong learning environments (which no longer demand pupils to go to school and be taught in the physical presence of peers and teachers, but which comprise of self-steered and interest-driven activities which can be done fully alone, in the privacy of one's home and according to one's own preferred rhythm). As such a careful analysis of school practices, in the way Bollnow has proposed and in the way I have tried to do in this text with the aid of Agamben, might help to come to a deeper understanding of what it is we lose when the logic of learning becomes the dominant force organizing and structuring education. Learnification excludes the possibility to relate to things in a mode which transcends the interests which the intentional subject has, and it precludes a truly new beginning with our world. Once more, it has not been my ambition to advocate the reintroduction of the practice of practising. Nonetheless, I hope to have shown that taking this practice seriously, instead of immediately excoriating it, might also add to a criticism of reducing the field of education to being a matter of learning solely.

References

Agamben, Giorgio. 1999. *Potentialities. Collected essays in philosophy*, transl. D. Heller-Roazen. Stanford: Stanford University Press.

Agamben, Giorgio. 2014. *Le feu et le récit*, transl. M. Rueff. Paris: Payot & Rivages.

Arendt, Hannah. 2006/1958. The Crisis in Education. In *Between Past and Future: Eight Exercises in Political Thought*. New York: Penguin.

Biesta, Gert. 2006. *Beyond Learning. Democratic Education for a Human Future*. Boulder: Paradigm.

Bollnow, Otto Friedrich. 1978. *Vom Geist des Übens. Eine Rückbesinnung auf elementare didaktische Erfahrungen*. Freiburg i. Br.: Herder.

Böhme, Jeanette. 2006. *Schule am Ende der Buchkultur*. Bad Heilbrunn: Klinkhardt.

Brinkmann, Malte. 2008. Üben – elementares Lernen. Überlegungen zur Phänomenologie, Theorie und Didaktik der pädagogischen Übung. In *Dem Lernen auf der Spur. Die pädagogische Perspektive*, ed. K. Mitgutsch, E. Sattler, K. Westphal, and I. M. Breinbauer, 278–294. Stuttgart: Klett.

Buytendijk, Frederik. 1961. Aspecten van de vermoeidheid. In *Academische Redevoeringen*, 151–173. Utrecht: Dekker & Van de Vegt.

Heidegger, Martin. 1962. *Being and Time*, transl. J. Macquarrie and E. Robinson. Oxford: Blackwell.

Laws, Catherine. 2011. *The practice of Practising*. Leuven: Leuven University Press.

Lewis, Tyson. 2013. *On Study: Giorgio Agamben and Educational Potentiality*. New York: Routledge.

Masschelein, Jan and Maarten Simons. 2010. *Jenseits der Exzellenz. Eine kleine Morphologie der Welt-Universität*, transl. F. Opperman. Zürich: Diaphanes.

Masschelein, Jan and Maarten Simons. 2013. *In Defence of the School: A public issue*, transl. J. McMartin. Leuven: Education, Culture and Society. Retrieved online: https://ppw.kuleuven.be/ecs/les/in-defence-of-the-school/masschelein-maarten-simons-in-defence-of-the.html.

Oakeshott, Michael. 1972. Education: the Engagement and its Frustration. In *The Voice of Liberal Learning*, ed. T. Fuller. 1989. New Haven: Yale University Press.

Postman, Neil. 1982. *The End of Childhood*. New York: Delacorte Press.

Simons, Maarten and Jan Masschelein. 2006. The learning society and governmentality: An introduction. *Educational Philosophy and Theory* 38: 417–430.

Sloterdijk, Peter. 2009. *Du musst dein Leben ändern*. Frankfurt a. M.: Suhrkamp.

S.n. Oxford English Language Dictionary. http://www.oxforddictionaries.com/. Accessed: September 19, 2016.

Stiegler, Bernard. 2006. *La télécratie contre la démocratie. Lettre ouverte aux représentants politiques*. Paris: Flammarion.

Turetzky, Phil. 2002. Rhythm: Assemblage and Event. *Strategies* 15 (1): 121–134.

Vlieghe, Joris. 2013. Experiencing (im)potentiality. Bollnow and Agamben on the educational meaning of school practices. *Studies in Philosophy and Education* 32 (2): 189–203.

A Phenomenology of Practice – A Practice of Phenomenology

On the intricacies of tutoring 'Pedagogical Tact' as a teachers' course

Geert Bors, Gijs Verbeek and Luc Stevens

This article addresses the difficulty of practicing phenomenology in a pedagogical context. Our title is a wordplay on the mirroring title of the 2015 Berlin symposium *Phänomenologie – Pädagogik; Pädagogik – Phänomenologie*, but also brings us to an essential dilemma: while phenomenology may provide us with a philosophical gateway into a fundamental experiencing and rethinking of our everyday pedagogical praxis, what – reversely – happens to phenomenology and especially the phenomenological notion of "pedagogical tact" (Van Manen 1991, 2014b, 2015) when it is being *tutored* in a pedagogical context? This question is raised against the backdrop of our experiences in the personal development trajectory that our organisation, NIVOZ – the *Netherlands Institute of Educational Matters* –, offers to teachers and school leaders. What colours and shapes does pedagogical tact take in the minds of participants? And to what extent can it remain a phenomenological notion for our tutors, when teaching is always simultaneously pedagogical and didactical and carries with it inherently ethical-political dimensions in its everyday decision-making practice?

Our article develops in four parts. We will firstly address the rise and fall of phenomenological pedagogy in the Netherlands by briefly discussing the Utrecht School, which was a leading current in pedagogical-ethical thinking until the 1970s, and what has become of pedagogy since. We will also introduce our organisation NIVOZ and embed its mission in what has been called the "resurgence of an ethical pedagogy".[1] Subsequently, starting with a lived classroom experience

---

1   See for instance: http://www.onderwijsfilosofie.nl/ik-ben-ook-een-mens/ (Accessed: September 19, 2016)

written by one of the participants as part of her coursework, we will address our conception of Max van Manen's phenomenological term "pedagogical tact" (1991, 2014b, 2015), as we employ it in our teachers' personal development trajectory of the same name, which is one of the spearheads of our organisation (Stevens and Bors 2013). Finally, we will discuss some of the intricacies of tutoring "pedagogical tact".

1   The Dutch situation – A cautious resurgence of phenomenological pedagogy

Like so many countries, the Netherlands has fallen prey to a meritocratic neoliberal thinking in its politics and economy, and a related singular striving for quantitative research results plagues our universities and vocational teacher training schools (cf. Verhaeghe 2012, for other European examples see Sævi's (2015, pp. 15–16) exposé of the results of the Bologna Declaration and a "Europe of Knowledge").

It has not always been like that. For a few decades – particularly in the 1950s and 1960s – the Utrecht School pressed its phenomenological mark on the Dutch discourse on pedagogy. The clear and distinct voices of Martinus Langeveld, Jan Hendrik van den Berg and their peers could not only be heard in academic settings, but their works were also part of the obligatory coursework through which student teachers learned to firmly ground their future practices – both in primary and secondary schools – in an anthropologic-humanistic *Menschenbild*. (cf. Van Manen 1996)

With the dawning of the age of psychometric measurement in the second half of the 1970s, however, the influence of the phenomenological-pedagogical approach soon waned and all but succumbed. Instead, psychological-didactic, often behaviouristic and *evidence-based* methodologies became prevalent. Bas Levering, who in 2012 wrote an essay on this methodological and scientific-ethical landslide, with a special focus on the developments at the University of Utrecht, summarises: "By taking the DSM as their starting point, pedagogues could don the psychiatrist's white coat to gain an air of scientific rigour" (Levering 2012, p. 148, our translation of the original Dutch).

Despite the Netherlands retaining a broad and liberal landscape of educational currents, ranging from early-twentieth-century reform schools, such as Waldorf and Jenaplan, via religiously inspired schools to contemporary experimental schools, the academic discipline of pedagogy as well as the (vocational and academic) teacher-training schools lost their phenomenological-pedagogical footing. As Levering (2012) has it: "Pedagogy did not just leave the teacher-training schools, it also left pedagogy." (Levering, as quoted by Bors 2012).

Yet, we are currently witnessing a pedagogical resurgence. Our organisation NIVOZ, an independent institute established in 2003 for research, development and training for the benefit of good educational practice, is one among a few parties in the Netherlands that are working towards a rekindling of the spirit of a phenomenological pedagogy.[2] By adopting Van Manen's aforementioned concept of *pedagogical tact* (1991, 2014b, 2015), NIVOZ has developed a practical tutorial course for teachers who typically have a number of years of educational experience and have reached a point at which they have begun to rethink their practice and are keen to partake in a shared exploration of both their professional personhood as well as the pedagogical manners of acting and reflecting with regard to their students and their broader school organisation. It is a tutorial course that largely takes the form of a personal development trajectory, for which phenomenology is but one of our sources and methods.

Van Manen's writing on pedagogical tact proved a "missing link", tying up, re-enforcing and expanding a number of pedagogical-ethical notions and theories that had been influential in the establishment of the NIVOZ foundation. The notion of "tact" added a certain quality to the conception of *pedagogical interaction*, which we had been firmly accentuating within a Dutch academic and educational landscape that was predominantly concerned with didactics and evidence-based methodologies. Our emphasis on the quality of student-teacher interaction as a determining factor in school success, especially for academically challenged students, had been grounded in models such as the self-determination theory (Ryan and Deci 2000), the attribution theory (Weiner 1985), Geert Kelchtermans' narrative-biographical perspective (see for instance Kelchtermans 2008) and studies such as Helja Robinson's notion of 'empowerment' as a way of looking at the 'transformative power of classroom interaction' (Robinson 1994). With NIVOZ's emphasis on the experience of classroom inter-relatedness, and the vital role of the teacher within that interaction, Van Manen's take on phenomenology with its

---

2 To mention a number of 're-thinkers' of pedagogy in the Netherlands, we would like to point to the recently established publishing house Phronese (http://www.uitgeveri-jphronese.nl, accessed: September 19, 2016) that has been building a strong catalogue of ethical-pedagogical books in a short time, both by publishing works of Dutch pedagogues and by translating titles from abroad. Deserving of a further mention is Hester IJsseling, a doctor of philosophy and a primary school teacher in Amsterdam, who has recently received a grant for a hermeneutical-phenomenological research project investigating the vocabulary essential for being able to speak of pedagogical interactions, based on Biesta's notion of subjectification.

methodology of writing and analysing *lived experience descriptions* (LEDs, Van Manen 2014a) proved very suitable and fertile as a means to bring our participants closer to the reality of their classrooms and to individual students, situations and actions.[3]

From our small-scale start from 2009 onwards, the NIVOZ Pedagogical Tact-trajectory has developed into a successful course, through which, in the last academic year alone, approximately 1,500 teachers and school principals acquainted themselves with the notion of pedagogical tact in their own school and classroom settings.

We are by no means mentioning these numbers to boast about our success as an organisation. Rather oppositely, we are acutely aware that with an increasing impact in numbers, our responsibility as an organisation grows – not just to present our participants with a tutoring practice that is grounded on an understandable yet profound academic basis, but also to expand our own knowledge and rigour with regards to the tradition of phenomenology, amongst others. Thus, we are keen to share our thoughts about the possibilities and pitfalls of *teaching* pedagogical tact and opening relatively large groups of teachers up to the realm of phenomenology – the realm of "wonder, words and world", as Van Manen aptly put it (2014a, p. 13).

2   Anecdotal writing – The girl on roller skate shoes

Let us start with a vivid example of this realm. What follows is a column written by Neomi Lotte, a teacher at a secondary school in Rotterdam, as part of her coursework.[4]

---

3   More recently established approaches to phenomenology, not least the *Innsbruck Vignette Research* with its emphasis on shedding light on students' learning as experience, will undoubtedly proof valuable additions to our current approach – not just for its methodological rigour or its potential cross-fertilisation with Van Manen's methods, but also because by accentuating the students' learning as experience, the value and effectiveness of "teaching tactfully" will be brought to the fore more meticulously (cf. Schratz et al. 2014 and Schwarz in this volume).

4   This column was translated into English by the authors of this article. We strove to remain as true to the original text as feasible. It is important to note that we slightly abridged the start of the column, in which Neomi further contextualised the school population, their socio-economic background and her role as a mentor. We did this with a similar objective as what Schratz et al. (2014, p. 127) have described as the aim of "self-contextualisation of the experience": of the crux of their Vignette Research they state: "the researchers withhold from predicating the text with knowledge of the

"Two years ago, I was the co-mentor of a class in their first year. At some point, I came to feel that my class was not really a unified whole. Rather, I saw smaller and larger islands, cut off from each other by deep stretches of ocean. Within this archipelago, there was a desert island, with just one girl stranded on it. She was the girl who always came to school on shoes that had these little LED lights and tiny wheels underneath. Everyone would send her off on errands: 'Hey, go and fetch me a sandwich. You are faster with those wheels of yours.' And off she went – again – hoping that people would like her for it, and that it would earn her a friend or two. Yet, she remained on her island alone, and would often be scorned or laughed at from the other islands.

My class was disconnected. Between them and myself, as their mentor and teacher, I also felt an enormous distance. However, all of that changed, because of a Dutch TV-programme, called 'Across the line' ['Challenge Day', in a number of other countries; GB/GV/LS]. An idea began to manifest itself in my mind. It was a Thursday afternoon, and I was about to start an 'ordinary' Dutch language class, when my intuition told me differently."

At this point, her narrative changes to present tense:

"The hour is about to commence. I sense a tension in the classroom. The roller skate girl is once again being picked on. This is it. I can no longer tolerate what is going on. There are more important things that need to be done than teaching Dutch. 'Class, please put away your textbooks. Help me to shove all the tables and chairs up against the wall.' My students look at me flabbergasted, but do what I asked them to. Truth be told, I myself at this point have no clue what it is exactly that I am about to do nor what the consequences will be. I feel a sting of doubt piercing my body, but I decide to trust myself; to have confidence. I am taking the plunge. Whatever they do in that TV-programme, I can do too, can't I?

I delineate an imaginary boundary line across the floor of our classroom. All students acknowledge they 'see' it. I continue to explain that we are about to do a game of sorts, to get to know each other better. I tell all students to stand on one side of the demarcation line. They look out towards the empty other half of the room. I ask them to cross the line, if they have ever been bullied in their lives. Most students do. When they have returned to their former positions, I ask: 'Now, cross the line, if you have ever been teased in primary school.' A significant number of kids again move over to the other side. I then request students who have been bullied at our school to walk to the other side. Most students stay put. Only a handful cross the line.

---

context so that the context inherent in the experience can come forth from within." Secondly, we would like to mention that "the girl on roller skate shoes" remains nameless in Neomi's original. In Dutch, she is referred to as "het meisje op de rolschaatsschoenen". It is obvious that Neomi intended this moniker by no means to undo her student of her autonomy as a person, but rather to grant the girl a more radical anonymity for her readership than a pseudonym might have done.

I understand that with my next question things will really get serious: 'Who has ever been bullied in this class? Please cross the line.' No one stirs. I am anxiously hoping that the girl on roller skate shoes will dare to step over the line. And that's what she does. There she is, on the other side of the room – once again on her solitary island, because no one else crosses the line.

Silence ensues. I go and stand next to her. Twenty-two pairs of eyes are staring at us from the other side of the line. I ask her how that makes her feel. She breaks down in tears. I fetch a chair for her, and sit down next to her. The rest of the class is requested to sit down on the floor.

'How do you think it would make you feel to cross this line all by yourself', I ask my class. One after the other, my students acknowledge that they see that their classmate feels terrible. The girl on roller skate shoes sniffs and confesses that she feels bad that she doesn't have any friends in class. I see how tears are welling up in the eyes of some of the girls. I see compassion.

'Dear class, how can we make sure that your classmate will feel welcome too?' I ask. 'Oh, she can join us!' a number of girls say. The boys promise not to bully her again and walk over to say they are sorry. The girls give her a hug. The girl on roller skate shoes smiles through her tears.

In the weeks that follow, there is no desert island anymore. The girl has been accepted by the group and has truly become part of it. At the school party, I see her dancing with the other girls. She is enjoying it. And what did I as a teacher learn from all of this? Always listen to your intuition. I am enjoying this as much as my students."

Could this narrative be called an anecdote? It probably could not in the sense in which Van Manen (2014a, p. 249) circumscribes it in his *Phenomenology of Practice*. One could argue that it is too longwinded and verbose, too story-like in its structure, perhaps too particular in its scope. Nevertheless, the story unmistakably does have a certain level of embodied awareness, and likewise, Barthes' concept of "punctum" may also be discerned.

However, first and foremost, we share this story because it had an impact. When we published Neomi's column – in its original Dutch version – on our website, it soon reached 425,000 views. Given that the Netherlands has approximately 300,000 teachers, it means it apparently struck a chord with many, also outside of the teaching profession. It furthermore demonstrates that there is an eagerness for narratives about the relationship between teachers and students; for texts that relate a teacher's real-life considerations and actions, for narratives – in short – about pedagogical tact.[5]

---

5   Neomi Lotte's actions, of course, could have backfired if the girl on roller skate shoes had not been responsive to Neomi's plea to her. In this sense, Neomi's "gamble" can be seen as yet another way of approaching Gert Biesta's notion of "the beautiful risk of education" (2013). In addition, Max van Manen speaks of pedagogical tact as a

With such a vast amount of internet clicks, it might be said that the phenomenological abstraction, necessary to give this lived experience a more general appeal, may not so much be embedded in the teacher's writing style, but takes place at the level of the readership recognising the classroom situation and the teacher's ordeal – bullying being a common, hard to tackle problem within the broader Dutch society, in which social structures have long since shifted towards more egalitarian relationships between children and adults – perhaps even more so than in surrounding countries. Parents and teachers are keen to revert from putting their foot down in any forceful manner, and yet do not always see their "intrinsic" authority as educators being acknowledged (cf. Verhaeghe 2015).

The punctum in this story is twofold, in a related fashion. Firstly, there is the moment when the teacher decides to follow her intuition to take the plunge and emulate the TV-programme's methodology – thereby making the metaphor of *crossing the line* literally a shared, acutely felt bodily experience. It should be mentioned that the Dutch expression *over de streep trekken* (literally "pulling someone across the line") not so much denotes *transgressing the socially acceptable*, but rather means *winning someone over*. By naming the TV-programme *Over de streep*, this more constructive, original expression is brought to mind, while simultaneously the Dutch preposition "over" means "about", which makes the programme and the classroom experience *about* social demarcation lines, about what it means to be a group, with its shared space and personal boundaries.

Secondly, there is related punctum in the moment when the teacher knows she – in a veiled, indirect fashion – is solely addressing the girl on roller skate shoes, but cannot be sure that her pupil will actually feel safe and brave enough to cross the line. It is this precise moment on which the joined experience, she would like to bring her class on the verge of, hinges. In short, will she have created enough space for the girl in particular, and the class in general, to feel free to open up, by being brave, by being honest, by being compassionate?

It is interesting that a story like this should find such resonance within the community of school practitioners and beyond. Surely enough, on a very plain, "non-phenomenological" level, people might *like* the story because they are keen

---

"knowing what to do, when you don't know what to do" (2014b). This "not knowing" is not a reckless risk-taking. It is through a sensitive awareness in everyday classroom situations that one gradually develops one's tact and thoughtfulness. Through her classroom conduct in the weeks or months leading up to this moment, Neomi has seen her students and has been seen by them. Hence, her gamble was in fact an "educated guess", in the sense that – however difficult her classroom situation had been up until then – she trusted that she would be understood and would find responsiveness, as a result of the relationship she had been building with her students.

to find *tips and tricks* to employ in similar situations.[6] But there is more to the picture: Neomi's experience – emphatically *including* her moments of doubt and insecurity – goes to the heart of the teaching profession. Teaching is more often than not about all things not prescribed in textbooks or the national curriculum, both of which she has in fact ardently brushed aside for the time being; an act of *civil disobedience* that is probably in part responsible for the blog's success.

Neomi's conduct is as much about having truly seen her students for who they are, as it is about discerning the classroom dynamics. It is as much about having diligently prepared her schoolwork for the day, as it is about being able to let go of those preparations and improvise. It is as much about her own past experiences as a teacher as well as a student, as it is about the moment itself: the idea of taking the leap, intuitively, intentionally, yet not being fully sure of the outcome. These are the moments that we strive for, that we in our Pedagogical Tact-trajectories want to drag into the limelight, that we want our teachers to discern, experience and reflect upon.

3   Tutoring pedagogical tact – 'to nurture a measure of tact and thoughtfulness'

Especially in the early years of the Pedagogical Tact-curriculum, the coursework hinged on the column assignment, in which participants were requested to write and reflect on an experience of tactful interaction with their students. The moment of tact itself, with its classroom dynamics and often the teacher's momentaneous, internal "knowing what to do without knowing what to do" (Van Manen 2014b, 2015), thus became the object of phenomenological inquiry – an animated evocation that aimed to near their lived experience as closely as possible, like we saw in Neomi Lotte's case. These narratives not only served as material to be read aloud, to be deliberated on and discussed (which often led to the brightest, the most lively and thought-provoking sessions within the trajectories), but for us they also served as foundational building blocks to link bodies of theoretical and practical knowledge, to bring an "intuitive knowing" under scrutiny, and hence, as Van Manen wrote while defining the aim of a phenomenology of practice: "to nurture a

---

6   Surely, our intentions for publishing the column online go far beyond this "plain" reading as little more than a didactic example to be copied elsewhere. It is through our editorial introductions to articles such as these, as well as by means of the guiding principles elucidated elsewhere on our website (www.hetkind.org), that we hope to introduce the reader to the more (phenomenological) pedagogical interpretations underpinning our endeavours.

measure of thoughtfulness and tact in the practice of our professions and everyday life" (2014a, p. 31).

Another means by which we have been seeking to substantiate our work is by conducting focus-group interviews with alumni, two or three years after their participation, to see what they had gained and retained from their coursework. Though the course is not at all intended to provide any sort of therapeutic coaching, many of the alumni described their experiences as no less than a crisis or at least as a fundamental revaluation of their professional and personal identity and the way in which they relate to their students. Many speak of having been "touched" – thereby inadvertently voicing many of the phenomenological associations that arise from "tact" and "contact".

Secondly, most expressed that they perceive themselves as having become more grounded and well-rounded teachers, also with regards to how they view their work in relation to outside pressures, such as the socio-political demands with regard to curriculum and testing. One of the most consistent lines within the interviews is that teachers have become more aware of the quality of the interaction with their students and the essential role thereof in educational praxis. They are granting their students more space, have acquired a sharper eye for the dynamics of relevant classroom interaction and state that they are better able to take the student's perspective. In summary, many of them express that they have shifted from a relatively instrumental conception of their work to a more existential orientation. It might even be argued that by going from an (unwitting) perception of their professional position as being an "extension" of the school policies, and the wider societal-political claims on education, towards a more self-aware view of themselves as an integral part of the existential pedagogical tandem that a teacher and his or her students form, they have seen inklings of a shift from the naïve attitude towards a more phenomenological attitude.

It should furthermore be mentioned that the alumni almost consistently refer to MIT professor Otto Scharmer's *Theory U* when reflecting on their trajectories. In many ways, *Theory U* and its often quoted suspension of the voices of judgement, of fear and of cynicism, have become a shorthand to refer to the shift in attitude that these teachers have witnessed within themselves. Along with a number of other grounding theories,[7] all of which forefront the "(inter)relational" and which had been part and parcel of our pedagogical outlook, *Theory U* has been applied by our tutors as a way of visualising processes of experiencing and acting, individ-

---

7   Most notably: attachment theory, the Flemish-Dutch experiential method of *Ervarings-Gericht Onderwijs* and different motivation theories, such as Weiner's attribution theory and Deci and Ryan's Self-Determination model.

ually as well as in groups. Apparently, this visualisation was one of the aspects of the coursework that most helped our students to bracket their "natural" outlook – including their prejudices and ingrown patterns of acting and reflecting – and to arrive at a more profoundly existential attitude towards their profession and their students.[8]

Our tutors are not teaching *Theory U* to the letter, and they use especially the down-bound left-side, with its suspension of voices, as metaphorical imagery to invite their participants towards a more profound way of experiencing classroom interactions. Participants for instance speak of "going through the U" as a means to express they have not only suspended their judgements, but have also refrained from using quick fixes ("downloading" in Scharmer's terminology, 2008, pp. 119–128) and standardised procedural methods. Even though it is a transformative process that we hope our participants go through (which might be more than what phenomenology bargains for), it is nonetheless always an open-ended trajectory that we can only invite them into – by means of theoretical notions, of relevant examples and of forefronting their very own lived experience.

In short, interviewing alumni gave us ample insights into the resounding of our course in their current-day work as well as insights into how they experienced the Pedagogical Tact-trajectory. However, maybe the best proof of an ongoing phenomenologically infused awareness can be found with those teachers who have continued to write blogs on their own and on our websites that steadily rekindle the dialogue and keep the reader's eye acutely focussed on classroom interactions and on a teacher's internal deliberations as well as immediate, intuitive in-the-moment actions.

---

8   Scharmer himself, in his book and in interviews, emphasises his indebtedness to phenomenology as one of the pillars on which his theory rests (Scharmer 2008, pp. 19 and 30, Gunnlaugson et al. 2013, p. 5). Graduate students at the Danish University of Roskilde have conducted an insightful study into the epistemological similarities and differences between Theory U on the one hand and phenomenology, as well as hermeneutics, on the other, arriving at the conclusion that the left side of the U shows great resemblances especially to phenomenological bracketing and a shift towards a phenomenological attitude (Dørge et al. 2015).

4 Intricacies in tutoring tact – when the descriptive becomes prescriptive

This brings us to our fourth and final part, and to an exploration of some of the intricacies of tutoring "pedagogical tact". A number of our tutors are not trained as academic researchers but do have in-depth experience as primary and secondary school teachers and principals as well as an affinity with experiential approaches to education. The advantage of this is that the everyday school practice is always nearby, and that the often-denoted chasm of misunderstanding between educational research and educational praxis (already noted by Dewey, 1900, but see, for instance, also *Pedagogische Studiën*, January 2012) is not likely to occur. The experiential first-hand knowledge gained by the participants, in dialogue with their fellow-participants and tutors, as well as with their own pupils, thus remains the first and final touchstone within the Pedagogical Tact-trajectories.

Yet, in a time in which much research in the social sciences and humanities is increasingly put into question,[9] it is all the more important to ground one's work on a solid basis. How, for instance, to distil lessons for future thoughtfulness from moments of intuitive action? How to reach beyond the singularity of a particular classroom situation, towards a more general analysis? As far as phenomenology is concerned, we have been in the fortunate position of being in close contact with Max van Manen, of whom we have not only translated the 2015 work *Pedagogical Tact*, but who also gave masterclasses during two visits.

As NIVOZ researchers, we (re)read and discussed his *The Tact of Teaching* (1991) with our team of tutors, and we – as we felt the need to acquaint ourselves more closely with phenomenology as a practice in our pedagogical endeavours – developed a study programme to prolong the sensibility that our tutors experienced by the rich, evocative powers of this particular way of bringing forth and understanding lived (pedagogical) experience. Not only could it enhance both our understanding and the articulation of this understanding in our contacts with teachers and school leaders, but it also served as a means to develop and deepen a mutual grammar and vocabulary concerning the meaning of facilitating the development of pedagogical tact, thus improving our own professional *praxis*. Lastly,

---

9   Although, for instance, Brian Nosek's recent "Reproducibility Project" in the social sciences (Open Science Collaboration 2015) was referring to psychological studies that were grounded on empirical methodologies that are rather far removed or even antithetical to phenomenological approaches, the humanities and the social sciences at large still suffer from "bad media coverage". In the Netherlands, we have additionally witnessed some extreme cases of fraud in social psychology and cultural anthropology in recent years.

this experience could also provide new input for the trajectories and the assignments/activities we do with participants.

For the sake of brevity, we would like to touch upon one aspect that we have come across in our work with the tutors. All tutors are passionately involved in the work they do and feel especially motivated to improve education for every child. So, although they are working with teachers, in many cases they – maybe paradoxically – feel more loyal to their participants' students than to the participants themselves. Although this is understandable, it has at times been the cause for conflict and misunderstanding between tutor and participant. The educational praxis is inherently political and ethical in nature; hence it can be called normative, since moment-to-moment decision-making is so central to it. However, from the anecdotes of our tutors, we have found that it is apparently a thin line between the normative and a norm. The participants would sometimes share anecdotes about the decisions they made, which were not necessarily in line with what the tutors perceived to be "pedagogical tact". This led to sentiments of "having to work extremely hard to bring them somewhere", or judgements of participants "not getting it, no matter what", and sensations of feeling "completely drained" after working with a group or individual participants.

The idea of the "ethical" and the "normative" becoming a "norm" also extended to the *lived experience descriptions* (LEDs, Van Manen 2014a, pp. 312–314) the tutors themselves wrote. These would often involve confrontations between them and unwilling participants (who were sometimes *ordered* to follow the trajectory by their school superiors). In these anecdotes, the tutors so keenly wanted to hold on to a conception of "pedagogical tact" as a form of diplomatic, peaceable communication in which they presented themselves with a "steady and confident presence" (Fullan 2001) that they would sometimes force themselves to strive for an unattainable ideal – thereby becoming artificial and strained in their conduct and potentially losing touch with their own present, intuitive experience as it was being lived. In those cases, pedagogical tact, the vibrant *descriptive* result of Van Manen's insightful phenomenological inquiry, may at times be in danger of becoming a *prescriptive* standard, thereby being interpreted all too narrowly.

Returning to Neomi Lotte's column, the reader can see her delicately but dexterously balancing the (oftentimes thin) line between the judgemental and the ethically-normative. Her position and the atmosphere she creates for her class elegantly represent Scharmer's suspension of the voices of fear, judgement and cynicism (Scharmer 2008, p. 245 f.), thus opening a space for a shared, open experience. But she does so, interestingly, within a didactic format that may easily be experienced as introducing a norm *par excellence*. Furthermore, her initial instigation that makes her opt for this format – almost at a whim – is informed by her very own moral principles about what considerate group behaviour should be and the awareness of having reached the point at which she can no longer equate her moral values with what she has been allowing to happen in her classroom. However, Neomi uses her tact, instead of a one-sided enforcement of her norms, to collectively begin the labour of repairing the damage done.

The line across the classroom is a representation of many things. Crossing it indicates something different with every new question that Neomi poses. By no means does it demarcate a fixed borderline between good and bad, wrong and right. Although the line is imaginary (not even a chalk line is drawn), it gets inscribed with something more discernible than merely the principles that Neomi is trying to uphold and bring across. Rather, what creates meaning is the raw bodily sensation of crossing the line, of thereby confessing to having been bullied, and of getting in a position removed from and opposite to a number of your classmates.

Though it is the students being bullied that cross the line, it is the perpetrators' transgression that thus is brought into the light. There is already an emancipatory sense of seizing autonomy and regaining self-worth, in having to actively cross the boundaries of internal self-conscious inhibitions as well as of corporeal exposure to your classmates and teacher. It is through the teacher's tactful presence that this sense of exposure becomes a reversal of the archetypical nightmare of becoming shamefully aware that you have entered the school with no clothes on.

While the rollerskate girl plays an active role, not just the bullies are standing by passively: it is also significant that the onlookers are literally standing on the side of the culprits. Subtly, in the sense that Neomi has not enforced or explicated her morality, yet brutally, in the sense of suddenly finding yourself in a certain position in the room, the awareness appears to have risen within the by-standers that "looking on" or "looking away" in situations of bullying does not mean that your conduct has been neutral.

Without anyone having to admit his or her guilt, the vantage point from which all eyes are staring becomes tell-tale of the perceiver's position within the classroom dynamics. Although a sense of being alone may seep through all, the teary eyes finding others in the mirroring faces across the demarcation line speak of a shared responsibility for each other's wellbeing and for the class as a whole. Neomi's metaphorical islands have become visualised in this moment of presencing. In the subsequent talk that Neomi and her class had, the prototyping of how things might be more humane, more shared in the future, is literally an embodied experience (cf. Scharmer 2008).

In this article, we have displayed how we are continuously attempting to sharpen our understanding of pedagogical tact and the phenomenology underlying it, in our work with teachers and school leaders. Opening up the realm of *wonder*, *words and world* may be a powerful and transformative path in giving shape to educational practice. However, a phenomenology of practice may at times sit uncomfortably with a practice of phenomenology in the day-to-day and demanding reality of teaching, seen from the perspective of the teachers and school leaders that participate in our courses, but equally from the perspective of the tutors of the Pedagogical Tact-trajectories.

Concerns abound: how to bring its subtleties across to large audiences? How to introduce teachers to focus on their lived experiences, when the daily grind and their own teacher training are so far removed from any such concepts? How to develop a course that will not veer off into a therapeutic session of sorts? How to remain true to the phenomenological method as developed by a distinct canon of philosophers and pedagogues, and simultaneously introduce teachers to it in an understandable, not too diluted manner? How to keep "pedagogical tact" descriptive and not prescriptive when tutoring it? To what extent can pedagogical tact be merged with theoretical notions from other traditions?

As Neomi Lotte's example shows, a teacher's daring creativity and perceptive tact can be vital in addressing problems regarding classroom dynamics such as bullying. Her column, however situational and particular, provides ample space for approaching the very singular "lived experience" of one teacher, as well as for an in-depth analysis that provides a much wider scope. Her vivid description serves as an example for others, as was displayed by the many views and responses it yielded – not so much to be literally emulated by other teaching professionals, but more for the meaningfulness it carries in ethical, inter-relational terms. NIVOZ started with offering its Pedagogical Tact-trajectories to teachers with a few years of practical experience, as the very first period in the teaching profession is often beset with other concerns. However, providing the trajectories to teacher-trainers in the last academic years has given rise to the idea that a lot is to be gained not merely from "learning from" a case study such as Neomi's, but from "making" case studies – also for students. These types of exercises contribute to other more self-aware, receptive, sensitive and emancipatory ways of perceiving the teaching profession. As such, the study and practice of pedagogical tact as a phenomenological notion is potentially capable of providing similar transformative experiences in the lives of teachers and students alike, which is perhaps a more audacious way of paraphrasing what Van Manen meant when he claimed that the modest aim of his *Phenomenology of Practice* was "to nurture a measure of thoughtfulness and tact" (Van Manen, 2014a, p. 31).

References

Biesta, Gert. 2013. *The beautiful risk of education*. London: Paradigm Publishers.

Bors, Geert. 2012. Onderwijsavond: "Wij praten met onze kinderen. Da's betrekkelijk uniek". *hetkind*. http://hetkind.org/2012/07/22/open-avond-bas-levering-wij-praten-met-onze-kinderen-das-betrekkelijk-uniek/. Accessed: September 19, 2016.

Dewey, John. 1900. Psychology and social practice. *Psychological review* 7 (2): 105–124.

Dørge, Mille, Cecilie Bang-Jensen, Camilla Maike Juul Jensen, Mathias Kahlen, Cathrine Hvalsøe Petersen, and Malte Dalsgaard Vilain. 2012. *Teori U – Forståelse af erkendelsesprocesser*. http://rudar.ruc.dk/handle/1800/9663. Accessed: September 19, 2016.

Fullan, Michael. 2001. *Leading in a Culture of Change*. San Francisco: Jossey-Bass.

Gunnlaugson, Olen, Charles Baron, and Mario Cayer. 2013. *Perspectives on Theory U: Insights from the field*. Hershey, PA: IGI Global.

Jochems, Wim. 2012. 'Onderwijsonderzoek en onderwijspraktijk, once the twain shall meet!' *Pedagogische Studiën*, 1/2012, 89 (6): 411–416.

Kelchtermans, Geert. 2008. Narratief weten, zelfverstaan en kwetsbaarheid. In *Leraar, wie ben je?*, ed. L. Stevens, 13–23. Antwerpen-Apeldoorn: Garant.

Levering, Bas. 2012. De ontwikkelingspsycholoog en de pedagoog, of Hoe de pedagogiek uit de pedagogiek verdween. In *Du Choc, De botsing, The clash. Liber Amicorum Willem Koops*, ed. T. Wubbels, R. Levering, and M. de Winter, 145–153. Amsterdam: SWP.

Open Science Collaboration. 2015. Estimating the reproducibility of psychological science. *Science, 349* (6251), aac4716. Doi: 10.1126/science.aac4716.

Robinson, Helja. 1994. *The Ethnography of Empowerment: The transformative power of classroom interaction*. Basingstoke: Falmer Press.

Ryan, Richard M. and Edward L. Deci. 2000. Self-determination theory and the facilitation of intrinsic motivation, social development, and well-being. *American Psychologist* 55 (1): 68–78.

Scharmer, C. Otto. 2008. *Theory U: Leading from the Future as it Emerges*. San Francisco, CA: Berrett-Koehler Publishers.

Schratz, Michael, Tanja Westfall-Greiter, and Johanna F. Schwarz. 2014. Beyond the reach of teaching and measurement: Methodology and initial findings of the Innsbruck Vignette Research. *Pensamiento Educativo. Revista de Investigación Educacional Latinoamericana*, 2014, 51 (1): 123–134.

Stevens, Luc and Geert Bors. 2013. *Pedagogische tact – op het goede moment het juiste doen, ook in de ogen van de leerling*. Apeldoorn/Antwerpen: Garant.

Sævi, Tone. 2015. Phenomenology in educational research: controversies, contradictions, confluences. In *Pädagogische Erfahrung. Theoretische und empirische Perspektiven*, ed. M. Brinkmann, R. Kubac, and S. S. Rödel, 13–31. Wiesbaden: Springer VS.

Van Manen, Max. 1991. *The tact of teaching: The meaning of pedagogical thoughtfulness*. Albany, NY: SUNY Press; London, Ont.: Althouse Press.

Van Manen, Max. 1996. Phenomenological Pedagogy and the Question of Meaning. In *Phenomenology and Educational Discourse*, ed. D. Vandenberg, 39–64. Durban: Heinemann Higher and Further Education.

Van Manen, Max. 2014a. *Phenomenology of practice: Meaning-giving methods in phenomenological research and writing*. Walnut Creek, CA: Left Coast Press.

Van Manen, Max. 2014b. *Weten wat te doen, wanneer je niet weet wat te doen: Pedagogische sensitiviteit in de omgang met kinderen*. Driebergen: NIVOZ.

Van Manen, Max. 2015. *Pedagogical tact: Knowing what to do when you don't know what to do*. Walnut Creek, CA: Left Coast Press.

Verhaeghe, Paul. 2012. *Identiteit*. Amsterdam: De Bezige Bij.

Verhaeghe, Paul. 2015. *Autoriteit*. Amsterdam: De Bezige Bij.

Weiner, Bernard. 1985. An Attributional Theory of Achievement Motivation and Emotion. *Psychological Review* 92 (4): 548–573.

Beyond and behind phronesis, tact, and discretion

Some basic elements of teachers' judgments from a phenomenological point of view

Kåre Fuglseth

---

1   Half the story

In the last chapter of his book *The beautiful risk of education*, Gert Biesta (2013) addresses the vital role of teachers' judgment in work situations and the study of it as an entry to our understanding of teaching and its outcomes. These work situations are always new, open and unpredictable, demanding more of the teacher than mere knowledge about classroom managing and competences that evidence-based research can apply, Biesta argues. Thus, he supports an alternative position, leaning on Aristotelian ways of theorising professional actions, that stresses the necessity of *phronesis* or "practical knowledge", the virtue of fair judgment (ibid., p. 132 ff.). The training for such sound judgements becomes essential for teacher education, he concludes.

The aim of this article is to argue that constitutive phenomenological studies of actions take Biesta's conclusion steps *ahead* by going behind and beyond his basic ideas on teacher judgments. From a phenomenological point of view, the Aristotelian or rather neo-Aristotelian[1] notion of "practical knowledge" only tells half the story, and can at best be a starting point for further theorising. A similar objection may also be directed to similar theories evolving around related phenomena, with

---

1   Neo-Aristotelian action theory and the role of the almost eclipsed virtue of phronesis already have a long history in practical philosophy in general (cf. Gadamer 1990, pp. 317 ff.; Nussbaum 1995; Dunne 1997).

notions like "tact" and "discretion". Today, this is not only a pedagogical problem, but also forms part of a larger area of international research that tries to understand how knowledge is established in professional practice of any kind, concentrating on problems directly originated in the professional fields (cf. below). My effort in this connection is primarily directed to investigate the claim that *phronesis* of teachers qua teachers is best explained as a *balancing* between different dimensions on different levels.

There are at least two areas that a phenomenological approach may help to develop in studies of the virtue of practical knowledge. The first one is methodological (cf. par. 3 below). I suggest that there are three aspects of action that are decisive for understanding the nature of phronesis and that also hint at where and how we shall locate it: 1) its relational character, 2) its nature of depending on the action (a moment, an independent part) and 3) its typicality as anonymous. We need these to detect practical knowledge in actual, real teaching situations. In the second one (par. 4), I will take these considerations into an analysis of the balance theory as the basic valuational form of practice in teaching. The claim concerns the necessity of balancing the focal demand of the pedagogical situation with the global demands or purposes of education, in order to promote formative virtues and values (*Bildung*) among teacher students, whatever these virtues and values are supposed to be. To present these solutions to the strains involved in this kind of research on education, some clarifications are initially necessary nevertheless, regarding practical knowledge in the neo-Aristotelian meaning and theory, philosophy and phenomenology (par. 2).

2   The study of pedagogical phronesis and phenomenology

Biesta's (2013) argumentation is in line with a long range of scholars in various academic disciplines, claiming that the Aristotelian approach with its idea of a particular practical knowledge and its virtue phronesis or wisdom[2] is still valuable for the understanding of good actions in general. In its modern form, it is defined to be an alternative to behaviouristic, naturalistic, instrumentalist or foundationalist approaches in all cultural sciences and, as such, is also clearly in line with a phenomenological approach. It is a common idea for all these non-positivist scholars

---

2   Πρᾶξις – praxis i.e. doing/transaction/practical ability comes with the virtue of phronêsis i.e. wisdom/thoughtfulness/prudence *Lat. prudentia* from praxis (cf. Aristotle 1934, The Nicomachean Ethics, Book 6).

that a modern exposition of Aristotle forms a general background against which further development of the theory may prosper, as it reflects the middle ground between practice and theory. Some examples will suffice to clarify the basic issues in this debate for the present purpose.

The study of professional actions and judgments is also discussed within other kinds of approaches, for instance related to the notion of "discretion" (Wallander and Molander 2014). Wallander and Molander connect the study of discretion to the Toulmin augmentation model, in order to understand decision by professionals that is connected to indeterminacy, i.e. where one specific rule is not followed (p. 809). These psychological and Wittgensteinian based discussions of discretion are addressed at clinical decisions and are of little help for the study of teachers' judgments, where the practice is basically indeterminate. In a classroom, not only questions and challenges but also answers and solutions are established right in the making of the situation in a dynamic way, typical for social life in general.

Perhaps even more important, lately, for the discussion of practical knowledge theory in professional studies have been the theories of the American Hubert Dreyfus (1986). He argues in line with central aspects of any phenomenological approach when criticising the onto-dualistic theory of inner and outer matters. His criticism of Husserl as Cartesian and his sole adherence to phenomenological theories from Heidegger and Merleau-Ponty in this connection seem strange, as he develops theories on embodiment in expertise knowledge and practice that are also clearly Husserlian. He has also been criticised for reintroducing a Cartesian-like dualism when he concludes that expertise practicing is an "absorbed coping" (McGuirk 2013). The problem is, as McGuirk points out, that theory or mental activity cannot analytically be isolated from practice in this way. That professional action is a "mindless practice" may be partly true for some kinds of embodied practice, but it is, above all, difficult to place a teacher's practice into such an explanation, since teaching is necessarily a constantly reflective practice (ibid., p. 299). For an understanding of teacher actions Dreyfus' theories are therefore not very helpful at this point.

The discussion also resonates the British discussion between Paul Hirst and Wilfred Carr on the nature of philosophy of education as either practical or theoretical philosophy (Carr 2004; Hirst and Carr 2005). Coming from analytical philosophy, they both affirm that the Aristotelian tradition of practical philosophy is an excellent basis for a philosophy of education. Carr insists on a kind of theory-free practical recognition, while Hirst argues that one cannot use Gadamer's hermeneutics to exclude a theoretical approach derived from practice. My phenomenological based approach on the study of education below is clearly in line with Gadamer and Hirst.

A critical analysis of a phenomenon is phenomenological, if one uses descriptions either directly or indirectly from phenomenologically grounded theories as a perspective (cf. Seebohm 2004, p. 1). As Rombach pointed out in 1979, phenomenology is not a new pedagogical direction to annul other directions, but often describes former solutions in new ways by questioning their foundations, thus accepting a pedagogical-theoretical pluralism (cf. Rombach 1979, p. 150 f.). What "phenomenology" further means is a matter of much discussion and several scholars use it without a constitutive stand. My theoretical approach arises mainly from "social phenomenology" and in the tradition of Alfred Schütz, i.e. phenomenologically based theories on intersubjectivity, culturality and sociality (for an introduction, see Embree 2015). It is constitutive, which means that it goes beyond and behind the actual scene, trying to see the presupposed elements of social life.

The theory of the *lifeworld* is fundamental in this connection, as it forms a whole research programme (Luckmann 1990a, 1990b; cf. Hitzler and Eberle 2015). It is the life of the "natural attitude" and it cannot be studied directly in empirical studies, only indirectly, since any study of it is a step back from it. The social lifeworld theories of Schütz have found empirical undertaking in the sociology of knowledge and similarly in the interpretive everyday-life approach. The approach has materialised in several social scientific sub-directions today, among the most prominent are the moderate social constructivism (see Berger and Luckmann 1967; Luckmann 1978; Knoblauch 2005) and ethnomethodology, with its cousin symbolic interactionism. These phenomenologically informed traditions have focused more on temporal and social aspects of experience in the general sense of the word and less on embodiment and narrative approaches, but these elements are nevertheless complementary and may be incorporated as thematic extensions.

My present approach to the study of teacher actions, below, explores especially the potential in ideas concerning the structures of the stock of knowledge (*Wissensvorrat*), when it includes basic assumptions on judgments. I will also draw on some elements of the phenomenological traditions in German educational philosophy and its studies on difference and negativity (cf. Brinkmann 2010, 2011, 2015). This might look like a very eclectic approach, but despite differences, these directions share a common ground in a phenomenological tradition that seeks to find and articulate the constitutive elements of social life on the basis of Husserl's epoché, methods of reduction, description and invariant traits abstracted from the lifeworld. From a constitutive point of view, the mere hermeneutic and emphatic approaches without constitutive analysis (cf. Van Manen 2014; Bengtsson 2013) are therefore not phenomenological *per se*, but can always be further grounded phenomenologically. A more complete and systematic presentation and discussion of the different phenomenologically based solutions in pedagogical research is not relevant for my specific argument below (but cf. Brinkmann 2015; Sævi 2015).

The claim that there is no knowledge without *subjects* and their subjective meaning of an action is the first and main methodological consequence shared by all those who name their approach pedagogical phenomenology, and it also becomes essential in relation to the study of phronesis. In empirical research, this postulate should lead to versions of methodological individualism in accordance with the solutions of Max Weber. It certainly argues against structural functionalism, since there is always an individual level; a subject of actions, with a lifeworld, who acts within culturally based collective structures, forming it and being socially formed by it. The particularities of being a subject and at the same time part of an objective and intersubjective constituted world are something all cultural theorising needs to handle (cf. Berger and Luckmann 1967; Rombach 1979, p. 148).

The second essential insight from this kind of phenomenology is that the life world is *structured*, and that the study of these pre-reflective structures is crucial for a study of actions (cf. Schütz and Luckmann 2003, p. 447 ff.; Luckmann 1992; Rombach 1979, p. 139). It makes us able to establish a proto-language, not leading directly to fixed answers, but pointing us to essential paths for the theorising of actions, including pedagogical forms of action (see Luckmann 1990b; cf. Fuglseth 2010, 2015a, 2015b). Several transcendental insights become informative for our study of phronesis, but in this article I can name but a few.

3   Tell us about it: A methodological discussion

The field of phronesis denotes a virtue and is therefore a quality. There are a number of issues common to all qualities, and I will argue that there are *three* issues of qualities in general that may explain the indefinite character of phronesis, too. The maintaining of these issues will also make ground for a further determination of this field of study in empirical research.

Firstly, where it comes to teachers, and several other professions as well, phronesis is developed in *relational* situations, and therefore does not denote a fixed property (cf. the exposition of relations and properties by Embree 2007, p. 21). This is the main reason for the "weakness" of educational research that Biesta refers to (cf. Biesta 2013, p. 120) concerning evidence-based rules and procedures. Relations are always more difficult to grasp than properties, and their study therefore demands other approaches and methods.

An even more important reason is, secondly, that a quality always refers to an *independent part* of the whole to which it belongs, *in casu* the action of teaching. It is the character of all dependent parts (moments) that they cannot be parted from the entity to which they belong, like colours, speed and power. Colour can, for example, not be found and picked up from the street like a stone. In human and social science, it is of vital importance to discover how meaning is attached to the entire action and we need to acknowledge that abstract nouns like recognition, love, freedom, support, all common in pedagogy, are all moments and not pieces (independent parts). To study and foster them needs a firm recognition of the entire situation and its frames. It is language that tricks us, so to say, to believe that these are independent parts of an action (cf. Sokolowski 2000, p. 24; Husserl 2009, p. 272 ff.) and can be studied accordingly, without any further interpretive effort. As such, it functions similarly to teachers' judgments and the study of them. This is in one way a very simple insight, but it very well explains the methodological difficulties inhabited in any empirical study of a quality and it also, in fact, demonstrates the hidden grounds of evidence-based research.

Thirdly, the theory of typicality adds valuable insight to explaining this slippery character of phronesis. For the empirical study of professional practices, it is of importance that we are aware of how our experiences in a wide sense are stored as typified sediments in the stock of knowledge (Schütz and Luckmann 2003; Kim and Bernard 2009; cf. Fuglseth 2015b). It is essential to not only recognise *that* they are structured, but also *how* they are structured, in order to bring them within intelligible reach. Actions are anonymous until they are completed, as Schütz pointed out (1962, p. 67 ff.: "choosing among projects of action"). They are utopian, as they concern something that has not yet happened (Schütz and Luckmann 2003, p. 465). Experience in the more specific sense is defined as a result of planned actions, as in the expression of an "experienced teacher", i.e. a person who has been working as a teacher for a long time. Anticipations are *typical* anticipations in *typical* contexts. In our lifeworld attitude, we are usually not very conscious of it, not even in routine matters, but when we plan to repeat an action, we plan the anonymous type, not the known action. When we meet something unfamiliar, we meet something atypical, but immediately create a new type or an alternative one, a sub-type or a correction of the original one. This is also a general learning theory in line with concepts in the proto-language, like difference and alien (cf. Lippitz 2003). We always learn about the type when we learn from the example, and this holds for teacher actions as well, *mutatis mutandis*. It is helpful for an experienced teacher that there are several action types available, established through individual experience or learned from others. Helping is also the ability to recreate the types and create new ones *in actu*. Only afterwards, it might be that we have an idea that, seen from an external point of view, had a satisfying result or not, which also points to the problem of recognising a practice that might have direct or indirect negative consequences or more or less satisfying solutions.

One procedure to prepare a mapping of typifications of phronesis in empirical research is to let teachers start by *telling* about their experiences, better done even before questioning, interviewing and external observations (cf. McGuirk and Methi 2015; Lindseth 2005; Lindseth and Norberg 2004). Telling is the starting point as internal observation, for instance starting with a pure description of an episode that for one or another reason still occupies one's mind. Through personal expositions and common group-based interpretations, the practical knowledge may be accessed and judged accordingly. When researchers interview practitioners about their practice and ask them to tell about their experiences, the interviewees easily turn to the telling as soon as the analytic language is no longer available or seems inadequate for them. Obviously, we may all be aware of actions, situations and events that still keep us unsettled or disturbed, i.e. a negative experience. The corresponding narrative (in a wide sense) is then to be the subject of various interpretations that can take on the different meanings and perspectives. Observation through recorded video has also been demonstrated to be suitable for further studies of the phenomena. The recorded event may be interpreted in different and detailed manners, and the participants may take part in the interpretive sessions.

Proponents of phronetic and phenomenologically based studies argue that this kind of experiential telling is beneficial in order to discover aspects of judgment in a wide sense, or the lack of it (cf. Lindseth 2015, 2005). If someone experiences a crisis, small or big, we tend to find a discrepancy between expectations and outcomes. This is also the spot where Lindseth expects to find interesting matters within this field of practical study. He points to the vital factor of ability as crucial to answer to challenges in these situations. The interpretive efforts and evaluation of the challenge and its answers then become guidelines for the more general study of practical knowledge or phronesis. In order to further study these aspects of practice, one seems to be dependent on observations and narrative-experiential methods rather than just interviews. The relationship between descriptions and normative theory is likewise to be challenged. The theoretical solutions coming from multiple disciplines are, at the end, aimed at creating a basis for informed practice with an ability to respond adequately and justified in work situations.

This distinction between storytelling and analysis also reflects a basic characteristic of intentionality that is thematised and widely accepted in constitutive phenomenology. There are basically two different experienced grasps of time structures in the life world, the monothetic and the polythetic. Schütz and Luckmann used these insights from Husserl and Bergson on subjective or experience time to describe an aspect in the constitution of the stock of knowledge, namely the distinction between polythetically and monothetically grasping the meaning of experience (Schütz and Luckmann 2003, p. 89–90). These are described as two different modalities, in which the sense of experience can be grasped. To grasp an experience polythetically refers to the fact that all experiences become constituted step by step, in inner duration. Some experiences can *only* be grasped polythetically, e.g. as a musical theme or a poem. With experiences that do not refer to a temporal object ("ein Objekt"), we do not need to proceed in the same way. One can grasp the meaning of polythetically-structured experiences in one single grasp, i.e. monothetically. Formal knowledge, for instance, provides an excellent example.

Wilhelm Schapp (1884–1965), a student of Husserl, transferred this distinction to a description of the difference between narratives and non-narratives. In his practice as a lawyer, he had observed how stories or *Geschichten* constructed people's identity. The story stands for the person, people are in fact entangled in stories: "in Geschichten verstrickt" (Schapp 1987, p. 282 ff.; cf. Ricoeur 1984, pp.74–75). Schapp called experiences that are not presented as stories in a polythetic manner headings or titles ("Überschriften"): "All diesen Ausdrücken können wir nur näherkommen, wenn wir sie als Überschrift über Geschichten fassen" (1987, p. 288).[3] Headings or titles of a story are the monothetically expressed grasp of the polythetically lived and expressed past experience. They can come out as names, notions, arguments, metaphors, mathematic formulae or descriptions within the natural sciences. Titles and stories belong together and are both parts of the lifeworld expressions, while titles and the whole monothetical grasp may take us from the pre-theoretical level of the lifeworld to the theoretical one. If there were only stories that could express past experiences, if we only had the ability to express experiences polythetically, the only thing we could do would be telling stories.

From this point of view, an expressed experience of a practitioner also only has two possible forms, the narrative and non-narrative. Narrative in this connection only means that the telling has a certain temporal structure; this is not an advanced theory of literature. When something is lived through, the knowledge about the problem and its solution or lack of it, will make it a layer or sediment in the stock of knowledge with a certain structure or certain action types. The next time we find ourselves in a similar situation, a category or typified solution may be pulled out no matter how misplaced. If we are engaged in a conscious grasp of what we have experienced, we may also give it a headline or title and enter into an analysis of it. Lacking such "headline"-consideration is probably due to the fact that we are not

---

3   "All these expressions we can only approach if we treat them as headlines to stories."

aware of the experience in such a way that we may articulate it. For the research on practical knowledge, this is also a place where researchers should be aware, concerning methodology. Experiences that we cannot express in analytic language are probably and likely to point towards new areas of phronetic knowledge. Based on this kind of typified knowledge, the researcher may name the insight on another level of abstraction in a new construct, e.g. "balance" in relation to the practice of balancing different dimensions and values against each other.

4 Phronology and the balance theory

Above, I have searched some aspects of phronology and some consequences for the study of professional judgments. The present task is to explore the basis of practical knowledge in teaching in a more substantial way. Biesta (2013, p. 122–123) has given us one thread to follow. The basic argument is that within a study of professions based on social relations, like that of teachers, and with specific short- and long-term goals, equilibrial aspects are constitutive.

As stated, Biesta urges teachers to act virtuously and with a virtuosity that goes beyond what could be assessed by evidence or competence in a more specific sense, and in a monopolised or hegemonic way. He argues that what he calls a "learnification" of the educational discourse may threaten the vital role of teachers for learning in schools. A result is a blurring of the difference between learning in general and learning in school specifically, a situation where the educational language has become relational rather than individualistic (p. 126), and that confuses change for improvement (p. 127). Thus, the discussion about education becomes a discussion of process and not of content and the reasons and purposes of that content, he claims.

Moreover, according to Biesta, education is a multidimensional endeavour of three domains that he names "qualification, socialisation and subjectification". This multidimensionality is the reason for the claim that a particular kind of judgment is needed in all education, different from other situations and realities (p. 4 and p. 128). In education these three domains are always involved. Anything a teacher does in an educational situation has a potential "impact" on all these dimensions at the same time, but they are not equally strong all the time. In fact, teachers constantly have to make judgments about how to balance the different dimensions against each other, and how to make priorities in concrete situations to specific students, e.g. how to handle conflicts and utilise possibilities for synergy between them (p. 130). Judgments have to be taken with reference to the purposes of the education, and this kind of competence is so different from other competences that we need to see it as another category and give it another name. A teacher will always have to consider when it is appropriate to do what. The central role for judgment in education is then absolute. Evidence based studies and rules cannot replace judgment, and this is why teaching is an art, not a science, he argues (p. 131–132). Biesta also takes his theory of phronesis further (p. 134). He states that teachers in their meetings with children or students should always try to balance the considerations of educational aims of qualification, socialisation and subjectification, and that this forms the core of their phronesis.

I think Biesta hits some essential points both in relation to what judgments demand beyond rules and evidence-based knowledge in the classroom, and in relation to specific educational structures and the balancing of different dimensions in a specific situation. I will not go into a discussion of the domains *per se*, since the discussion of form is independent of the actual values. On the one hand, there are the judgments teachers need to take in a specific situation. On the other hand, there are values or aims of a certain kind (dimensions) that need to be materialised as a result of that judgment, an action that is accompanied by "qualification, socialisation and subjectification". However, there are several aspects of balanced judgments that remain unexplored. There are pieces and moments (cf. above) in this connection that need to be thematised phenomenologically in a theory of teacher phronesis.

First of all, phenomenological analysis may reveal why the keys to understanding, articulating and discussing phronesis lie exactly at the right understanding of the dynamics of two levels, the situational and the dimensional one. Since they are either in the background or in the foreground, it can be called a background/ foreground theory, but balance is a metaphor that is often used in this connection, so the term "balance theory" is also acceptable. Against this background, it might be argued that without such a theory of balancing in deliberations, *no* theory of actions and judgments is possible at all. Aristotle came quite close to this theory when he declared, "the prudent man in general will be the man who is good at deliberating in general" (Aristotle 1934, 1140a1).

Secondly, a constitutive analysis will, in one way or the other, relate to the main components of intentionality: the positionality, or thetic components and the lived experience (*Erlebnis*), that comes either as direct experience (remembering, perceiving and expecting) or indirect experience, that comes as linguistic and non-linguistic (cf. Embree 2007; Cairns and Embree 2013). The positionalities are basically theoretical (doxic), valuational (axiotic) and volitional (practical). Embree has demonstrated how much thematising one can do in reflective analysis on practice with these simple structural insights. Theories, values, and practices can be theoretically "turned" towards each other in the noetico-noematic analysis.[4] In this way, we may articulate theories of theories, theories of values and also theories of practices. Likewise, we will find a valuation of theories, of values, and of practices as well as a practicing of theories, of evaluation and of practice (e.g. embodied). These components come in degrees, we may believe firmly or not, valuate strongly or weakly, actions can be hard or soft etc. They come either as individual or collective, e.g. we may differ between individual habits and collective ones (traditions), they can be focal or limited and global or general. Every kind of experiential positionality may then also be internal, observed by me or external, observed by others (cf. Table 1).

Table 1   Some elements of judgments

	Modalities (+0-)	Degrees (strong-weak)	Individual/ collective	Focal/global	Internal/ external
Doxic					
Axiotic					
Practical					

Transferring these aspects of actions to the school situation in general, we readily see that there are few examples of planned negative actions in schools, and overall and intentional negative valued actions are difficult to imagine as ethically responsible. However, the logic of establishing negative or neutral actions for a higher benefit is widely accepted in moderate forms, e.g. where a teacher fails a student at the final exam. Another principal difference of actions is the division into those actions that are globally directed, and those that are focally directed. There may be a potential *focal* willingness or action in one modality (negative) together with a *global* willingness in another modality (positive). Nonetheless, both a global and a focal willingness can simultaneously occur in opposite modalities (Embree 2007, p. 105). We may have a negative action in front, a "destruction" that is seen as a positive external value only against the overall positive constructive effects in the background, similar to the carpenter who tears down a wall in order to improve or rebuild a house, as Embree explains. The term "opposite modalities" is used when actions are focally valued in one way and globally valued in an opposite way, e.g. focally negative or neutral, while globally positive. All in all, a good teacher seems always able to act both focally and globally in the *right* balanced way when meeting with children or students (cf. Fuglseth 2010, p. 90).

---

4   For a further description, see Husserl *Ideen* §87, in Husserl 2009, p. 200 ff., and Bernet, Kern and Marbach, 1993, p. 88 ff.

In relation to Biesta's dimensions playing in the background ("qualification, so-cialisation and subjectification"), I think it is fair to say that they refer themselves to *theoretically* and *practically* positive modes, whereas they refer to a neutral *valuational* mode, since nothing is said about what kind of qualification, social-isation and subjectification we are talking about. Negativity is involved when we realise that qualification may involve a tearing down, as in re-learning (*Umlernen*, see Meyer-Drawe 1982), and these more specific negative aspects do not become evident in Biesta's expositions of his basic values.

Concerning the background of such a relevance and balance theory, it is impor-tant for the planning of a teacher education to be conscious about the relevance of the theoretical themes for the practice with which students will be engaged. Some themes and exercises have a direct relevance, while others have indirect relevance, but are still just as important. The different exercises, lectures and readings during the teacher education also need to be balanced in a similar way. To understand the balance is likely motivating for teacher students. The dimensions of educa-tion proposed by Biesta ("qualification, socialisation and subjectification") are not themselves school subjects and therefore belong to the background knowledge of teachers. From the perspective of teacher education, one may group these cate-gories of relevance into four types, based on the difference of indirect and direct relevance of a theory and their grade (Table 2).

Table 2   Degrees of indirect and direct relevance

	Important (high grade)	Unimportant (low grade)
Indirect relevance	1	2
Direct relevance	3	4

Biesta's background values clearly belong to category 1 (important, indirect rel-evance). Belonging to direct relevance (category 3) is practical training, e.g. an introduction to specific learning methods. Category 2 and 4 (unimportant) are of course difficult to justify in teacher education. Nevertheless, it may in fact be that the themes categorised as such are relevant from an external and long-term point of view. Themes like school history, history of educational theories or development theories in general and in different school subjects, specifically in teacher educa-tion, have indirect high probable relevance for teaching. The discussion of these categories is essential for teacher educations aiming at fostering an understanding of the balance in question.

5 Main challenges in future studies of teachers' phronesis

The aim of this article was mainly 1) to demonstrate the connections between the study of phronesis, tact and in some way also discretion, and aspects of a general action theory in constitutive phenomenology and 2) to argue that these aspects help to understand nuances of practical knowledge or phronesis by *teachers* specifically, nuances that are easily neglected. From a constitutive phenomenological point of view, phronesis is above all a phenomenon involving alterable relations established in the situation and quality matters that are moments of the whole. In addition, as a competence, based on earlier experiences, it deals with more or less typified planned actions, sedimented in the stock of knowledge, that remain anonymous until they have been performed. It is mainly for these reasons that they become indefinite and that the transfer of solutions from a present to a subsequent situation is, in principle, always insecure. This is not a pedagogical matter particularly, but for pedagogical purposes, the phenomenological analysis adds new aspects to our knowledge. Through phenomenological reduction, we, in fact, broaden our understanding and it becomes pedagogically relevant, as it is introduced to the school context.

One methodological solution to the problems connected to the study of phronesis is the use of experiential narratives and participating observations. Observation can be expanded to an interpretive video analysis, a method giving the researcher rich descriptions and a multiple of interpretations. The narrative procedure allows us to go beyond the mere stating of the necessity of phronesis and tact of teachers by exploring the constitutive elements both as a starting point and as in constant sensible touch with the practice. This kind of phenomenological approach naturally helps to understand the nature of human experience in general, but is particularly helpful for investigations into embodied and otherwise tacit knowledge, including culturally patterned ways of behaviour.

I have not discussed the basic presuppositions of the theories of *Bildung* in general, just assumed them, and I lean on the assumptions of Gert Biesta in that case. Nevertheless, elaborating theoretically on aspects of phronesis in this specific way helps clarifying the relationship between philosophy and pedagogy in general. It helps us to see how a theoretical approach, initially informed by a certain kind of practice, may inform practice in the next round. It is also the promise of a phenomenological approach to guide us through the mists of theoretical vagueness in such practical-valuational questions of teacher actions. It helps us to understand phronesis and how we may detect examples that constitute the field and the methods that the studying of it requests. This reflective, constitutive phenomenological approach helps our understanding of what I have called "the balance theory" as a phronetic structure, in particular the focal vs. the global aims of a teacher action in schools and direct and indirect relevance of theory for teacher actions. The relevance theory comes as a helpful theoretical tool to analyse the weight and weighting of one action against others, to keep the overall balance. In this way, one may assume that we stimulate informed planning and evaluation, i.e. both pre-, and post-reflections, as well as reflections of different options during the teachers' action. In this way, phenomenologically oriented investigations promise not only to clarify by describing, but also add a certain kind of foundation for further improvements and informed justification.

References

Aristotle. 1934. *The Nicomachean ethics*. London: Heinemann.
Bengtsson, Jan. 2013. With lifeworld as ground: Introduction the special issue. An outline of the Gothenburg tradition of the lifeworld approach. *The Indo-Pacific journal of phenomenology* 13: 1–9.
Berger, Peter and Thomas Luckmann. 1967. *The social construction of reality. A treatise in the sociology of knowledge*. New York: Penguin.
Bernet, Rudolf, Iso Kern, and Eduard Marbach. 1993. *An introduction to Husserlian phenomenology*. Evanston: Northwestern University Press.
Biesta, Gert. 2013. *The beautiful risk of education*. Boulder: Paradigm.
Brinkmann, Malte. 2010. *Erziehung. Phänomenologische Perspektiven*. Würzburg: Könighausen & Neumann.
Brinkmann, Malte. 2011. Pädagogische Erfahrung. Phänomenologische und ethnographische Forschungsperspektiven. In *Orte des Empirischen in der Bildungstheorie*, ed. I.-M. Breinbauer and G. Weiß, 61–78. Würzburg: Könighausen & Neumann.
Brinkmann, Malte. 2015. Phänomenologische Methodologie und Empirie in der Pädagogik. Ein systematischer Entwurf für die Rekonstruktion pädagogischer Erfahrung. In *Pädagogische Erfahrungen. Theoretische und empirische Perspektiven*, ed. M. Brinkmann, R. Kubac, and S. S. Rödel, 33–59. Wiesbaden: Springer VS.
Cairns, Dorion and Lester Embree. 2013. *The philosophy of Edmund Husserl*. Dordrecht: Springer.
Carr, Wilfred. 2004. Philosophy and Education. *Journal of Philosophy and Education* 38 (1): 55–73.
Dreyfus, Hubert, Tom Athanasiou, and Stuart Dreyfus. 1986. *Mind over machine. The power of human intuition and expertise in the era of the computer*. New York: Free Press.
Dunne, Joseph. 1997. *Back to the rough ground. Practical judgment and the lure of technique*. Notre Dame: University of Notre Dame Press.
Embree, Lester. 2007. *Reflective Analysis. A first introduction into phenomenological investigation*. Bucharest: Zeta Books.

Embree, Lester. 2015. *The Schutzian theory of the cultural sciences*. Dordrecht: Springer.

Fuglseth, Kåre. 2010. A phenomenological basis for Vygotsky. A combined theory of the zone of proximal development and the theory of relevance with an example from religious education. In *Erziehung. Phänomenologische Perspektiven*, ed. M. Brinkmann, 55–71. Würzburg: Könighausen & Neumann.

Fuglseth, Kåre. 2015a. Phenomenology as a proto-language in educational empirical research. In *Pädagogische Erfahrungen. Theoretische und empirische Perspektiven*, ed. M. Brinkmann, R. Kubac, and S. S. Rödel, 283–298. Wiesbaden: Springer VS.

Fuglseth, Kåre. 2015b. Relevant kunnskap? Sosialfenomenologisk grunnlag for erfaringsbasert profesjonsforsking. In *Praktisk kunnskap som profesjonsforskning*, ed. J. McGuirk and J. S. Methi, 177–196. Bergen: Fagbokforlaget. [ET: Relevant knowledge? Socialphenomenology as basis for experience based professional research]

Gadamer, Hans-Georg. 1990. *Wahrheit und Methode. Grundzüge einer philosophischen Hermeneutik*. (Orig. 1960) Tübingen: Mohr.

Hirst, Paul and Wilfred Carr. 2005. Philosophy and education. A Symposium. *Journal of Philosophy and Education* 39 (4): 615–632.

Hitzler, Ronald and Thomas Eberle. 2015. Phänomenologische Lebensweltanalyse. In *Qualitative Forschung. Ein Handbuch*, ed. U. Flick, E. von Kardorff, and I. Steinke, 109–118. Hamburg: Rowolt.

Husserl, Edmund. 2009. *Ideen zu einer reinen Phänomenologie und phänomenologischen Philosophie*. Hamburg: Meiner.

Knoblauch, Hubert. 2005. *Wissenssoziologie*. Konstanz: UVK.

Kim, Kwang-Ki and Tim Bernard. 2009. Typification in society and social science. The continuing relevance of Schutz's socialphenomenology. *Human Studies* 32: 263–289.

Lindseth, Anders. 2005. *Zur Sache der Philosophischen Praxis. Philosophieren in Gesprächen mit ratsuchenden Menschen*. München: Alber.

Lindseth, Anders. 2015. Svarevne og kritisk refleksjon. Hvordan utvikle praktisk kunnskap? In *Praktisk kunnskap som profesjonsforskning*, ed. J. McGuirk and J. S. Methi, 43–60. Bergen: Fagbokforlaget. [ET: The ability to respond and critical reflection. How to develop practical knowledge?]

Lindseth, Anders and Astrid Norberg. 2004. A phenomenological hermeneutical method for researching lived experience. *Scandinavian journal of caring science* 18: 145–153.

Lippitz, Wilfried. 2003. *Differenz und Fremdheit. Phänomenologische Studien in der Erziehungswissenschaft*. Frankfurt a. M.: Peter Lang.

Luckmann, Thomas. 1978. Philosophy, social sciences and everyday life. In *Phenomenology and sociology*, ed. T. Luckmann, 117–253. Middlesex: Penguin.

Luckmann, Thomas. 1990a. Lebenswelt. Modebegriff oder Forschungsprogramm? Grundlagen der Weiterbildung. *Zeitschrift für Weiterbilung/Erwachsenbildung im In- und Ausland* 1: 9–13.

Luckmann, Thomas. 1990b. Towards a science of the subjective paradigm: Protosociology. *Critique and humanism journal, Special issue. Phenomenology as a Dialogue. Dedicated to the 90th anniversary of Alfred Schutz*, 9–15.

Luckmann, Thomas. 1992. *Theorie des sozialen Handelns*. Berlin: de Gruyter.

McGuirk, James. 2013. Dreyfus, Merleau-Ponty and the phenomenology of practical intelligence. *Norsk filosofisk tidsskrift* 48 (3–4): 289–303.

McGuirk, James and Jan Selmer Methi. 2015. *Praktisk kunnskap som profesjonsforskning. Antologi over yrkeserfaringen som utgangspunkt for forståelse av kunnskapsutvikling i praksis.* Bergen: Fagbokforlaget. [ET: Practical knowledge as professional research. Anthology concerning professional experience as point of departure for the comprehension of the development of knowledge in practice.]

Meyer-Drawe, Käte. 1982. Lernen als Umlernen. Zur Negativität des Lernprozesses. Lernen und seine Horizonte. In *Phänomenologische Konzeptionen menschlichen Lernens. Didaktische Konsequenzen*, ed. W. Lippitz and K. Meyer-Drawe, 19–45. Frankfurt a. M.: Scriptor.

Nussbaum, Martha. 1995. *Poetic justice. The literary imagination and public life.* Boston: Beacon.

Ricoeur, Paul. 1984. *Time and narrative.* Chicago: University of Chicago Press.

Rombach, Heinrich. 1979. Phänomenologisch Erziehungswissenschaft und Strukturpädagogik. In *Erziehungswissenschaft der Gegenwart. Prinzipien und Perspektiven moderner Pädagogik*, ed. K. Schaller, 136–154. Bochum: Kamp.

Schutz, A. 1962. *Collected Papers 1: The Problem of Social Reality*, ed. M. Natanson. The Hague: Martinus Nijhoff.

Schapp, Wilhelm. 1987. *In Geschichten verstrickt. Zum Sein von Mensch und Ding.* Frankfurt a. M.: Klostermann.

Schütz, Alfred and Thomas Luckmann. 2003. *Strukturen der Lebenswelt.* Konstanz: UVK.

Seebohm, Thomas. 2004. *Hermeneutics. Method and methodology.* Dordrecht: Kluwer.

Sokolowski, Robert. 2000. *Introduction to phenomenology.* Cambridge: Cambridge University Press.

Sævi, Tone. 2015. Phenomenology in educational research. Controversies, contradictions, confluences. In *Pädagogische Erfahrungen. Theoretische und empirische Perspektiven*, ed. M. Brinkmann, R. Kubac, and S. S. Rödel, 13–31. Wiesbaden: Springer VS.

Van Manen, Max. 2014. *Phenomenology of practice. Meaning-giving methods in phenomenological research and writing.* Walnut Creek, CA: Left Coast Press.

Wallander, Lisa and Anders Molander. 2014. Disentangling Professional Discretion. A Conceptual and Methodological Approach. *Professions and Professionalism* 4 (3): 808–817.

Teil IV
Phänomenologie als Praxis pädagogischer Forschung

Phenomenology and the study of nature places: A schoolyard place study

Eva-Maria Simms

Was ist das Schwerste von allem? Was dir das Leichteste dünket:
Mit den Augen zu sehn, was vor den Augen dir lieget.
Goethe, Xenien aus dem Nachlass, WA V,1,275

Nie hätte das Auge die Sonne gesehen, wäre es nicht selbst
sonnenhafter Natur. Plotin, Enneaden I,6,9

Phenomenology is accessible only by way of the phenomenological
method. Merleau-Ponty, Phenomenology of Perception, p. 23

The psychology of place begins with an understanding that places are more than mathematical coordinates or Cartesian *res extensa*. Merleau-Ponty's analysis of the experience of space shows that the body opens onto a world composed of significations, and that lived space is more primary and foundational than the conceptual space of geometry. The phenomenology of place aims for this lived, pre-logical, wild dimension of spatial experience. The following essay will give a brief philosophical introduction into the relationship between consciousness, nature, and place, lay out the basic structure of the Husserlian phenomenological method as a tool for reading places, compare it to Goethean phenomenology, and demonstrate the stepwise application of phenomenology to the study of nature places in an elementary school yard.

1 Nature, place, and human consciousness

The mythic spaces of indigenous peoples, the distorted spaces of schizophrenic hallucinations as well as the animistic and participatory spaces of early childhood, testify to the great variance that lived spaces can assume, but, according to Merleau-Ponty (2009), they also point to an opaqueness and openness at the heart of spatial experience, which de-literalizes the solid reality that mathematical space proposes. Spaces and things have a physiognomy, i.e. they invite a meaningful interaction between perceptual consciousness and the perceived world. They are neutral only when seen from a reflective, distant, "high-altitude thinking" (Merleau-Ponty 1968, p. 93). Lived space is shot through with meaning – some meaning individual and personal to the particular perceiver, but some general and pre-personal, because the structures of perception are part of the human biological and cultural heritage. As a human being, I have a "connaturality" with certain aspects of being and they are meaningful to me "without having given them that meaning myself through a constitutive operation" (Merleau-Ponty 2009, p. 200). As embodied beings, we are part of a pact between the body and space, that is much older than our individual lives:

> "Space, as well as perception as a whole, are marks, inscribed in the very heart of the subject, of the fact of his birth, of the perpetual contribution offered by his corporeality, and of a communication with the world more ancient than the one by way of thought. That is why space and perception engorge consciousness and are opaque to reflection." (Merleau-Ponty 2009, p. 234)

The "communication with the world more ancient than the one by way of thought" is the dimension of existence that ties us also into the world of nature. Nature is not something outside of ourselves that we gaze at with a romantic heart or a post-modern suspicious eye, but we are of it and in it and it forms a pre-personal engagement and zone of activity within and through us that is irreducible and alien. Merleau-Ponty calls the body the "captive or natural spirit" which has a "blind adhesion to the world" and is always "siding with being" (2009, p. 234). 'Nature', in other words, *is* the pre-epistemological and anonymous communication that human consciousness finds itself always already engaged in.

> "The natural world is the horizon of all horizons, the style of all styles, and it guarantees to my experiences, beneath all the ruptures in my personal and historical life, a given, rather than a willed, unity. The correlate, in me, of the natural world is the given, general, and pre-personal existence of my sensory functions, which is precisely what we have found to be the definition of the body." (Merleau-Ponty 2009, p. 302)

Merleau-Ponty's whole œuvre aims to elucidate this adherence between body and world, the possibility of the birth of the *cogito* out of it, and the rupture that language and culture introduce into nature. In his late work, he calls the pre-personal, anonymous, given unity "the flesh" (*le char*), and its activity "the chiasm". It is suffused with a "latent intentionality, which is the intentionality within being" (Merleau-Ponty 1968, p. 244); the debate between the different orientations in phenomenology has been how much of this latent intentionality is accessible to reflexive consciousness and the phenomenological method. I side with Merleau-Ponty in thinking that the complete transcendental reduction is impossible, and that, because of our entanglement with nature, we will ultimately always have only a lacunary knowledge of ourselves and the world. That said, the phenomenological method is still the most systematic way to widen our understanding of the latent structures of the world through the gateway of human experience.

The exploration of human experience has been the goal of the phenomenological method since its inception. However, we have to keep in mind that the world of experience is not the epistemological, clear world of rational thinking, but the messy, entangled, qualitative world of significations that are complex and hidden and have a pre-personal, latent, general structure. A non-epistemological undercurrent runs through human experience, which is difficult to unearth and raise to reflection. The working of this undercurrent *is not the working of representations.* "The unity of experience is not guaranteed by a universal thinker that would spread out at my feet all the contents of experience and would thereby assure me of every possible science of experienced things and all power over them" (Merleau-Ponty 2009, p. 270). It is, however, guaranteed by the body's attachment to the world of nature. Phenomenology (like psychoanalysis), as Merleau-Ponty suggested in the *Hesnard Preface* (1982/83, p. 71), aims for a "latency" that inheres in all acts of consciousness. Within the visible itself "the imminent, the latent, the hidden" are present (Merleau-Ponty 1968, p. 254), and perceptual experience itself is "full of possibilities that could have been radiations of this unique world that 'there is'" (1968, p. 41). The term *latent* describes the dimensions and profiles of experience that are evoked by every experience and encompass more than what everyday consciousness is aware of. Phenomenology as a method aims for this undercurrent latency, and the step-wise process of the phenomenological reduction is the *via regia* that allows consciousness to disentangle and distance itself from the world of perception (as much as that is possible) in order to recognize its details and evocations and lift them out of silence into language and thought.

2   The phenomenological method

The phenomenological method has as its goal *the transformation of consciousness,* so that the fullness of the world, as it manifests itself in a particular phenomenon, can become visible. In the following, I will describe the basic principles of the phenomenological reduction as developed by Husserl, and then describe the process of Goethean phenomenological observation and its practical application in a place study.

The qualitative, phenomenological methods of Goethe and Husserl have the same originating impulse: the prejudices of observing consciousness must be set aside in order to allow for exact observation of phenomena. Everyday consciousness glides over the phenomena of the perceived world and takes them for granted; phenomenological observation opens up the implicit and concealed dimensions of the experienced world. Both Goethe and Husserl developed very similar descriptive methods of directing and sharpening attention by slowing down the stream of consciousness, which allows the researcher to step out of the "natural attitude", i.e. out of our habitual manner of taking the appearances of things for granted. In a seminal article on Goethe and phenomenology, Fritz Heinemann (1934, p. 80) honored the many parallels between Goethe's and Husserl's phenomenological methods, but he also pointed out some fundamental differences: Goethe's phenomenology remains at the level of phenomena and does not aim for absolute consciousness and the full transcendental reduction, where the whole world is abolished – Husserl, for example, speaks of "absolute consciousness as a residue of world destruction" (Husserl 1985, p. 186); Goethe's method also does not advocate the eidetic and transcendental reduction in order to see the fundamental, pure essence of a phenomenon – Goethe thought it was nonsense to look for the 'essence of light' and he is more interested in the *deeds and activities* of light, where ideas are active in the physical world. These two divergences align Goethe with existential phenomenologists who were critical of the aim of Husserl's transcendental phenomenology. Goethe's phenomenology is often described as a phenomenology of nature, while Husserl speaks of his own phenomenology as a phenomenology of consciousness. Both methods, however, follow similar procedures and achieve similar results with respect to widening perception and understanding. In the following, I will briefly lay out the central steps of the Husserlian phenomenological method.

Husserl described the process through which the researcher transcends the superficial, objective, taken-for-granted, habitual world as an *"Innenbetrachtung"* (1954, p. 116), i.e. an interior contemplation. In this contemplative practice, observation is intensified and deepened, so that the structures of the world can become apparent as they manifest in a particular phenomenon. Here are the hermeneutic rules that describe the steps of the Husserlian phenomenological reduction as laid out by Don Ihde (1979):

1. *"Attend to the phenomena of experience as they appear"* (p. 34). The first step of the époche is to step back from our habitual ways of experiencing and conceptualizing and to let the phenomenon itself teach us.
2. *"Describe, don't explain"* (p. 34). Through description the fullness of a phenomenon and the complex relationships of things to other things and to human

consciousness become apparent. Explanatory and causal thinking is set aside in order to intensify and focus on perception.

3. *"Horizontalize or equalize all immediate phenomena"* (p. 36). Set aside your belief in reality and do not assume that there is an essential hierarchy of realities. What is real appears when enough proof has been collected. This rule has the effect that more phenomena out of the realm of experience are taken into account, and that metaphysical and normative concepts are set aside.

4. *"Seek out structural or invariant features of the phenomena"* (p. 39). In the search for the invariant structures the phenomenologist observes and notes repeating forms or *gestalts*.

5. *"Variational Method"* (p. 40). In the eidetic variation the researcher imagines the observations and varies them in her/his mind in order to discover their boundaries (or where they shift into a different phenomenon).

6. The *"transcendental"* move (here I deviate from Ihde's description). In the transcendental reduction the whole world is finally excluded from consciousness in order to achieve a pure vision of essences. Merleau-Ponty and other existential phenomenologists have turned away from this step of Husserl's method because it presupposes a pure, bodiless consciousness and a realm of ideas that are not situated in the existing world.

The results of the phenomenological reduction and the change in consciousness it produces can be summarized in the following way: with the bracketing of the natural attitude the phenomenological attitude becomes possible and the familiarity of things is interrupted. Phenomenological vision looks for *possibilities* and the unfamiliar that surrounds the familiar things of the world. Through the interruption of the familiar, an intensified, eidetic view of things becomes possible and a new and deeper familiarity announces itself and new discoveries can be made. It appears now that the earlier habitual view of things was insufficient in grasping the *Fülle* or fullness of phenomena, the *plenum*. Husserl described his experience after achieving the phenomenological reduction as the appearance of the world as *"strömende Jeweiligkeit"*, a "streaming presence", in which each phenomenon has its own invariant style through which it rests "in the flow of total experience" (Husserl 1954, p. 147). This infinite whole within which phenomena are stylistic variations has been called: "the world" (Held 2002) by philosophers since antiquity.

Let us pause here and recollect what the phenomenological method actually achieves: it guides human consciousness through a gradual process, the reduction, where ordinary judgment and valuation are reduced in order to let the complexity and interrelatedness of worldly phenomena appear. In this stream of *"Jeweiligkeit"* the individual phenomenon appears as a certain style of presence in the larger fabric of the world, like a musical motif that is repeated and varied in the streaming of a fugue. However, while Husserl's phenomenology remained focused on the structures of human consciousness as the constituting agent for the appearance of the world, the existential turn in the phenomenological movement through Heidegger (1962) and Merleau-Ponty (2009, 1968) called for an investigation of the total field of being, into which human subjectivity is inserted. If the perceiving body ultimately has a chiasmic bond with nature, it will retain an opacity and non-self-transparency because its foundation rests not in itself, but human consciousness will also have a deep familiarity with nature because it is of it and in it. Nature may ultimately remain veiled and we cannot *see* her face clearly, as Hadot (2006) told us, but she stands behind us and instructs us how to integrate our being into the web of other beings – if we learn to listen. And that brings us to Goethean science, which presupposes an ultimate affinity between human existence (especially perception and thinking) and nature: "Wär nicht das Auge sonnenhaft, die Sonne könnt es nie erblicken" (Goethe 1827, p. 291).

3 Goethe's phenomenological method and its application to a schoolyard place study

In 2014, the Waldorf School of Pittsburgh invited my research group, Duquesne University's PlaceLab, to facilitate a study of the school grounds in order to develop a plan for enhancing the green spaces surrounding the historic school building, which sits on a city block in the Bloomfield area of Pittsburgh. While much work had been done on the building since the Waldorf School bought it in 2003, the school community decided that, after ten years, it was time to give attention and thought to developing the natural places that the children live with for extended periods every day.

Together with my graduate students I designed a two-track place-study process in order to gather information about children's and adults' experiences of the school's green spaces. A group of adult 'stakeholders', selected by the school, participated in a workshop process, the *Goethean Place Study*, which we designed as a guided phenomenological process in order to observe, assess, and imagine the potential of the schoolyard. To access the children's experiences of the grounds in age appropriate ways, all the families in the school were invited to participate in the *Child Map Project*: the eighth grade class created a detailed 4'x3' map of the school grounds, which was displayed in the foyer of the school; children from the nursery to grade 4 took their parents on a tour of the schoolyard and showed them the places they liked and/or disliked; the parents recorded the children's narratives (or pictures) on a sheet of paper and together they placed color-coded pins onto the child map, indicating the places the children liked and disliked; the students in grades 5–8 went on a tour of the grounds with their teachers and filled out their own sheets and placed their pins on the map. It goes beyond the scope of this paper to discuss the Child Map Project further, but the findings about what the children liked and disliked about the school's surrounding spaces were taken into account in the adult Goethean Place Study and were included in the final recommendations to the school administration.

The development of a consistent and effective phenomenological place and nature study process is hampered by the fact that Goethe (like Husserl) never gave a systematic presentation of his phenomenological research practices, but showed them indirectly through application in his color and plant studies and gave many indications in various essays, letters, and aphorisms. In order to create a phenomenological process that could be followed by adults without specialized training in philosophy or science, I compiled and summarized Goethe's writings (Goethe 1982) and the works of Bortoft (1996), Hoffmann (1998), and Brook (1998). In our place study design we laid out the following process for the participants, over a series of three workshops, in order to guide them towards a perception of the whole and the style of the landscape: *Apercu* or *first encounter, exact sensory perception, exact sensory imagination, beholding and inspiration*, and *contemplative judgment and appearance of the pure phenomenon*. In the following, I will summarize the Goethean process and show how we applied it in praxis.

Step 1 (Preparation) – Apercu or First Encounter

The Goethean researcher attends to her/his impressions of the thing under investigation, and particularly the first impression is consciously noted. The first, mostly global and unarticulated perception of things can be developed and clarified during the later research process. It is often a guidepost for structuring the research field and it reflects the intuitive direction of the researcher's interests and questions. In this preparatory phase we are still in the realm of everyday experiences, before our perception is phenomenologically deepened. The psychological attitudes this step fosters are *patience, childlike receptivity*, and *attention to one's own perceptual and emotional responses* to the landscape.

We provided participants with notebooks and drawing/writing materials and sent them out to explore the grounds. They were instructed to notice their *first impressions* (Apercu), which are global and undifferentiated personal perceptions, often tinged with like and dislike, which provide an individual guidepost and a way into the phenomenon for different individuals.

First Impression (15 min): Approach the school in your normal way, walk around the property, and note your first impressions in the journal. This reveals something about the essence of place before we get confused by details.

Based on their first impressions, the participants chose to explore one aspect of the place more deeply.

Step 2 – Exact sensory perception

In *exact sensory perception* the place is attentively observed and carefully described. Things have to be looked at clearly and without prejudice, and the facts have to speak for themselves. In this descriptive part of phenomenology, writing, drawing, and narrating one's observations helps sustain the process of gathering deeper and more detailed observations and to maintain attention and remain mindful of the perceived world. All senses are involved and contribute to a fuller experience of the phenomenon. The psychological result of this phase is a *sharper and more directed attentiveness* and an *interruption of automatic intellectual prejudices*. Here are the instructions given to the participants:

Deepened Perception and Description (25 min): Follow your first impression and explore an element of the place that stood out to you either positively or negatively. This can be anything from the quality of the place as a whole, a specific location that speaks to you, to a question or problem the place poses for you. Try to attend to all the features of the place through your senses:

- *What do you see, hear, smell, touch?*
- *What kind of movement of your body is made possible by the place?*
- *What do you notice about the structure of the place?*
- *How does it shape your perception and attention?*
- *How do you feel? What mood do you encounter?*

Use your journal to describe and explore your experience of the place. You can use drawings and even photographs to clarify and illustrate your perceptions.

At the end of the observation process the group came back to the auditorium and participants were paired in small groups (2–3) in order to talk about their observations and experiences. Participants were asked to mark on a 4'x3' ordinance map of the Waldorf School property (matching the size of the Child Map) where their observation had taken place. The workshop concluded with a presentation of historical maps and photographs to create a lager image of how the place fits into the natural landscape of the Pittsburgh region.

Step 3 – Exact sensory imagination

The next step exercises the *exact sensory imagination*. The observed details, forms, impressions, and finally the relationships with the larger place context are varied in the imagination. The exact sensory imagination can bring the images of perception into relation with each other and move them around. The whole lifecycle of a plant, for example, can never be seen at the same time, but the exact sensory imagination can create a sequence and picture the complete metamorphosis of a buttercup from seed to blossom. In this way, the human mind can perceive the metamorphosis of forms in the stream of time. Goethe also used this step to explore the boundaries of a metamorphosing form, for example, by considering the abnormal development of plant forms and their implications. The psychological result of this phase is a *restructuring of consciousness into an organ of perception for the whole of the spatio-temporal existence of the phenomenon*.

The imaginative variations of the participants' detailed sensory impressions and observations were done at home through a set of meditative exercises. Here are the instructions:

> **Imagination.** *Over the next few weeks you are asked to meditate on and explore the features of the place you perceived and notice changes in your awareness. We call this process meditative because it asks you to use your imagination and intuition to explore the place.*

> *For a few evenings, picture "your" place in your imagination:*

- *(Earth) Meditate on the physical place – let it go*
- *(Water) Meditate on the place in movement (its gestures) – let it go*
- *(Air) Meditate on the first impression or mood of the place – let it go*
- *(Fire) Meditate on the possibilities of transformation – let it go*

> *Keep noting in your journal:*

- *What forms and phenomena have appeared through the observational process above?*
- *Are there guiding principles that apply to the place as a whole?*
- *How does your place section/feature fit into the whole?*
- *How does it change and stream in time?*
- *How does it connect with other places and events?*
- *Can you imagine it change through an enhancement?*

Step 4 – Beholding and Inspiration

In this step, the phenomenon is deepened and intensified as a qualitative scientific phenomenon through a process of inquiry and deepened interpretation of the meaning of the observations. The researcher lets the phenomena themselves speak by noting and interrogating the meaning and significance of *their* gestures or physiognomies: what kind of intentionality does this life form express? The psychological result of this step is an *opening and quieting of consciousness* so that the *otherness and intentionality of the phenomenon* can appear. At the end of the 'meditative' process the participants were asked to create a symbol or 'mandala' and a sentence that summarized and expressed their sense of what the place communicated to them. This artistic exercise allowed them to symbolize elements of place that were difficult to put into words. Here are the instructions given to the participants:

> *Inspiration: At the end of the meditative process we ask you to think the place from the perspective of the place itself and see its potential.*

- *Please use the included piece of paper, which is in the shape of a circle, to create a symbol of the spirit of the place. Choose any artistic media or materials you feel drawn to – pencil, crayons, pastels, paint, watercolors, collage. Evoke the intuitive quality and identity of the place in your mind and create an image in the circle (it can be a symbolic picture, a flowing gesture, colors, etc.) that symbolizes the spirit of the place for you. Please bring your circle and pin it to the Adult Place Map.*
- *Can you put into a sentence what the place is saying?*

The group convened for the second workshop, which gave each participant the opportunity to report their observations, imaginations, and inspirations and place their mandalas and sentences on the adult place map. The workshop brought together all participants' individual research observations and allowed them to be woven together into a picture of the whole place.

After the second workshop, the PlaceLab team analyzed the rich data generated by the adult participants with respect to the various places they had meditated upon and the themes, ideas, and preliminary suggestions that emerged from the whole. The data was collapsed across participants in over-arching themes, which were organized by place. In order to provide an example of the outcomes of this process, here are given the themes and places developed by the participants, which include the sentences about what the place is saying.

- Grades Play Yard: 'Open to Imagination and Definition'
  - The adult participants who focused on this area noticed that it was characterized by a sense of openness, especially upward, toward the sky. One participant remarked that the openness of the space rendered it "undefined", perhaps making it an invitation of sorts for the children to define it themselves.
- The Courtyard With the Water Pump and Entrance to the Auditorium/Back of School: 'Hear me out!'
  - Only one adult participant meditated on this place and the emerging theme was one of sound and being heard, given that this otherwise dark and uninviting corner tends to amplify the sound of the wind and of the children at play. A suggestion was made to give the accessibility ramp a sculptural form and to add a sculpture to this courtyard that could capture the wind and sing.
- The Secret Garden: 'Welcome, Be Yourself and Make Yourself at Home!'
  - Overall, adult participants tended to view the Secret Garden as a space of welcoming, wholeness, and intimacy. In the words of one participant, it affords "a place where I can be me". However, one participant did report feeling frustrated and disregarded when attempting to get to the Secret Garden and expressed the need to be better guided there.
- The "Parking Lot", Pergola, Morning Garden and Least Favorite Play Yard: 'Let Me Breathe!'
  - The adult participants who focused on these areas mostly perceived them to be characterized by hardness, compactness, and rigidity. The image of children "hacking" at the hard compacted ground led to a distinction between merely being *on* the earth vs. actually being *in* it. There was a shared sense that what this overall area is asking for is: "let me *breathe*". In keeping with this, one participant reported that the children often felt *inspired* by the puddles in the parking lot, only to be *restrained* in their élan by teachers who feel the area to be unsafe. In sum, participants found that this place needed to breathe and to offer some containment or soft holding for the children, allowing them to breathe more freely in turn.
- Fences and Boundaries: 'Soft Cues for Witnessing'
  - Although not a specific place on the grounds, fences and boundaries were meditated upon by the adult participants, and the consensus was that some of these fences are foreboding and of the 'keep out!' sort. Participants expressed the need to change these into soft, porous boundaries that invite looking in and witnessing. A distinction was made between administrative and organic boundaries, with participants clearly favoring the latter.

- The whole: 'Create connections'
  - The participants agreed that the different areas of the school grounds were fragmented and disconnected, and that attention to visual connections between different areas (as in Japanese garden designs) as well as guiding paths and plantings could accomplish this and create a sense of the whole and give flow to the landscape.

Step 5 – Contemplative judgment and pure phenomenon:

During this step the researcher intensifies and deepens perception of the phenomenon through an intuitive process, until the idea that manifests itself in the material phenomenon becomes apparent. Goethe called this the *Urphänomen*, the archetypal phenomenon, which appears as a creative potential that realizes itself through appearances. It is a type, idea, or essence, which appears to the human mind, and in thinking contemplation the phenomenon comes into itself: the Greek word *phainomenon* names the root meaning of phenomenon as that which shows itself out of itself. Goethe was convinced that idea and physical manifestation were intimately connected, and that ideas inhabit the world of appearances. In this sense he was neither a Platonist, nor, like his friend Schiller, a follower of Kant. The psychological result of this phase is that *consciousness is de-centered* and experiences the deeper connection and *oneness between subject and object*.

During the last workshop, my research group reviewed the place-themes from the previous workshop with the participants and gave them a presentation of the children's impression of the schoolyard from the *Child Map Study*. Then, the participants were divided into groups and went outside for the final encounter with the places that needed the most attention with the following instructions.

Please go to this place, walk around together for a while, and find a place to sit and talk. Have a conversation about the following list of considerations and keep notes of your conversation on this sheet:

1. *What did the place say to the participants?*
2. *What should it say? (this is an exercise that tries to listen to what the place itself suggest for future development)*
3. *What changes are possible and appropriate in order to enhance this section of the grounds?*

The questions below do not have to follow an exact sequence (sometimes an idea is pretty clear, sometimes a gesture comes first). Try to stay open to the flow of the conversation and don't get lost in planning details:

a) *Which ideas want to live here? What is needed to enhance and balance the fire element?*
b) *What moods and activities are appropriate here? What is needed to enhance and balance the air element?*
c) *What kind of spatial enclosures, relationships, and gestures can achieve this? What is needed to enhance and balance the water element?*
d) *What material changes would achieve this? What is needed to enhance and balance the earth element?*

Please keep notes of your conversation on this sheet and report back to the group at large at 7:30 pm.

This final process step, adapted from architect Christopher Day's community process model for developing ecologically sensitive buildings (Day 2002), recapitulates the process of the Goethean method, and it presupposes that the participants, through the Goethean process, have been attuned to the gestalt of the landscape and intuitively understand its potential because they have moved from observation of details to imagination of forms, to intuition of wholes, to inspiration by the ideas that live in places and in nature. Now the process is reversed and we move from the inspiration by the landscape's essential idea "downward": we try to articulate the essential ideas (fire) that try to come through in a place (its potential), the moods and activities that support these ideas (air), the gestures (through enclosures and spatial relationships, flow) that make them visible (water), and finally the physical structures and materials that can be built in alignment with the gestures, moods, and ideas of a particular place (earth). The enhancement of a place is achieved when this alignment of idea, mood, gesture, and material structure is actualized. Here is an illustration of the suggestions from the group that "read" the front of the building after step five:

Group 3: Front Yard and Fence/Surroundings
1. *Participants in group 3 paid close attention to the current fencing arrangements, which they felt closed things in, thus running counter to their wish that fences would "showcase what we do". They suggested that a vine fence with non-invasive plants might be more inviting;*
2. *The parking lot should be moved to the front play yard, given that it is quite muddy and not currently being used very much. A parking lot in this area should be well designed with trees and plantings.*
3. *An activity space should be created (e.g., outdoor classroom, kindergarten puppet stage, or outdoor sitting arrangement) near the wishing tree, where Waldorf activities can be showcased to the neighborhood. A flowerbed could be repurposed.*

4. *All passageways should be identified with portals or archways in fenced areas, giving children the solemn pleasure of entering or exiting a space.*

5. *The small courtyard next to the exit from the chapel/8th grade classroom should be re-structured with benches and plantings to become a gathering place for the eighth graders. The old wooden access ramp to the chapel should be removed, and the angular building should be softened with artwork and greenery;*

6. *The yellow house playground is too big and needs to be crafted into a space for "smaller activities," perhaps with groves, bushes and pathways. The children love the boat, and some suggestions for enhancement would be a bridge over a dry (planted) moat, "hills," and plantings such as bushes and grasses which give children a sense of secret spaces but are still visible for the teachers.*

7. *The sunny area between the chapel and the yellow house is large enough for the third grade farming and building activities because it captures the sunlight and leads to the chicken coop naturally. The third graders can be involved in helping build things for the younger kids (e.g., bridges, moats).*

After each group reported on their respective areas, a general discussion about the "next steps" took place. The group suggested that an evaluation of the concrete steps of moving the parking lot to the front of the building is the first step of the grounds' plan, and if feasible, will lead to major changes in the layout of the grounds. Many other alterations can be done in smaller increments over the years.

My research team wrote a formal report documenting the process and results of the Goethean Place Study with concrete suggestions for the transformation of the schoolyard to the school administration. Since then, a lot of work has been done to transform the landscape structure of the back of the building, where the children spend most of their time (but alas, the parking lot is still dominating the flow of activities around the building).

4   Conclusion

Phenomenology is not only a philosophical discipline, but also an observational and meditative practice that alters consciousness and leads to a deepened perception and communication with phenomena, in this case a natural place. We were able to teach ordinary people the phenomenological attitude and helped them uncover the intentional structures active in an urban green space. Together we envisioned holistic, pedagogically sensitive nature spaces, developed a model for working with nature in an ethical way, deepened the psychological connection between people and place, and made practical suggestions for bringing out and enhancing nature and the *genius loci* of a city schoolyard.

References

Bortoft, Henri. 1996. *The wholeness of nature: Goethe's way of science.* Edinburgh: Floris Books.

Brook, Isis. 1998. Goethean science as a way to read landscape. *Landscape Research* 23 (1): 51–69.

Day, Christopher. 2002. *Spirit and place.* Oxford: Architectural Press.

Goethe, J. W. von. 1827. *Goethe's Werke: Zahme Xenien, Erste – Dritte Abteilung.* Vol. 3, *Goethe's Werke.* Stuttgart und Tubingen: J. G. Cotta.

Goethe, J. W. von. 1982. *Schriften zur Biologie,* ed. K. Dietzfelbinger. München/Wien: Langen Mueller Verlag.

Hadot, Pierre. 2006. *The veil of Isis. An essay on the history of the idea of nature,* transl. Michael Chase. Cambridge, MA: Harvard University Press.

Heidegger, Martin. 1962. *Being and time.* San Francisco: Harper & Row.

Heinemann, Fritz. 1934. Goethe's Phenomenological Method. *Philosophy* 9 (33): 67–81.

Held, Klaus. 2002. The Origin of Europe with the Greek Discovery of the World. *Epoché* 7 (1): 81–105.

Hoffmann, Nigel. 1998. The unity of science and art: Goethean phenomenology as a new ecological discipline. In *Goethe's way of science: A phenomenology of nature,* ed. D. Seamon and A. Zajonc, 129–176. Albany, NY: SUNY.

Husserl, Edmund. 1954. *Die Krisis der europäischen Wissenschaften und die transzendentale Phänomenologie.* Vol. 2. Haag: Martinus Nijhoff.

Husserl, Edmund. 1985. *Die Phänomenologische Methode,* ed. K. Held. Stuttgart: Reclam.

Ihde, Don. 1979. *Experimental phenomenology.* New York: Paragon Books.

Merleau-Ponty, Maurice. 1968. *The visible and the invisible,* transl. Alphonso Lingis. Evanston: Northwestern University Press.

Merleau-Ponty, Maurice. 1982/83. Phenomenology and psychoanalysis: preface to Hesnard's L'œvre de Freud. *Review of Existential Psychology and Psychiatry* XVIII (1–3): 67–72.

Merleau-Ponty, Maurice. 2009. *Phenomenology of Perception,* transl. Richard Rojcewicz. Pittsburgh: Unpublished translation.

Lernen im Raum

Methodologische Überlegungen zur Erforschung atmosphärischer Einflüsse auf kindliches Lernen

Agnes Pfrang und Andreas Rauh

Einleitung

Kinder verbringen einen großen Teil ihrer Zeit in der Schule – genauer gesagt in einem Klassenzimmer. Im Kontext phänomenologischer Pädagogik gibt es bereits wegweisende Untersuchungen, die die Bedeutung der Raumerfahrung für das kindliche Lernen erschließen (z.B. Langeveld 1963; Loch 1983; Lippitz 1993). Diese Studien zeichnen sich durch einen einfühlsamen Blick auf die Erfahrungen der Kinder und ihre Lernprozesse aus. Sie bleiben aber überwiegend eine reine Interpretation und Antizipation aus Sicht der Erwachsenen.

Was bisher in der Forschung zur Bedeutung des Raumes und im Besonderen der darin erfahrenen Atmosphäre fehlt, ist die Perspektive des Kindes. Es gibt bisher kaum Studien, in denen Kinder zu diesem Thema selbst befragt werden und die daher eine stärkere ‚Innensicht‘ auf das kindliche Lernen, ihr Involviertsein in Lernatmosphären legen können. Um diesem Anspruch in der Forschung gerecht werden zu können, müssen Zugangsweisen zu kindlichem Wahrnehmen und Denken berücksichtigt werden, die v.a. die Schülerinnen und Schüler als Hauptakteure von Schule und Unterricht aktiv am Forschungsprozess beteiligen.

Wie Kinder die Raumgestaltung und die Atmosphären von Räumen in der Schule erleben, welche Erfahrungen damit verbunden sind, das betrifft in hohem Maße die leibliche Dimension des Lernens: Menschen erleben Räume und Atmosphären unmittelbar, sie ‚betreffen‘ diese, und damit haben Räume mit ihren Atmosphären einen entscheidenden Einfluss auf Lernen. Temperatur, Lichtverhältnisse, Geräusche, Farbgestaltung usw. – all das wird direkt rezipiert und diese Aspekte beeinflussen das Lernen: sie fördern oder behindern es.

Im Folgenden soll nun zunächst im ersten Kapitel darauf eingegangen werden, was im Allgemeinen unter Atmosphäre in Räumen und im Besonderen unter Lernatmosphäre in Klassenräumen verstanden wird. Hier ist es das Anliegen, im Sinne einer phänomenologischen Pädagogik eine Beschreibung der Begrifflichkeiten und der Situation darzustellen. An diese Gedanken anknüpfend widmet sich das zweite Kapitel der Methodik. Nach einer Erläuterung von Grundsätzen des Parcours Commenté und der Aisthetischen Feldforschung wird mit Fokus auf die Kindperspektive die Bedeutung qualitativer und somit offener Erhebungsverfahren reflektiert. Insbesondere wird in diesem Kontext auch begründet, warum und wie mehrdimensionale Erhebungsverfahren dem oben genannten Anspruch gerecht werden können. In einem dritten Kapitel werden exemplarisch Erkenntnisse einer Explorativuntersuchung zu kindlichen Lernerfahrungen im Raum dargestellt und reflektiert. Dabei richtet sich der Fokus insbesondere auf die Bedeutung der Lernatmosphäre im Klassenraum aus Kindersicht.

1   Atmosphäre – Lernatmosphäre

Forschungen zum Phänomen der Atmosphäre beginnen strukturell mit einer Phänomenexposition, die vergleichbar ist mit der augustinischen Frage nach der Zeit: Es soll etwas expliziert werden, das geläufig und alltäglich ist, aber seine Geläufigkeit und Alltäglichkeit einbüßt, sobald es in den Fokus hermeneutischen Fragens rückt. Das Phänomen entrückt sich aus der Bekanntheit in eine Besonderheit. Jedoch ent- und bestehen Atmosphären immer und überall. Sie stehen für den erlebten Raum, der durch alle im Raum angebotenen, vorhandenen und wahrnehmbaren Gegenstände konstituiert wird, wozu neben Dingen auch Personen und ihre Stimmungslagen zählen. Phänomenologische Forschung zu Atmosphären sucht Situationen auf, in denen sich die am eigenen Leib spürbar widerfahrende Lebenserfahrung als spezifische Erscheinung zeigt und damit zu einem der (sowohl aktiven wie pathischen) Wahrnehmung zugänglichen (Forschungs-) Objekt wird. In Konferenzräumen herrschen angespannte Atmosphären, Urlaubsresorts werben mit Atmosphären zum Wohlfühlen, Klassenzimmer sollen von konzentrierten Lernatmosphären geprägt sein. Ursprünglich physikalisch-meteorologisch als Bezeichnung für die Dunstkugel (atmos-sphaira) eines Himmelskörpers verwendet, transponiert der Atmosphärebegriff vor allem zwei Eigenschaften in den geistes- und kulturwissenschaftlichen Diskurs. Einerseits umhüllt die Atmosphäre allumfassend, sie umgibt Menschen, Dinge, Situationen und ist damit nicht bloß

Subjekten und nicht bloß Objekten zuzurechnen. Andererseits hat die Atmosphäre eine Wirkung, sie färbt Räume emotional ein und macht affektiv betroffen. Umhüllt von einer Atmosphäre nimmt der Wahrnehmende nicht nur Einzelheiten, sondern umfassende Qualitäten seiner Umgebung wahr. Es verwundert also nicht, dass ein solchermaßen ubiquitäres Phänomen für Prozesse des Aufnehmens und Verarbeitens von Welt Bedeutsamkeit haben soll – für Wahrnehmung und Lernen.

Als Gegenstand wissenschaftlicher Auseinandersetzung wurde das Atmosphärephänomen zunächst von der Pädagogik (Bollnow und Flitner 2001), Psychologie (Tellenbach 1968), Leibphänomenologie (Schmitz 1998a) und nicht zuletzt der ökologischen Naturästhetik (Böhme 1989) thematisiert. Eine dem Phänomen annäherungsweise gerecht werdende Definition formuliert Böhme, wenn er die Atmosphäre in der „Beziehung von Umgebungsqualitäten und menschlichem Befinden [verortet]. Dieses *Und*, dieses zwischen beidem, dasjenige, wodurch Umgebungsqualitäten und Befinden aufeinander bezogen sind, das sind die Atmosphären" (Böhme 2013, S. 22 f.). Die Atmosphäre ist ein Phänomen zur Kennzeichnung eines nicht-neutralen Ortes in einer nicht-neutralen Wahrnehmung. Wichtig ist die leibliche Anwesenheit an einem bestimmten Ort (Wo-Befinden) in einer bestimmten Weise (Wie-Befinden). Die Beziehung von Umgebung und Befinden herrscht immer und überall in je charakteristischer Ausprägung und Intensität. Sie lässt sich affektiv wahrnehmen wie eigenständige und im Raum schwebende Gefühle. Damit scheint sie eher in deskriptiven als in normativen Kontexten relevant und kennzeichnet als im Raum schwebende Gefühle oder Stimmungen etwas reichlich Vages.

Für Lernatmosphären im Klassenraum wird nun das potentiell inflationäre *Immer* und *Überall* der Atmosphäre zu einem bestimmten und besonderen *Hier* und *Jetzt* atmosphärischer Raumtönung. Für Bollnow ist die pädagogische Atmosphäre bestimmt als „die pädagogische Situation im ganzen [sic!] und insbesondere die Kind und Erzieher gemeinsam übergreifende Gestimmtheit und Abgestimmtheit des einen auf den andern" (Bollnow und Flitner 2001, S. 12). Es wird gesehen, dass die Lernatmosphäre zwischenmenschliche Haltungen sowie emotionale Grundstimmungen beeinflusst und Lernkulturen prägt. In diesem ge- und abgestimmten Medium rückt jedoch nur der bipolare pädagogische Bezug vom Lehrenden und seiner emotionalen Haltung einerseits und dem Lernenden und seiner emotionalen Einstellung andererseits in den Fokus. Auf dieses Verhältnis zielen Handreichungen zum Thema Unterrichtsklima mit Handlungstipps zur Gestaltung von Lernatmosphären. In einer Lernatmosphäre werden jedoch alle aktuellen und potentiellen Wahrnehmungen bedeutsam – das macht das ‚Und' der Atmosphäre aus. Überdies wird Lernen nicht allein durch Stimmungsräume zwischen Lehrpersonen sowie Schülerinnen und Schülern geprägt: hinzukommen die Interaktion zwi-

schen den Lernenden, das Lehrerkollegium als Bereich pädagogischer Vielfalt und
Atmosphärekompetenz, die Schulhausarchitektur, die Klassenraumgestaltung, die
Lernaufgaben und -gegenstände wie auch Unterrichtsmaterialien und -formen.
Ebenso wichtig werden die soziale Atmosphäre und die je eigenen aisthetischen
Hintergrunderfahrungen der beteiligten Personen (vgl. Rauh 2012, S. 154).
Phänomenologische Pädagogik ist darum bemüht, alle Facetten pädagogischer
Situationen zu beschreiben. So wird die Lernatmosphäre zu einer spezifischen
Form von Atmosphäre, die vor, während und nach dem Unterrichtsgeschehen an
(Hoch-) Schulen Wahrnehmung und Erfahrung prägt. Die Atmosphäre gehört da-
mit nicht nur beiherspielend zu den Topoi kindlicher Lernumwelten und also zu
untersuchenden Faktoren in der Kinderforschung (vgl. Schultheis 2004), sondern
bildet die Grundlage für die Ausprägung ebenjener Lernumwelten. In der leiblichen
Anwesenheit im Klassenraum, in der leiblichen Auseinandersetzung mit Form und
Inhalt des Unterrichts, begünstigt die Lernatmosphäre das Erfahren und Erfahrun-
gen-Machen und weckt ein weitergehendes Interesse an Formen und Inhalten. Die
Atmosphäre erlangt pädagogische Qualität „in dem Maße, in dem es gelingt, einen
Raum zu schaffen, in dem die Grundstimmungen des [...] ‚In-der-Welt-Seins'
möglichst ungehindert in Erscheinung treten können, indem diese sich gleichsam
wie von selbst mit den Aufgaben und Anforderungen verknüpfen, die ihnen ein
entsprechend, aber nicht gleich gestimmter Erzieher präsentiert" (Schubert 2004,
S. 116). Der erzieherische Anteil besteht hierbei zunächst und grundständig in der
Aufmerksamkeit für und auf die Konstitution spezifischer Atmosphären durch das
Verflochtensein aktiver und passiver Momente von Wahrnehmen und Handeln und
in dem damit verbundenen Fachwissen zu situationsadäquatem und -dienlichem
Verhalten. Es entsteht eine Resonanzsphäre, die durch Affiziertwerden und Selbst-
wirksamkeit geprägt ist und zu Anverwandlungsprozessen führt (vgl. Rosa 2016).
   Es stellen sich nun insbesondere Fragen nach der Identifizierbarkeit und dann
auch Herstellbarkeit einer bestimmten lernförderlichen Atmosphäre, nach der deskriptiven wie normativen Verfügbarkeit des sonderbaren Gespinstes aus Umgebungsqualitäten und leiblichem Befinden.

2   Methodik

2.1   Feldforschungen *in situ*

Das ‚Und' der Atmosphäre sprachlich fassen zu wollen, einzelne Charakteristika
der jeweils vorherrschenden Atmosphäre aufzuführen, steht in der Gefahr, sich nur
auf den Wahrnehmungssubjektpol oder -objektpol der gemeinsamen Wahrneh-

mungswirklichkeit zu kaprizieren bzw. nur eine grobe Beschreibung davon zu liefern, was von hoher Komplexität ist. Die Methode der Aisthetischen Feldforschung zur Beschreibung von Atmosphären ist auf das breite Feld einer sinnlichen Wahrnehmung qua Spüren gestellt, auf dem die Atmosphären durch Art, Zusammenspiel und Stimmigkeit von Wahrnehmungen in bestimmten Umgebungen die Konturen von spezifischen Erfahrungen prägen. Perspektive der Atmosphäreforschung ist es, im Sinne eines phänomenologischen Zugangs (exemplarische) Atmosphären nachzuvollziehen statt nachzuprüfen, Aussagen zu bewähren statt zu beweisen. Weil es unterschiedlich ist, wie eine Atmosphäre den Charakter eines Befindens vermittelt und wie Sprache dies tut, stellt jede Beschreibung einen Medienwechsel dar, der bewusst eingesetzt die Möglichkeiten der Methodenvarianz bestimmt. Es gilt also, sich einer subtilen Sprache zu bedienen, wie etwa der Dichter, wenn er durch „geschickte Sparsamkeit der Rede" das Atmosphärische in „ein so zartes Netz webt, daß die Situation in ihrer Ganzheit unversehrt durchscheinen kann", wodurch ihm poetisch-zart und schonend gelingt, was ästhetische Arbeiter im Allgemeinen und Künstler im Speziellen „nicht durch Explikation, sondern durch direkte Konfrontation" leisten (Schmitz 1998b, S. 181).

Die Aisthetische Feldforschung fußt auf der Methode des Parcours Commenté, einer Herangehensweise an Atmosphäreforschung, die v.a. französische Forscherinnen und Forscher für urbanistische Untersuchungen nutzen, etwa wenn es darum geht, die Atmosphären von unterirdischen Passagen zu erforschen und „dabei sowohl die Befindlichkeiten bei der Durchquerung der entsprechenden Räume als auch die Umgebungsgrößen [zu beschreiben], die die Befindlichkeiten bestimmen" (Kazig und Wiegandt 2006, S. 10) – also die beiden Relata ‚Befinden' und ‚Umgebungsqualitäten' der ‚Und'-Bestimmung von Atmosphäre. Der Parcours Commenté ist eine Untersuchungstechnik *in situ*, die das Involviertsein in eine Atmosphäre durch ein gemeinsames Gehen und Gespräch im Untersuchungsfeld erforscht. Diese Feldforschungsmethode orientiert sich an folgenden vier Schritten, den vier B's (vgl. Thibaud 2001): Erstens das ‚Beobachten' (observer): die Wahrnehmungs- und Verhaltensweisen im Feld werden registriert, zweitens das ‚Begleiten' (accompagner): während des Gehens werden Beschreibungen vorgenommen, drittens das ‚Beschwören' (evoquer, erinnern): die Sinneseindrücke werden reaktiviert und wieder ins Gedächtnis gerufen, viertens das ‚Besprechen' (s'entretenir, sich unterhalten): ein Abgleich der Wahrnehmung auf Grundlage der Sprache findet statt. Die Methode des Parcours Commenté gilt dabei als betont offene Methode, die vielfältige Variationen zulässt – v.a. die Anzahl der anwesenden Forscherinnen bzw. Forscher und die Kommunikationsweise betreffend.

Die Aisthetische Feldforschung greift diese aktive und erlebnisraumschaffende und -aneignende Weise der Atmosphäreforschung auf und versucht, ein balanciertes Verhältnis zu finden zwischen der Umfassendheit atmosphärischer Wahrnehmung (in einer simultanen Ordnung) und den Aufzeichnungen distinkter Wahrnehmungen (in einer sukzessiven Ordnung). In Abbildung 1 sind die drei Kernpunkte der Aisthetischen Feldforschung genannt: das Notieren aller Wahrnehmungen, die Möglichkeit erinnerungsprotokollarischer Ergänzungen und die Einheit von Datenerhebungs- und Auswertungsperson.

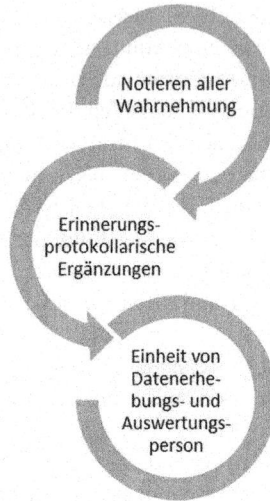

Abbildung 1   Methode der Aisthetischen Feldforschung, Eigene Darstellung, © Agnes Pfrang und Andreas Rauh

Im ersten Schritt geht es darum, *alles festzuhalten, was wahrgenommen wird* (Eindrücke, Gefühle, [einzelsinnliche] Auffälligkeiten, Assoziationen, etc.). Im Sinne der *aisthesis* und einer erweiterten Wahrnehmungstheorie sollen dadurch möglichst offene Wahrnehmungsbeschreibungen gewonnen, die Atmosphäre in ein sprachliches Netz eingewoben und der Bericht nicht auf spezifische Fragestellungen fokussiert werden. Die Notizen im Feldforschungsbericht verstehen sich als nicht abgeschlossene Beschreibungen einer Atmosphäre, als Ausdruck oder Effekt einer Atmosphäre, so dass sie anzeigen können, was eine Atmosphäre bewirkt. Es geht darum, die sinnliche Wahrnehmung bewusst festzuhalten – sowohl in ihren poetischen als auch pathischen Momenten, wie sie sich für die atmosphärische Wahrnehmung anhand der auratischen Wahrnehmungsweisen von „Auraatmen" (Rauh 2012, S. 37 f.) und „Blickbelehnung" (Rauh 2012, S. 56 f.) ausweisen lassen.

   Im zweiten Schritt sollte die Möglichkeit genutzt werden, dem Bericht *erinne-rungsprotokollarische Ergänzungen* anzufügen. Gerade wenn die Beschreibungen persönlicher Eindrücke in der spezifischen Umgebung schwer nachvollziehbar im Hinblick auf atmosphärische Wirksamkeiten scheinen, bieten Ergänzungen des Feldforschungsberichtes im Modus der Erinnerung die Chance, in die Untersuchung eine weitere, womöglich etwas distanziertere Beschreibung einfließen zu lassen. Sie rekonstruieren Wahrnehmung mit Worten und entfalten fördernde und unterdrückende Faktoren der Atmosphäre. Dadurch wird die atmosphärische Wahrnehmung als persönliche Erfahrung reflektiert. Ein diesbezüglich potentieller Absprache- und Kommunikationsbedarf wird durch einen gleichsam inneren Dialog gestillt, durch beschreibendes Festhalten ergänzt um erinnerndes Kommentieren der eigenen Erfahrungen.

Im dritten Schritt wird der Fokus auf den Wahrnehmenden, den Feldforschenden selbst wichtig, um sich die Erfahrung als atmosphärische anzueignen. Durch das methodische Kurzschließen von Beobachtendem und Besprechendem, durch die *Einheit von Datenerhebungs- und Auswertungsperson*, sollen die atmosphärischen Untersuchungen aufgrund eines sprachlichen und eines biografisch-kulturellen Aspektes gelingen: Zum einen erfolgen Ergänzung und Anreicherung des Feldforschungsberichtes im selben Wortschatz und Sprachgebrauch. Ist zum anderen die Person des Feldforschenden auch mit der Auswertung betraut, können die persönlich zugrunde liegenden und in die Feldforschung (auch unbewusst) mit eingebrachten theoretischen Konzepte und Modelle in einem ständigen Rekurs aufgedeckt und ausgestaltet werden. Die Einheit von Datenerhebungs- und Auswertungsperson entlastet von interpersonell begründbaren Fragen zum Verhältnis von Subjektivität und Objektivität der Notizen, ermöglicht eine Ausblendung von Zwecken des Feldforschungsberichtes und darauf gründenden Erfordernissen und erleichtert den Fokus auf die gespürte Atmosphäre, wodurch der Feldforschende als die Kompetenzperson gewürdigt wird, die am adäquatesten den Wahrnehmungszusammenhang auf den Diskurszusammenhang hin übersteigen und beide in adäquate Beziehung setzen kann.

Bei dieser methodischen Ausgestaltung gilt es hinsichtlich des notwendigen Medienwechsels zu beachten, im Untersuchungsfeld nicht unmittelbar mit dem Feldforschungsbericht zu beginnen. Dies entspräche einer zeitlichen und folglich inhaltlichen Verkürzung der Wahrnehmung um des Berichtes Willen und böte die Gefahr, die Atmosphäre ebenfalls nur verkürzt zu erspüren. Die Aisthetische Feldforschung lässt sich demnach anhand der ‚vier B's' des Parcours Commenté so darstellen: Erstens werden die Umgebungsqualitäten und das Befinden darin ‚beobachtet' (Spüren), zweitens wird die Wahrnehmung wahrnehmend ‚begleitet' (Notieren), drittens wird die Atmosphäre ‚beschworen', notiert, sich an sie erinnert (erinnerungsprotokollarische Ergänzung) und viertens ‚bespricht' man sich schriftlich mit sich, wertet die Notizen aus (Einheit von Datenerhebungs- und

Auswertungsperson). Die sich solchermaßen auf das sinnlich wahrnehmende, leiblich anwesende Subjekt und seine Reflexionen lebensweltlicher und betroffen machender Situationen beziehende Methode wurde in den Sozialwissenschaften entwickelt und für kunstpädagogische Kontexte fruchtbar gemacht. Empirische Untersuchungen mittels Feldforschung und die dadurch mögliche Reflexion auf die Atmosphärentheorie, konnten wegweisende Erkenntnisse liefern, die einen Beitrag zur Wahrnehmung von Atmosphäre und deren Bedeutung für das Lernen leisten. Dennoch wurde die Methode bislang nur von Erwachsenen für Erwachsene angewandt. Die Perspektive der Kinder bleibt in der Atmosphäreforschung noch weitgehend unberücksichtigt. Zudem stehen ein dezidierter Abgleich und Anschluss an bestehende phänomenologische Zugänge pädagogischer Kindheitsforschung bzw. andere empirische Zugänge noch aus. Ansätze hierzu sollen im Folgenden skizziert werden.

2.2   Qualitative Zugänge zu kindlicher Wahrnehmung

Das Anliegen einer phänomenologisch orientierten Kinderforschung zur Wahrnehmung von Atmosphären ist es, die Weisen, in denen Kinder die Welt erfahren, deskriptiv zu erfassen. Dabei wird explizit die spezifische Leiblichkeit, Räumlichkeit, Zeitlichkeit und Sozialität in den Überlegungen berücksichtigt (z.B. Stenger 2012; Stieve 2008). Phänomenologische Überlegungen leisten für die Kinderforschung einen entscheidenden Beitrag, indem sie erstens ihr Augenmerk auf bestimmte Zusammenhänge, auf Kinder als Individuen und auf bestimmte Situationen richten, und zweitens die Frage nach der Bedeutung von Kindheit als einer eigenständigen Lebensphase diskutieren. Dies führt dazu, dass die phänomenologisch orientierte pädagogische Kinderforschung mit dichten Beschreibungen aufwarten kann und dies mit einem hohen Maß an Reflexivität verbindet. Wichtig ist dabei, Handlungen oder Aussagen, aber auch soziale Prozesse untereinander nicht als Lernprozesse auf das spätere Erwachsenensein hin zu interpretieren. Beekman und Polakow fordern in diesem Zusammenhang, eine „eigene Realität" der Kinder zu beachten (Beekman und Polakow 1984, S. 70). Hieran knüpfen methodologische Überlegungen zu qualitativen Zugangsweisen zu kindlicher Wahrnehmung von Atmosphären an. So soll ein verstehender Zugang zu kindlichen Denk- und Erfahrensweisen erlangt und mit den Kindern ein offener Dialog ermöglicht werden.

In einer Explorativuntersuchung zu kindlichen Lernerfahrungen im Klassenraum unter besonderer Berücksichtigung der Lernatmosphäre wurde das Dreidimensionale Modell zum Erfassen kindlicher Perspektiven (siehe Abb. 2) erprobt, um der Komplexität der genannten Ansprüche Rechnung zu tragen. In Anlehnung an die oben genannten ‚vier B's' des Parcours Commenté lässt sich das Modell wie folgt konkretisieren: Zunächst ‚beobachten' die Kinder die Lernatmosphären, denen sie täglich ausgesetzt sind, sie spüren aktiv und passiv den Umgebungsqualitäten nach und wie diese auf ihr Befinden wirken. Daraufhin ‚begleiten' die Kinder ihre Wahrnehmung zeichnerisch (Kinderzeichnung), bringen auf Papier, was nicht gesagt werden kann. Weiters wird die Wahrnehmung ‚beschworen', indem sie in Philosophischen Gesprächen sokratisch und z.T. leitfadengestützt (durch Bezugnahme auf die Bilder) um Erklärungen zu ihren Gestaltungen ermuntert werden, sie also im Sinne eines reflexiven und rekonstruktiven Zugriffs den Wahrnehmungs- und Gestaltungszusammenhang auf eine erste sprachliche Ebene heben und somit diskursiv zugänglich machen. Letztlich ‚besprechen' die Kinder ihre Eindrücke (Kindertext), indem sie auf einer weiteren sprachlichen Ebene in Textform schriftlich reflektieren. Das Modell variiert dabei die Erhebungsschritte der Aisthetischen Feldforschung durch verschiedene bewusste Medienwechsel (Einbezug von Zeichnung) und durch verschiedene Sprachreflexionsebenen (gesprochene – geschriebene). So werden unterschiedliche Möglichkeiten geschaffen, mit den Kindern in einen offenen Dialog zu treten. Hierbei ist es ein besonderes Anliegen, sich den individuellen Gefühlen und Stimmungen bzw. den erfahrenen Atmosphären von Kindern anzunähern.

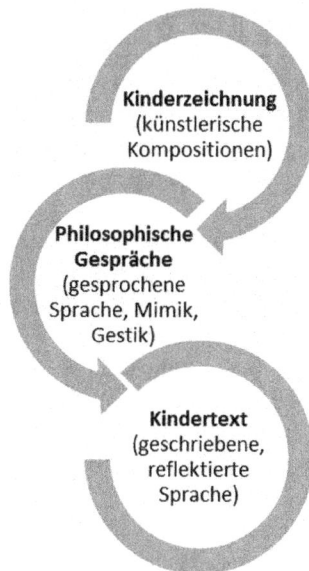

Abbildung 2   Dreidimensionales Modell zum Erfassen kindlicher Perspektiven, Eigene Darstellung, © Agnes Pfrang und Andreas Rauh

Bei der Durchführung werden die verschiedenen Zugangsweisen nicht getrennt voneinander betrachtet. Vielmehr wird davon ausgegangen, dass sie sich gegenseitig ergänzen, ja sogar einen phänomengerechten Zugang zur Kindperspektive erst erlauben.

Die Kinderzeichnung wurde als eine Methode gewählt, da besonders sinnlich-ästhetische Ausdrucksweisen es den Kindern ermöglichen, ihre Erfahrungen vermittelt auszudrücken. Dabei wird die Kinderzeichnung nicht als defizitärer Ausdruck verstanden. Nach Merleau-Ponty muss man vielmehr versuchen, sie „aus sich selbst heraus und als positive Leistung zu verstehen" (Merleau-Ponty 1993, S. 164), wenn man sich mit der Analyse von Kinderzeichnungen beschäftigt. Während des Zeichnens verdichten sich die gemachten Erfahrungen der Kinder zu inneren Bildern. Diese werden durch die ästhetische Tätigkeit überformt und ermöglichen so eine neue Sichtweise auf die Außenwelt. Zusätzlich handelt es sich um eine soziale Erfahrung, da der Inhalt des Bildes einem Gegenüber mitgeteilt und eine Reaktion des Anderen erwartet und beachtet wird. Gleichzeitig begegnen die Schülerinnen und Schüler sich beim Zeichnen selbst, d.h. ihren eigenen Sichtweisen und Grenzen. In der sich anschließenden Methode des Philosophischen Gesprächs über die Bilder entsteht der Raum innerhalb der Datenerhebung für soziale Erfahrungen. Eigene Sichtweisen werden dargestellt, mit anderen ausgetauscht und gegebenenfalls revidiert. Weitere zeichnerische Intentionen können sprachlich nachgefügt und ergänzt werden. Die Methode des Kindertextes ermöglicht schließlich weitere spezifische Beschreibungen von Situationen, Sachverhalten, Denkweisen oder Wahrnehmungen – ein weiterer Zugang zur Perspektive des Kindes wird eröffnet. Die Voraussetzung für die Möglichkeit des Erkennens ist dabei die Annahme einer geteilten Lebenswelt zwischen den Menschen (vgl. Rittelmeyer 1989, S. 27), d.h. auch zwischen den Forscherinnen bzw. Forschern und den Kindern.

Bei der Auswertung der Einzelfälle steht im Zentrum, die Zeichnung und die bildbezogene Kommunikation zu analysieren, zu paraphrasieren und zu interpretieren. Anfangs geht es darum, die Kinderzeichnung deutend zu beschreiben. Die Zeichnungen werden im Anschluss daran den zentralen Gesprächsverläufen gegenübergestellt. Dabei muss das wechselseitige Auslegungsverhältnis von Text und Bild berücksichtigt werden und der Kommunikationsverlauf nachvollziehbar sein. In der Phase der Interpretation muss sich die Forscherin bzw. der Forscher jede einzelne Frage und Antwort genau anschauen und den darin liegenden Sinn rekonstruieren, wobei jedes Wort im Rahmen des Sinnzusammenhangs interpretiert wird. Im Anschluss daran wird bei der fallübergreifenden Typisierung und Bewertung eine Generalisierung durch Typenbildung vorgenommen. Hierbei sucht der Forscher bzw. die Forscherin nach Ordnungsmustern, Regelmäßigkeiten,

Wiederholungen oder Unterschieden. Einzelne Fallbeispiele werden dann einem Typus zugeordnet, wobei der Typus in Abgrenzung zu anderen Typen theoretisch beschrieben wird. Letztendlich werden die Ergebnisse im Rahmen einer Gesamtevaluation bewertet. In diesem Zusammenhang werden die herausgearbeiteten Typen hinsichtlich ihrer Beziehung und ihrem Verhältnis zueinander untersucht. Anhand ausgewählter Ergebnisse einer Explorativuntersuchung zu kindlichen Lernerfahrungen im Klassenraum, unter besonderer Berücksichtigung der kindlichen Wahrnehmung von Atmosphären, soll nun aufgezeigt werden, inwieweit die eingesetzten Methoden als ein mehrdimensionales Modell der Datenerhebung einen Beitrag dazu leisten können, kindliche Wahrnehmung zu eruieren und eine stärkere Innensicht auf kindliches Lernen zu ermöglichen.

3 Kindliche Lernerfahrungen im Raum

3.1 Zur Bedeutung der Lernatmosphäre aus Kindersicht

In der durchgeführten Explorativuntersuchung bekamen die Grundschulkinder den Auftrag, ihr ‚Traumklassenzimmer' zu malen. Dies führt zu der Vorannahme, dass es sich auf den Zeichnungen überwiegend um positive atmosphärische Bedingungen handelt, die sich aus Sicht der Kinder lernförderlich auswirken. Die Bildanalyse legt somit Rückschlüsse für die Gestaltung von Klassenräumen nahe, insbesondere welche Charakteristika bzw. Merkmale der Klassenraumgestaltung für die Schülerinnen und Schüler zu einer positiv erfahrenen Lernatmosphäre führen können. Wesentliche Erkenntnisse der Analyse werden im Folgenden, unter Berücksichtigung zweier Kinderzeichnungen, dargestellt und erläutert.

Abbildung 3 und 4   mit freundlicher Genehmigung, © Agnes Pfrang und Andreas Rauh

Auffällig an den beiden Kinderzeichnungen ist, dass bestimmte atmosphärische
Einflüsse durch eine besondere farbliche Gestaltung des Klassenraums (z.B. Abb.
3 gelber Teppich, Abb. 4 blaue Stuhllehnen), verschiedene Temperaturregelungen
(z.B. Abb. 3 Fußbodenheizung), ein besonderes Licht (z.B. Abb. 3 Deckenlampe,
Abb. 4 Stehlampe mit bunten Glühbirnen) sowie durch unterschiedliche Dinge
(z.B. Abb. 3 Wasserspender, Bett, Spieltische) und durch andere Personen (z.B.
Abb. 3, Abb. 4 Kinder sowie Lehrperson) gekennzeichnet sind. Im Vergleich zu
traditionellen Klassenräumen ist auffällig, dass die Kinder augenscheinlich dann
eine positive Lernatmosphäre erfahren, wenn ihren leiblichen Bedürfnissen ent-
sprochen wird (z.B. Abb. 3 Wasserspender [Durst], Bett [Müdigkeit], Abb. 4
Fahrrad [Bewegung]). Dies verweist im Umkehrschluss darauf, dass die an der
Untersuchung beteiligten Schülerinnen und Schüler in ihrem traditionellen Klassenzimmer einen Mangel der Berücksichtigung leiblicher Bedürfnisse erfahren,
was sie in den Philosophischen Gesprächen und Texten noch genauer beschreiben
und erläutern. Die sich anschließenden Erhebungsrunden dienen dazu, die Kinderzeichnungen nicht lediglich aus der Perspektive eines Erwachsenen zu analysieren,
sondern vielmehr den Kindern Möglichkeiten zu eröffnen, ihre Denk- und Erfahrensweisen mitzuteilen und zu explizieren.

An der inhaltsanalytischen Analyse der Texte wird ersichtlich, warum und
unter welchen Bedingungen die Kinder die oben genannten atmosphärischen Einflüsse des Raumes (farbliche Gestaltung, Licht, Temperatur, Dinge, Personen) als
lernförderlich erfahren. So malt beispielsweise der Junge (Abb. 4) einen Eisbrunnen in sein Klassenzimmer und begründet das in seinem Text wie folgt: „Also,
einen Eisbrunnen habe ich gemalt, damit wir uns abkühlen können, wenn uns zu
heiß ist. Wenn wir so viel rechnen müssen, rauchen uns eh schon die Köpfe. Wenn
man sich am Eisbrunnen abkühlen könnte, ist man wieder frisch […]. Das ist dann
vielleicht ein Vorteil, wenn ich mich abkühlen kann. Der Kopf ist dann wieder
frisch und ich kann wieder denken. Dann bin ich auch wieder fröhlich und lerne
gern" (Con, 9 Jahre)[1]. An diesem Textausschnitt wird deutlich, dass eine positive
Atmosphäre von einer als angenehm empfundenen Temperatur abhängig ist. Weiterhin wird auf soziale Interaktionen eingegangen, insbesondere auf den Aspekt
des gegenseitigen Helfens. Auch ein Bezug zur persönlichen Stimmung wird hergestellt, da die Möglichkeit, sich erfrischen zu können, aus Sicht des Kindes zu
Fröhlichkeit und Lernfreude führt. Die besondere farbliche Gestaltung (Abb. 3)
wird von der Schülerin in ihrem Text wie folgt beschrieben: „Ich habe den Spiele-
tisch, einen Teppich und das Bett in schönen Farben gemalt. Ich finde, dass das
Klassenzimmer so schöner und bunter aussieht […]. Es ist leichter zu lernen, wenn

---

1   Das sprachliche Material wurde im Sinne eines besseren Verständnisses geglättet.

das Klassenzimmer schön ist" (Lar, 9 Jahre). Auch auf diesem Bild wird deutlich, dass auf verschiedene Aspekte Wert gelegt wird (z.b. Licht, andere Personen,
individuelle Wünsche). Die Analyse der Texte macht insbesondere deutlich, dass
die Farbgestaltung des Klassenraums kindliches Lernen beeinflusst. Je nachdem,
wie es erfahren wird, hat es dann aus Sicht der Kinder einen förderlichen oder
hemmenden Einfluss auf ihr Lernen. Auf beiden Zeichnungen (oberer Bildrand)
ist auffällig, dass die Kinder für traditionelle Klassenzimmer ‚untypische' Lam-
pen gemalt haben. Dies verweist auf den Einfluss des Lichtes, das die erfahrene
Atmosphäre beeinflusst. Die Schülerin (Abb. 3) erklärt das in ihrem Text folgen-
dermaßen: „Es ist manchmal auch sehr angenehm, wenn man bei einem nicht so
grellem Licht liest, sondern eher bei einem nicht so hellen. Dann kann man sich
besser konzentrieren". Die Wahrnehmungsumschreibungen der Kinder verweisen
auf die Schwierigkeit, die Atmosphäre semantisch auszuweisen. Dennoch machen
sie deutlich, unter welchen (einzelsinnlichen) Voraussetzungen die Schülerinnen
und Schüler Atmosphären als lernförderlich erfahren.

In den Philosophischen Gesprächen hatten die Kinder die Gelegenheit, ihre
Erfahrungen mit anderen auszutauschen, ihre Ansichten zu begründen und diejenigen von Mitschülerinnen und Mitschülern zu verstehen. Die Kinderäußerungen verweisen insgesamt darauf, dass lernförderlich wirkenden Atmosphären ein
leibphänomenologisches Verständnis von Lernen (vgl. Schultheis 2004) zugrunde
liegt. Insbesondere lässt sich aus den Kinderäußerungen die o.g. Verfasstheit der
Atmosphäre als Bezugssystem von Umgebungsqualitäten und eigenem Befinden
ableiten. Im Raum werden somit objektive Umgebungsbestandteile und subjektive Befindlichkeiten zusammengehalten. Die Kinderäußerungen verweisen darauf,
dass der sie umgebende Raum insbesondere die Stimmungslage auf eine bestimmte Art und Weise beeinflusst.

3.2   Reflexion der Erkenntnisse

Die Analyse der Daten zeigt auf, dass beim Lernen im Klassenraum von den
Grundschulkindern atmosphärische Räume einerseits erfahren werden, und dass
andererseits diese aber auch erzeugt werden können. Aus Kindersicht lässt sich
bestätigen, dass die Raumerfahrung, bestimmte Charakteristika und Merkmale
des Raumes und insbesondere die im Raum erfahrene Atmosphäre Einfluss auf
das Lernen haben. In diesem Kontext lassen sich keine einheitlichen Merkmale
des Raumes bestimmen, die bei allen Schülerinnen und Schülern zum Erfahren
einer lernförderlichen Atmosphäre führen. Während bei einigen Kindern ein hoher Wohlfühlfaktor zum Erfahren einer positiven Lernatmosphäre führt, führt bei

anderen Schülerinnen und Schülern eine durch die Ausstattung und das soziale Gefüge bedingte reduzierte Atmosphäre zum Erfahren einer positiven Lernatmosphäre. Dabei darf das Verlangen nach einer gewissen Art von Wohnlichkeit nicht im Sinne einer dekorreichen Distraktion verstanden werden, sondern vielmehr im Sinne der Behaglichkeit als Grundtenor leiblichen Befindens. Es geht um Aufenthaltsqualitäten zwischen Verwohnzimmerung und Verödung, wodurch zum einen eine höhere Identifikation mit Schulgebäude und -institution und zum anderen eine Senkung von Vandalismus einhergehen. Die unterschiedlichen Erfahrensweisen der Schülerinnen und Schüler dürfen jedoch nicht dazu führen, keine Überlegung zum Gestalten von Atmosphären in Schulräumen anzustellen. Vielmehr muss es darum gehen, immer wieder und für jede Gruppe von Schülerinnen und Schülern daran zu arbeiten. Auch vor und nach Phasen des bedürfnisgerechten Um- oder Neubaus von Schulumgebungen kann es dabei um die Vermittlung eines Gespürs für die bewusste Wahrnehmung von Architektur gehen (vgl. Berschneider et al. 2004).

Für die Schulpraxis schließt sich die Frage an, ob und wie sich lernförderliche Atmosphären im Sinne der Schülerinnen und Schüler überhaupt gezielt gestalten lassen. Bei einem Antwortversuch besteht die Herausforderung darin, dass das Eigentümliche einer Atmosphäre in der Verwobenheit von Subjekt und Objekt besteht. Atmosphäre zeichnet sich durch ein *Hier* und *Jetzt* sowie durch Flüchtigkeit und Vagheit aus, d.h. sie besteht zwischen den Subjekten und Objekten und somit zwischen Lehrenden, Lernenden und dem Klassenraum inklusive seiner Ausstattung. Aufgrund dessen geht es bezüglich der Gestaltung der Lernatmosphäre weniger um Handlungsanweisungen als vielmehr um das Festigen einer Haltung. Die pädagogische Vermittlungsarbeit besteht insbesondere darin, spontan mit Raumgehalten umgehen zu können. Hierbei geht es um ein spezifisches atmosphärisches Wissen (vgl. Böhme 2013, S. 35 f.), das über die planbaren Dimensionen des Unterrichts hinausführt, ohne deswegen für den Unterrichtserfolg weniger relevant zu sein. Denn Atmosphären haben Einfluss auf Lern-, Bewegungs-, Kooperations- und Kommunikationsprozesse (vgl. Goetz und Graupner 2007; Rauh 2012).

Zusammenfassend lässt sich feststellen, dass von den Kindern im Klassenraum eine bestimmte Lernatmosphäre gewünscht wird, die in der Realität nur selten auf eine intendierte Art und Weise herbeigeführt wird oder werden kann. Dennoch stellt das Wissen um die vielgestaltige Beziehung von Befinden und Umgebungsqualitäten ein Wissen dar, das die pädagogische Haltung von Lehrenden prägen kann. Lehrerinnen und Lehrer sollten sich deshalb bewusst sein über den Einfluss der Atmosphäre auf kindliches Lernen, den Einfluss der Lernenden auf die bewusst gestaltete Lernumgebung, aber auch auf eine spontan entstehende Lernatmosphäre. Damit Lehrende in diesem Kontext bewusst und reflektiert in der Schulpraxis handeln können, ist es von Bedeutung, kindliche Erfahrensweisen zu erfassen und zum Ausgangspunkt zukünftiger Forschungen und schulpraktischer Überlegungen zu machen.

4   Fazit

Im Raum, in dem gelernt wird, herrscht eine Lernatmosphäre. Im Schulalltag kann sie selten eine intentionale Hauptrolle einnehmen, sondern spielt eher eine dezente aber stets bedeutsame Nebenrolle. Sie ist implizit, hat aber auch das Potential der Explikation im Kontext spezifischer Unterrichtsinhalte (z.b. Geschichte, Kunst, Deutsch, Musik) oder Unterrichtsformen (z.b. Werkstatt-, Frontalunterricht, Gruppenarbeit, Referate). Auf Seiten der Lehrpersonen sollte ein Bewusstsein vom Einfluss des Raumes auf (kindliches) Lernen sowie vom Einfluss der Lernenden auf die Lernatmosphäre vorhanden sein. Raumgestaltung und -ausstattung beeinflussen Atmosphäre. Sie tragen maßgeblich dazu bei, ob gerne in diesem Raum gelernt wird oder nicht. Die räumliche Gestaltung soll Anreize zum Lernen bieten und sich auch den ästhetischen Bedürfnissen der Lernenden anpassen. Für die Bereiche alltäglichen pädagogischen Handelns ebenso wie für ihre wissenschaftliche Erforschung ist es wichtig, Lernatmosphären weiter zu beforschen in der Verknüpfung von Begriffsarbeit und empirischer Verfahren. Dabei steht im Zentrum, die Lernenden aktiv an der Forschung zu beteiligen, da sie diejenigen sind, die die Lernatmosphären spüren und es ihr Lernen ist, das maßgeblich davon beeinflusst wird. Das Thema der Lernatmosphäre muss gerade im Hinblick auf die Grundsteinlegung für Lehr- und Lernsituationen im lebenslangen Lernen in einen Diskurs auf Augenhöhe zwischen Pädagoginnen und Pädagogen, Schulleiterinnen und Schulleitern, Schülerinnen und Schülern, Architektinnen und Architekten sowie Hirnforscherinnen und Hirnforschern u.a. eingehen. So können direkt vor Ort die Beeinflussungsmöglichkeiten atmosphärischer Bedingungen sondiert und sortiert werden.

Literatur

Beekman, Ton und Valerie Polakow. 1984. Welt der Kinder, nur eine Spielwelt? Entwicklung und Wandel der Utrechter Schule. In *Beschreiben – Verstehen – Handeln*. *Phänomenologische Forschungen in der Pädagogik*, hrsg. H. Danner und W. Lippitz, 69–80.
München: Röttger.

Berschneider, Johannes, Regina Gronbach, und Ernst Wagner. 2004. *transform 2 r.a.u.m.
Architektur in der Schule. Ein Pilotprojekt der Bayerischen Architektenkammer, des
Bayerischen Staatsministeriums für Unterricht und Kultus und des Bayerischen Staatsministeriums für Wirtschaft, Verkehr, Infrastruktur und Technologie in Zusammenarbeit
mit der Bayern Design GmbH, München 2001–2003*. Donauwörth: Auer.

Böhme, Gernot. 1989. *Für eine ökologische Naturästhetik*. Frankfurt a. M.: Suhrkamp.

Böhme, Gernot. 2013. *Atmosphäre. Essays zur neuen Ästhetik*. 7., erweiterte und überarbei-
tete Aufl. Berlin: Suhrkamp.

Bollnow, Otto und Wilhelm Flitner. 2001. *Die pädagogische Atmosphäre. Untersuchungen
über die gefühlsmäßigen zwischenmenschlichen Voraussetzungen der Erziehung*. Essen:
Die Blaue Eule.

Goetz, Rainer und Stefan Graupner, Hrsg. 2007. *Atmosphäre(n). Interdisziplinäre Annäherungen an einen unscharfen Begriff*. München: kopaed.

Kazig, Rainer und Claus C. Wiegandt. 2006. Zur Stellung von Architektur im geographi-
schen Denken und Forschen. *Wolkenkuckucksheim* 10 (1): 1–14.

Langeveld, Martinus J. 1963. *Die Schule als Weg des Kindes*. Braunschweig: Westermann.

Lippitz, Wilhelm. 1993. *Phänomenologische Studien in der Pädagogik*. Weinheim: Deutscher Studienverlag.

Loch, Werner. 1983. Stufen kindlichen Lernens als Aufgabe der Erziehung. In *Lebensform
und Erziehung*, hrsg. W. Loch, 47–59. Essen: Neue Deutsche Schule.

Merleau-Ponty, Maurice. 1993. *Prosa der Welt*. München: Wilhelm Fink.

Rauh, Andreas. 2012. *Die besondere Atmosphäre. Ästhetische Feldforschungen*. Bielefeld:
transcript.

Rittelmeyer, Christian. 1989. Die Phänomenologie im Kanon der Wissenschaften. Vorüber-
legungen zu einer umstrittenen Erkenntnismethode. In *Phänomene des Kinderlebens.
Beispiele und methodische Probleme einer pädagogischen Phänomenologie*, hrsg. W.
Lippitz und C. Rittelmeyer, 9–36. Bad Heilbrunn: Klinkhardt.

Rosa, Hartmut. 2016. *Resonanz – Eine Soziologie der Weltbeziehung*. Berlin: Suhrkamp.

Schmitz, Hermann. 1998a. *System der Philosophie, Dritter Band: Der Raum, Zweiter Teil:
Der Gefühlsraum*. 3. Aufl. Bonn: Bouvier.

Schmitz, Hermann. 1998b. Situationen und Atmosphären. Zur Ästhetik und Ontologie bei
Gernot Böhme. In *Naturerkenntnis und Natursein*, hrsg. M. Hauskeller, C. Rehmann-
Sutter, und G. Schiemann, 176–190. Berlin: Suhrkamp.

Schubert, Volker. 2004. Die pädagogische Atmosphäre revisited. In *Bildung und Gefühl*,
hrsg. D. Klika und V. Schubert, 107–149. Baltmannsweiler: Schneider Hohengehren.

Schultheis, Klaudia. 2004. Leiblichkeit als Dimension kindlicher Weltaneignung. Leibphänomenologische und erkenntnistheoretische Aspekte einer Anthropologie des Lernens.
In *Schulkindheit. Anthropologie des Lernens im Schulalter*, hrsg. L. Duncker, A. Scheun-
pflug, und K. Schultheis, 93–171. Stuttgart: Kohlhammer.

Stenger, Ursula. 2012. Der Leib als Erkenntnisorgan. In *Die Bildung des Körpers,* hrsg. J. Bilstein und M. Brumlik, 104–115. Weinheim/Basel: Beltz.

Stieve, Claus. 2008. *Von Dingen lernen.* München: Wilhelm Fink.

Tellenbach, Hubert. 1968. *Geschmack und Atmosphäre. Medien menschlichen Elementarkontaktes.* Salzburg: Otto Müller.

Thibaud, Jean-Paul. 2001. La méthode des parcours commentés. In *L'espace urbain en methods,* hrsg. M. Grosjean und J.-P. Thibaud, 79–99. Marseille: Éditions Parenthèses.

Qualitative methodological issues in studying First-Person Perspective

Between phenomenological method and cognitive science[1]

Denis Francesconi

Introduction

In qualitative research, it is fundamental to clarify the epistemological assumptions from which one operates. The paradigm for research, as defined by Denzin and Lincoln (2000, p. 157), is a "basic set of beliefs that guides action" that describes the principles driving the view of the world of the researcher and his work. However, this is problematic when we refer to a hybrid approach, which does not yet have a proper epistemological structure, such as the approach that derives from the dialogue between phenomenological research method (Mortari 2007; Moustakas 1994; Tarozzi 1997) and research methods developed in cognitive science. In this case, not only the epistemological assumptions but also the methodological strategies seem to be fuzzy and blurred.

Phenomenology is both a research philosophy and a research methodology that may be regarded as the study of intentional consciousness. The phenomenological motto of "going back to the things themselves" means to put prejudices and judgments in brackets (*epoché*) (cf. Tarozzi 1997) and look at the experience beyond any natural attitude: "Phenomenology is concerned with attaining an understanding and proper description of the experiential structure of our mental/embodied life" (Gallagher and Zahavi 2008, p. 9).

1   The author was funded by Fondazione Cassa di Risparmio di Trento e Rovereto.

While the phenomenological research tradition – especially in psychology and educational sciences (Brinkmann et al. 2015; Giorgi 2009; Tarozzi and Mortari 2010) – has already largely discussed the epistemological and methodological problems related to how to investigate the subjective experience, and it has developed different versions suited to analyze the phenomena of the mind – e.g. Phenomenological Psychology (Giorgi 2009), Phenomenography (Svensson 1997), Interpretative Phenomenological Analysis (Smith 2004) – cognitive science has approached this topic only recently. However, the definition of a precise and rigorous method to collect data in first-person perspective is at the heart of current research programs in embodied cognitive science, which has an explicit interest in subjective dimensions of human experience, especially when compared to previous paradigms, e.g. computationalism, connectionism (Frith 2002; Hasenkamp and Thompson 2013). Indeed, since the very beginning of the so-called Embodied Cognition Theory, considerable importance was attached to the *first-person method* and *second-person method* for the investigation of consciousness and lived experience (Depraz et al. 2003; Overgaard 2008; Petitmengin 2006, 2010; Revonsuo 2010; Shear and Varela 1999a, 1999b; Varela 1996; Varela et al. 1991; Zahavi 2005). As Chris Frith says: "A major programme for 21st century science will be to discover how an experience can be translated into a report, thus enabling our experiences to be shared" (Frith 2002, p. 374). However, for what is possible to see so far, cognitive scientists did not look too much into the phenomenological research tradition, they mostly created a research approach *ex novo*, at the border between phenomenology and cognitive science. This approach depends mostly on different research goals, which affect the design of studies: indeed, standard phenomenological research aims at narrative and autobiographical interpretations of subjective experience, which usually require a large temporal range of the experience under investigation, while cognitive science aims at descriptions and short temporal units of analysis (cf. Gallagher and Francesconi 2012).

1   First-person data: qualitative methods in cognitive science

The standard phenomenological method is mostly based on a huge employment of reflective practice to help participants to better recall the experience and improve the interpretation of the experience and the meaning-making (Giorgi 1975, 2009; Moustakas 1994; Van Manen 1990). When phenomenologists and cognitive scientists started to collaborate, deep reflection was partially replaced by short descriptions in research protocols, and the goals consisted in keeping the experience under investigation well bounded in terms of time and space dimensions. They aimed at improving the descriptive attitude over the interpretative attitude.

Two of the most recent examples of research methods that derive from the encounter of phenomenology and cognitive science are the *Descriptive Experience Sample* (DES) and the *Snapshot method*, which I will present in this chapter. Some others received much attention, for example Neurophenomenology, but I will not discuss it here (for a review, cf. Gallagher 2003; Gallagher and Francesconi 2012; Gallagher and Overgaard 2005; Gallagher and Sorensen 2006; Gallagher and Varela 2003; Overgaard et al. 2008; Petitot et al. 1999; Varela 1996).

1.1   Descriptive Experience Sample (DES)

Both DES and Snapshot method aim at defining precise time and space dimensions of the experience that subjects are requested to live and describe, so circumscribing the possible field of action and description in order to catch what DES' authors call "pristine experience" (Lutz et al. 2002; Petitmengin 2006, 2010; Hurlburt and Heavey 2001, 2004, 2006; Shear and Varela 1999a, 1999b). However, while Lutz's and Petitmengin's methods provide preliminary training to the subjects through repeated experiences, to help them to identify verbal and conceptual categories that best define their experience (Le Van Quyen and Petitmengin 2002; Lutz 2002; Lutz et al. 2002; Lutz and Thompson 2003; Petitmengin 2006, 2010; Petitmengin and Bitbol 2009; Petitmengin et al. 2009), Hurlburt and Heavey provide a method for the immediate, intuitive and naïve approach of the subject to his own experience without any specific training (Heavey and Hurlburt 2008; Hurlburt and Akhter 2006; Hurlburt & Heavey 2001, 2004, 2006).

In studies that deal with educational issues, however, the two different versions are not in conflict with each other, since it is assumed that the subject, even when not initially trained to identify conceptual categories and units of meaning appropriate to the description of experience, would be able to refine the descriptions as a result of the practice undertaken. This is clearly the case of protocols with multiple expositions to the experience and/or multiple data acquisition points, or studies based on repeated experiences through time: for instance, studies on the effects of body-mind practices like yoga or meditation with repeated sessions through time, where data is collected at each session. In mindfulness meditation studies, for instance, it is common to have eight-week-long periods, collecting data every week.

The *Descriptive Experience Sampling* (Hurlburt and Heavey 2001, 2004, 2006) is a research method developed to describe as faithfully as possible the "inner experience", by which the authors mean anything that is going on in awareness at a particular moment (defined by a beep), whatever is before the footlights of consciousness at that moment. It is a method for the observation and description of inner experience as it happens at a specific moment and in a specific place. Briefly, in a DES study, subjects wear random beepers in their natural environments. As indicated in the instructions to participants, the random beep immediately cues the subject to pay attention to the inner experience that was going on at "the moment of the beep" – the last undisturbed moment before the beep interrupted their flow of consciousness. Then, they are requested to report the description of their psychophysical state in a notebook or on a voice recorder. Each participant undergoes multiple descriptive requests in a given temporal range – from one day to several weeks – previously defined. All data is collected and analyzed by researchers, both quantitatively and qualitatively. It is important to notice that usually in a DES study, differently from most of the studies in cognitive science, there is no task and assignment given to participants by the researcher, so participants can simply keep going on with their daily life. The only request consists of writing down the experience once the beeps occur in random moments during the day, simply describing whatever they were living just before the beep.

The DES method aims at observing natural occurrences, experienced phenomena in their *pristine state*, unspoiled by the act of observation or reflection. Authors use the term "pristine", which from the phenomenological point of view is clearly problematic, in the same way that we would use it in saying that a forest is pristine: unspoiled by civilization.

> "We recognize that a pristine forest contains things that are clean and dirty, simple and complex, healthy and rotting; however, it does not have the clear-cut stumps and plastic bottles that are the signs of human exploitation, and it does not have the park-service maps and visitor centers that tell you how to see and therefore interfere with the seeing of what's already there. Likewise, pristine experiences can be simple or complex, clear or messy; we use 'pristine' to refer to experiences in their natural state, not disturbed by the act of observation, unplanned, unmapped, un-'figured out' already, uninterpreted, unheuristicized real experience." (Hurlburt and Heavy 2006, p. 89)

This method seems to suffer from a classical bias, quite common among cognitive scientist, related to the presupposition about the possibility of a direct access to a *pure mind*, a mind untouched by space-time conditions and not shaped by the act of observation.

As Hurlburt and Heavey (2006) specify, in any given moment of any real person's existence, there is a welter of potential experience, some external (a myriad of surrounding objects and people, features of the environment such as temperature, wind, brightness, sounds, tastes, smells, etc.), some interoceptive, proprioceptive, kinesthetic events (pressures, pains, hunger pangs, limb/joint positions, tickles, itches, etc.), some innerly created events (thoughts, images, feelings, etc.). At any given moment, a person selects/creates a very small number (often just one) of those potential experiences to form that moment's actual pristine experience. Here, we can talk of a *domain partition*, a selection of the infinite states of consciousness that the subject operates, consciously or unconsciously. Different people do that in different ways: one consistently creates visual images that are quite unrelated to the immediate environment; another, in the exact same environment, consistently attends to emotional experience; a third, also in the same environment, consistently pays attention to the sensory features of that external environment. Thus, any participant is called to create his or her own domain's partition of the experience being responsible not only for the description of the selected experiential region but also for its selection. Inner experience can include thoughts, feelings, tickles, sensations, inner or external visuals, inner or external hearings, kinesthetic awareness, tastes, and so on, anything that is explicitly a part of the ongoing awareness. The way in which and the reasons why participants select them as events to describe already forms noteworthy data.

Some scientists have preferred the terms *consciousness, conscious experience, experience, subjective experience,* or *awareness* to the term *inner experience*, because *inner experience* seems to favor *inner* experiences such as thoughts and feelings over *outer* experiences such as visual or auditory perception. Suffice to say that by *inner experience* the authors of DES mean everything (inner or outer) that emerges into a person's awareness, or coalesces, or becomes a phenomenon, or is experienced, out of the welter of inner and outer stimuli that simultaneously impinge on a person. As Hurlburt and Schwitzgebel discuss in their publications (2007), the word *experience* is modified with the term *inner*, because the unmodified *experience* is too broad – they do not wish to consider things like work experience or the movie-going experience, unless they happen to manifest themselves as explicit phenomena that occur within a person's awareness directly in a specific moment. For a deeper analysis of the use of these terms, see Overgaard and colleagues (2008).

The DES method can help understanding perceptual and behavioral dynamics of people's daily life, without interfering (too much) with their common behavior. Nowadays, there are specific applications for electronic mobile devices that can be used beneficially in experience sampling studies: they help signaling the moment of data collection to subjects via beep or other reminders, as well as the data collection phase, and they can function as a notebook or as an audio or video recorder. Thus, DES aims at helping investigate the *phenomenology of ordinary daily life* without focusing on any specific topic, except for the capacity of the subjects to describe their own daily experience.

So far, DES has not been structurally employed in educational research, even though it might be interesting to investigate its applicability in educational studies. As previously stated, being a method devoted to the study of (sampled) experience, DES might serve to look at people's ordinary life and their ability to operate domain partitions and to improve the descriptions of experience in a sort of 'learning to describe' process.

1.2   Snapshot method

The "Snapshot method" (Francesconi 2010) is a method created to study specific well-bounded and defined situations, usually repeated through time. It is still in its initial and testing phase. It derives from a mixture of the DES method and Lutz's/ Petitmengin's positions (Lutz 2002; Lutz et al. 2002; Petitmengin 2006), and from the necessity to study specific repeated lived experience (e.g. meditative practices) with a strong focus on short tasks.

Wanting to investigate the conscious experience of subjects – similarly to the DES method and many other phenomenological methods – the Snapshot method focuses on a core or nuclear experience, space-time bounded. It is an idiographic and nomothetic procedure at the same time: it produces a characterization of one particular person's experiences, and this can be compared to other people's experience, for example in comparative studies where beginner and expert groups are investigated on a given activity. For example, in Francesconi (2010), two groups of participants in a meditation class, beginners and experts, where asked to take an eight-week-long meditation class. The required task and assignment was the same for both groups: they had to meditate once a week for eight weeks, following the same instructions. The fact that the task remains the same for all participants and groups is crucial in terms of within- and between-group comparison: it is relevant, indeed, whether one person's experiences are similar to or different from some or most of the other people's experiences in the same or in the other group.

In these kinds of studies, the researcher produces an idiographic characterization of each subject and then examines all those characteristics to discover whatever salient characteristics might emerge across the same or the other group. This allows the researcher to produce an across-subject/across-group or nomothetic characterization of the collection of salient inner experiences. Thus, the Snapshot method can be used as an idiographic and nomothetic procedure in two basic ways: as a purely idiographic procedure to encounter/describe the experienced phenomena of one individual (intra-subject); and as a series of idiographic data as constituents of a nomothetic goal (intra-group and inter-groups).

Differing from the DES method, the Snapshot method implies that subjects undergo a specific task previously decided by the researcher – like participating in a meditation class, listening to a song, observing an artwork, and so on – and describe it in a very concise way immediately after the experience itself.

The salient features that emerge from both Snapshot and DES studies (both within-subject/idiographic and between-subject/nomothetic) are often features of patterns of how experience occurs within individuals. For example, salient characteristics frequently involve inner speech, visual images, unsymbolized (unworded, unimaged) thinking, sensory-motor awareness, or feelings.

The main characteristics of the Snapshot method are:

1. Space-temporal definition of the experience under investigation and of the research task. In the study cited above (Francesconi 2010), for instance, the task for participants consisted in doing meditation sessions for around ten minutes each, once a week, for eight weeks. The task was the same for all participants, which were divided in two groups, beginners and expert meditators. The task was specific, defined, and clear, the experience had a clear start and end, and it happened in a specific place at a specific moment. The instructions were: "Please find a comfortable position, close your eyes, take a long and deep breath. Then relax your body, breathe slowly and naturally. Try to be focused on your breath for 5/10 minutes."

2. Well defined assignment for the description of the experience. The assignment – the request to subjects about how to describe the meditative experience – was and should always be the same for all participants, concise and precise. It went as follows: "Please describe as closely as possible the experience you have been through just now as you lived it."

3. Short temporal distance between the experience and the description of the experience. The description of the experience should be done right after the experience itself to favor short term and working memory and to encourage the immediate and precise description, minimizing long-term and autobiographical memory and retrospection. The researcher should suggest to the participants to previously prepare notebook, laptop or voice recorder to report the experience.

4. Reduced narrative/metacognitive attitude of the subjects (*presentation* vs. *re-presentation*, Thompson 2007, p. 24). To reduce the narrative dimension, usually present in any phenomenological or phenomenologically oriented method, time constraints were applied. The indication, in this case, was "please describe the experience for around 5–7 minutes".

5. Repeated experiences and repeated descriptions of the experiences. Participants were asked to repeat the same experience for eight times and to repeat the description of the experience each time, for a total of eight experiences and eight descriptions. The aim here is to stimulate successive approximation to faithful reporting through a learning process based on repetition, the 'learning to describe' process we have already seen in DES method.

More standard phenomenological features that are still valid within the Snapshot method are:

6. Bracketing presuppositions; during the phase of data analysis, this can help the researcher preventing the application of preconceptual categorizations to the data.
7. Data-Theory circularity. In bottom-up theorizing, (usually) no categories are previously applied to the field material, they emerge from the analysis following standard abductive logic, as is common in qualitative research. Strongly influenced by methods of cognitive science, Snapshot method makes also use of a top-down path during the data analysis and theorizing process, especially in terms of labels and definitions. Therefore, the phase of data analysis is characterized by both abductive and deductive logic.

The Snapshot method can be followed by a final open-ended interview to support assembling a broader picture of the phenomenon under investigation and revealing how that specific phenomenon – for instance meditation – reverberates within the life of the participant on a larger scale. Here, the reflective attitude can be encouraged. In Francesconi (2010), the chosen method for the open-ended interview was the method suggested by Petitmengin (2006, 2010), which consists of an interview process that helps the subject to refine its own descriptions through the interaction with the researcher; the researcher can use the categories emerged during the snapshot series to stimulate the interview. The role of the researcher in this case is more important than during the Snapshot method phase, and interpretation takes the place of pure description in participants' reports. Here, we can talk of a second-person method, where the researcher has the responsibility of conducting the participants through his own interpretations.

Snapshot method can be usefully employed together with quantitative methods, such as survey, allowing mixed-methods research designs.

2   Conclusion: Learning to describe

Generally speaking, qualitative research methods suffer of a lack of generalizability of the results. Because of that, they were not believed to be useful in cognitive sciences. More recently, however, we have witnessed an increased attention towards the subjective dimension of cognition and the applicability of qualitative methods in cognitive sciences. In consequence of that, phenomenological approaches became the natural reference for cognitive scientists. All the ongoing discussion on neurophenomenology, naturalized phenomenology, eterophenomenology, front-loading phenomenology, neuroscientific investigation of subjective experience (Gallagher and Zahavi 2008, pp. 13–43; Garrison et al. 2013; Overgaard et al. 2008; Petitot et al. 1999) clearly shows a revived attention to the phenomenological method and first-person method (Zahavi 2005) even outside from the standard disciplines that usually make use of it, such as psychology, education, sociology and nursing science. One of the main problem in cognitive science research has to do with the reliability of subjective reports and that can be tackled by supporting subjects in making more refined and stable reports. This is what I call a process of *learning to describe*:

> "It is totally mainstream in psychology or in cognitive science to have experiments where you ask people, Did you see this? Did you see that? Were you aware of this? This is the classical technical verbal report, which is used widely. ... However ... it doesn't do justice to the richness and complexity of what is experienced. The verbal report requires somebody there who says, 'Yeah, I saw it', so there is some kind of access to experience. But it remains extremely impressionistic. [It] needs to be developed further. ...One key thing: disciplined regular training. Without really specific regular training, like everything else in human affairs, you stay a beginner." (Gallagher and Zahavi 2008, p. 18)

Both DES method and Snapshot method induce a transformation in participants from being beginner describers of their own experience into more expert describers. These methods try to reinforce the validity and solidity of subjective reports through repeated experiences and repeated experience's descriptions, so promoting a learning process where the participants not only learn from the experience but also learn to describe the experiences.

Snapshot method can be used in educational studies where certain well defined experiences occur, especially but not exclusively if they recur recursively through time. For instance, as said, in any kind of classes/courses where participants are asked to repeat almost the same experience a certain number of times: body-mind practice classes are a good example of that. Alternatively, in teacher training programs, where novice teachers are asked to conduct the class for the first times. A snapshot description immediately after each lesson might be a valid strategy to catch teachers' fresh and pristine thoughts and emotions about their first teaching experiences. Following repetead sessions may help disclosing teachers' attitudes and behaviours changes during the training program.

In conclusion, the discussion on methodological issues on the investigation of the human mind is a cue to remark the necessity of taking into consideration the dialogue between phenomenology and cognitive science (Cappuccio 2006; Dawson et al. 2006; Dreyfus 2005; Francesconi 2009, 2011; Francesconi and Tarozzi 2012, 2013; Gallagher and Varela 2003), a dialogue that must be able to tackle methodological research issues such as the combination of standard phenomenological methods with contemporary research methods in cognitive sciences – including neuroscience and neurophenomenology. That combination seems to have some potential for research epistemology and methodology in social and educational sciences, which must be further investigated (Depraz 2006; Francesconi 2010; Gallagher & Francesconi 2012; Gallagher & Sørensen 2006).

References

Brinkmann, Malte, Richard Kubac, and Sales Rödel. 2015. *Pädagogische Erfahrung. Theoretische und empirische Perspektiven.* Wiesbaden: Springer VS.

Cappuccio, Massimiliano, ed. 2006. *Neurofenomenologia. Le scienze della mente e la sfida dell'esperienza cosciente.* Milano: Bruno Mondadori.

Dawson, Theo, Kurt Fischer, and Zachary Stein. 2006. Reconsidering qualitative and quantitative research approaches: A cognitive developmental perspective. *New Ideas in Psychology* 24: 229–239.

Denzin, Norman and Yvonna Lincoln. 2000. *Handbook of Qualitative Research.* Thousand Oaks: Sage Publications.

Depraz, Natalie 2006. Mettere al lavoro il metodo fenomenologico nei protocolli sperimentali. Passaggi generativi tra l'empirico e il trascendentale. In *Neurofenomenologia. Le scienze della mente e la sfida dell'esperienza cosciente*, ed. M. Cappuccio, 249–270. Milano: Bruno Mondadori.

Depraz, Natalie, Francisco Javier Varela, and Pierre Vermersch. 2003. *On Becoming Aware: A pragmatics of experiencing.* Philadelphia: John Benjamins B.V.

Dreyfus, Hubert. 2005. Merleau-Ponty and recent cognitive science. In *The Cambridge companion to Merleau-Ponty*, ed. T. Carman and M. B. N. Hansen, 129–150. Cambridge, UK: Cambridge University Press.

Francesconi, Denis. 2009. Embodied mind between education and cognitive sciences: Bodily consciousness and meditation training. *International Journal of Interdisciplinary Social Sciences* 4 (10): 19–28.

Francesconi, Denis. 2010. *The Embodied Mind: Mindfulness Meditation as Experiential Learning in Adult Education.* Doctoral thesis, Università di Trento. http://eprints-phd. biblio.unitn.it/403/. Accessed: 19 September 2016.

Francesconi, Denis. 2011. Pedagogia e neuroscienze cognitive in dialogo. L'esempio dell'esperienza corporea. *Formazione & Insegnamento* 1: 223–230.

Francesconi, Denis and Massimilian Tarozzi. 2012. Embodied Education: A Convergence of Phenomenological Pedagogy and Embodiment. *Studia phaenomenologica* 12: 263–288.

Francesconi, Denis and Massimiliano Tarozzi, Ed. 2013. Embodiment and pedagogy. Education between phenomenology and neurocognitive sciences. *Encyclopaideia: Journal of Education and Phenomenology*, Special Issue 37.

Frith, Chris. 2002. How can we share experiences? *Trends in Cognitive Sciences* 6 (9): 374.

Gallagher, Shaun. 2003. Phenomenology and experimental design. *Journal of Consciousness Studies* 10 (9–10): 85–99.

Gallagher, Shaun and Denis Francesconi. 2012. Teaching phenomenology to qualitative researchers, cognitive scientists, and phenomenologists. *Indo-pacific Journal for Phenomenology* 12 (10): 1–10.

Gallagher, Shaun and Morten Overgaard. 2005. Introspections without introspeculations. In *Pain: New Essays on the Nature of Pain and the Methodology of its Study*, ed. M. Aydede, 277–289. Cambridge, MA: MIT Press.

Gallagher, Shaun and Jesper Brøsted Sørensen. 2006. Experimenting with phenomenology. *Consciousness and Cognition* 15 (1): 119–134.

Gallagher, Shaun and Francisco Varela. 2003. Redrawing the map and resetting the time: Phenomenology and the cognitive sciences. *Canadian Journal of Philosophy.* Supplementary Volume 29: 93–132.

Gallagher, Shaun and Dan Zahavi. 2008. *The Phenomenological Mind.* London: Routledge.

Garrison, Kathleen, Dustin Scheinost, Patrick Worhunsky, Hani Elwafi, Thomas Thornhill, Evan Thompson, Clifford Saron, Gaelle Desbordes, Hedy Kober, Michelle Hampson, Jeremy Gray, Robert Todd Constable, Xenophon Papademetris, and Judson Brewer, Ed. 2013. Real-time fMRI links subjective experience with brain activity during focused attention. *NeuroImage* 81: 110–118.

Giorgi, Amedeo. 1975. An application of phenomenological method in psychology. In *Duquesne studies in phenomenological psychology II*, ed. A. Giorgi, C. Fischer, and E. Murray, 82–103. Pittsburgh: Duquesne University Press.

Giorgi, Amedeo. 2009. *The Descriptive Phenomenological Method in Psychology: A Modified Husserlian Approach.* Pittsburgh: Duquesne University Press.

Hasenkamp, Wendy and Evan Thompson, Ed. 2013. Examining Subjective Experience: Advances in Neurophenomenology, Frontiers in Human Neuroscience, Special Issue 2013.

Heavey, Christopher and Russell Hurlburt. 2008. The phenomena of inner experience. *Consciousness and Cognition* 17 (3): 798–810.

Hurlburt, Russell and Sarah Akhter. 2006. The Descriptive Experience Sampling method. *Phenomenology and the Cognitive Sciences* 5 (3): 271–301.

Hurlburt, Russell and Christopher Heavey. 2001. Telling what we know: describing inner experience. *Trends in Cognitive Sciences* 5 (9): 400–403.

Hurlburt, Russell and Christopher Heavey. 2004. To beep or not to beep: Obtaining accurate reports about awareness. *Journal of Consciousness Studies* 11 (7–8): 113–128.

Hurlburt, Russell and Christopher Heavey. 2006. *Exploring inner experience*. New York: John Benjamins Publications.

Hurlburt, Russell and Eric Schwitzgebel. 2007. *Describing inner experience? Proponent meets skeptic*. Cambridge: MIT Press.

Le Van Quyen, Michel and Claire Petitmengin. 2002. Neuronal dynamics and conscious experience: An example of reciprocal causation before epileptic seizures. *Phenomenology and the Cognitive Sciences* 1 (2): 169–180.

Lutz, Antoine. 2002. Toward a neurophenomenology as an account of generative passages: A first empirical case study. *Phenomenology and the Cognitive Sciences* 1 (2): 133–167.

Lutz, Antoine and Evan Thompson. 2003. Neurophenomenology. Integrating Subjective Experience and Brain Dynamics in the Neuroscience of Consciousness. *Journal of Consciousness Studies* 10 (9–10): 31–52.

Lutz, Antoine, Jean-Philippe Lachaux, Jacques Martinerie, and Francisco Varela. 2002. Guiding the study of brain dynamics by using first-person data: Synchrony patterns correlate with ongoing conscious states during a simple visual task. *Proceedings of the National Academy of Sciences* USA 99 (3): 1586–1591.

Mortari, Luigina. 2007. *Cultura della ricerca e pedagogia. Prospettive epistemologiche*. Roma: Carocci.

Moustakas, Charles. 1994. *Phenomenological research methods*. Thousand Oaks: Sage Publications.

Overgaard, Morten, Shaun Gallagher, and Thomas Ramsoy. 2008. An Integration of First-Person Methodologies in Cognitive Science. *Journal of Consciousness Studies* 15 (5): 100–120.

Petitmengin Claire. 2006. Describing one's subjective experience in the second person: An interview method for the science of consciousness. *Phenomenology and the Cognitive Sciences* 5 (3): 229–269.

Petitmengin, Claire. 2010. A neurophenomenological study of epileptic seizure anticipation. In *Handbook of Phenomenology and Cognitive Science*, ed. S. Gallagher and D. Schmicking, 471–499. Dordrecht: Springer.

Petitmengin, Claire and Michel Bitbol. 2009. The Validity of First-Person Descriptions as Authenticity and Coherence. *Journal of Consciousness Studies* 16 (10–12): 363–404.

Petitmengin, Claire, Michel Bitbol, Bernard Pachoud, and Jean Vion-Dury. 2009. Listening from Within. *Journal of Consciousness Studies* 16 (10–12): 252–284.

Petitot, Jean, Francisco Varela, Bernard Pachoud, and Jean-Michel Roy, Ed. 1999. *Naturalizing Phenomenology: Issues in Contemporary Phenomenology and Cognitive Science*. Stanford: Stanford University Press.

Revonsuo, Antti. 2010. *Consciousness. The science of subjectivity*. East Sussex: Psychology Press.

Shear, Jonathan and Francisco J. Varela. 1999a. First-person Methodologies: Why, When and How. *Journal of Consciousness Studies* 6 (2–3): 1–14.

Shear, Jonathan and Francisco Varela, Ed. 1999b. *The View from Within. First Personal Approaches to the Study of Consciousness*. Imprint Academic: Thoverton.

Smith, Jonathan. 2004. Reflecting on the development of interpretative phenomenological analysis and its contribution to qualitative research in psychology. *Qualitative Research in Psychology* 1 (1): 39–54.

Svensson, Lennart. 1997. Theoretical foundations of phenomenography. *Higher Education Research & Development* 16 (2): 159–171.

Tarozzi, Massimiliano. 1997. Ricerca empirica e approccio fenomenologico. In *Nel tempo della pluralità. Educazione interculturale in discussione e ricerca*, ed. D. Dementrio, 165–178. Firenze: La Nuova Italia.

Tarozzi, Massimiliano and Luigina Mortari, Ed. 2010. *Phenomenology and Human Science Today. Thoughts and Research*. Bucharest: Zetabooks.

Thompson, Evan. 2007. *Mind in Life: Biology, Phenomenology, and the Sciences of Mind*. Cambridge: Harvard University Press.

Van Manen, Max. 1990. *Researching lived experience. Human science for an action sensitive pedagogy*. Ontario, Canada: SUNY Press.

Varela, Francisco, Evan. Thompson, and Eleanor Rosch. 1991. *The Embodied Mind. Cognitive Science and Human Experience*. Cambridge, MA: MIT Press.

Varela, Francisco. 1996. Neurophenomenology: a Methodological Remedy to the Hard Problem. *Journal of Consciousness Studies* 3 (4): 330–350.

Zahavi, Dan. 2005. *Subjectivity and selfhood. Investigating the first-person perspective*. Cambridge, MA: MIT Press.

Responsives Forschungsgeschehen zwischen Phänomenologie und Pädagogik: „Lernseits" von Unterricht am Beispiel phänomenologischer Vignettenforschung

Evi Agostini, Evelyn Eckart, Hans Karl Peterlini
und Michael Schratz

> *„Die Anderen brauche ich nicht erst anderswo zu suchen: ich finde sie innerhalb meiner Erfahrung, sie bewohnen die Nischen, die das enthalten, was mir verborgen, ihnen aber sichtbar ist." (Merleau-Ponty 1966, S. 166; Meyer-Drawe 2001, S. 155).*

Was kann Phänomenologie als strenge Wissenschaft (Husserl) für die empirische Erforschung pädagogischer Praxis bedeuten? „Phänomenologie als Methode?" – problematisierte Wilfried Lippitz (1987) die vorangestellte Fragestellung. Die nachfolgenden Beiträge stellen die phänomenologisch orientierte Vignettenforschung (vgl. Schratz et al. 2012; Baur und Peterlini 2016) als Beispiel empirischer Forschung vor und diskutieren ihre Relevanz für die pädagogische Theorie und Praxis. Der Beitrag von Evelyn Eckart und Michael Schratz, in dem Grundlegendes zur Vignettenforschung bzw. zur *lern*seitigen Perspektivierung von Forschungsbemühungen vorgestellt wird, eröffnet den Gesamtbeitrag. Das Verhältnis von Phänomenologie und Pädagogik kreuzt sich darin in der Frage nach der Art und Weise der angestellten Forschungspraxis, die sich durch ein *responsives* Verhältnis der Forschenden zum Forschungsfeld selbst (zur Welt) auszeichnet. Daran anschließend erörtert Evi Agostini, was und v.a. *wie* wir aus Vignetten lernen bzw. Forschungserkenntnisse ziehen können. So tritt in der Vignette eine neue Erfahrungsdimension hervor und lässt die affizierenden Momente der erlebten Situation *neu* erfahrbar machen. Es ist diese intersubjektiv verdichtete Erfahrung der Vignette, welche im Lesen affiziert, die Lesenden über ihre Möglichkeiten hinaustreibt und damit einen Raum für pädagogische Praxis und Reflexion eröffnet. Hans Karl Peterlini knüpft in seinem Beitrag durch eine Vignetten-Lektüre sowie forschungssystematische und methodologische Schwerpunkte an die vorangehenden Überlegungen an: Ausgehend von der teilnehmenden Erfahrung (Beekman 1987) in einer Schulklasse geht sein Beitrag anhand der Lektüre einer Vignette aus dem Schulunterricht der Frage nach, wie phänomenologische Forschung die im Unterricht meist ausgeblendete Leiblichkeit zum Erscheinen bringen und damit für pädagogisches Denken und Handeln fruchtbar machen kann. Durch den Blick auf den vor allem in schulischen Kontexten vielfach ausgeblendeten Leib wird die Wahrnehmung für Prozesse des Lernens *jenseits* („lernseits", Schratz et al. 2012) didaktischer Anleitung und pädagogischer Intervention geöffnet und das Sprechen des Leibes für die Diskurse des Lernens (Meyer-Drawe 2012) wahrnehmbar gemacht. Im Durchgang durch die drei Einzelbeiträge soll das Verhältnis von Phänomenologie und Pädagogik am Beispiel der Vignettenforschung aufgezeigt und kritisch reflektiert werden.

1 Pädagogische Erfahrungen *lernseits* von Unterricht

Evelyn Eckart und Michael Schratz

Erfahrung ist der gemeinsame Nenner von Phänomenologie und Pädagogik, deren Verhältnis die Disziplin und Tradition der phänomenologischen Erziehungswissenschaft hervorbrachte und bis heute prägt. So setzte sich bereits Wilfried Lippitz (1980) mit seiner Habilitationsschrift für die Rehabilitierung vorwissenschaftlicher Erfahrung als eine häufig übersehene Fundierungsdimension wissenschaftlicher Theorie ein (vgl. Krüger 2012, S. 123). Obwohl Erfahrungen im Alltag formaler bzw. informeller Bildung die Grundlage für Erziehungs- und Bildungstheorien bilden, geraten sie im pädagogischen Diskurs oft aus dem Blick. In der Unterrichtstheorie lässt sich dies beispielsweise an der in den letzten Jahrzehnten einsetzenden Auseinandersetzung mit dem Frontalunterricht bzw. dem Konzept des fragend-entwickelnden Unterrichts aufzeigen: Um die Dominanz der Lehrperson im Klassenraum zurückzudrängen, soll der Unterricht „individualisiert" werden, was über offene Unterrichtsformen erfolgen soll. Die unterschiedlichen Ausprägungen von Öffnung des Unterrichts sind durch die Verlagerung von Aktivitäten der Lehrenden an die Lernenden gekennzeichnet und unterschiedlichen didaktischen Konzeptionen zugeordnet. Sie treten in der einschlägigen Literatur als autonomes (Wolff 2003), eigenständiges (Guldimann 1996), selbstorganisiertes (Greif und Kurtz 1996), selbstbestimmtes (Bannach 2002), selbstgesteuertes (Bönsch 2006) und selbstständiges Lernen (Moegling 2004) sowie als Variationen davon in Erscheinung.

Der Wandel im didaktischen Diskurs vom Lehren zum Lernen, der die gegenwärtigen Debatten über die Gestaltung von Unterricht bestimmt, ist dadurch gekennzeichnet, dass er zwar eine Verlagerung der Aktivitäten von der Lehrperson zu den Lernenden fordert, aber nicht an deren Erfahrungen ansetzt. Wird dieser Zusammenhang nicht geklärt, besteht die Gefahr dessen, was Schratz (2013) als „Methoden-Lernkurzschluss" bezeichnet. Dieser besteht darin, dass die Lehrperson nach dem Muster einer „Erzeugungsdidaktik" (Arnold 2010) Inhalte auswählt, auf die Situation der Klasse reduziert und dafür die jeweils geeigneten Methoden einsetzt, um die vorgegebenen Ziele zu erreichen bzw. Kompetenzen zur Bewältigung bestimmter Standards zu vermitteln. Wird dieser Methoden-Lernkurzschluss nicht kritisch hinterfragt, kommen Erfahrungen, wie sie Lenny in Vignette 7 aus der Innsbrucker Vignettenforschung (Schratz et al. 2012, S. 60) macht, nicht in den Blick, der an der Erfüllung einer Aufgabe anlässlich einer methodisch inszenierten Öffnung des Unterrichts zerbricht. Erfahrungen wie die von Lenny legen nahe, dass das pädagogische Bemühen, die steuernden Impulse für das Lernen von der Lehrperson an die Schülerinnen und Schüler zu übertragen, nicht gleich auch zu erfolgreicherem Lernen führt, wenn die grundsätzliche Frage nach dem Lern- bzw. Bildungsbegriff nicht gestellt wird. Hinter dem Konzept offener Unterrichtsmodelle steht daher vielfach eine Planungsphilosophie, die über Material, Methoden, Wochenpläne, Arbeitsblätter u. Ä. eine „lehrseitige" Steuerung des Unterrichts bewirkt:

> „[J]e wirksamer diese Modelle [...] in der Lehrerbildung oder im modularisierten Studium durchgesetzt werden und das Selbst- und Unterrichtsverständnis der Lehrenden prägen, um so blinder werden die Lehrenden für ihre eigenen ungeplanten Effekte und umso geringer wird die Wahrscheinlichkeit gelingender (bildender) Lehre." (Wimmer 2010, S. 23).

Die Übertragung des Lehrens an Modelle der Selbststeuerung durch die Schülerinnen und Schüler

> „führt möglicherweise zu heimlichen wie auch zu unheimlichen, auf jeden Fall aber zu ungewollten und ungeplanten Effekten auf Seiten der Lernenden (Lernblockaden, Abwehr, Indifferenz, Motivationslosigkeit, Disziplinlosigkeit, Aggression etc.)" (ebd., S. 24), was sich am Beispiel von Lennys Erfahrung in der zitierten Vignette aufzeigen lässt.

Die Öffnung des Unterrichts als solche stellt noch keine Garantie dafür dar, dass auch wunschgemäß gelernt wird, was Ergebnisse zahlreicher Untersuchungen zur Schulwirksamkeitsforschung nahelegen. In der Unterrichtspraxis ist das Lernen eine zutiefst persönliche und ungeordnete Angelegenheit, weshalb das Geschehen im Unterricht weitgehend unplanbar ist. Was in einer Situation funktioniert, mag in einer anderen scheitern. Die Natur von Lernerfahrungen führt uns zu einer wichtigen Erkenntnis: Das Lernen ist weniger beobachtbar als erspürbar, und das fordert unseren Spürsinn und unser Einfühlungsvermögen als Lehrende sowie Wissenschaftlerinnen und Wissenschaftler (vgl. Schratz und Westfall-Greiter 2015, S. 20).

In Zeiten der Kompetenzorientierung und Evidenzbasierung führt der gegenwärtige pädagogische Diskurs über die Verlagerung der Steuerung des Unterrichts vom Lehren zum Lernen in eine Engführung, die Biesta (2012) als „learnification" bezeichnet. Damit drückt er aus, dass Fragen nach den Zielen und Inhalten von Bildungsprozessen sowie nach der Rolle und Verantwortung von Lehrpersonen in der pädagogischen Beziehung ausgeblendet würden. Darin werde im didaktisch motivierten Diskurs vom Lehren zum Lernen eine Trennung der Aktivitäten von Lehrenden und Lernenden angenommen, wodurch das Lernen autonom und selbstgesteuert erfolgen könne.

Um der Abkoppelung vom Lehren und der damit verbundenen Dekontextualisierung des Lernens im Unterricht entgegenzutreten, versucht Schratz (2009) über das Begriffspaar „lehrseits" und „lernseits" den pädagogischen Bezug im Blick zu behalten. Dabei bezieht er sich auf eine räumliche Metapher, die auf die Bestimmungsmerkmale „diesseits" und „jenseits" anspielt, um das aufzuzeigen, was im Unterricht als subjektives Ereignis für jeden Einzelnen, Lehrpersonen ebenso wie Schüler und Schülerinnen, geschieht (vgl. Schratz et al. 2012). „Lernseits" führt das Augenmerk über das Unterrichtsgeschehen hinaus, um die Jenseitigkeit der Erfahrungen anderer aufzuzeigen und verlangt außerdem nach „pädagogischer Verantwortung" für gelebte Erfahrungen:

> „Wir signalisieren mit dem Begriff ‚lernseits' (Schratz 2009), dass dadurch, dass wir die pädagogische Verantwortung der gelebten Erfahrungen zum Ausgangspunkt unseres Zielbewusstseins und Denkens machen, die Frage die allen Unterrichtsbemühungen zugrunde liegt, die folgende ist: Wie erfahren die Schüler ihre Schule in den unterschiedlichen Unterrichtsgegebenheiten aus ihrer persönlichen Sicht? Welche schulischen Lernphänomene werden im täglichen Schulleben offengelegt? Was bedeuten diese für persönliche Bildungsprozesse? Diese Fragen charakterisieren Perspektiven ‚lernseits' des Unterrichtens." (Schratz et al. 2012, S. 25).

Lehren und Lernen bestimmen sich gegenseitig, denn im Klassenzimmer sind sie miteinander verflochten und kulminieren (oder auch nicht) in unterschiedlichsten Situationen. In den pädagogischen Bezug lehrseits und lernseits des Unterrichts sind Lehrende wie Lernende in gleicher Weise verwickelt. Als pädagogisch Verantwortliche müssen Lehrpersonen Anteilnahme für ihr Gegenüber und für die Jenseitigkeit der gemachten Erfahrungen zeigen, indem sie ihre Aufmerksamkeit bewusst darauf lenken, hinzuspüren, was im Entstehen begriffen ist. Sie können sich ihrer Lehrerrolle und Verantwortung im Unterricht nicht entledigen, da die Professionalität die Wirksamkeit ihres Handelns bestimmt. Pädagogisches Handeln „lernseits" des Unterrichtens „rückt das Lernen aus dem Schattendasein ins Licht, betont seinen Ereignischarakter und erkennt die Komplementarität des Handelns der Beteiligten als konstitutiv für den Vollzug der Lernerfahrung an" (Schratz et al. 2011, S. 109). Während es in der lehrseitigen Perspektive um Individuen, Lehrplan und Lernfragen geht, stehen lernseits Persönlichkeiten mit Lebensplänen auf dem Spiel, die Lebensfragen zu beantworten haben (vgl. Schratz und Westfall-Greiter 2010). Daher postuliert Klingberg, es käme darauf an, „Didaktik vom Lernen aus zu denken und Lehren ‚in den Dienst' des Lernens zu nehmen" (1997, S. 54). Nicht das didaktische Konstrukt eines schülerorientierten (Fach-) Unterrichts steht im Mittelpunkt einer lernseitigen Orientierung von Unterricht, sondern die Erschließung (fachlicher) Bezüge zur Welt durch junge Menschen, die in sie hineinwachsen.

> „*Lernseits* drückt eine besondere *Blickrichtung* aus auf das pädagogische Geschehen in der Lehre wie in der Forschung. Es stellt eine *Akzentuierung* dar und richtet die lehrende (oder forschende) Aufmerksamkeit auf das Lernen der Schüler/-innen in der *Erfahrungs*dimension, also auf jene Seite im Lehr-Lerngeschehen, die häufig unterrepräsentiert bleibt und weder mit Schülerorientierung noch einer Vernachlässigung des Lehrens gleichgesetzt werden darf. Während das Prinzip der Schülerorientierung das zu bildende Subjekt als Individuum fokussiert, wird bei der Lernseitigkeit ein gemeinsam geteilter Lebenszusammenhang betont, in dem es um die Erschließung von Sach- und Weltbezügen geht, und in dem sich in der pädagogischen Arbeit Lehrende wie Lernende wechselseitig prägen. Sie positioniert Lehrende und Lernende in Bezug auf eine bestimmte Sache und in einer bestimmten pädagogischen Beziehung zueinander." (Schwarz 2016, S. 34).

Unterricht lernseits betrachtet bedingt, dass Bildung sich erst in der Auseinandersetzung mit Welt ereignet. Wer im Modus des Lernens lehrt, sucht den bildenden Wert im Vollzug des Lernens zu erkennen und verantwortungsvoll zu handeln. Die Inter-Subjektivität, das Verstrickt-Sein in und mit der Welt ist konstituierend für eine lernseitige Unterrichtstheorie, die sich bildungstheoretisch in jenen Positionen verortet, welche die Widerständigkeit pädagogischer Prozesse betonen (vgl. Thompson und Weiß 2008; Schratz et al. 2011, S. 104 f.). „Die Widerständigkeit von Lernvollzügen verweist auf immanente Unwägbarkeiten und Ambivalenzen des Lehrens" (Schwarz et al. 2013, S. 11), weshalb Lehren und Lernen als erfahrungsbezogene Entitäten und Lehrende und Lernende als komplementär Handelnde zu verstehen sind. Daher blendet eine lernseitige Orientierung Lernschwierigkeiten und brüchige Lernerfahrungen nicht zugunsten optimierender Interventionen aus oder sucht sie zu vermeiden, sondern baut auf das Vermögen, einen proaktiven und reflexiven Umgang mit diesen zu erfahren und zielt darauf ab, neue Möglichkeiten pädagogischer Praxis, nämlich einer „Praxis zur Freiheit" (Freire 1998), zu eröffnen. Lehren im Modus des Lernens betrachtet meint, taktvoll und responsiv handeln und in Beziehung zur Sache und zueinander sein.

1.1   Das Primat der Erfahrung als Ausgangspunkt phänomenologischer Forschung

Meyer-Drawe bezeichnet Lernen als einen phänomenologischen Gegenstand par excellence (vgl. Meyer-Drawe 2010, S. 7), denn „Philosophie heißt in Wahrheit" – wie Merleau-Ponty hervorhebt – „von neuem lernen, die Welt zu sehen" (Merleau-Ponty 1966, S. 18 zit. n. ebd.). Lernen als Erfahrung verstanden, impliziert genau jenen transformatorischen Charakter, den Merleau-Ponty der Philosophie zuschreibt. Lernen als Erfahrung ist idealerweise eine Bewegung, die von einem bekannten zu einem neuen Erfahrungshorizont führt (vgl. Eckart 2017), wobei Meyer-Drawe die Reflexivität der Erfahrung als Zugang zur Welt in den Mittelpunkt stellt, d.h. der Erfahrungsentzug menschlichen Lernens und menschlicher Existenz sind grundlegend. Es ist der Stachel des Fremden, der den Lern- resp. Bildungsprozess in Bewegung bringt (Meyer-Drawe 2007, S. 83). Dem Lernenden wird vertrauter Boden entzogen, bestehende Annahmen in Bezug auf eine Sache, Welt oder das eigene Selbst werden irritiert. Unvertrautes, Neues, bricht herein, wodurch Gewohnheiten, die durch bereits durchlebte Erfahrungen einverleibt worden sind, entzogen werden. Dieser Prozess unterliegt nicht der Initiative eines autonom lernenden Subjekts (vgl. Meyer-Drawe 2010, S. 6). Im Respondieren wird die Aufmerksamkeit des Lernenden von etwas anderem vereinnahmt, was einen Moment der Passivität voraussetzt, in dem sich der Lernende für das Andere frei machen kann, um es überhaupt wahrnehmen zu können. In der Alltagsintuition des modernen Menschen ist die Vorstellung, Erfahrungen aktiv zu machen, indem eine Handlung aktiv vollzogen wird, jedoch geläufiger. Man informiert sich gezielt, bildet sich weiter, geht auf Reisen, um neue Erfahrungen zu machen. Der Widerfahrnischarakter der Erfahrung, die passive Seite, bleibt darin jedoch weitestgehend unbeachtet.

„Von mir Selbst kann ich zwar sagen, dass ich wach bin, aber nicht, dass ich erwache. Diese eigentümliche Kennzeichnung wird auch durch die Redeform in statu nascendi aufgegriffen. Phänomenologie mache sich zur Aufgabe, den Sinn von

Welt und Geschichte in statu nascendi zu fassen. Im französischen Original heißt es: „le sens du monde ou de l'histoire à l'état de naissant" (Merleau-Ponty 1945, XVI), also im Zustand des Zur-Welt-kommens. Damit richtet sich eine Phänomenologie in diesem Sinne nicht lediglich auf Ergebnisse oder Bestände. Sie ist „nicht Reflex einer vorgängigen Wahrheit" (Merleau-Ponty 1966, S. 17). Sie schenkt ihre Aufmerksamkeit vielmehr einem höchst fragilen Ereignis, nämlich dem Moment, in dem Sinn entsteht." (Meyer-Drawe 2010, S. 7).

Den Fokus auf lebensweltliche Phänomene gerichtet, die einer vorwissenschaftlichen Erfahrung entspringen, folgt der Forschungsansatz phänomenologischer Vignettenforschung dem Primat der Erfahrung. Wenn hier von Vignetten die Rede ist, handelt es sich um

> „kurze prägnante Erzählungen, die (schulische) Erfahrungsmomente fassen. [...] Sie gleichen Schnappschüssen, die dynamisches Handeln von Personen in konkreten Situationen herausnehmen und im Festhalten fixieren. In unserem Fall ist das ein Aufschreiben und erzählendes Beschreiben. [...] Gleich einem Photo halten die Vignetten einen Erfahrungsmoment fest und fixieren ihn sprachlich in ihrer bestechenden Wirkung" (Schratz et al. 2012, S. 35).

Den Gehalt der Szenarien, die die Forscherin bzw. der Forscher im Feld teilnehmend-erfahrend (Beekman 1987) wahrnimmt, wird zu sprachlichen Begriffen verdichtet, wobei Andreas Bartels festhält, dass „Gehalte mentaler Zustände nicht für sich selbst begrifflich oder nichtbegrifflich [sind], sondern nur relativ zu den begrifflichen Fähigkeiten des Subjekts, das sich in ihnen befindet" (2010, S. 222; Ergänzung E. E.).

Im Forschungsprojekt „Personale Bildungsprozesse in heterogenen Gruppen I + II" (Universität Innsbruck, FWF P25373-G16) erforschten wir Lernprozesse und Bildungserfahrungen von Schülerinnen und Schülern. Lerntheoretisch wurde diesem der phänomenologische Begriff „Lernen als Erfahrung" grundgelegt (Meyer-Drawe 2010, 2012). Lernen wird demnach als bildende Erfahrung verstanden, in der eine Person von der Welt in Anspruch genommen wird, respondiert, und in der Welt wirkmächtig wird (Schratz et al. 2012). Ohne die faktische Verflochtenheit bzw. Verbundenheit mit Welt ist, Merleau-Ponty, Meyer-Drawe sowie weiteren Vertretern der Leibphänomenologie zu Folge, Wahrnehmen resp. Lernen schlicht unmöglich. Der Leib ist „unsere Verankerung in der Welt", „unser Mittel überhaupt, eine Welt zu haben" (Merleau-Ponty 1966, S. 174 ff.). Phänomenologie ist die Philosophie der Erfahrung, die Lehre der Erscheinungen. Diese Erkenntnis sei nichts anderes als eine Bewegung, die aus anfänglicher Anschauungsferne bis zur „absoluten Nähe" führe, und Wahrheit sei so bestimmt, dass „das Gemeinte sich so zeigt, wie es gemeint ist, und so gemeint ist, wie es sich selbst zeigt" (Waldenfels 1992, S. 19). *Zu den Sachen selbst!* forderte Husserl, doch „hatte [er] keine unmittelbare Begegnung mit der Welt im Sinn, sondern ein intentionales Verhältnis, in dem wir etwas als etwas vermeinen, wahrnehmen, träumen, imaginieren oder behandeln" (Meyer-Drawe 2010, S. 7). Bewusstsein ist immer Bewusstsein von etwas. Im Zuge einer Philosophie als strenger Wissenschaft müsse auch eine strenge Lehre in Gang gebracht werden, forderte Edmund Husserl: *Zurück zu den Sachen, zurück zur Erfahrung!* Sein Anliegen war es, eine „Phänomenologie des Bewusstseins" (Husserl 1965, S. 23) zu begründen, und sich damit von der positivistischen Tradition der naturwissenschaftlichen Psychologie abzugrenzen. Denn der „Schreibtisch-Psychologie" (ebd., S. 28) sei das Wichtigste entgangen: die Erfahrung selbst. Stattdessen begnüge sie sich in ihrem Anliegen des Schöpfens objektiver bzw. empiristischer Erkenntnis, in der die direkte Erfahrung nur in Form „‚zufälliger, nicht erwarteter, nicht absichtlich herbeigeführter Erfahrungen' benützt" (ebd.) werde (vgl. Eckart 2017).

Der Forderung *Zu den Sachen selbst!* entspringt damit das erste Motiv phänomenologischen Philosophierens: das einer deskriptiv einholbaren, originären und anschaulichen Erfahrung (vgl. Lippitz 2003). Die Theorie eines transzendentalen Bewusstseins wendete Husserl später lebensweltlich, da Bewusstsein stets von der Erfahrung ausgeht und sich nicht über ihr schwebend konstituiert. „So wird bereits in der V. Logischen Untersuchung (§ 17) unterschieden zwischen dem ‚Gegenstand, welcher intendiert ist' und dem ‚Gegenstand, so wie er intendiert ist' und das vielzitierte ‚Prinzip aller Prinzipien', das Husserl in den Ideen I aufstellt, gebietet, dass ‚alles, was sich uns in der ‚Intuition' originär, (sozusagen in seiner leibhaftigen Gegenwart) darbietet, einfach hinzunehmen sei, als was es sich gibt, aber auch nur in den Schranken, in denen es sich gibt'" (Waldenfels 1998, S. 21). Welt begegnet uns darin allerdings niemals als ein Etwas (vgl. ebd., S. 31). „[S]ie ist nur indirekt fassbar als Boden, auf dem wir uns bewegen. Sie ist nicht Einzelakten oder speziellen Einordnungen zugeordnet, sondern dem Leben im Ganzen; ebendeshalb heißt sie Lebenswelt." (ebd.). Entscheidend ist, wie die Erfahrung wissenschaftlich und methodisch gesichert wird. Die phänomenologische Reflexion des Verhältnisses von Theorie und Praxis nehme die Praxis als erfahrene Praxis in den Blick, so Malte Brinkmann (2015b), wobei „die Frage nach dem, wie Erfahrung verstanden oder rekonstruiert wird, die Frage nach dem, wie erfahren wird, voraus[setzt]" (ebd., S. 528). Als Grundlage einer phänomenologischen und pädagogischen Empirie (vgl. Brinkmann 2015b) plädiert Brinkmann für eine Theorie der pädagogischen Erfahrung. „Empirie kann zu neuen Theorien führen – das allerdings nur in einer zirkulären Bewegung. Eine phänomenologische Reflexion des Verhältnisses von Theorie und Empirie nimmt zweitens Praxis zunächst als erfahrene Praxis in den Blick" (ebd., S. 528). Die zirkuläre Struktur zwischen pädagogischer Theorie und Empirie zeige sich u.a. im Problem der Repräsentation im Zirkel von Vorgängigkeit und Nachträglichkeit der Erfahrung, wonach Erfahrung immer nur aus der Retrospektive erfassbar sei. Als grundsätzliche empirische Probleme bezeichnet Brinkmann die Selektivität und Normativität des forschenden Blicks. „Die Beobachtungsperspektive des empirischen Forschers präformiert das Feld, die Auswahl des zu untersuchenden Materials sowie die Perspektive darauf. Die Selektivität und Normativität des forschenden Blicks bestimmt das, was gesehen und erfasst werden soll. [...] Ohne einen Vorgriff auf das Ganze kann nichts Einzelnes gesehen werden, ohne ein Vorverständnis wird das, was sich zeigen kann, nicht sichtbar." (ebd., S. 529).

Aus phänomenologischer Perspektive wird nicht gefragt, was Erfahrung ist (vgl. Waldenfels 1992), sondern, als was sie sich zeigt. „Ein Phänomen ist also keine ‚substantielle' Einheit, es hat keine ‚realen Eigenschaften', es kennt keine realen Teile, keine realen Veränderungen und keine Kausalität: all diese Worte im naturwissenschaftlichen Sinne verstanden." (Husserl 1965, S. 35 f.). Für Husserls Grundlegung einer Philosophie als strenger Wissenschaft – für eine Phänomenologie – sind die Intentionalität, das transzendentale Bewusstsein, die eidetische Reduktion und sein später gefolgter Begriff der Lebenswelt bestimmend, wie auch seine Unterscheidung zwischen Körper und Leib, die für Maurice Merleau-Pontys Leibphänomenologie grundlegend werden sollte. Ausgegangen wird dabei von einer leibhaftigen Vernunft, „die nicht bloß Erfahrungen ermöglicht und entsprechende Geltungsansprüche erhebt, sondern vorweg in der leiblich-sinnlichen Erfahrung am Werk ist." (Waldenfels 1998, S. 10). Malte Brinkmann (2015b) betrachtet die Subjektivität der Forscherinnen und Forscher als auch der Beforschten als Ansatz des phänomenologischen Forschungsstils. Subjektivität ist Ausgangspunkt und Gegenstand der phänomenologischen Forschung und Methodologie (vgl. ebd., S. 531). „Aus der Unmöglichkeit des direkten Zugriffs auf Erfahrungen und ihrer direkten Beobachtung zu folgern, dass die subjektive Dimension nicht mehr eine wichtige Dimension pädagogischen Forschens ist, ist m. E. falsch und für eine pädagogische Empirie verhängnisvoll, weil sie dann wenig über Lern- und Bildungsprozesse aussagen könnte." (ebd., S. 532). Anknüpfend an Merleau-Ponty plädiert Meyer-Drawe neben Subjektivität und Objektivität für Intersubjektivität als dritten präpersonalen und vorprädikativen Weg der Erkenntnis (vgl. Eckart 2017).

„Unsere leibliche Existenz zeigt sich dann nämlich als Bedingung der Möglichkeit und Wirklichkeit fremden Verstehens, das aber weder je abgeschlossen noch endgültig ist. So wie unser Leib unser Selbst dem Anderen öffnet, so verschließt er es auch gleichzeitig immer. Entsprechendes gilt für unsere Identität, die niemals eine vollendete sein kann, weil ich mir selbst immer bis zu einem gewissen Grad äußerlich bleibe. [...] Fremderfahrung ist konstitutiver Teil der sozialstrukturellen Verfassung des Menschen, die Intersubjektivität genannt wird. In der paradoxen Formulierung des Phänomenologen Edmund Husserl ist sie die Erfahrung, dass mir der Andere nur in der Weise zugänglich wird, dass ich ihn als unzugänglich erfahre. Der Andere wird nur in seiner Appräsenz präsent, und die Beziehung zum Anderen ist gleichzeitig durch Entzug bestimmt. Jede soziale Erfahrung, nicht bloß eine irgendwie exotische, ist in diesem Sinne Fremderfahrung." (Meyer-Drawe 2001, S. 134).

Der phänomenologische Forschungsstil setzt bei der Subjektivität (vgl. Brinkmann 2015a) resp. Intersubjektivität (Meyer-Drawe 2001, S. 134) an. Die Einsicht in die Subjektivität als Ausgang des Forschungsprozesses erfordert die Prüfung habitualisierter Selbstverständlichkeiten, nicht aber um Neutralität herzustellen (vgl. Brinkmann 2015a). „Die Reduktion kann sämtliche intentionalen Bewusstseinsakte zum Gegenstand haben. Ziel dieses Verfahrens ist nicht, eine vermeintliche Neutralität herzustellen, sondern sich etwas zeigen zu lassen, was sich von der Sache her zeigt." (ebd., S. 38). Gilt für phänomenologisches Forschen die Losung *Zu den Sachen selbst* – verstanden als das was sich zeigt als was und wie es sich zeigt zu sehen (ebd., S. 39) – ist diese nur einzulösen, indem das eigene Bewusstsein Fremdheit als solche erfahren, zulassen und wahrnehmen kann, um sie anschließend als solche zu zeigen. Roger Willemsen erzählt in seinem Werk *Die Enden der Welt* (2010) von seiner Reise ins afrikanische Gorée, bei der er auf einen Nachdruck der *Esquisses sénégalaises* von David Bollat stieß. „Er hat 1853 den Versuch gemacht, der Szenerie ringsum Anschauung zu geben. Hier sieht man Wilde in karger Landschaft, doch alle mit europäischen Gesichtszügen. Es wirkt, als seien die Meister unfähig gewesen, das Fremde wiederzugeben oder es richtig darzustellen. Sie haben einfach den Europäer bräunlich eingefärbt und ihn mit geschwungenen Lippen ausgestattet. Nicht nur scheiterten sie offenbar im Versuch von sich selbst abzusehen und doch das Vertraute im Fremden zu identifizieren, es gelang ihnen nicht einmal, unverzerrt darzustellen, was sie sahen." (Willemsen 2010, S. 321). Um sich zu dem hinwenden zu können, was den eigenen Erfahrungshorizont übersteigt, bedarf es einer Haltung des Außer-sich-seins, offen für Irritationen des Eigenen im Fremden.

1.2   Das Fremde als Ingrediens des Forschungsprozesses

Das Fremde bezeichnet Waldenfels als das Ingrediens der Phänomene. Er fragte, was Phänomenologie für empirische Wissenschaft bedeuten könne.

> „Das Fremde, das von den eigenen Erfahrungen und Erfahrungsordnungen ausge-
> schlossen ist und in diesem Ausgeschlossensein sein ,Wesen' und seine ,Gegenwart'
> hat, erhält dann, wenn es als solches erfahren wird, genau jene Funktion, die Husserl
> der phänomenologischen Reduktion abverlangte. Die Erfahrung des Fremden im-
> pliziert ein Fremdwerden der eigenen Erfahrung, da diese im Zusammenstoß mit
> dem Fremden ihre Selbstverständlichkeit einbüßt. Die Erfahrung der ,Fremdwelt'
> zeigt mir, dass die ,Heimwelt' auch eine andere sein kann, und die Begegnung mit
> dem Fremden impliziert ein Fremdwerden der eigenen Erfahrung, da diese im Zu-
> sammenstoß mit dem Fremden ihre Selbstverständlichkeit einbüßt [...] Diese Ver-
> fremdung kann spontan auftreten, sie kann auch künstlich herbeigeführt und sys-
> tematisch ausgewertet und natürlich bis zu einem gewissen Grade abgewehrt und
> unterbunden werden." (Waldenfels 1998, S. 42).

Die Phänomenologie nehme an diesem Punkt Züge einer Ethnologie, einer Fremd-
heitslehre an, so Waldenfels (vgl. ebd., S. 44). In der ethnographischen Schul- und
Unterrichtsforschung genießt die Methode der teilnehmenden Beobachtung jedoch
eine weitaus prominentere Stellung als die Methode der teilnehmenden Erfahrung,
eine Methode der phänomenologischen Feldforschung. In der ethnographischen
Schul- und Unterrichtsforschung ist die Technik der Befremdung (vgl. Heinzel et
al. 2010) geläufiger als der Ansatz der Verfremdung. Die Befremdung stellt für
die ethnographische Schulforschung eine besondere Herausforderung dar, da
Schule für die Erkundung fremder Welten, das eigentliche Ziel ethnographischer
Forschung, kein geeignetes Feld sei, so Heinzel (2010, S. 39). Vielmehr sei jeder Forscherin und jedem Forscher das schulpädagogische Feld durch die eigene
Schülerbiographie vertraut. Gefolgert wird aus der vertrauten sozialen Situation
die Notwendigkeit und Möglichkeit der eigenen künstlichen Befremdung durch
eine Distanzierung zu den Forschungsobjekten des Feldes.

> „Entscheidend für die Ethnographie des Unterrichts ist also die Differenz zwischen
> Teilnehmer- und Beobachterverstehen. Ethnographische Forschung muss sich daran
> bewähren, dass sie Neues über das scheinbar Vertraute zu sagen hat [...] Es ist also
> nach Strategien für die Herstellung von Fremdheit – oder analytischer Distanz – für
> den ethnografischen Forschungsprozess zu fragen." (Breidenstein 2010, S. 270 f.).

Während die teilnehmende Beobachtung die Distanz zum Forschungsobjekt über eine künstliche Befremdung vorsieht, um sich aus dem Horizont des Eigenen zu befreien und sich zum „professional stranger" (Agar 1980) erklärt, setzt die teilnehmende Erfahrung mit der leiblich-sinnlichen Anwesenheit der Forscherin bzw. des Forschers im Feld an, das ihr bzw. ihm sogar vertraut sein muss (vgl. Beekman 1987, S. 18; Eckart 2017).

> „Im Unterschied zur teilnehmenden Beobachtung, die in der rekonstruktiven Sozial-forschung darauf angelegt wird, die Operation der Beobachtung am ‚dingontologi-schen' Modell (Heidegger 2001, S. 100) des Gegenstandes quasi objektiv auszurich-ten, um sie dann der Interpretation durch das forschende Subjekt zuzuführen, geht die teilnehmende Erfahrung davon aus, dass sich die Intentionalität des Forschers mit dem Nicht-Intentionalen, das Aktive mit dem Passiven, das Subjektive mit dem Anderen in der Erfahrung verschränken. So kann zunächst das Präsente, Materielle und Sichtbare in der praktischen Teilhabe am Feld leiblich-sinnlich erfahren werden. Die teilnehmende Erfahrung richtet sich primär auf die leiblich-passiven Antworten, auf Andere und Anderes in ihrer welthaften Gegebenheit der intentionalen Wahr-nehmung." (Brinkmann 2015b, S. 532).

Phänomenologische Forschung richtet sich nicht auf Ergebnisse oder Bestände (vgl. Meyer-Drawe 2010), sondern auf den prozesshaften Erfahrungsvollzug bzw. auf Ereignisse, Momente, in denen Sinn entsteht. Bezogen auf Lern- resp. Bil-dungserfahrungen kann es sich dabei beispielsweise um einen Aha-Moment, ein Staunen oder Stutzen handeln – der Erfahrungshorizont wird durchkreuzt oder auch *ent*täuscht. Um leiblich artikulierte Lern- und Bildungserfahrungen zu er-forschen, eignet sich der phänomenologische Forschungsstil, weil er die Erfahrung (rezeptionsästhetisch) erfahrbar macht, worin sich überhaupt erst ein Zugang zu den Lern- und Bildungserfahrungen eröffnet. Diese Erfahrungsmomente werden von Forschenden in Vignetten sprachlich verdichtet. Doch handelt es sich bei die-sen verdichteten Erfahrungen um Momente in statu nascendi?

1.3   Wie lang ist jetzt? Basieren Vignetten auf Erfahrungs-momenten in statu nascendi?

Die Vignette als Klangkörper des Lernens (Schratz et al. 2012) hat den Anspruch, Erfahrungsmomente von Schülerinnen und Schülern zu fassen, die durch For-scherinnen und Forscher im Forschungsfeld in statu nascendi miterfahren wur-den. Diese werden in Schriftsprache verdichtet. Das von der Forscherin bzw. vom Forscher Wahrgenommene, gerade gegenwärtig Gewesene, findet so Ausdruck in einer Vignette. Schratz et al. begreifen die Vignette dementsprechend als „Momente gelebter Erfahrungen von Schülerinnen und Schülern in erzählter Form" (ebd., S. 31). Die Wahrnehmung der Forscherin bzw. des Forschers wirkt in den Akt des Schreibens hinein. Doch werden in Vignetten Momente verdichtet, die in statu nascendi miterfahren wurden oder handelt es sich lediglich um bereits erinnerte Erfahrungsmomente der Forscherin bzw. des Forschers?

Dieter Teichert (2010) verweist mit Bergson und Halbwachs auf die Grenzen des propositionalen Basis-Modells von Gedächtnis und Erinnerung. Auch Teichert bezeichnet Wahrnehmung als eine notwendige Bedingung von Erinnerung und Gedächtnis (vgl. ebd., S. 258). „Weil ich die Tatsache p gestern wahrgenommen habe, kann ich die Tatsache, dass p der Fall war, heute erinnern." (ebd.). Erinnerung impliziere eine veritative Dimension, indem sie sich auf etwas bezieht, was in der Vergangenheit tatsächlich stattgefunden habe, so Teichert weiter (vgl. ebd.). Von Aristoteles bis zur Neuzeit wurde Gedächtnis und Erinnerung als etwas wahrgenommen, das auf vorausgegangenen Wahrnehmungen basiert und dann von einem Sprecher repräsentiert wird, wobei Gedächtnis und Erinnerung als psychische bzw. mentale Leistungen des Individuums verstanden wurden (vgl. ebd.). Ein Sachverhalt p wird durch den Sprecher repräsentiert (E1). p wurde vom Sprecher in der Vergangenheit erlebt (E2), wahrgenommen oder beobachtet und p ist (kausal) verantwortlich für (E1). Dieses Modell nach Deutscher und Martin (1966) ist für Teicherts Skizze der Grenzen des propositionalen Gedächtnisses grundlegend.

> „Das Basis-Modell besitzt eine Plausibilität, die sich bei näherem Hinsehen allerdings rasch als brüchig erweist. Zum einen ist bemerkenswert unklar, was mit der Bedingung (E1) eigentlich gesagt wird: Was macht der Sprecher genau, wenn er die Vergangenheit repräsentiert? Was sind die einschlägigen Kriterien, die erlauben sein Verhalten als ein Repräsentieren vergangener Tatsachen zu werten? Ist das Reden von der Vergangenheit eine Repräsentation der Vergangenheit? Offensichtlich nicht: Aber wie sind die Beziehungen zwischen den sprachlichen Aussage[n] [sic!] den mentalen Phänomenen, die ihnen zugrunde liegen, und den Tatsachen zu fassen?" (Teichert 2010, S. 259).

Teichert schließt eindeutige Verbindungen aus. Vielmehr könne eine Erinnerung verschiedene sprachliche Äquivalente aufweisen. Außerdem stelle sich die Frage nach den Formen nicht-sprachlicher Repräsentationen vergangener Tatsachen. Dazu zählt Teichert unter anderem die Reproduktion im Sinn der Aktualisierung von Handlungsmustern, beispielsweise eine durch Üben angeeignete Handlungsweise, wie das Spielen eines Musikstückes (vgl. ebd.). Dabei handele es sich nicht um eine sprachliche Form der Repräsentation der Vergangenheit, sondern müsse als *knowing how* verstanden werden, wobei „ein Zusammenhang dieses praktischen Wissens oder Könnens mit begrifflichen Unterscheidungen und propositionalem Wissen [...] fraglos gegeben [ist]. Aber die begrifflichen Unterscheidungen und das propositionale Wissen sind keine hinreichenden Bedingungen dieser speziellen Formen des *knowing how"* (ebd., S. 260). Außerdem passen bildhafte und anschauliche Erinnerungen Teichert zufolge nicht in das zitierte Basis-Modell. „Die bildhafte Erinnerung an Tamaras blaues Kleid kann mit Hilfe sprachlicher Aussagen umschrieben werden. Die bildhafte Erinnerung selbst ist aber von diesen Aussagen zu unterscheiden." (ebd.). Diese Art des Erinnerns könne nicht auf propositionales Wissen reduziert werden. Als drittes Moment müsse das „Wiedererkennen im Sinn des korrekten Identifizierens eines in der Vergangenheit wahrgenommenen Gegenstandes" (ebd.) beachtet werden, so Teichert. Um die Grenzen des Modells zu demonstrieren, zieht er die kritische Positionierung von Henri Bergson und Maurice Halbwachs heran. Auch sie stufen das Modell als unzureichend ein. Bergson denkt Erinnerung zwar individualistisch, aber er verbindet die Themen Gedächtnis und Erinnerung mit dem Thema Zeit, wobei Teichert Bergsons Operation mit zwei Zeitbegriffen betont. Einerseits könne Zeit als diskursiv-mathematische Zeit begriffen werden. Diese chronometrische Zeit ist gleichförmig und heterogen, während der zweite Zeitbegriff qualitativ heterogen ist und sich auf eine Form des Erlebens oder der Erfahrung eines Individuums bezieht (vgl. ebd., S. 262).

> „Ein seit Augustinus oft bemühtes Beispiel für die Struktur dieses Zeiterlebens ist das Hören einer Melodie oder eines Verses. Eine Melodie zu hören heißt nicht, einen isolierten Ton nach dem anderen wahrzunehmen. Das Hören einer Melodie kann nicht als Tonaddition bestimmt werden. Das Melodiehören ist eine Zeiterfahrung, die sich auf eine qualitativ differenzierte Ganzheit – auf eine diachrone Struktur – richtet und immer schon eine bestimmte Zeitspanne, also mehr als einen einzelnen Jetztpunkt auffasst." (ebd., S. 263).

Teichert skizziert mit Bergsons Gedanken von Zeit als Dauer und nicht als Kette atomarer isolierter Jetztpunkte zugleich den kategorialen Unterschied von Gegenwart und Vergangenheit, der nicht als gleitender Übergang gedacht werden könne. „Und dieser Unterschied hat einen elementaren, praktischen Sinn: die Gegenwart affiziert den Organismus direkt. Der Körper reagiert auf aktuelle Reize und Wahrnehmungen unwillkürlich oder intentional." (ebd., S. 263 f.). Davon ist die Vergangenheit zu unterscheiden.

> „Das Verhältnis von Gegenwart und Vergangenheit ist eines heterogener Bereiche: wir gleiten nicht von der Gegenwart in die Vergangenheit, sondern wir versetzen uns ,mit einem Schlag' in die Vergangenheit. Im Grunde kann man immer auf Ver-

gangenheit, die erhalten geblieben ist, zurückkommen. Aber man kann nur auf sie zurückkommen, indem man sich von der Gegenwart frei macht." (ebd., S. 264).

Den Erlebnisdimensionen ,vergangen', ,gegenwärtig' und ,zukünftig' entsprechen die Einstellungen oder Handlungen ,Erinnern', ,Auffassen bzw. Wahrnehmen' und ,Erwarten' (vgl. ebd., S. 265). „Dabei ist zu berücksichtigen, dass die Rede von Jetztpunkten dem mathematisch-chronometrischen Zeitbegriff im strengen Sinn nicht angemessen ist, wenn mit der Rede vom ,Jetzt' auf eine als erlebte Gegenwart gegebene Erscheinungsweise der Zeit indexikalisch Bezug genommen wird. So etwas gibt es auf der Ebene der abstrakten, mathematisch-chronometrischen Zeitkonzeption nicht. Die erlebte Zeit ist kategorial von der chronometrischen Zeit zu unterscheiden." (ebd., S. 265). Mit Bergson verweist Teichert auf die kategoriale Differenz von Gegenwart und Vergangenheit und den scheinbaren Widerspruch dazu – die Kontinuität von Vergangenheit und Gegenwart (vgl. ebd.). Die These, dass Vergangenheit immer fortbesteht und sich in die Gegenwart hinein fortsetzt, stimmt mit dem Konzept des retentionalen Bewusstseins nach Husserl (2000) überein, stellt Teichert fest. „Ein Widerspruch liegt aber nicht vor, denn Bergson weist hier auf eine Eigentümlichkeit der Wahrnehmung hin. Wahrnehmung ist demzufolge nie Erleben der reinen Gegenwart, sondern immer Erleben des gerade gegenwärtig Gewesenen." (ebd., S. 267). Zeit wird als ein dynamischer Prozess gedacht, der die reine Gegenwart ausschließt. „Wenn Gegenwartserleben demnach immer Erleben des gerade gegenwärtig Gewesenen ist, so ist das kein Widerspruch zu der These, dass die Erinnerung an Vergangenes – im Sinn einer Wiedererinnerung weiter zurückliegender Erlebnisse – eine Distanzierung von der jeweiligen Gegenwart bedeutet." (ebd.).

Mit einem phänomenologischen Forschungsansatz sind Lern- und Bildungserfahrungen in der Struktur ihrer signifikativen Differenz, also wie und als was sie sich zeigen, erforschbar. Die Methode der teilnehmenden Erfahrung ermöglicht es, den Erfahrungsvollzug des sich bildenden Subjekts in Raum und Zeit mit zu erfahren, wobei nicht nur die Zeitlichkeit von Bildungserfahrungen erlebt wird, sondern Lern- und Lehrgeschehen als Antwortgeschehen gezeigt und untersucht werden kann. So gewonnene Einsichten beinhalten das Potential der Professionalisierung pädagogischer Praxis.

## 2	Blicke auf Erfahrungsvollzüge des Lernens im Spannungsfeld von Phänomenologie und Pädagogik

Evi Agostini

> „Immer, wenn mir das Reich des Menschlichen zur Schwere verurteilt erscheint, denke ich, ich sollte wie Perseus wegfliegen in einen anderen Raum. Ich spreche nicht von einer Flucht in den Traum oder ins Irrationale. Ich meine, ich muss meinen Ansatz ändern, die Welt mit anderen Augen sehen, mit einer anderen Logik, anderen Methoden der Erkenntnis und der Verifikation." (Italo Calvino, 2012).

Sind phänomenologisch orientierte Vignetten jene „anderen Methoden der Erkenntnis und der Verifikation", welche dem italienischen Schriftsteller Italo Calvino (2012, S. 22) in seinen *Vorschläge[n] für das nächste Jahrtausend* vorschweben und welche „die Welt mit anderen Augen sehen" (ebd.) lassen? Richtet man seinen Blick auf die in Frage stehenden erfahrungsträchtigen, sprachlich verdichteten Erzählungen (vgl. Schratz et al. 2012; Baur und Peterlini 2016), so zeugen diese in ihrer „anschauliche[n] Dichte" (Gabriel 2010, S. 379) von überraschenden Erfahrungen im pädagogischen Lern- und Forschungsfeld. In ihrer sprachlichen *Prägnanz* verdeutlichen Vignetten jene Momente, welche die Forschenden im Vollzug der miterfahrenden Erfahrung haben stutzen und staunen lassen, „was sie am leiblichen Respondieren der Schüler/-innen auf die Aufforderungen im Unterricht affiziert" (Baur und Schratz 2015, S. 169) hat. Damit bleiben sie so nah wie möglich an den Erfahrungen der Forschungspartner/-innen. Diese miterfahrende Erfahrung beinhaltet jedoch immer auch mehr, als in Worten zu fassen ist und mittels Sprache zugänglich gemacht werden kann (vgl. Brinkmann 2012). Zugleich birgt genau ebendiese sprachliche Transformation des relational verfassten Raums, der im Miterfahren der Erfahrungen *zwischen* den Erfahrungen der Lernenden und den Erfahrungen der Forschenden entsteht, einen *Überschuss* an Erfahrungssinn und deutet über die beschriebene *besondere* Erfahrungssituation hinaus – nicht nur, um im Sinne der exemplarischen Deskription, in der Konkretheit des Handlungszusammenhanges, auch auf einen allgemeinen Sinn zu verweisen (vgl. Buck 1989, S. 97 f., 136). Folgt man den Ausführungen zum „schöpferischen Ausdruck" von László Tengelyi (2007, S. 202) in Anknüpfung an Maurice Merleau-Ponty (1966, S. 445), so tritt in der sprachlichen Verdichtung des Erfahrungssinnes ein konnotativer Bedeutungsüberschuss auf, der nicht auf bereits bestehende Bedeutungen zurückgeführt werden kann (vgl. dazu auch Gabriel 2010, S. 381). In der Vignette tritt damit eine neue Erfahrungsdimension hervor und lässt die affizierenden Momente der erlebten Situation *neu* erfahrbar machen.

Vignetten zeugen von einem Überschuss an Erfahrungssinn, der nicht vollkommen aufzuschlüsseln ist. Doch wie kann dieses *Mehr* an Sinn festgestellt und für pädagogische Theorie *und* Praxis fruchtbar gemacht werden? Um diese Frage zu beantworten, muss der Blick weg von der Vignette hin auf die Vignetten-Lektüre gewendet werden. Lektüren sind als Antwort auf den Sinnüberschuss in der Vignette diesem Mehr an Sinn oder vielmehr dem damit verbundenen Ereignis auf der Spur, nämlich „de[m] Moment, in dem Sinn entsteht" (Meyer-Drawe 2010, S. 7). In der Lektüre wird versucht, die in der Vignette verdichteten Erfahrungen aufzugreifen und von ihrem konkreten Vollzug her im Modus des *Etwas-als-Etwas* zu beschreiben. Der phänomenologische Grundzug der „signifikativen Differenz" (Waldenfels 1980, S. 86), dass ein Gegenstand für jemanden als ein *bestimmter* Gegenstand erscheint, meint dabei nicht, dass er ein bestimmter Gegenstand *ist*, sondern dass er zu einem bestimmten Gegenstand *wird*, indem er einen Sinn *gewinnt* und sich damit jemandem überhaupt erst als ein bestimmter Gegenstand *zeigen* kann. Diese Genesis von Sinn im *Zwischen* von Erfahrendem und erfahrenem Gegenstand im *Wie* der Erfahrung in Worte zu kleiden, ist das Anliegen der Lektüre (vgl. Agostini 2016b, S. 56). Das Anliegen des Beitrages ist es, zum einen phänomenologisch orientierte Vignetten als Möglichkeitsräume für reflexive Erfahrungszugriffe zu diskutieren und zum anderen danach zu fragen, welche pädagogischen Implikationen daran geknüpft sind. Indem diese zwei Blickrichtungen gekreuzt werden, soll abschießend der Frage nachgegangen werden, worin das besondere Potential einer Verflechtung von Phänomenologie und Pädagogik liegt. Vorerst soll jedoch die folgende Fragestellung in den Brennpunkt gerückt werden: Welcher Spalt öffnet sich im Lesen einer Vignette, sodass eine neue Erfahrung, die einen Lernmoment bezüglich pädagogischer Praxis und Theorie ermöglicht, zuallererst hervortreten kann?

Es ist die intersubjektiv verdichtete Erfahrung der Vignette im Zwischen von Erfahrenem und Erfahrendem, welche im Lesen affiziert, die Lesenden im Erkunden eigener lebensweltlicher Erfahrungswelten über ihre Möglichkeiten hinaustreibt und damit einen neuen Raum der (Lern-) Erfahrung eröffnet. Die Vignette, welche in ihrer strukturellen Verwandtschaft zum Beispiel ebenso wie dieses eine reflexive „*Zirkelstruktur*" (Buck 1989, S. 158, Herv. i. O.) aufweist, nimmt dabei ihren Ausgangspunkt bei der Vertrautheit mit den Erfahrungs- und habituell sedimentieren Sinnvollzügen der Lesenden. Die spezifische Struktur des Beispiels ermöglicht es, dass die konkrete und besondere Erfahrung, die am Beispiel zur Darstellung kommt, auf eigene vergangene Erfahrungen verweist, zugleich aber auch über diese hinausweist (vgl. ebd., S. 157). Im Lesen der Vignette wird ein bestimmter Erfahrungsvollzug vergegenwärtigt bzw. drängt sich auf. Die Nachvollziehenden brechen mit der Unmittelbarkeit gelebter Erfahrung. Das unausgedrückte, unbestimmte und vorwissenschaftliche Erfahrungswissen wird aufgrund von eigenen Erwartungen als unreflektiertes Verständnis eines besonderen Falles thematisch. Ausgehend von eigenen vorreflexiven Erfahrungen, in einer reflexiven Rückwendung auf ihr eigenes Vorverständnis, werden sie mit sich selbst als Nichtwissende konfrontiert und bringen sich als jene in den Blick, die sich, die Anderen und die Dinge anders sehen und verstehen können (vgl. Meyer-Drawe 1996, S. 88 ff.). Damit eröffnet sich zuallererst ein Erfahrungsraum für pädagogische Reflexion und Praxis. In der Diskrepanz zwischen Erwartung und ausbleibender Erfüllung werden die Lesenden über ihre Möglichkeiten hinausgetrieben – eine *neue* Erfahrung, über die Sache und den Anderen, aber auch über die eigene Person nimmt ihren Ausgang (vgl. Meyer-Drawe 2012, S. 15; vgl. auch Buck 1989, S. 80). Das bisher selbstverständliche Erfahrungswissen wird *ambiguos*, indem eine angeblich identische Sache im Erfahrungsprozess selbst etwas anderes wird. In dieser *negativen* Erfahrung ereignet sich somit eine aktuelle Erfahrung, die hinsichtlich der alten Erfahrung eigentlich „gemacht" wird (vgl. Buck 1989, S. 51). In dieser „*Erfahrung über die eigene Erfahrung*" (Meyer-Drawe 2013, S. 74) wird ein neuer Sinn explizit und drängt zum Ausdruck (vgl. dazu auch Agostini 2016a, S. 258 f.). Das Vorwissen und damit auch das Wissen um pädagogisches Denken und Handeln erfahren eine Umstrukturierung.

Bereits im Lesen der Vignette entsteht die Alternative zu Vollzug und Nachvollzug, wenn nämlich die Durchkreuzung von gelebter pädagogischer Praxis und reflektierter pädagogischer Theorie gleichsam zum Stillstand gebracht wird. Die produktiven Erfahrungsvollzüge innerhalb des pädagogischen Kontextes, in denen sie sich herausbilden, geraten ins Blickfeld und gewinnen an Sichtbarkeit. Doch erst in der *erfinderischen Verschriftlichung* der neuen Erfahrung in Form der Vignetten-Lektüre, indem der im Lesen der Vignette gemachten Erfahrung zum schöpferischen Ausdruck verholfen wird (vgl. Agostini 2014, S. 6), werden die Lesenden in die Lage versetzt, „sich zu ihrer Erfahrung erfahrend zu verhalten" (Seel 1997, S. 281, zit. n. Rieger-Ladich 2014, S. 353; vgl. auch Eckart und Mian 2015, S. 191). In der Vignetten-Lektüre werden die sinnlichen Erscheinungsweisen eines Gegenstandes bzw. eines Phänomens nachvollzogen und geraten zugleich als Modulation eigener Erfahrung in den Blick. In dieser *selbst*reflexiven *ästhetischen* Erfahrung (vgl. auch Seel 1996, S. 48), die im erfinderischen Ausdrücken der alten Erfahrung gemacht wird (vgl. Agostini 2014, S. 6), erfolgt die Konfrontation mit der verdichteten Erfahrung in der Vignette und es wird möglich, das, was sich entzieht, „de[n] Moment, in dem Sinn entsteht" (Meyer-Drawe 2010, S. 7), der Reflexion zugänglich zu machen (vgl. Agostini 2016a, S. 304, 2016b, S. 61 f.). Erst indem diese Genesis von Sinn im *Zwischen* von Erfahrendem und Erfahrenem im *Wie* der Erfahrung in Worte gekleidet wird, die im Entstehen begriffenen Sinnstrukturen von ihrem konkreten Vollzug her reflexiv untersucht werden und somit für die sinnlich-leiblichen und jeglicher Reflexion vorausgehenden Erfahrungen ein sprachlicher Ausdruck in der Wirklichkeit gefunden bzw. vielmehr *erfunden* wird, wird der Überschuss, dieses Mehr eines Erfahrungssinnes, welches sich dem unmittelbaren Zugriff entzieht, festgestellt. Die Erfahrung wird als eine *bestimmte* pädagogische Erfahrung zugänglich und verschafft damit neue Erkenntnisse über sich selbst, den Anderen und die Welt. So können ästhetische Erfahrungen auch als Antwort auf den provokativen *Selbstentzug* gelesen werden (vgl. Meyer-Drawe 1999, S. 168), der Unruhe im generellen Selbstverständnis der Menschen auslöst. Gerade in der Offenheit für neue Erfahrungen, im Fremdwerden des Eigenen im Angesicht des Fremden und Anderen, zeigt sich der *bildende* Gehalt von (ästhetischer) Erfahrung (vgl. Agostini 2016a, S. 153). Um diese *Erfahrenserfahrung* bzw. die neue Erfahrung, die mit dem Lesen der Vignette gemacht wird, nachzuvollziehen und Zugang zum Erfahrungssinn zu finden, wird sie in der Lektüre zum Ausdruck gebracht und dabei mit Bedeutungen versehen, welche nicht aus der Reflexion der Schreibenden kommen, sondern im *Zwischen* von Erfahrenem und Erfahrendem entstehen. Diese in den Vignetten verdichteten Erfahrungen aufzugreifen und in der Lektüre als jene zur Sprache zu bringen, als welche sie sich den Lesenden, ausgehend von den Erfahrungen der Lernenden, zeigen, wird auch von den Mitgliedern der Vignettenforschung versucht (vgl. z.B. Baur und Peterlini 2016). In der Lektüre wird damit ein Reflexionsraum mit dem Ziel eröffnet, die in der Vignette dargestellten und in der Lebenswelt der Schüler/-innen und der Forschenden vorhandenen prä-reflexiven und vor-bewussten Zusammenhänge mit spezifischen (theoretischen) Bezügen als eine *bestimmte* pädagogische Erfahrung zu explizieren. In der Anknüpfung an die leiblich-sinnliche Erfahrung vermittelt die sprachlich verfasste Vignetten-Lektüre somit zwischen Erfahrungswirklichkeit und begrifflichem Denken, denn erst im Medium der Sprache öffnet sich Vorsprachliches dem Bewusstsein und damit der Reflexion (vgl. Meyer-Drawe 2010, S. 13).

Lektüren nehmen als Antwort auf den Sinnüberschuss des Erfahrenen im Sinne einer genuin *phänomenologischen* – und in Abgrenzung zu einer vorwiegend auf Sprache fokussierten hermeneutischen Betrachtungsweise (vgl. Meyer-Drawe 2003, S. 505) – die im pädagogischen Feld erhobene und in den Vignetten verkörperte „Leibhaftigkeit der Wahrnehmung" (Brinkmann 2014, S. 216) in den Blick und damit auch Vorreflexives, Außersprachliches und Unsagbares. Die in einer Vignette zur Darstellung kommenden neuen Erfahrungen werden nicht als Defizit im Sinne einer noch-nicht verstandenen Erfahrung mit einem noch vollständig herzustellenden bzw. zu *re*konstruierenden Sinn angesehen, sondern als Fremdes, Widerständiges und Unbestimmtes, das sich einem radikalen Verstehen und damit der Rückführung auf das Eigene entzieht (vgl. Meyer-Drawe 2003, S. 505; vgl. Brinkmann 2014, S. 200 ff.). Erst die Nicht-Zugänglichkeit des Fremden im Sinne einer *versagten* Erfahrung schränkt die Möglichkeit pädagogischen Verstehens ein und reduziert somit die in der Vignette verdichtete Erfahrung der Forschungspartner/-innen zugleich nicht lediglich auf eigene, bereits bekannte Erfahrungen. Aufgrund des Changierens zwischen verschiedenen Forschungsperspektiven innerhalb des reflexiven Nachvollzugs der potentiellen und nie völlig beherrschbaren Vieldeutigkeit einer Erfahrung entstehen ganz unterschiedliche Blicke auf eine Vignette. Diese überschreiten bereits bestehende Lesearten und eröffnen wiederum die Möglichkeit für abweichende, andere bzw. variante Erfahrungen.

In der Vignetten-Lektüre findet *im Spiel von Finden und Erfinden* als ein „Erschließen" von Möglichkeiten bzw. als ein Aufzeigen von etwas als ein bestimmtes Etwas eine Entfernung von den in der Vignette beschriebenen miterfahrenen Erfahrungsvollzügen statt, sodass nur ganz bestimmte Reduktionsgestalten gelebter pädagogischer Erfahrung in den Blick kommen. So kann nicht alles in die Lektüre aufgenommen werden, was sich dem affizierten Blick offenbart. Lernen gerät für die Lesenden jeweils nur als ein ganz bestimmtes Phänomen in den Blick, beispielsweise als Vertrauen, aber auch als Erfinden, als Sich-Bewegen, als Macht, als Sich-Einlassen oder als Zuschreiben. Dieser mit einem gewissen Abstand auf eine spezifische Erfahrungssituation gerichtete Blick eines leiblichen Wesens wählt aus und lässt nicht alles in seinen Brennpunkt rücken. Da jede Erfahrung perspektivisch ist, verschließen, aber eröffnen sich auch immer bestimmte Möglichkeiten. Gerade in der Distanz dieses Nachvollzugs und dieser perspektivischen Reflexion des Geschehens öffnet sich ein Spalt, der einen *neuen* pädagogischen Sinn stiftet. Wie Käte Meyer-Drawe (vgl. 1984, S. 254 ff.) in ihren Überlegungen zur Unlösbarkeit des Theorie-Praxis-Problems in der Pädagogik ausführt, sind es gerade diese Grenzen pädagogischen Verstehens, welche einen Überschuss freisetzen und damit die *Produktivität* und *Revision* von pädagogischer Praxis und ihrer Reflexion als pädagogischer Theorie begründen. So sind in der Lektüre, in der Vorgriffe auf Praxis und damit „*Griffe*" (Meyer-Drawe 2009, S. 14, Herv. i. O.) in die Praxis stattfinden, *Theorie* und *Praxis*, *Allgemeines* und *Partikuläres* unüberwindbar miteinander verwoben. Da in den Vignetten das konkrete Allgemeine für analoge Erfahrungssituationen immer bereits mitenthalten ist, stellt sich die häufig genannte Schwierigkeit eines Transfers von Theorie in die Praxis, welche deren Verhältnis als eine Frage nach den Anwendungsmöglichkeiten versteht, auf diese Weise erst gar nicht (vgl. ebd., S. 22). Anhand des Einsatzes von Vignetten und Lektüren im pädagogischen Praxis- und Forschungsfeld wird damit ein exemplarischer Blick sowohl auf pädagogische Praxis als auch auf pädagogische Theorie gewährt (vgl. Agostini 2016a, S. 297 f., 2016b, S. 62).

In der Tradition der „Brixener" und „Innsbrucker Vignettenforschung" kommt phänomenologisches Denken insofern zum Einsatz, als phänomenologische Reflexion pädagogische Überlegungen in permanenter Kritik auf konkrete Erfahrungsvollzüge zurückbezieht, denen sie entstammen (vgl. Meyer-Drawe 2001, S. 39). Phänomenologisch orientierte Vignetten und Lektüren zeichnen sich dadurch aus, dass Erfahrungsvollzüge nach ihrem eigenen, keineswegs eindeutigen Sinn gelesen werden, um auf diese Weise *Überfremdungen*, die sich in pädagogischen Erklärungen etabliert haben und neuen Einsichten im Wege stehen, auf ihren Entstehungszusammenhang hin zu befragen und den Blick auf deren Genese zu richten (vgl. ebd., S. 12). Um empirische Forschungsergebnisse relevant für die pädagogische Praxis werden zu lassen, ist ein Perspektivenwechsel, eine konstitutive *Verfremdung* notwendig, die sedimentierte Erfahrungsstrukturen und selbstverständlich gewordene Erfahrungsordnungen ins Wanken bringt und somit neuen Erkenntnissen den Weg bereitet. Zu diesem Zweck kommt es in der „Vignettenforschung" zu einer Erprobung phänomenologischer Einstellung im pädagogischen Forschungsfeld, und es wird versucht, unter dem Zugriff der „teilnehmenden Erfahrung" (vgl. Beekman 1987) die lebensweltlichen Erfahrungen der Lernenden zu beschreiben, ohne sie vorab in fertige Erklärungsmuster einzuordnen. Sowohl in der Vignette als auch in der Lektüre drängt sich damit alles Fragen um das *Wie* der Erfahrung und es verweben sich phänomenologische Denkweisen mit theoretischen und praktischen pädagogischen Bezügen. Als *„flexible Seh- und Frageweise*, die verschiedene Richtungen nimmt" (Waldenfels 1980, S. 8, Herv. i. O.), zeichnet sich Phänomenologie durch Offenheit für andere Zugänge aus, weshalb weder Phänomenologie gegen Pädagogik, noch Pädagogik gegen Phänomenologie ausgespielt werden kann. Es geht vielmehr darum, beide Weisen wissenschaftlichen Fragens und Antwortens gegenseitig zu öffnen. Ein wechselseitiger Austausch von Pädagogik und Phänomenologie lässt Raum für Antizipationen und Regressionen in beiden Richtungen (vgl. Meyer-Drawe 2001, S. 38). Eine Wissenschaft, wie die der Pädagogik, die sich in theoretischer Hinsicht einerseits durch radikale Geschichtlichkeit auszeichnet, die jedoch andererseits für eine bestimmte, historisch-konkrete Praxis Verbindlichkeit anstrebt, muss sich selbst als partielle, partikuläre und damit von Brüchen und Sprüngen durchzogene verstehen, wenn sie kritisch sein will (vgl. ebd., S. 14). Phänomenologisches Fragen dimensioniert pädagogische Theorien, indem sie an deren brüchigen Stellen ansetzt. In ihrer Betonung der Bedeutung der vorreflexiven Verflochtenheit der Lernenden mit ihrer Welt setzt sie neue, bisher nicht gesehene oder übersehene Möglichkeiten vor dem unhintergehbaren Faktum der Leiblichkeit frei. Um phänomenologische Fragestellungen fruchtbar für pädagogische Praxis und Theorie und pädagogische Gedankengänge produktiv in phänomenologische Ansätze einbringen zu können, empfiehlt sich daher ein Agieren und Denken an der Grenze von Pädagogik *und* Phänomenologie. In der Pädagogik, insbesondere im Zusammenhang mit der an quantitativen Parametern orientierten pädagogischen Forschung, in denen oft nicht mögliche exakte Prognosen von Erziehungs- und Bildungsprozessen und wirksame Technologien ihrer Veränderung erwartet werden, wird häufig die Forderung nach neuen Sichtweisen laut, in welcher der/die Einzelne nicht aus dem Blick verloren wird. Nicht zuletzt die Verschiebung hin zu großflächig über so genannte Large Scale Assessments erhobenen Daten von Schülerleistungen und das Aufzeigen von verallgemeinerten Handlungsstrategien für die im Bildungsbereich Tätigen verlangt nach einer verstärkten pädagogischen Fundierung dessen, was sich im konkreten Unterrichtsgeschehen *zwischen* Schüler/-innen und Lehrpersonen, Lernenden und Lehrenden ereignet. Phänomenologisch fundierte Vignettenforschung nimmt in diesem Spannungsfeld zwischen dem Allgemeinen und dem Partikulären beides in den Blick: die theoretische Fundierung in einem pädagogischen Verständnis von Lernen und die Empirie eines konsequent erfahrungsbezogenen Ansatzes in der Erforschung von Schule und Unterricht.[1]

3 Ausblendungen und Erscheinungen des Leibes – ein Beitrag zur pädagogisch-phänomenologischen Praxeologie

Hans Karl Peterlini

In einer Fußnote zu den *Drei Abhandlungen zur Sexualtheori*e erzählt Sigmund Freud (1972, S. 37 ff.), wie ein Dreijähriger im dunklen Zimmer seine in Rufweite liegende Tante bittet, sie möge mit ihm sprechen, weil er sich vor der Dunkelheit fürchte. Die Tante antwortet verwundert, dass ihm ihr Sprechen wenig helfen würde, da er sie ja doch nicht sehe. Das mache nichts, sagt das Kind, „wenn jemand spricht, wird es hell" (ebd., S. 128). Dieser vom Kind unmittelbar hergestellte Zusammenhang zwischen dem Sprechen und dem Sehen verweist auf eine Verbindung zwischen hörbarer Sprache und sichtbarer Erscheinung, die einander bedingen und einander hervorbringen (können). Hören und Sehen sind, als Wahrnehmungsakte von Leiblichkeit, in der Vorstellung des Kindes offenbar austauschbar, das Hören einer Stimme würde für den Knaben den Raum ebenso erhellen, als würde die Tante das Licht anschalten.

---

1 Für eine kritische Lektüre herzlich gedankt sei Siegfried Baur und Käte Meyer-Drawe.

In der von Freud nicht weiter ausgeführten Anekdote erscheinen Hören und Sehen als Zugänge zur Welt, sie stellen in phänomenologischem Verständnis Erfahrungsvollzüge dar und „partizipieren an dem grundlegend medial angelegten Verhältnis des Menschen zur Welt" (Westphal 2010, S. 183). Ist nach Merleau-Ponty (2003, S. 13) das „Sichtbare" aus dem Berührbaren geschnitzt und sitzt dieses „auf dem Fleisch der Dinge wie der Vogel auf dem Ast", so sind im Freud'schen Beispiel die Stimme und das von ihr medial getragene Sprechen das Berührbare und das Berührende. Als Repräsentation leiblicher Präsenz und Nähe würde die Stimme dem Kind – würde die Tante darauf eingehen – jede Angst nehmen, weil damit die Dunkelheit zu sprechen begänne. Dass die Wahrnehmung von Leiblichkeit verdunkelte Zusammenhänge und schwer zugängliche Situationen erhellen kann, ist paradigmatische Grundannahme der phänomenologischen Vignettenforschung nach Schratz, Schwarz und Westfall-Greiter (2012). Der Versuch, über phänomenologische Beobachtung leiblicher Artikulation das Verständnis von Lernen als bildender Erfahrung (vgl. ebd.) in seinen „Wahrnehmungsmannigfaltigkeiten" (Husserl 2010, S. 172) auszudifferenzieren, öffnet den Blick für die in schulischen Lernkontexten weitgehend ausgeschlossene leibliche (Mit-)Betroffenheit. Es handelt sich um ein Hinschauen und Hinhören auf das, was in pädagogischen Kontexten der vielfach ausgeblendete Leib spricht und zeigt, was ihn hörbar und sichtbar macht. Zur Veranschaulichung, methodischen Nachvollziehbarkeit und kritischen Diskussion wird nachfolgend ein Beispiel aus dem Forschungsprojekt *Personale Bildungsprozesse in heterogenen Lerngruppen* der Brixener Vignettenforschung (Baur und Peterlini 2016) dargelegt und im Ansatz einer „Vignetten-Lektüre" reflektiert.

Vignette Gundolf, Gundula, Georg, Frau Guggenberg

Die Unterrichtsstunde (im Fach Geschichte) beginnt mit dem Anmahnen vergessener Unterschriften im Merkheft. Als Gundolf die Hand aufhält, herrscht Frau Guggenberg ihn an: „Sag nicht, dass du die Unterschrift vergessen hast!" Gundolf: „Äh ... ich wollte fragen, ob ich austreten darf." Frau Guggenberg lehnt dies kategorisch ab: „Wir fangen mit dem Unterricht an, nicht mit der Pause." In der Klasse wird es unruhig, die Lehrkraft ruft laut: „Hört zu, es waren Ferien, ich glaub's nicht!" Die Kinder, die auf die Unterschrift vergessen haben, werden aufgerufen, das Mitteilungsheft auf das Pult zu legen, „damit wir festhalten können, dass das fehlt". Allen diktiert die Lehrkraft ins Merkheft: „Drei Wochen für die Atlas-Übung, wer sie nicht fertig hat, muss sie daheim fertig machen." Sie rechnet vor, wieviel die Klasse schon vom vereinbarten „Zeitkonto" aufgebraucht hat und schreibt in großen Lettern „ZEIT" an die Tafel. Mit in die Hüften gestemmten Armen fragt sie nun die Schüler/-innen, ob sie sich an ihre eigenen Vorsätze zur Freiarbeit erinnern und schaut dabei in die Runde. Gundula hält zaghaft auf: „Habe mir vorgenommen, konzentriert zu arbeiten bei der Freiarbeit." Die Lehrkraft: „Und? Hast du schon einen Unterschied gemerkt?" Gundula lächelt verlegen: „Noch nicht so..." Georg, der neben ihr sitzt, drückt mit dem Daumen der einen Hand mehrmals fest in die andere Handfläche und lässt los, dann zieht er den Deckel vom Leuchtstift und drückt mit diesem auf die gleiche Weise in seine Hand, legt den Stift ab, greift mit beiden Händen zur Griffelschachtel und drückt sie fest zusammen, löst den Druck, drückt wieder zu, legt die Griffelschachtel hin und hält sich beide Hände vors Gesicht, drückt dagegen. Langsam lässt er die Hände sinken, ballt eine zur Faust, schaut diese an und drückt sie in die geöffnete andere Hand, die er um die Faust schließt.

Die Vignette wirft schon vom ersten Satz an Fragen auf: Wo beginnt die darin verdichtete Handlung? Wo hört sie auf? Die Frage nach dem Anfang führt nach Waldenfels an die „unüberschreitbare *Grenze des Unerzählbaren*" (Waldenfels 2004, S. 53, Herv. i. O.). Dies ist zwar auf mythische Anfangserzählungen gemünzt, die „nicht bloß als erste wiedergegeben" werden, sondern „selbst *als erste auftreten*, so die Geburt des Einzelnen, die Gründung eines Staates, die Entstehung von Tragödie, Philosophie und Demokratie oder der Bund Jahwes mit seinem auserwählten Volk" (ebd.). Für jede Erzählung aber gilt, dass der Anfang eine Entscheidung ist, im Fluss zwischen dem Früher und Später einen Punkt zu setzen, von dem aus erzählt wird, womit auch schon mitentschieden ist, wie etwas und was überhaupt erzählt wird. Für das Ende gilt Ähnliches: Wie eine Geschichte aufhört, bestimmt ihren Verlauf bis zu ihrem Anfang zurück mit; dort wo das Ende ist, wird sie einerseits einem – suggestiv beeinflussten und angeregten – Weiterdenken in jene Zukunft anvertraut, die wir aufgrund des Weiterrückens der Zeit seit dem erzählten Ereignis vielleicht schon kennen oder erst bevorsteht. Andererseits wird sie von diesem gesetzten Endpunkt aus rückwirkend bis zu ihrem Anfang noch einmal in ihren Deutungsmöglichkeiten beeinflusst. So verläuft die Erzählung nicht linear von Anfang und Ende, sondern in Vor- und Rückwärtsbewegungen, ähnlich dem Lacan'schen Paradoxon, dass das Symptom erst am Ende des psychoanalytischen Erzählprozesses fertig konstruiert sein wird und somit im Laufe des Prozesses gewissermaßen *aus der Zukunft zurückkehrt* (vgl. Lacan 1978, S. 205, vgl. Žižek 1991, S. 9). Die barsche Reaktion der Lehrkraft auf Gundolfs Frage, ob er austreten darf, würde sich beispielsweise anders lesen, wenn wir – hypothetisch – aus dem Vorher der Vignette erfahren würden, dass er diese Frage bei jedem Unterrichtsbeginn stellt, oder aber aus dem Nachher, dass ihm am darauffolgenden Tag vom Arzt eine Blasenentzündung attestiert wurde. Dieser Verzicht auf das Erforschen und Erzählen von all dem, was vorher war oder gewesen sein könnte und nachher noch alles passiert sein kann oder passiert ist, stellt eine Enthaltung dar, die der Wahrnehmung im Hier und Jetzt der Handlung geschuldet ist. Der möglichen Kritik, dass phänomenologische Wahrnehmung „die gesellschaftlichen und historischen Rahmenbedingungen vernachlässigt" (Böhme 2003, S. 48), kann damit geantwortet werden, dass die Vignetten eben nicht der Wahrheitsfindung über den beschriebenen „Fall" dienen, der von seiner Anamnese her zur Diagnose und Prognose führen würde. Vielmehr ist Vignettenforschung in immer neuen Suchbewegungen auf Phänomene von Lernen und Leben gerichtet, die sich im beschriebenen Geschehen zeigen und auf erweiterte Verstehensmöglichkeiten hin reflektiert werden – dies nun durchaus unter Einbeziehung der Gewordenheit und Kontingenz ebendieser Phänomene auch im historischen und gesellschaftlichen Kontext. Darin unterscheidet sich – bei aller Nähe und Verwandtschaft (vgl. Meyer-Drawe 2003, S. 511) – eine auf das Geschehen in *statu nascendi* gerichtete phänomenologische Forschung von rekonstruierender Hermeneutik. Auch die phänomenologische Vignette könnte, in einem zweiten Schritt, durch Interviews und Kontextstudien als Ausgangspunkt einer Fallstudie dienen, es würde damit aber die phänomenologische Haltung verlassen zugunsten einer aufklärenden, ausdeutenden Rekonstruktion der Wahrheit dieses einen „Falles". Beides generiert Erkenntnis, aber die Erkenntnisse sind nicht dieselben. Ohne Anspruch auf Höherwertigkeit im Erkenntniswert zu erheben, kommt in diesem Sinne der phänomenologischen Vignette in Abgrenzung von der pädagogischen Fallgeschichte (u.a. nach Schratz und Thonhauser 1996) eine eigene Stellung in der erziehungs- und bildungswissenschaftlichen Forschungsmethodik zu. Sie bewegt sich grundsätzlich im Feld der Partikularität, über das sie aber auch hinausweist.

Dies erfordert Transparenz im Hinweis auf Möglichkeiten und Grenzen der eigenen Erhebungs- und Deutungskunst. Die in den Vignetten situativ erfassten und sprachlich verfassten *teilnehmenden Erfahrungen* (Beekman 1987) beruhen auf einer Vielzahl von bewussten und unbewussten Entscheidungen der Forschenden im Feld und im nachfolgenden Verdichten (vgl. Geertz 2002) der wahrgenommenen Erfahrungen, die sich nicht mit Bestimmtheitsansprüchen argumentieren lassen. Wie rechtfertigt sich beispielsweise der plötzliche Fokus auf Georg in einer Vielzahl von Handlungen, die in diesem Klassenraum zugleich ablaufen? Jeder Darstellung liegt eine Auswahl des Wahrgenommenen und Erzählten zugrunde und damit ein Ausschluss von all dem, was auch geschehen ist und entweder nicht wahrgenommen oder ausgeblendet wurde. Jeder Beschreibung sind unvermeidlich Beigaben der/des Forschenden beigemischt – ist eine Stimme schrill oder heiser, lächelt Gundula verlegen oder belustigt oder verschämt? Warum wurde der/die

Forschende in diesem Stakkato von Unterrichtsanweisungen, wie es in der Vignette dargelegt ist, von einem Schüler angezogen, der nur bei genauem Hinsehen wahrnehmbare Druckbewegungen mit seinen Händen macht?

Vignettenforschung kann nicht begründet werden, wenn sie nicht das pathische Moment der *Affizierung* einräumt (vgl. Meyer-Drawe 2011, S. 24). Jede Wahrnehmung, die sich einem Mit-Spüren und Mit-Fühlen anvertraut und verdankt, ist „eine betroffene Erfahrung", wie Böhme (2003, S. 45) mit Bezug auf Goethes Farbenlehre argumentiert: Wohl ist demnach auch Phänomenologie auf „Natur" (oder Tatsächliches) gerichtet, aber dies „insofern sie selbst in leiblicher Erfahrung Phänomen wird" (ebd., S. 43). So ist für Goethe die Farbe zwar „gesetzmäßige Natur", aber in Bezug auf „den *Sinn* des Auges" (zit. n. ebd., Herv. d. V.), nicht auf das Auge allein, was eine naturwissenschaftliche Engführung wäre (vgl. ebd.). Wir können Erfahrungen nicht „sammeln" wie Naturwissenschaftlerinnen und -wissenschaftler Schmetterlinge sammeln, aber auch nicht einfach nur „machen", was auf ein autonomes Subjekt verweisen würde, das Herr (oder Frau) seiner Erfahrungen ist. Wir nehmen an Erfahrungen eben nicht nur (aktiv) teil, sondern sind ihnen auch ausgesetzt. Erfahrungen haben die Eigenschaft, uns zu überraschen. Dies führt über Beekmans „teilnehmende Erfahrung" hinaus zu einer *miterfahrenden Erfahrung* – miterfahrend verstanden als näherer Modus einer Teilhabe –, in der das Wahrgenommene und Beschriebene zu einer neuen Erfahrung der/des Forschenden wird. Die mögliche Erfahrung des „beobachteten" Kindes führt so zu weiteren Erfahrungen, zunächst unmittelbar im Feld, dann bei der Ausarbeitung der Vignette und schließlich in der Lektüre. Aus der Darstellung und Rekonstruktion von Faktischem, zu der eine Vignette in verkürztem Verständnis verleiten könnte, werden in einer solchen Haltung Anschauungen des Möglichen. Musils *Möglichkeitssinn* jenseits des *Wirklichkeitssinns* (Musil 1978, S. 16) kann dem methodischen Ansatz der Vignettenforschung ihre besondere Qualität verleihen, sofern sie als solche erkannt und nicht als Schwäche unterschlagen wird. Vignettenforschung öffnet sich in der *Lektüre* (siehe dazu den vorangegangenen Beitrag von Evi Agostini) der Suche nach erweiterten Verstehensmöglichkeiten, nicht nach essentialistischen Wirklichkeitsansprüchen, die sie – auf welche Techniken auch immer gestützt – eher schwächen als stärken würden. Im Niederschreiben und Verdichten der im Feld *miterfahrenden und miterfahrenen Erfahrung* im Medium der Sprache wird alles Wahrgenommene noch einmal verändert: „Was sich zeigt, deckt sich niemals völlig mit dem, was darüber zu sagen ist" (Waldenfels 2004, S. 31). Was sich zeigt, geht über das, was sich in Worte fassen lässt, hinaus.

Vignettenforschung schaut oder greift nicht *in* das Kind oder gar in seinen Kopf hinein, sondern orientiert sich an dem, *was sich zeigt*. Darin liegt die Bedeutung von leiblichen Äußerungen, die zum Sprechen gebracht werden. Um den Leib zum

Sprechen zu bringen, bedarf es – wie es im Freud'schen Exempel der Bub gegenüber der Tante tut – einer Hinwendung und Zuwendung, nicht einer ausforschenden Hinter- oder Befragung. Es ist in diesem Sinne nicht der kognitiv geforderte Schüler, der sich in der Vignette über seine Befindlichkeit in dieser Unterrichtseinheit artikuliert. Georg meldet sich nicht zu Wort, hält nicht die Hand auf, um sich zu artikulieren, er spricht durch seinen Leib. Aber er spricht nur dadurch, dass er wahrgenommen wird.

Dies ist Möglichkeit und Begrenzung zugleich, wenn es um das Verstehen leiblichen Sprechens geht: Was möchte Georgs Leib über das Drücken mit den Händen da und dorthin aussagen? Lässt sich darüber überhaupt Sicheres sagen? Der Leib entzieht sich einer klaren Zuordnung zwischen „Ding" und „Idee" (Merleau-Ponty 2004, S. 199). Er ist einerseits unser Zugang zur Welt überhaupt und zugleich „inkarnierte Ambivalenz" (Meyer-Drawe 2000, S. 105), für Waldenfels (2000) ein *beseelter Körper* (vgl. ebd., S. 14). Sicheres Wissen ist über ihn nicht zu bekommen, wohl aber eine immer neue Annäherung, indem seine Erscheinungsweisen in immer neuen Aspekten betrachtet werden. „Dieses Differenzierungsgeschehen wird in Bewegung gehalten dadurch, dass wir an die Dinge selbst nicht heranreichen. Gerade weil Identifizierungen letztlich nicht möglich sind, können wir über Dinge Neues erfahren" (Meyer-Drawe 2000, S. 79).

So ließe sich die in diesem Text dargebotene Vignette – als eine von vielen möglichen Lesearten – auf das Phänomen *Druck* hin reflektieren, der in der Beschreibung in evidenter Weise zum *Vorschein* kommt. Georgs Handbewegungen, sein *Drücken* in einem Raum, in dem *Druck* sichtbar, spürbar, hörbar ist, wenn auf Stimmen und Gesten, Beschleunigungen und Verlangsamungen des Sprechens geachtet wird, bringen in der Wahrnehmung durch die/den Forschende/n ein Phänomen hervor, das schulisches Lernen stark bedingt, dem es ausgesetzt ist, dem es sich in seiner ganz besonderen Weise auch verdankt: Zeitdruck, Termindruck, Leistungsdruck, Ordnungsdruck, ja sogar Blasendruck. Es sind Phänomene, die über diesen einen Lernraum an diesem einen Tag mit den beschriebenen Lernenden und Lehrenden hinausweisen; etwaige Vorgeschichten oder Hintergrundmotive zu Gundolfs Bitte, aufs Klo zu dürfen, zu Georgs Druckbewegungen liegen – ohne hermeneutisches Ausforschen – nicht im Erkenntnispotential der Vignette. Würde Georg nach dieser Unterrichtseinheit befragt, warum er sich so verhalten hat, würde er vermutlich die Frage gar nicht verstehen. Sein Leib hat gesprochen, ohne dass Georg dies bewusst sein muss. Darin vollzieht sich das pathische Moment. Erfahrungen fragen nicht (zumindest nicht immer) danach, ob wir sie gerade *machen* wollen, sie widerfahren.

In der Fruchtbarmachung der Vignette für Erfahrungen des Lernens zeigt sich ein Dilemma: Lässt sich hier von Lernen sprechen, wenn es – auf Georg bezogen – keine erkennbare reflexive Zuwendung zur gemachten Erfahrung gibt? Nach Dewey (1993) führen Erfahrungen erst dann zu Lernprozessen, wenn nicht blind auf das vertraut wird, „was zum Ziele führt" (ebd., S. 194), sondern wenn von der durch Erfahrung gefundenen Lösung auf das Problem zurückgedacht wird. Nur über diese Reflexion des angetroffenen Problems können Lernende zu neuen Ideen gelangen (ebd., S. 206). Genau dies tut Georg nun aber nicht – zumindest nicht sichtbar. Was sich zeigt, sind nur seine Druckbewegungen. Was drückt dann aber dieses Drücken aus, wenn Georg nicht selbst darauf reflektiert? Das Dilemma kann nur überwunden werden, wenn es in der lesenden und reflektierenden Ausfaltung der Vignette nicht um Georgs Lernerfahrung oder gar seine Wahrheit in dieser Geschichte geht. Die denkende Rückbewegung zur beschriebenen *miterfahrenen Erfahrung* erfolgt durch die Forschenden an den in der Vignette dargelegten miterfahrenen Erfahrungen, wenn sie in der Lektüre – aus unterschiedlichen Perspektiven – noch einmal auf das Beschriebene zurückgehen. Nicht *über* Georgs Lernen gibt die Vignette Auskunft, sondern sie ermöglicht *an* den Äußerungen seines Leibes ein Nachdenken über Lernkontexte, Lernbedingungen, Lernsituationen, dies wiederum aus dem Erfahrungshintergrund der Forschenden und Lesenden. Die Lektüre kann nicht rekonstruierend versuchen, den Sinn von Georgs Handlungen für ihn selbst zu ergründen oder sie zu interpretieren, sondern sein Leibsprechen in einem unerschöpflichen Differenzierungsgeschehen immer neu ausfalten in jene möglichen Bedeutungen, die zur Reflexion von Lernsituationen und zur Sensibilisierung in der pädagogischen Praxis beitragen können.

Wo vielfach der Kopf (und mitunter gar nur mehr das Gehirn) unterrichtet oder fürs Lernen relevant gehalten werden (vgl. Peterlini 2016b, S. 24), lenkt die Vignette den Blick auf den konkreten Leib. Der Leib ist im pädagogischen Kontext starker Tabuisierung ausgesetzt. Die Gefahr des Übergriffs in asymmetrischen Macht- und Beziehungsverhältnissen (Peterlini 2016a, u.a. S. 53) verlangt auf jeden Fall nach einer reflektierten und ethisch verantwortbaren Haltung von Lehrkräften in der leiblichen Nähe und Zuwendung zu Schülerinnen und Schülern. Die teils auf den Körper vergessende Nicht-Beachtung, teils disziplinierende und zurichtende Nicht-Achtung des Leibes (vgl. Foucault 1976; vgl. Butler 1995) übergeht damit aber auch dessen Bedürfnisse und blendet dessen Artikulationen aus. Durch den phänomenologischen Blick auf den Leib wird ein Sprechen wahrgenommen und für pädagogische Reflexion und Praxis erschlossen, das sonst im Dunkeln und Stummen bliebe. In Anknüpfung an postkoloniale Diskurse (v.a. an Spivak 2008), nach denen Sprechen als Artikulieren von Bedürfnissen und Wünschen mit Veränderungspotential verstanden wird, ist Sprechen nur möglich, wenn es auch gehört wird. Von drei zentralen Aufgaben der Erziehungswissenschaft nennt der italienische Philosoph D'Arcais (1995) an erster Stelle die Wahrnehmung konkreter

Situationen, gefolgt von kritischer Reflexion derselben. Erst daraus könnten – als dritte Aufgabe – normative Orientierungen für das zukünftige erzieherische Handeln abgeleitet werden (ebd.). Die Vignette ist ein Instrument für die erste Aufgabe, die Lektüre der Vignette dient der zweiten Aufgabe. Von Vignette *und* Lektüre können Impulse zur dritten Aufgabe auf der Makroebene ausgehen.

Die vorliegende Vignette zeigt, in einer reflexiven Rückbeziehung, drei Kinder: eines (Gundolf) möchte vor Unterrichtsbeginn aufs Klo, ein zweites (Gundula) gibt scheu zur Antwort, dass es jene Disziplin, die es im eigenverantworteten Lernen bräuchte, „noch nicht so" auf die Reihe bekommt, ein drittes (Georg) drückt und drückt gegen seine Hände, seinen Leib, als würde er sich am liebsten verdrücken. Ob in dieser Vignette „Lernen" im Sinne angeleiteter Verstehensfortschritte sichtbar wird, ist fraglich. Am leiblichen Ausdruck der Kinder aber zeigt sich, wie unbequem (vgl. Meyer-Drawe 2012, S. 32) Prozesse des Lernens zwischen der Infragestellung des Vertrauten und der erwarteten, aber „noch nicht so" beherrschten neuen Lernleistung sein können, von wieviel Zögern, Druck und Ausflucht ein solcher Übergang begleitet sein kann. Dies ruft, falls es wahrgenommen und in seinen möglichen Bedeutungen ausgefaltet wird, die Makroebene in die Pflicht, die Arrangements und Rahmungen des Lernens und Lehrens nicht nur von erwarteten kognitiven Leistungen her zu denken, sondern auch auf den Leib zu achten, der diese Leistungen zu erbringen hat oder ihnen zumindest ausgesetzt ist. So könnte der Leib, wird er angerufen und wahrgenommen, verdunkelte Räume pädagogischen Denkens und Handelns erhellen.

Literatur

Agar, Michael H. 1980. *The professional stranger. An informal introduction to ethnography.* London: Academic Press.

Agostini, Evi. 2014. Was kann uns Ästhetik heute noch bedeuten? Ästhetische (Lern-) Erfahrungen: eine Vignette und deren Lektüre. *Magazin Erwachsenenbildung.at* 22 (10): 1–8.

Agostini, Evi. 2016a. *Lernen im Spannungsfeld von Finden und Erfinden. Zur schöpferischen Genese von Sinn im Vollzug der Erfahrung.* Paderborn: Ferdinand Schöningh.

Agostini, Evi. 2016b. Lektüre von Vignetten: Reflexive Zugriffe auf Erfahrungsvollzüge des Lernens. In *An der Seite des Lernens. Erfahrungsprotokolle aus dem Unterricht an Südtiroler Schulen – ein Forschungsbericht. Mit einem Vorwort von Käte Meyer-Drawe und einem Nachwort von Michael Schratz. Gastbeiträge von Dietmar Larcher und Stefanie Risse,* hrsg. S. Baur und H. K. Peterlini, 55–62. Innsbruck/Wien/Bozen: StudienVerlag.

Arnold, Rolf. 2010. *Selbstbildung oder: wer kann ich werden und wenn ja wie?* Baltmannsweiler: Schneider Hohengehren.

Bannach, Michael. 2002. *Selbstbestimmtes Lernen. Freie Arbeit an selbst gewählten Themen.* Baltmannsweiler: Schneider Hohengehren.

Bartels, Andreas. 2010. Erfahrung ohne Begriffe. In *Was sich nicht sagen lässt. Das nicht Begriffliche in Wissenschaft, Kunst und Religion*, hrsg. J. Bromand und G. Kreis, 219–234. Berlin: Akademie.

Baur, Siegfried und Hans Karl Peterlini. Hrsg. 2016. In *An der Seite des Lernens. Erfahrungsprotokolle aus dem Unterricht an Südtiroler Schulen – ein Forschungsbericht. Mit einem Vorwort von Käte Meyer-Drawe und einem Nachwort von Michael Schratz. Gastbeiträge von Dietmar Larcher und Stefanie Risse*, hrsg. S. Baur und H. K. Peterlini. Innsbruck/Wien/Bozen: StudienVerlag.

Baur, Siegfried und Michael Schratz. 2015. Phänomenologisch orientierte Vignettenforschung. Eine lernseitige Annäherung an Unterrichtsgeschehen. In *Pädagogische Erfahrung. Theoretische und empirische Perspektiven*, hrsg. M. Brinkmann, R. Kubac, und S. S. Rödel, 159–180. Wiesbaden: Springer VS.

Beekman, Ton. 1987. Hand in Hand mit Sascha: Über Glühwürmchen, Grandma Millie und andere Raumgeschichten. Im Anhang: teilnehmende Erfahrung. In *Kind und Welt. Phänomenologische Studien zur Pädagogik*, hrsg. W. Lippitz und K. Meyer-Drawe, 11–25. 2. Aufl. Frankfurt a. M.: Athenäum.

Biesta, Gert. 2012. The future of teacher education: Evidence, competence or wisdom? *Research on Steiner Education* 3 (1): 8–21.

Böhme, Gernot. 2003. *Leibsein als Aufgabe. Leibphilosophie in pragmatischer Hinsicht.* Zug: Die Graue Edition.

Bönsch, Manfred. 2006. *Selbstgesteuertes Lernen in der Schule. Praxisbeispiele aus unterschiedlichen Schulformen.* Braunschweig: Westermann.

Breidenstein, Georg. 2010. Einen neuen Blick auf schulischen Unterricht entwickeln: Strategien der Befremdung. In *„Auf unsicherem Terrain". Ethnographische Forschung im Kontext des Bildungs- und Sozialwesens*, hrsg. F. Heinzel, W. Thole, P. Cloos, und S. Köngeter, 205–215. Wiesbaden: Springer VS.

Brinkmann, Malte. 2012. Rezension von Schratz, M., Schwarz, J. F., & Westfall-Greiter, T. Lernen als (bildende) Erfahrung, Vignetten in der Praxisforschung. Mit einem Vorwort von Käte Meyer-Drawe und Beiträgen von Horst Rumpf, Carol Ann Tomlinson, Mike Rose u.a. Innsbruck/Wien/Bozen: StudienVerlag 2012. http://www.klinkhardt.de/ewr/3706551182.html. Zugegriffen: 19. September 2016.

Brinkmann, Malte. 2014. Verstehen, Auslegen und Beschreiben zwischen Hermeneutik und Phänomenologie. Zum Verhältnis und zur Differenz hermeneutischer Rekonstruktion und phänomenologischer Deskription am Beispiel von Günther Bucks Hermeneutik der Erfahrung. In *Aus Erfahrung lernen. Anschlüsse an Günther Buck*, hrsg. S. Schenk und T. Pauls, 199–222. Paderborn: Ferdinand Schöningh.

Brinkmann, Malte. 2015a. Phänomenologische Methodologie und Empirie in der Pädagogik. Ein systematischer Entwurf für die Rekonstruktion pädagogischer Erfahrungen. In *Pädagogische Erfahrung. Theoretische und empirische Perspektiven*, hrsg. M. Brinkmann, R. Kubac, und S. S. Rödel, 33–87. Wiesbaden: Springer VS.

Brinkmann, Malte. 2015b. Pädagogische Empirie – Phänomenologische und methodologische Bemerkungen zum Verhältnis von Theorie, Empirie und Praxis. Bildung – Renaissance einer Leitidee. *Zeitschrift für Pädagogik* 61 (4): 527–564.

Buck, Günter. 1989. *Lernen und Erfahrung – Epagogik: zum Begriff der didaktischen Induktion*. 3. Aufl. Darmstadt: Wissenschaftliche Buchgesellschaft.

Butler, Judith. 1995. *Körper von Gewicht. Die diskursiven Grenzen des Geschlechts*. Berlin: Berlin Verlag.

Calvino, Italo. 2012/1988. *Sechs Vorschläge für das nächste Jahrtausend. Aus dem Italienischen von Burkhart Kroeber*. Frankfurt a. M.: Fischer Taschenbuch Verlag.

D'Arcais, Paolo Flores. 1995. Pädagogik – warum und für wen? In *Pädagogik – wozu und für wen?*, hrsg. W. Böhm, 24–42. Stuttgart: Klett.

Deutscher, Max und Charles Burton Martin. 1966. „Remembering", *Philosophical Review* 75, 161–196.

Dewey, John. 1993. *Demokratie und Erziehung: eine Einleitung in die philosophische Pädagogik. Herausgegeben und mit einem Vorwort von Jörgen Oelkers*. 3. Aufl. Nachdruck. Weinheim/Basel: Beltz.

Eckart, Evelyn. 2017, im Druck. *Bildung als Bewegung. Eine phänomenologische Studie zu Bildungserfahrungen zwischen Autonomie und Heteronomie*. Innsbruck/Wien/Bozen: StudienVerlag.

Eckart, Evelyn und Stephanie Mian. 2015. „Sich bewegen" und „sich einlassen" im Lernprozess. In *Pädagogische Erfahrung. Theoretische und empirische Perspektiven*, hrsg. M. Brinkmann, R. Kubac, und S. S. Rödel, 181–198. Wiesbaden: Springer VS.

Foucault, Michel.1976. *Überwachen und Strafen. Die Geburt des Gefängnisses*. Frankfurt a.M.: Suhrkamp.

Freire, Paolo. 1998. *Pädagogik der Unterdrückten: Bildung als Praxis der Freiheit*. Reinbek bei Hamburg: Rowohlt.

Freud, Sigmund. 1972/1905. Drei Abhandlungen zur Sexualtheorie. In *Sexualleben. Studienausgabe Bd. V*, hrsg. S. Freud, 37–143. Frankfurt a.M.: S. Fischer.

Gabriel, Gottfried. 2010. Logische Präzision und ästhetische Prägnanz. In *Literaturwissenschaftliches Jahrbuch 51*, hrsg. V. Kapp, K. Müller, K. Ridder, R. Wimmer, und J. Zimmermann, 375–390. Berlin: Duncker und Humblot.

Geertz, Clifford. 2002. *Dichte Beschreibung. Beiträge zum Verstehen kultureller Systeme. Nachdruck*. Frankfurt a. M.: Suhrkamp.

Greif, Siegfried und Hans-Jürgen Kurtz. 1996. *Handbuch selbstorganisiertes Lernen*. Göttingen/Seattle: Verlag für Angewandte Psychologie.

Guldimann, Titus. 1996. *Eigenständiger Lernen. Durch metakognitive Bewusstheit und Erweiterung des kognitiven und metakognitiven Strategierepertoires*. Bern: Verlag Paul Haupt.

Heidegger, Martin. 2001. *Sein und Zeit*. Tübingen: Max Niemeyer Verlag.

Heinzel, Friederike. 2010. Ethnographische Untersuchung von Mikroprozessen in der Schule. In *„Auf unsicherem Terrain". Ethnographische Forschung im Kontext des Bildungs- und Sozialwesens*, hrsg. F. Heinzel, W. Thole, P. Cloos, und S. Köngeter, 205–215. Wiesbaden: Springer VS.

Heinzel, Friederike, Werner Thole, Peter Cloos, und Stefan Köngeter. 2010. *„Auf unsicherem Terrain". Ethnographische Forschung im Kontext des Bildungs- und Sozialwesens*. Wiesbaden: Springer VS.

Husserl, Edmund. 1965/1911. *Phänomenologie als strenge Wissenschaft*. Frankfurt a. M.: Vittorio Klostermann.

Husserl, Edmund. 2000/1980. *Vorlesungen zur Phänomenologie des inneren Zeitbewußtseins. Herausgegeben von Martin Heidegger.* 3. Aufl. Tübingen: Max Niemeyer.

Husserl, Edmund. 2010. *Die phänomenologische Methode. Ausgewählte Texte I. Mit einer Einleitung herausgegeben von Klaus Held.* 3. Aufl. Stuttgart: Philipp Reclam jun.

Klingberg, Lothar. 1997. *Lernen – Lehren –Unterricht. Über den Eigensinn des Didaktischen.* http://opus.kobv.de/ubp/volltexte/2005/503/pdf/KLINGBER.pdf. Zugegriffen: 19. September 2016.

Krüger, Heinz-Hermann. 2012. *Einführung in die Theorien und Methoden der Erziehungswissenschaft. Band II.* 6. Aufl. Opladen & Toronto: Barbara Budrich.

Lacan, Jacques. 1978. *Das Seminar. Buch 1.* Olten/Freiburg i. Br.: Walter.

Lippitz, Wilfried. 1980. *„Lebenswelt" oder die Rehabilitierung vorwissenschaftlicher Erfahrung. Ansätze eines phänomenologisch begründeten anthropologischen Denkens in der Erziehungswissenschaft.* Weinheim/Basel: Beltz.

Lippitz, Wilfried. 1987. Phänomenologie als Methode? Zur Geschichte und Aktualität des phänomenologischen Denkens in der Pädagogik. In *Kind und Welt. Phänomenologische Studien zur Pädagogik* (2., durchgesehene Auflage), hrsg. W. Lippitz und K. Meyer-Drawe, 101–130. Frankfurt a. M.: Athenäum.

Lippitz, Wilfried. 2003. Phänomenologische Forschungen in der deutschen Erziehungswissenschaft. In *Differenz und Fremdheit*, hrsg. W. Lippitz, 129–165. Frankfurt a. M.: Peter Lang.

Merleau-Ponty, Maurice. 1945. *Phénoménologie de la perception.* Paris: Gallimard.

Merleau-Ponty, Maurice. 1966/1945. *Die Phänomenologie der Wahrnehmung. Aus dem Französischen übersetzt und eingeführt von Rudolf Boehm.* Berlin: Walter de Gruyter & Co.

Merleau-Ponty, Maurice. 2003. *Das Auge und der Geist. Philosophische Essays.* Reinbek: Rowohlt.

Merleau-Ponty, Maurice. 2004. *Das Sichtbare und das Unsichtbare. Gefolgt von Arbeitsnotizen. Herausgegeben und mit einem Vor- und Nachwort versehen von Claude Lefort.* 3. Aufl. München: Wilhelm Fink.

Meyer-Drawe, Käte. 1984. Grenzen pädagogischen Verstehens – Zur Unlösbarkeit des Theorie-Praxis-Problems in der Pädagogik. *Vierteljahresschrift für wissenschaftliche Pädagogik* 60 (3): 249–259.

Meyer-Drawe, Käte. 1996. Vom anderen lernen. Phänomenologische Betrachtungen in der Pädagogik. Schaller zum siebzigsten Geburtstag. In *Deutsche Gegenwartspädagogik, Bd. II*, hrsg. M. Borrelli und J. Ruhloff, 85–99. Baltmannweiler: Schneider Hohengehren.

Meyer-Drawe, Käte. 1999. Zum metaphorischen Gehalt von „Bildung" und „Erziehung. *Zeitschrift für Pädagogik* 45 (2):161–175.

Meyer-Drawe, Käte. 2000. *Illusionen von Autonomie. Diesseits von Ohnmacht und Allmacht des Ich.* 2. Aufl. München: P. Kirchheim.

Meyer-Drawe, Käte. 2001/1984. *Leiblichkeit und Sozialität: Phänomenologische Beiträge zu einer pädagogischen Theorie der Inter-Subjektivität.* 3. Aufl. München: Wilhelm Fink.

Meyer-Drawe, Käte. 2003. Lernen als Erfahrung. *Zeitschrift für Erziehungswissenschaft* 6 (4): 505–514.

Meyer-Drawe, Käte. 2007. „Du sollst dir kein Bildnis noch Gleichnis machen..." – Bildung und Versagung. In *Bildungsprozesse und Fremdheitserfahrung. Beiträge zu einer*

Theorie transformatorischer Bildungsprozesse, hrsg. H.-C. Koller, W. Marotzki, und O. Sanders, 83–92. Bielefeld: transcript.

Meyer-Drawe, Käte. 2009. Theorie als Vorgriff auf die Praxis. Zur Bedeutung des Studiums für pädagogisches Handeln. In *Schulpraktische Studien in gestuften Studiengängen*, hrsg. R. Bolle und M. Rotermund, 11–29. Leipzig: Leipziger Universitätsverlag.

Meyer-Drawe, Käte. 2010. Zur Erfahrung des Lernens. Eine phänomenologische Skizze. *Filosofija* 18 (3): 6–17.

Meyer-Drawe, Käte. 2011. Empfänglichsein für die Welt. Ein Beitrag zur Bildungstheorie. In *Dinge in der Welt der Bildung. Bildung in der Welt der* Dinge, hrsg. A. Dörpinghaus und A. Nießeler, 13–28. Würzburg: Königshausen & Neumann.

Meyer-Drawe, Käte. 2012. *Diskurse des Lernens*. 2. Aufl. München: Wilhelm Fink.

Meyer-Drawe, Käte. 2013. Lernen und Leiden. Eine bildungsphilosophische Reflexion. In *Krankheit: Lernen im Ausnahmezustand? Brustkrebs und Herzinfarkt aus interdisziplinärer Perspektive*, hrsg. D. Nittel und A. Seltrecht, 67–76. Wiesbaden: Springer VS.

Moegling, Klaus. 2004. *Didaktik selbstständigen Lernens. Grundlegung und Modelle für die Sekundarstufen I und II*. Bad Heilbrunn: Klinkhardt.

Musil, Robert. 1978. *Der Mann ohne Eigenschaften. I. Erstes und zweites Buch. Herausgegeben von Adolf Frisé*. Reinbek: Rowohlt.

Peterlini, Hans Karl. 2016a. *Lernen und Macht. Prozesse der Bildung zwischen Autonomie und Abhängigkeit (Erfahrungsorientierte Bildungsforschung, Bd. 1)*. Innsbruck/Wien/Bozen: StudienVerlag.

Peterlini, Hans Karl. 2016b. Fenster zum Lernen. Forschungserfahrungen im Unterrichtsgeschehen – Einführung und Einblicke in die Suche nach einem neuen Verständnis von Lernen. In *An der Seite des Lernens. Erfahrungsprotokolle aus dem Unterricht an Südtiroler Schulen – ein Forschungsbericht. Mit einem Vorwort von Käte Meyer-Drawe und einem Nachwort von Michael Schratz. Gastbeiträge von Dietmar Larcher und Stefanie Risse*, hrsg. S. Baur und H. K. Peterlini, S. 21–29. Innsbruck/Wien/Bozen: StudienVerlag.

Rieger-Ladich, Markus. 2014. Erkenntnisquellen eigener Art? Literarische Texte als Stimulanzien erziehungswissenschaftlicher Reflexion. *Zeitschrift für Pädagogik 60* (3): 350–366.

Schratz, Michael. 2009. „Lernseits" von Unterricht. Alte Muster, neue Lebenswelten – was für Schulen? *Lernende Schule* 12 (46–47): 16–21.

Schratz, Michael. 2013. (Wie) Ist die Kluft zwischen Lehren und Lernen überbrückbar? In *Brückenbau(e)r. Festschrift für/Miscellanea per/Publicazion en onour de/Article collection in honour of Siegfried Baur*, hrsg. D. Kofler, H. K. Peterlini, und G. Videsott, 312–322. Meran: Alpha Beta.

Schratz, Michael und Josef Thonhauser. 1996. *Arbeit mit pädagogischen Fallgeschichten. Anregungen und Beispiele für Aus- und Fortbildung*. Innsbruck/Wien/Bozen: StudienVerlag.

Schratz, Michael und Tanja Westfall-Greiter. 2010. Das Dilemma der Individualisierungsdidaktik. Plädoyer für personalisiertes Lernen in der Schule. *Journal für Schulentwicklung* 12 (1): 18–31.

Schratz, Michael, Johanna F. Schwarz, und Tanja Westfall-Greiter. 2011. Auf dem Weg zu einer Theorie lernseits von Unterricht. In *Unterrichtstheorien in Forschung und Lehre*, hrsg. W. Meseth, M. Proske, und F.-O. Radtke, 103–129. Bad Heilbrunn: Klinkhardt.

Schratz, Michael, Johanna F. Schwarz und Tanja Westfall-Greiter. 2012. *Lernen als bildende Erfahrung. Vignetten in der Praxisforschung. Mit einem Vorwort von Käte Meyer-*

Drawe und Beiträgen von Horst Rumpf, Carol Ann Tomlinson, Mike Rose u.a. Innsbruck/Wien/Bozen: StudienVerlag.

Schratz, Michael und Tanja Westfall-Greiter. 2015. Lernen als Erfahrung: Ein pädagogischer Blick auf Phänomene des Lernens. In *The Nature of Learning – Die Natur des Lernens. Forschungsergebnisse für die Praxis*, hrsg. H. Dumont, D. Istance, und F. Benavides, 14–33. Weinheim/Basel: Beltz.

Schwarz, Johanna F. 2016. „Kinder, warum redet ihr nicht mit euren Banknachbarn?". Lernseitige Betrachtungen zu individualisierenden Lehr- und Lernformen. In *Individualisierung schulischen Lernens. Mythos oder Königsweg?*, hrsg. K. Rabenstein und B. Wischer, 33–46. Seelze: Kallmeyer.

Schwarz, Johanna F., Michael Schratz, und Tanja Westfall-Greiter. 2013. Was sich zeigt und wie. Lernseits offenen Unterrichts. *Zeitschrift für interpretative Schul- und Unterrichtsforschung, 2*, 9–20.

Seel, Martin. 1996. *Ethisch-ästhetische Studien.* Frankfurt a. M.: Suhrkamp.

Seel, Martin. 1997. *Die Kunst der Entzweiung. Zum Begriff der ästhetischen Rationalität.* Frankfurt a. M.: Suhrkamp.

Spivak, Gayatri Chakravorty. 2008. *Can the Subaltern Speak? Postkolonialität und subalterne Artikulation. Mit einer Einführung von Hito Steyerl (Texte zur Theorie der politischen Praxis Bd. 6).* Wien: Turia + Kant.

Teichert, Dieter. 2010. Grenzen des propositionales Gedächtnisses: H. Bergson und M. Halbwachs. In *Was sich nicht sagen lässt. Das Nicht-Begriffliche in Wissenschaft, Kunst und Religion*, hrsg. J. Bromand und G. Kreis, 257–275. Berlin: Akademie.

Tengelyi, László. 2007. *Erfahrung und Ausdruck. Phänomenologie im Umbruch bei Husserl und seinen Nachfolgern.* Dordrecht: Springer.

Thompson, Christiane und Gabriele Weiß. 2008. *Bildende Widerstände – widerständige Bildung: Blickwechsel zwischen Pädagogik und Philosophie. Pädagogik.* Bielefeld: transcript.

Waldenfels, Bernhard. 1980. *Der Spielraum des Verhaltens.* Frankfurt a. M.: Suhrkamp.

Waldenfels, Bernhard. 1992. *Einführung in die Phänomenologie.* München: Wilhelm Fink.

Waldenfels, Bernhard. 1998. *Grenzen der Normalisierung. Studien zur Phänomenologie des Fremden.* 2. Aufl. Frankfurt a. M.: Suhrkamp.

Waldenfels, Bernhard. 2000. *Das leibliche Selbst.* Frankfurt a. M.: Suhrkamp.

Waldenfels, Bernhard. 2004. *Phänomenologie der Aufmerksamkeit.* Frankfurt a. M.: Suhrkamp.

Westphal, Kristin. 2010. Sinne und Stimme in der Welt der Medien. In *Kunst. Bild. Wahrnehmung. Blick. Merleau-Ponty zum Hundertsten*, hrsg. A. Kapust und B. Waldenfels, 183–194. München: Wilhelm Fink.

Willemsen, Roger. 2010. *Die Enden der Welt.* Frankfurt a. M.: S. Fischer.

Wimmer, Michael. 2010. Lehren und Bildung. Anmerkungen zu einem problematischen Verhältnis. In *Lehren bildet? Vom Rätsel unserer Lehranstalten*, hrsg. K.-J. Pazzini, M. Schuller, und M. Wimmer, 13–37. Bielefeld: transcript.

Wolff, Dieter. 2003. Lernerautonomie und selbstgesteuertes fremdsprachliches Lernen: Ein Überblick. In *Handbuch Fremdsprachenunterricht*, hrsg. K.-R. Bausch, H. Christ, und H.-J. Krumm, 321–326. Tübingen: Francke.

Žižek, Slavoj. 1991. *Liebe Dein Symptom wie dich selbst. Jacques Lacans Psychoanalyse und die Medien.* Berlin: Merve.

Autoreninformationen

Evi Agostini ist wissenschaftliche Mitarbeiterin an der School of Education, Institut für LehrerInnenbildung und Schulforschung (ILS) an der Leopold-Franzens-Universität in Innsbruck. Ihre Forschungsbereiche umfassen Lern- und Lehrforschung und Lehrer/-innenbildungsforschung.
Kontakt: evi.agostini@uibk.ac.at

Konstantinia Antoniou is PhD Student in Adult Education and Lifelong Learning at the Department of Educational and Social Policy, School of Social Sciences, Humanities and the Arts, University of Macedonia, Thessaloniki, Greece. Her research interests include: Homelessness, Adult education, Vulnerable groups, Phenomenology, Citizenship, Self-Identity.
Contact: dina2km@yahoo.com

Geert Bors works as an editor and researcher at NIVOZ, the Netherlands Institute of Educational Matters. He is also the editor-in-chief of *Mensenkinderen*, the magazine for Jenaplan education in the Netherlands. His research interests include: phenomenology, humanism, pedagogical tact, early twentieth-century reform pedagogy, teacher-pupil interaction, school-parent relationships.
Contact: G.bors@hetkind.org

Marc Fabian Buck is Associate Professor at the Faculty of Education and Arts at Nord University, Bodø, Norway. His research interests include: theories of learning, education and Bildung, Philosophy of Science, Education Policy, Progressive Education, models of human development in pedagogy.
Contact: marc.f.buck@nord.no

Malte Brinkmann ist Professor für Allgemeine Erziehungswissenschaft an der Humboldt-Universität Berlin. Seine Forschungsgebiete liegen in den Bereichen Bildungs-, Lern- und Erziehungstheorien, Phänomenologische Erziehungswissenschaft und pädagogische Anthropologie sowie in der pädagogisch-phänomenologischen, qualitativen Forschung.
Kontakt: malte.brinkmann@hu-berlin.de

Evelyn Eckart ist wissenschaftliche Mitarbeiterin an der School of Education, Institut für LehrerInnenbildung und Schulforschung (ILS) an der Leopold-Franzens-Universität in Innsbruck. Ihre Forschungsinteressen umfassen unter anderem: Schul- und Unterrichtsforschung, Lern- und Bildungsforschung.
Kontakt: Evelyn.Eckart@uibk.ac.at

Denis Francesconi is Adjunct Professor at the School of Medicine and Surgery at University of Verona, Italy. His research interests include: Embodied Learning and Education, Contemplative Practices, Wellbeing and Quality of Life, Neuro Education.
Contact: denis.francesconi@gmail.com

Norm Friesen is Associate Professor in the Department of Educational Technology at the College of Education at Boise State University (Boise, ID) and Adjunct Professor at the University of British Columbia (UBC) at Vancouver. His research interests include: Philosophy and Critical Theory of Education, New Media in Pedagogy, Open Education Ressources etc.
Contact: normfriesen@boisestate.edu

Kåre Fuglseth is Professor at the Faculty of Education and Arts at Nord University, Bodø, Norway. His research interests include: phenomenology and education, teaching theory, Bildung research, and religious education.
Contact: kare.s.fuglseth@nord.no

Anna Orlikowski, ist seit 2011 Dozentin am Philosophischen Seminar der Bergischen Universität Wuppertal; zurzeit wissenschaftliche Mitarbeiterin im BMBF-Projekt „Gender 2020" an der Universität Bielefeld. Ihre Forschungsschwerpunkte sind: Phänomenologie; Philosophie der Leiblichkeit; Sozial- und Kulturphilosophie; Intersubjektivität und Gender Studies.
Kontakt: orlikowski@wiwi.uni-wuppertal.de

Vasiliki Karavakou is Associate Professor of Philosophy of Education at the Department of Educational and Social Policy, School of Social Sciences, Humanities and the Arts, University of Macedonia, Thessaloniki, Greece. Her research interests include: Phenomenology, Critical thinking and citizenship, Lifelong learning, Philosophy of education, Ethics and politics, Educational leadership.
Contact: vkm@uom.edu.gr

Hans Karl Peterlini ist Univ.-Prof. für Allgemeine Erziehungswissenschaft und Interkulturelle Bildung, Alpen-Adria-Universität Klagenfurt (A), Institut für Erziehungswissenschaft und Bildungsforschung, Abteilung Interkulturelle Bildung. Seine Forschungsinteressen umfassen u.a.: Inter- und transkulturelle Bildung, regionale und transnationale Identitäten im Kontext ethnisierter und migrantisch geprägter Gesellschaften, Phänomene individuellen und gesellschaftlichen Lernens als bildende Erfahrung(en).
Kontakt: hanskarl.peterlini@aau.at

Agnes Pfrang ist wissenschaftliche Mitarbeiterin an der Katholischen Universität Eichstätt-Ingolstadt am Lehrstuhl für Grundschulpädagogik und -didaktik. Ihre Forschungsinteressen umfassen u.a.: Qualitative Forschungsmethoden, Methodologische und wissenschaftstheoretische Grundlagen, Lernatmosphären, Lehren und Lernen in inklusiven Settings.
Kontakt: agnes.pfrang@gmx.de

Martin Preußentanz ist Akademischer Mitarbeiter im Bereich E-Learning/Hochschuldidaktik der Hochschule Ravensburg-Weingarten. Seine Interessen- und Forschungsschwerpunkte umfassen u.a.: Leibphänomenologie, E-Learning, Onlineberatung, E-Health, Medienpädagogik, Biographiearbeit, Medientheorie.
Kontakt: martin.preussentanz@hs-weingarten.de

Andreas Rauh ist Geschäftsführer des HDC (Human Dynamics Centre) der Universität Würzburg und arbeitet als Wissenschaftlicher Mitarbeiter am ZiLS (Servicezentrum innovatives Lehren und Studieren) der Universität Würzburg. Seine

Forschungsinteressen umfassen u.a.: Wahrnehmungstheorie, Atmosphäre(n), Ästhetik und Feldforschung.

Kontakt: andreas.rauh@uni-wuerzburg.de

Severin Sales Rödel ist wissenschaftlicher Mitarbeiter in der Abteilung Allgemeine Erziehungswissenschaft der Humboldt-Universität zu Berlin. Seine Forschungsinteressen umfassen: Phänomenologische Lerntheorien, Negativität in Erziehungs-, Bildungs- und Lernprozessen, moderne Demokratietheorien und Zusammenhänge zwischen Pragmatismus und Erziehungswissenschaft.

Kontakt: sales.severin.roedel@hu-berlin.de

Michael Schratz ist Professor am Institut für LehrerInnenbildung und Schulforschung an der Universität Innsbruck und Dekan der School of Education. Seine Forschungsinteressen umfassen u.a.: Lern- und Schulforschung und Leadership im Bildungsbereich.

Kontakt: michael.schratz@uibk.ac.at

Johanna F. Schwarz ist wissenschaftliche Mitarbeiterin an der School of Education, Institut für LehrerInnenbildung und Schulforschung (ILS) an der Leopold-Franzens-Universität in Innsbruck. Sie habilitiert sich mit einer Arbeit zur Wirkmächtigkeit von Zuschreibungen im schulischen Kontext. Forschungsbereiche: Schulpädagogik mit besonderer Berücksichtigung der phänomenologischen Lernforschung.

Kontakt: johanna-franziska.schwarz@uibk.ac.at

Eva-Maria Simms is the Adrian van Kaam professor of psychology at Duquesne University in Pittsburgh. Her areas of interest are phenomenology and phenomenological methods, ecopsychology and eco-phenomenology, child psychology and the psychology of place.

Contact: simms@duq.edu

Ursula Stenger ist Professorin für Erziehungswissenschaft mit Schwerpunkt Kindheit an der Humanwissenschaftlichen Fakultät der Universität zu Köln, Deutschland. Forschungsinteressen: Pädagogische Anthropologie und Phänomenologie, Theoriebildung und Forschung in der Frühpädagogik, Kulturelle Bildung in der Kindheit.

Kontakt: ursula.stenger@uni-koeln.de

Luc Stevens was Professor of Special Education at the University of Utrecht until 2002. He is the founder of NIVOZ, the Netherlands Institute of Educational Matters. He also contributes as a researcher and a teacher in the Pedagogical Leadership trajectories. His research interests include: teacher-pupil interaction, pedagogical tact, pedagogical leadership, cognition and education, motivation theory, knowledge debate.
Contact: L.stevens@nivoz.nl

Claus Stieve ist Professor für Erziehungswissenschaft mit dem Schwerpunkt Pädagogik der frühen Kindheit an der Fakultät für Angewandte Sozialwissenschaften der Technischen Hochschule Köln. Arbeitsschwerpunkte liegen in der Phänomenologie der Lebens- und Dingwelten in der frühen Kindheit, in Lern- und Bildungstheorien sowie in der frühpädagogischen Bildungsdidaktik.
Kontakt: claus.stieve@th-koeln.de

Massimiliano Tarozzi is Associate Professor in Education at the Department of Psychology and Cognitive Science, University of Trento, Italy. His main interests lie in the areas of social and intercultural education as well as Qualitative Research Methods in education, including Phenomenology.
Contact: massimiliano.tarozzi@unitn.it

Gijs Verbeek was trained as a biology teacher, worked as such for several years and also studied Instructional Design. He was research assistant in two professoriates of the Utrecht University of Applied Sciences (UUAS) and currently works as an editor and researcher at the Netherlands Institute of Educational Matters (NIVOZ). His research interests include: action research, student voice, teachers' professional development and eastern introspective traditions/consciousness development.
Contact: G.verbeek@nivoz.nl

Joris Vlieghe is lecturer in Philosophy of Education at Liverpool Hope University. He obtained his PhD with a dissertation on *The Democracy of the Flesh*. His current research deals with the impact of digitization (and more precisely the ubiquity of screens) on the meaning of education. As such he is interested in the way in which digital technologies affect dimensions that traditionally have been considered as vital to education: transformation, emancipation, community, attention, literacy, formation/edification, and creativity.
Contact: vlieghj@hope.ac.uk

Maximilian Waldmann ist Promovend am Institut für Bildung und Kultur der Friedrich-Schiller-Universität Jena. Seine Interessens- und Forschungsschwerpunkte sind: Leibphänomenologie, Queer-Pädagogik, Anerkennen und Pädagogik, Politische und Pädagogische Differenz, Verschränkung von Medientheorie und Pädagogik.
Kontakt: maximilian.waldmann@uni-jena.de

SunInn Yun is a lecturer at Hongik University, Seoul, South Korea. Her research interests include phenomenology, existentialism, post-colonialism in literature and educational practices. Her current research involves a phenomenological approach to the idea of education and freedom in reading of Martin Heidegger, Jean-Luc Nancy, and continental philosophy.
Contact: bluein84_1@hotmail.com

CPSIA information can be obtained
at www.ICGtesting.com
Printed in the USA
LVOW13s1009110517

534146LV00022B/843/P